SIE SCHÖNHEITEN DES GESCHLECHTS

»Schön ist eigentlich alles, was man mit Liebe betrachtet.«
CHRISTIAN MORGENSTERN (1871–1914)

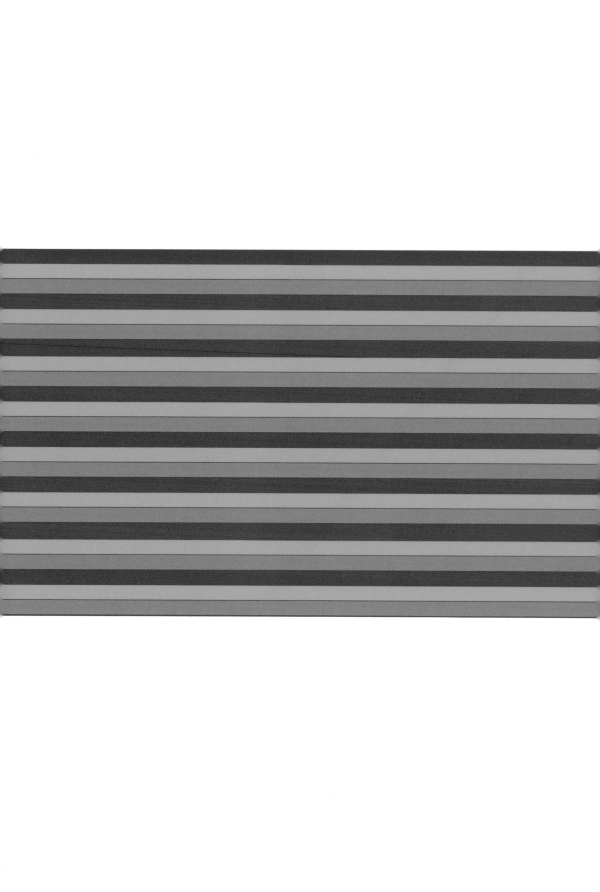

KATINKA SCHWEIZER
FABIAN VOGLER
(Hg.)

DIE SCHÖNHEITEN

DES

GESCHLECHTS

Intersex im Dialog

CAMPUS VERLAG
FRANKFURT/NEW YORK

IN_HALT

VOR_WORT VOR_BILD

Ilka Quindeau
VORWORT   0 1 1
FABIAN VOGLER   INTER_WE   0 1 4

Katharina Fegebank
GELEITWORT   0 1 7
FABIAN VOGLER   MANN_INTER_FRAU   0 2 0

INTRO_DUKTION

Katinka Schweizer | Fabian Vogler
DIE SCHÖNHEITEN DES GESCHLECHTS   0 2 5

INTER_SEX

Lucie Veith
VON DER SCHÖNHEIT DES GESCHLECHTS UND ANDEREN UNBEKANNTEN GRÖSSEN   0 3 9
ARTISTIC INTERVENTION I   LUCIE VEITH UND FABIAN VOGLER   DIE GEMACHTE VENUS   0 4 6
FABIAN VOGLER   DIE GEMACHTE VENUS | 3

Alex Jürgen
EINDEUTIG UNEINDEUTIG   0 5 1
ARTISTIC INTERVENTION II   ALEX JÜRGEN   #366DAYS366ARTWORKS-PROJEKT   0 6 0
FABIAN VOGLER   DAS GEMACHTE IDOL 1

Georgiann Davis
THE POWER IN A NAME   0 6 7
FABIAN VOGLER   THE LONDON SKATEBOARD GIRLS   0 8 0

Katinka Schweizer
IDENTITÄTEN   0 8 3
ARTISTIC INTERVENTION III   BIANCA KENNEDY UND FABIAN VOGLER   LIMBO WEEKS   0 9 6

Inga Becker | Franziska Brunner | Will F. Preuss
INTER- UND TRANSGESCHLECHTLICHKEIT IM VERGLEICH   1 0 1
FABIAN VOGLER   DITTMAR'S BROTHERS' TRAVELS
ARTISTIC INTERVENTION IV   BIANCA KENNEDY | VIKTORIA MÄRKER | FRANÇOIS DE RIVOYRE   1 1 0

Almut Rudolf-Petersen
INTERGESCHLECHTLICHKEIT, MEHRDEUTIGKEIT, QUEER THINKING   1 1 5
FABIAN VOGLER   THE DOTTED VENUS UND INTER*VENUS   1 3 0

Katrin Zehnder
DAS KIND BEIM NAMEN NENNEN   1 3 5
ARTISTIC INTERVENTION V   VERONIKA RIEDL-SCHLAUSS UND STEFAN RIEDL   WE ARE GENDER   1 4 0
FABIAN VOGLER   GENDER ARE WE

Ute Lampalzer | Peter Hegarty | Sonia Grover | Katinka Schweizer
ON BEAUTY AND THE BENEFITS OF AMBIGUITY   1 4 5
ARTISTIC INTERVENTION VI   SILKE LAZAREVIĆ UND FABIAN VOGLER   INVOLUCRUM   1 5 8

MEHR_DEUTIGKEITEN

Konstanze Plett
RECHT m/MACHT GESCHLECHT   1 6 3
FABIAN VOGLER   CHROMOSOM UND BEIDE   1 7 2

Heinz-Jürgen Voß
DIE BIOLOGIE DES GESCHLECHTS 177
FABIAN VOGLER YPSILON UND IX 186

Volkmar Sigusch
VON DER ALTEN GESCHLECHTSMETAPHYSIK ZU DEN HEUTIGEN NEOGESCHLECHTERN 191
FABIAN VOGLER HERCULINE AND THEIR SIBLINGS 208

Michael Groneberg
DIE FLÜSSIGE SKULPTUR 213
FABIAN VOGLER INTERED UND GENDERNAUT 226

Uta Kuhl
LIQUID GENDER 231
FABIAN VOGLER WHOMAN 246

Katinka Schweizer | Fabian Vogler | Ute Lampalzer | Peer Briken
DIE DIGITALE UNIVERSITÄT UND ANDERE KOOPERATIONEN 251
FABIAN VOGLER BARCELONA PRINCE_ESSES 260

Karl Reber
»FOREVER TO BE JOINED AS ONE« 265
FABIAN VOGLER MINIATURE MENINA 276

MULTI_POLARE PERSPEKTIVEN

Lutz Goetzmann | Barbara Ruettner
DAS GESCHLECHT DER SCHÖNHEIT 283
FABIAN VOGLER MENINA
ARTISTIC INTERVENTION VII ELIA SABATO UND FABIAN VOGLER MENINA_CALEIDOSCOPI 300

Silvia M. Ventosa
LIQUIFYING GENDER THROUGH FASHION 305
FABIAN VOGLER THE PRINCE_SSES 324

Uwe Haupenthal
IKONOGRAFIE UND GESCHLECHT 329
FABIAN VOGLER VENUS UND VENA 344

Jochen H. Vennebusch
DIE JUNGFRAU MIT DER HERRSCHERMASKE 349
FABIAN VOGLER FLUFFY MENINA 366

Katinka Schweizer | Fabian Vogler | Viktoria Märker
KÖRPERLICHE PHANTASIEN 371
FABIAN VOGLER PRINCE_SSES IN ACTION 382

Lucie Veith
INTER ANERKENNEN 387
PREIS FÜR DAS ENGAGEMENT GEGEN DISKRIMINIERUNG 2017 391

Katinka Schweizer
VORBILDER 393
ARTISTIC INTERVENTION VIII KATINKA SCHWEIZER UND FABIAN VOGLER SYMBOLWELTEN 410
FABIAN VOGLER IDOLON AUF DEM THRON UND IDOLA

MIT_WIRKENDE

MITWIRKENDE 414
FÖRDER_INNEN | UNTERSTÜTZER_INNEN | IMPRESSUM 423

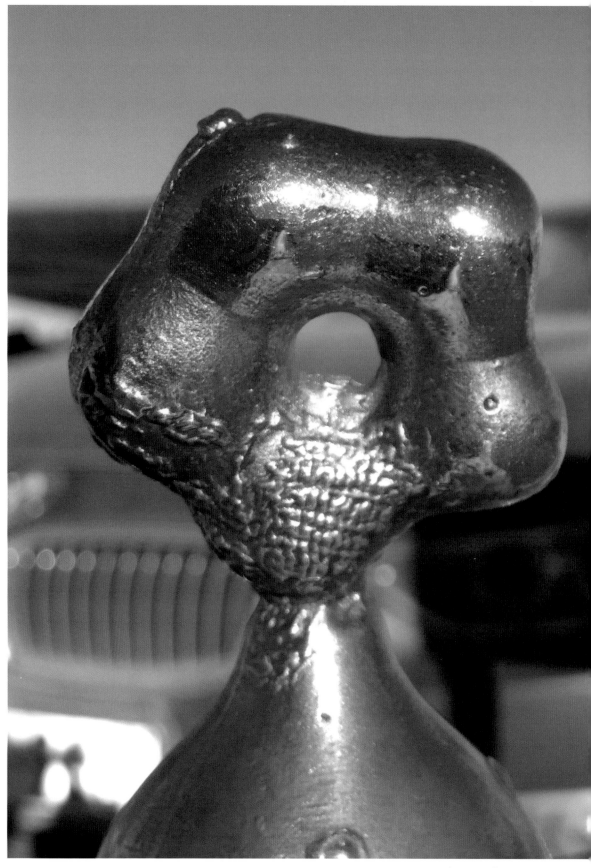

Fabian Vogler

Ilka Quindeau

VORWORT

»Wenn wir unter Verzicht auf unsere Leiblichkeit als bloß denkende Wesen, etwa von einem anderen Planeten her, die Dinge dieser Erde frisch ins Auge fassen könnten, so würde vielleicht nichts anderes unserer Aufmerksamkeit mehr auffallen als die Existenz zweier Geschlechter unter den Menschen, die, einander sonst so ähnlich, doch durch die äußerlichsten Anzeichen ihre Verschiedenheit betonen.«

Sigmund Freud, 1908

Nicht nur die Kunst, auch das Recht eilt einmal mehr der Wissenschaft voraus. Mit dem Urteil des Bundesverfassungsgerichts zur Frage der Intersexualität vom Oktober 2017 wurde der dichotomen Zweigeschlechtlichkeit nun auch höchstrichterlich eine Absage erteilt. Die Gesetzgebung wurde aufgefordert, die bislang auf der Binarität der Geschlechter basierende Rechtsordnung zu verändern und ein drittes Geschlecht aufzunehmen oder aber gänzlich auf das Geschlecht als Merkmal des Personenstands zu verzichten. Um nicht neuen Ungleichheiten und damit einhergehenden, nahezu unvermeidlichen Diskriminierungen Vorschub zu leisten, erscheint letztere Option angemessener. Man darf gespannt sein, wie sich die gesellschaftliche Debatte in dieser Frage entwickelt, und hoffen, dass es in Zukunft Menschen und nicht nur Männer und Frauen gibt, die ihre Identität in scharfer Abgrenzung von Anderen ausbilden.

Bereits Freud betont in seiner Vorlesung über die Weiblichkeit aus dem Jahr 1933: »Männlich oder weiblich ist die erste Unterscheidung, die Sie machen, wenn Sie mit einem anderen menschlichen Wesen zusammentreffen, und Sie sind gewöhnt, diese Unterscheidung mit unbedenklicher Sicherheit zu machen«. Und er führt fort, dass die anatomische Wissenschaft diese Sicherheit nur begrenzt teile, denn es finden sich Teile des männlichen Geschlechts auch am Körper der Frau und umgekehrt: »als ob das Individuum nicht Mann oder Weib wäre, sondern jedesmal beides, nur von dem einen so viel mehr als von dem anderen«. Doch Freuds elaboriertes Konzept einer konstitutionellen Bisexualität fand keinen Eingang in den Mainstream der psychoanalytischen Theoriebildung, die schon bald von einer eindeutigen Geschlechtsidentität ausging. Auch Jean Laplanche, der französische Psychoanalytiker, hinterfragt diese Eindeutigkeit und weist darauf hin, dass fast alle Fallgeschichten in der Psychotherapie mit der Feststellung des Geschlechts beginnen, etwa »Es kommt ein 30-jähriger

Mann …« oder »eine Frau von 25 Jahren klagt über …«. Erstaunt fragt er: »Ist das Geschlecht wirklich so konfliktfrei, dass man es gleich zu Anfang unhinterfragt annehmen kann?« (2011: 169).

In einer Zeit, in der es bei Facebook über 50 verschiedene Geschlechterkategorien gibt, unter denen man sich registrieren lassen kann, kann man sich dem Staunen von Laplanche nur anschließen. Falls sich überhaupt jemals eindeutig definieren ließ, was männlich oder weiblich, was ein Mann oder eine Frau ist, erscheint dies inzwischen wie die ›Trockenlegung der Zuyderzee‹.

Doch trotz oder neben all dieser Ambiguität, der Unsicherheiten und Uneindeutigkeiten der Geschlechtsidentität lässt sich gegenwärtig auch eine Renaissance der Geschlechterdifferenz beobachten. Ungezählte Forschungen befassen sich mit Geschlechtsunterschieden und schon für Säuglinge ist die Welt klar in blau und rosa geschieden. Noch vor der Geburt werden Kinder geschlechtsspezifisch als Junge oder Mädchen adressiert, sie wachsen in eine von der Zweigeschlechtlichkeit strukturierte Welt hinein.

Im vorliegenden Band wird diese Selbstverständlichkeit auf originelle, kenntnisreiche und überzeugende Weise hinterfragt. Wissenschaftliche Aufsätze finden sich ebenso wie Essays und Erfahrungsberichte. Deutlich wird, wie kreativ die Infragestellung der Heteronormativität sein kann und Zwischenräume produktiv werden. Bereichernd ist dabei insbesondere die Begegnung von Kunst und Wissenschaft, verkörpert in den Herausgeber*innen Katinka Schweizer und Fabian Vogler. Die Skulpturen eröffnen einen spannenden Reflexionsraum, der beispielsweise so divergente Materialien wie Pergament und Bronze verbindet. Die Widersprüche von Hauchzartem, Transparentem und Metallisch-Grobem, Undurchdringlichem werden nicht aufgelöst, sondern in den Plastiken amalgamiert und setzen unterschiedlichste Gedanken und Empfindungen frei. Unter dem Titel *Involucrum* wird das Pergament zu Formhüllen gestaltet. Sie dienen dem bronzenen *Torso Ndujia* und *Torso Caciocavallo* als Accessoire und versehen die Deftigkeit von Wurst und Käse mit einer durchscheinenden Hülle, die zugleich verbirgt und enthüllt. Die Skulpturen adressieren die unmittelbar physisch-reale, materielle Qualität und die Vieldeutigkeit des Geschlechts und verweisen damit auch präzise auf die intergeschlechtliche Körperlichkeit.

Allerdings sind geschlechtliche Uneindeutigkeit und Mehrdeutigkeiten nicht auf Intersex-Personen beschränkt, sondern kommen vielleicht nur deutlicher zum Ausdruck. Wie bereits Freud betonte, gibt es in jedem Menschen nicht nur auf der psychischen, sondern auch auf der unmittelbar körperlichen Ebene sowohl männliche als auch weibliche Anteile; auch das körperliche Geschlecht ist konstruiert. Nicht zuletzt am Phänomen der Intersexualität lässt sich erkennen, dass das Geschlecht nicht auf die Genitalien allein reduziert werden kann, sondern hormonelle, genetische, anatomische und morphologische Faktoren, um nur einige zu nennen, ebenso mit einbezogen werden müssen. Die Bestimmung des Geschlechts ist zudem nicht allein dem Augenschein zu überlassen, sondern verändert sich mit zunehmenden technischen und diagnostischen Möglichkeiten. Die Einteilung von zwei Kategorien greift dabei zu kurz und eine dritte Sammelkategorie, der all das zugeordnet wird, was nicht ein-

Ilka Quindeau

deutig männlich oder weiblich erscheint, könnte sich ebenfalls als zu reduktionistisch erweisen. Vielleicht wäre es angemessener, das Geschlecht nicht länger als Kern der Identität eines Menschen aufzufassen, sondern mit der Metapher einer Hülle zu beschreiben, in der die verschiedensten bewussten und unbewussten Aspekte von Männlichkeit und Weiblichkeit auf den unterschiedlichen somatischen, psychischen und sozialen Dimensionen in je individuellen Mischungsverhältnissen aufbewahrt sind. So gibt es in unserer Kultur, welche die Geschlechter bisher noch dichotom konstruiert, zwar nur zwei verschiedene Behälter oder Hüllen, diese können aber durchaus Gleiches oder zumindest Ähnliches enthalten. Die Metapher der Hülle macht zudem deutlich, dass es sich bei der Geschlechtsidentität nicht um etwas Einheitliches, Monolithisches handelt, sondern dass diese Identität sich aus vielen einzelnen, weiblichen und männlichen, teilweise auch widersprüchlichen und unvereinbaren Aspekten zusammensetzt. Im Unterschied zum Kern richtet die Metapher der Hülle den Blick von der sichtbaren Oberfläche aus auf die vielfältigen, dahinterliegenden Aspekte. Während die Hülle eine zentrale gesellschaftliche Ordnungsfunktion erfüllt und sich ihre binäre Kodierung für moderne Gesellschaften als unverzichtbar darstellt, scheint mir aus psychoanalytischer Perspektive der Inhalt des Behältnisses und dessen Vielfalt weit interessanter. Daher möchte ich dafür plädieren, dass im Anschluss an die genannte freudsche Differenzierung an die Stelle der kulturellen Dichotomie die Diversifizierung der Geschlechter tritt.

Die Beiträge in diesem Band bieten eine Fülle von Anregungen in diese Richtung, die sowohl Erfahrungsexpert*innen in der Selbstverständigung unterstützen als auch die Theoriebildung sowie die therapeutische Praxis voranbringen. Es ist den Herausgeber*innen für ihr innovatives und kreatives Vorgehen sehr zu danken, und dem Buch sind viele Leser*innen zu wünschen.

Frankfurt am Main, Januar 2018

Ilka Quindeau

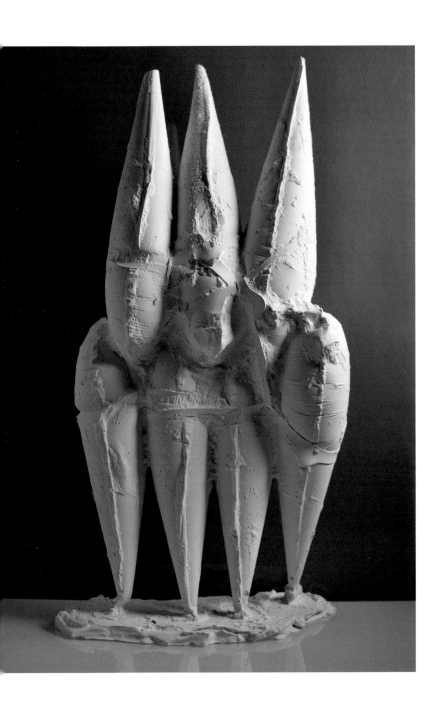

MANN_INTER_FRAU

2018
GIPS
55 x 29,5 x 15,5 cm

Fabian Vogler

Katharina Fegebank

GELEITWORT
Intersex im Dialog

Intergeschlechtlichkeit ist ein nach wie vor unbekanntes Phänomen. In unserem Denken sind meist nur Mann und Frau fest verwurzelt, und wir sind irritiert, wenn wir auf Menschen treffen, die sich nicht eindeutig einer dieser beiden Kategorien zuordnen lassen. Lange Zeit wurde das Thema rein medizinisch behandelt und geheim gehalten. Die geringe Sichtbarkeit intergeschlechtlicher Menschen und das geringe Wissen über die Thematik führen häufig zu Unsicherheit, zu Widerständen und zu Ausgrenzung.

Der Schutz gegen Diskriminierung und das Recht auf Anerkennung der eigenen Geschlechtsidentität sind Menschenrechte. Das Bundesverfassungsgericht hat am 10. Oktober 2017 entschieden, dass auch Menschen, die weder männlich noch weiblich sind, die Möglichkeit haben müssen, ihr Geschlecht positiv in das Geburtenregister einzutragen. Es hat den Gesetzgeber aufgefordert, bis zum 31. Dezember 2018 eine entsprechende Neuregelung zu schaffen. Der Weg für die rechtliche Anerkennung intersexueller bzw. intergeschlechtlicher Menschen ist jetzt frei, und es ist wichtig, dass auch die gesellschaftliche Anerkennung folgt, damit jeder Mensch ein selbstbestimmtes Leben führen kann.

Mein Ziel ist eine Gesellschaft, in der Unterschiede und Individualität als Bereicherung verstanden werden. Eine Welt, in der alle Menschen, so verschieden sie sind, die gleichen Rechte und Chancen haben. Es ist wichtig, alle gesellschaftlichen Bereiche für Intergeschlechtlichkeit zu sensibilisieren. Das Bildungswesen, der Arbeitsmarkt oder der Sport können zum Beispiel viel dazu beitragen, dass sich die Selbstverständlichkeit und Akzeptanz geschlechtlicher Vielfalt in den Köpfen und Herzen der Menschen verankert.

Der Senat der Freien und Hansestadt Hamburg setzt sich seit vielen Jahren engagiert für die Rechte und die Gleichstellung von Lesben, Schwulen, Bi-, Trans- und

Intersexuellen (LSBTI) ein. So wurde Anfang 2017 ein Aktionsplan zur Akzeptanz geschlechtlicher und sexueller Vielfalt beschlossen. Sichtbarkeit, Information und Aufklärung sind der Schlüssel für ein wertschätzendes Miteinander in einer offenen und vielfältigen Gesellschaft.

Das Projekt *Die Schönheiten des Geschlechts. Intersex im Dialog* führt Erfahrungs- und Fachexpertisen zum Thema Intergeschlechtlichkeit zusammen. Insbesondere auch die künstlerische Auseinandersetzung mit dem Thema vermag Grenzen zu überwinden und Menschen unterschiedlicher Art einander näher und in das gemeinsame Gespräch zu bringen. Das vorliegende Buch trägt damit in erheblichem Maße zur Aufklärung, Entstigmatisierung und Wertschätzung von körpergeschlechtlichen Mehrdeutigkeiten in der Gesellschaft bei. Dafür danke ich als Gleichstellungssenatorin und Zweite Bürgermeisterin der Freien und Hansestadt Hamburg allen Beteiligten, die mit ihrer Expertise und ihrem unermüdlichen Engagement zur Entstehung dieses Buches beigetragen haben. Besonders bedanken möchte ich mich auch bei all den Menschen, die auf Missstände aufmerksam machen und tagtäglich dazu beitragen, für die Vielfalt der Geschlechter zu sensibilisieren.

Hamburg, Januar 2018

Katharina Fegebank
Zweite Bürgermeisterin der Freien und Hansestadt Hamburg

Fabian Vogler

S_HE

2017
LASERDRUCK AUF PAPIER
29,7 x 21 x cm

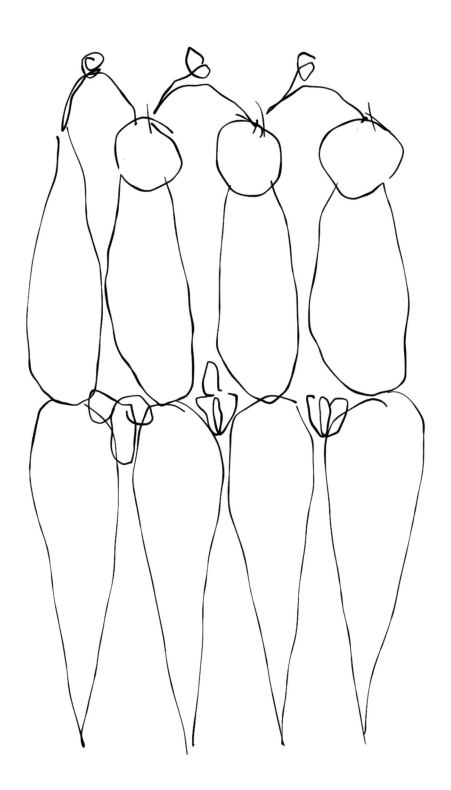

Fabian Vogler

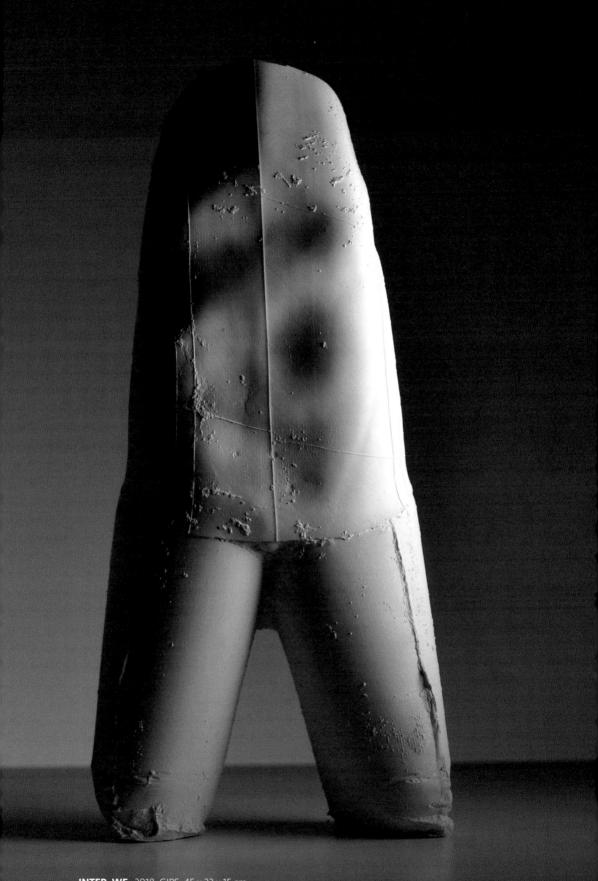

INTER_WE 2018. GIPS. 45 x 22 x 15 cm

INTER_WE
DETAIL

Fabian Vogler

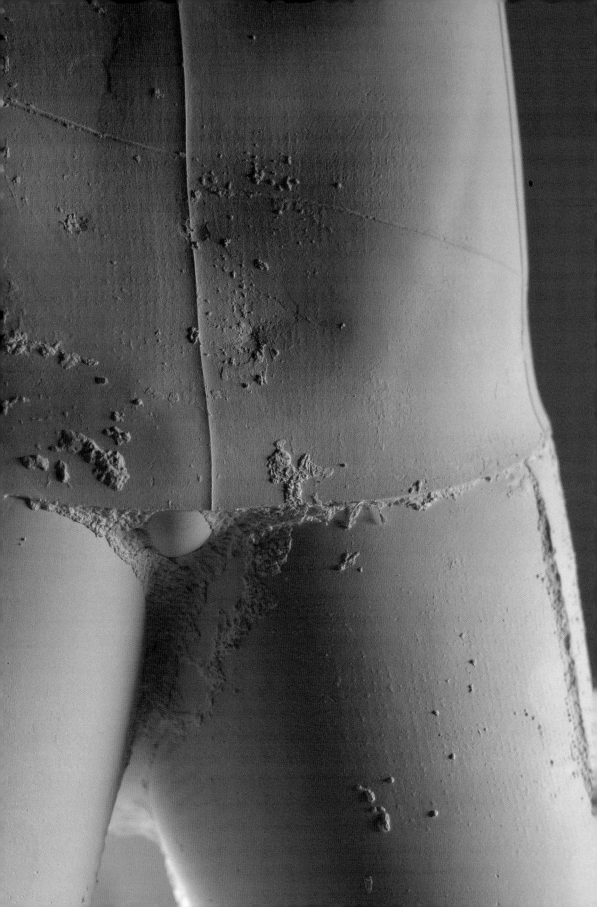

EINIGE PRESSEREAKTIONEN VOM 9. NOVEMBER 2017
nach Bekanntgabe des Bundesverfassungsbeschlusses im »Fall Vanja«

Katinka Schweizer | Fabian Vogler

DIE SCHÖNHEITEN DES GESCHLECHTS
Intersex_Dialoge

Die Existenz von mehr als zwei Geschlechtern überrascht nach wie vor viele, die bisher nicht wissentlich in Kontakt mit intergeschlechtlichen Menschen gekommen sind. Die Geburt eines Kindes mit mehrdeutigem Körpergeschlecht stellt die Zweiteilung der Menschen in Frauen und Männer in Frage. Werdende Eltern sind meist nicht darauf vorbereitet, außer einem Mädchen oder Jungen auch ein intergeschlechtliches Kind bekommen zu können.

WARUM INTERSEX?

Intergeschlechtliche Variationen des Körpergeschlechts sind angeborene Phänomene, die es immer schon gegeben hat und die viel häufiger sind, als meist angenommen wird. Gesellschaftlich und sprachlich sind sie jedoch kaum sichtbar. Wir fragen uns, woher diese Unsichtbarkeit, das fehlende Wissen und der geringe Grad an Informiertheit in der Allgemeinbevölkerung rühren.

Intergeschlechtlichkeit wurde früher als »Hermaphrodismus« bezeichnet. Bekannter sind, neben den vielen spezifischen Diagnosenamen, die älteren medizinisch geprägten Oberbegriffe Intersexualität, in manchen Fällen »Testikuläre Feminisierung«, männlicher oder weiblicher »Pseudohermaphroditismus« und der biologische Ausdruck des »Zwitters«. Heute wird neben »Intergeschlechtlichkeit« (englisch: *intersex*) im wissenschaftlichen und politischen Diskurs von »Variationen der körperlichen Geschlechtsmerkmale« oder »der körpergeschlechtlichen Entwicklung« gesprochen (englisch: »variations of sex characteristics/development« oder »diverse sex development« kurz »dsd«). Deutlich wird, dass das Benennen eine erste Herausforderung der Thematik darstellt.

Intersex-Formen und körpergeschlechtliche Mehrdeutigkeit werden seit dem Beschluss des Bundesverfassungsgerichtes vom 10. Oktober 2017 zum dritten Geschlecht glücklicherweise wieder sichtbarer und dadurch anerkannt – eine Entscheidung, die nach Jahrzehnten der Tabuisierung über viele Instanzen mühsam erstritten werden musste. Damit geht Deutschland im Aufgeben einer starren Geschlechterdichotomie in Europa voran. Dies birgt individuelle wie gesellschaftliche Chancen und wirft gleichzeitig Fragen auf. Auch solche Fragen, die bisher vor allem Spezialist_innen aus Entwicklungspsychologie, Soziologie, Gender- und Queer-Forschung sowie Sexual-wissenschaft in ihren je eigenen Fachdiskursen beschäftigt haben, gelangen zuneh-mend in das öffentliche Bewusstsein. Wie hängen Geschlecht und Körpererfahrung zusammen? Wie »entstehen« Geschlechtsidentitäten? Wie erleben und verorten sich Menschen mit mehrdeutiger Körperanatomie? Wer definiert Geschlechtergrenzen? Welche Folgen wird das Urteil zum dritten Geschlecht haben? Ist Intersexualität nicht ein zweifelsfreies Indiz dafür, dass das dichotome Geschlechterkonstrukt unzureichend ist? Welche Alternativen lassen sich denken? Diese und andere Fragen sollen in diesem Buch im Trialog von Erfahrungsexpertise, Wissenschaft und Kunst beleuchtet und weiterentwickelt werden.

WARUM SCHÖNHEITEN?

Vielschichtig und mehrdeutig ist der Begriff der Schönheit. Wenn wir von Schönhei-ten sprechen, wollen wir eine andere, vielleicht unerwartete Perspektive in den Dis-kurs und die Debatten um Intergeschlechtlichkeit einführen. Die Medizin, die lange Zeit die Definitionshoheit innehatte (Lang 2006), ist bis heute von einer Defizit-ori-entierten Sprache zur Beschreibung körpergeschlechtlicher Variationen geprägt: Zu finden ist ein normierendes, ängstigendes Vokabular, das »Anomalien«, »Malforma-tionen«, »Störungen« und »Fehlbildungen« mit Intergeschlechtlichkeit konnotiert. Solche Begriffe eigenen sich wenig für eine positive Besetzung des eigenen Körpers. Eher scheinen sie die Akzeptanz körpergeschlechtlicher Vielfalt zu erschweren. Einer solchen Sichtweise wollen wir das Schöne entgegensetzen und den Blick auf die Ressourcen und Schönheiten der Vielfalt richten, die sich hinter dem Oberbegriff der Intergeschlechtlichkeit verbirgt. Dabei wollen wir keinen neuen Dichotomismus begründen oder die Spaltung zwischen Medizin, Menschenrechtler_innen und Akti-vist_innen verschärfen. Im Gegenteil: Der Blick auf das Schöne mit Mitteln der Kunst soll dazu beitragen, Dialoge zwischen den Beteiligten und den verschiedenen Dis-ziplinen zu fördern und Außenstehende, die bisher wenig mit der Thematik vertraut waren, neugierig zu machen und dafür zu interessieren.

Susan Sonntag (2016) beschreibt Schönheit als ein »Modell vom interesselosen Wohlgefallen«, welches anknüpft »an die Schönheit der Natur […] – einer fernlie-genden, allumfassenden, nicht zu besitzenden Natur« (ebd. 33). Damit wäre auch das Schöne jenseits des Beifallklatschens oder Ablehnens durch Ignoranz gemeint. Doch wie entsteht subjektives Gefallen, ein spontanes »Schön-Finden«? Spielen hier neben den Affekten nicht auch vor allem Normen eine Rolle? Hat man verinnerlicht, dass

Katinka Schweizer | Fabian Vogler

es nicht nur zwei Geschlechtlichkeiten gibt, sondern dass jede Geschlechtsausprägung in ihrer Einzigartigkeit für sich richtig ist, wird geschlechtliches Anders-Sein zum Normal. Gerade in den vielen Formen körperlicher Möglichkeiten und Geschlechtsebenen – der genitalen, gonadalen, chromosomalen – hat Sonntags »allumfassende, nicht zu besitzende Natur« jeden Menschen speziell »gemacht«. So begriffen wird auch Schönheit allumfassend, woraus sich die Verwendung des Plurals von *Schönheit* ergibt, der als Gegenmodell zum gleichmachenden Schönheitswahn auch das *Un*-Erwartete, *Un*-Gewohnte und *Un*-Bekannte mit einschließt.

In der Betrachtung der Skulpturen der griechischen Antike, die uns heute aus vielerlei Gründen fragmentiert gegenüberstehen, bieten gerade diese Beschädigungen und Imperfektionen – als Störung einer vormals abgeschlossenen Form – im Sehen des_der Betrachtenden einen Spielraum für die individuelle gedankliche Vervollständigung. Der Bruch mit der Perfektion bildet damit einen zusätzlichen Reiz. Daraus resultieren der Gedanke und die These einer »Vollkommene[n] Unvollkommenheit« (english: Perfect Imperfection) (Lüth 2015). Nicht das Gleichmachen der Menschen führt in eine lebenswerte Welt, sondern das Erkennen der Qualitäten von Vielfalt und Buntheit.

WARUM KUNST – WARUM SKULPTUR?

Entwicklung und Individuation des einzelnen Menschen resultieren nicht zuletzt aus der Orientierung entlang vorgelebter oder vorhandener Rollenbilder. Die klassischen Gattungen der Bildenden Kunst, allen voran Grafik, Malerei und Skulptur, hatten über die letzten Jahrtausende eine übergeordnete Funktion für die Darstellung des Menschenbildes, auch über die jeweilige Zeit hinaus. Doch ähnlich wie im gesamtgesellschaftlichen Denken und Vorstellungsvermögen kommt auch in der Kunst Intergeschlechtlichkeit nur selten vor. Wie können intergeschlechtliche Menschen und andere vom Zwei-Geschlechterkonstrukt »abweichende« Geschlechterformen sich in einer Welt verorten, in der es kaum oder keine zwischengeschlechtlichen Vorbilder gibt? Wie können behauptet »nicht-betroffene« Menschen ein Verständnis für alternative Konzepte der Geschlechterklassifikation entwickeln, wenn die vorherrschende Geschlechterrepräsentation im Kunstdiskurs lediglich binär angelegt ist? Eine vermehrte Darstellung aus einer multipolaren Sicht auf den Sexus/die Sexūs ist naheliegend, und die Zeit scheint zunehmend reif dafür. Aus der Sicht des Künstlers ist das unzweifelhafte Existieren von Intersexualität der physische Beweis für die schlichte Falschheit des binären Systems in Bezug auf das Geschlecht.

Kunst lädt zum Schauen und Betrachten, zur *aistheis*, dem Wahrnehmen, ein. Die Kulturwissenschaftlerin Aleida Assmann (2015) unterscheidet das Schauen vom Lesen u.a. in zeitlicher Dimension: Lesen schreitet mit Geschwindigkeit voran, Schauen dagegen ist »anhaltende Aufmerksamkeit in einem doppelten Sinn, weil der Blick sowohl zum Halten als auch zum Verweilen gebracht wird. Er haftet am Objekt und kehrt zu ihm mit unvermindertem Staunen zurück« (ebd. 25). Ähnlich benennt auch der Philosoph Byung-Chul Han (2015) in seinem Essay *Verweilen am Schönen* die kontemplative

Seite der Kunstbetrachtung: »Angesichts des Schönen kommt das Sehen an. Es wird nicht mehr fortgetrieben, fortgerissen. Diese Ankunft ist wesentlich für das Schöne« (ebd. 83). In Anlehnung an Nietzsche und Gadamer betont Han die Nähe zwischen Kunst und Festen: Beim Feiern eines Festes bleibt die erlebte Zeit für einen Moment stehen, es herrscht vielmehr eine »andere Zeit« (ebd. 85).

Ausstellungen, die sich in jüngerer Zeit dem Thema Geschlecht widmeten, blieben weitestgehend im Binären verhaftet, so auch die groß angelegte, viel gelobte Schau »Geschlechterkampf« im Frankfurter Städel (2016/2017). Hier wurden geschlechtliche Mehrdeutigkeiten zwar thematisiert, jedoch im Bild des Androgynen nur am Rande gestreift. Dreißig Jahre zuvor widmete sich eine Ausstellung des Berliner Kunstvereins (1986/1987) in Berlin und Hannover dem Thema *Androgyn. Sehnsucht nach Vollkommenheit.* Ihr Anliegen war es, der Aktualität der »Faszination des Mythos« nachzugehen (Prinz 1986: 13). Die reichhaltige, sich zeitlich von der Antike bis in die Gegenwart erstreckende Schau blieb jedoch ebenfalls beim rein symbolischen Blick auf Androgynität und Hermaphrodismus stehen, womöglich aus dem Unwissen, dass es Menschen mit Merkmalen »beider« Hauptgeschlechter in großer Vielfalt auch im realen Leben gibt.

Mit der Skulptur als bildnerischem Medium für unser Projekt als einer der »klassischen« Disziplinen der Bildenden Kunst im Allgemeinen und mit der Wahl der Bronzeplastik im Besonderen, wird Intergeschlechtlichkeit als etwas Immer-da-gewesenes, Immer-da-seiendes, veranschaulicht. Im Gegensatz zur vornehmlich abbildenden Herangehensweise manch anderer Kunstform – insbesondere der dokumentierenden Fotografie – erlaubt die Bildhauerei eine formal völlig freie Gestaltung im Dreidimensionalen. Die Übertragung in eine abstrahierte Form eröffnet vielleicht unbeschwertere Ansatzpunkte. Ihre tatsächliche Materialität und physische Präsenz bewirken eine besondere Art der Emotionalisierung, die das Thema auch an bisher Unbeteiligte heranträgt.

BEITRÄGE UND INTERVENTIONEN

Die Idee zu diesem Buch entstand in der persönlichen Begegnung zwischen Herausgeberin und Herausgeber im Frühjahr 2015. Nach bereits intensiver bildhauerischer Auseinandersetzung mit vielgestaltigen Ausprägungen der menschlichen Figur fand sich Fabian Vogler durch einen sexualwissenschaftlichen Vortrag von Katinka Schweizer zum Thema *Geschlechtervielfalt* gedanklich angeregt. Aus einem nachfolgenden Atelierbesuch entstand die Idee, das Themenfeld gemeinsam weiter zu bearbeiten. Den Künstler faszinierte die Vorstellung eines multipolaren Geschlechtskonstrukts und die Existenz von Intergeschlechtlichkeit, womit er bisher nicht bewusst konfrontiert gewesen war. Unbewusst hatte er beides aber schon oft abgebildet. Die Psychologin begeisterte die Möglichkeit der Kunst im Überschreiten der Grenzen wissenschaftlicher Fachsprachen und Diskurse, und dadurch Wissenschaft und Erfahrungsexpertise miteinander ins Gespräch bringen zu können. Die Lust, die Vielfältigkeit des menschlichen Seins zu feiern, war schließlich der Anstoß für *Die Schönheiten des Geschlechts*.

Unser Projekt verfolgt einen inter- und transdisziplinären Ansatz und das Anliegen, möglichst viele verschiedene Perspektiven zu versammeln, die sich der Schönheit geschlechtlicher Mehrdeutigkeit und Variationsvielfalt widmen. Wir haben Beiträger_innen eingeladen, aus der eigenen Erfahrung, Expertise oder Fachdisziplin einen würdigenden Blick auf Intergeschlechtlichkeit zu werfen oder vergleichbare Phänomene zu untersuchen. Wir freuen uns, dass wir eine Vielzahl hochmotivierter Autor_innen und Künstler_innen gewinnen konnten, an dem Buch mitzuschreiben oder in sogenannten *Artistic Interventions* mit künstlerischen Kooperationen oder Aktionen mitzuwirken. Die Trias aus *Erfahrungsexpertise*, *Fachwissen* und *Kunst* durchmischt sich in einem frei gedachten Rede-Antwort-Prinzip zwischen Autor_innen und Künstler_innen, wobei wir die Beiträge in die Themenfelder *Intersex*, *Mehrdeutigkeiten* und *Multipolare Perspektiven* unterteilt haben.

Die Abbildungen der im Rahmen des Projektes entstandenen Skulpturen von *Fabian Vogler* sowie einiger seiner früheren Arbeiten sollen zusammen mit den Artistic Interventions Begegnungen im Zwischenraum ermöglichen: In der Begegnung von Text und Bild werden Leser_innen zugleich zu Betrachter_innen. Etwa fünfzig Arbeiten sind seit 2015, angeregt durch die Begegnung mit Intergeschlechtlichkeit, entstanden. Die Reihenfolge erschließt sich aus Voglers Überlegungen. Die Skulpturen sind entweder als Auftakt oder Antwort zum jeweiligen Textgeschehen gesetzt.

INTERSEX

Erfahrungswissen und Beiträge von Erfahrungsexpert_innen stehen am Anfang des Buches, da es immer noch nicht selbstverständlich ist, dieses Wissen als eigenständige Wissensform in allen wissenschaftlichen Disziplinen anzuerkennen. Dabei sind es an erster Stelle die Sichtweisen und das gelebte Wissen der intergeschlechtlich geborenen Menschen selbst und ihrer Angehörigen und Familien, die den Unwissenden und involvierten Fachleuten einen Zugang zu ihren relevanten Lebensthemen ermöglichen.

So machen die Beiträge von *Lucie Veith*, *Alex Jürgen* und *Georgiann Davis* den Auftakt. *Lucie Veith* schöpft im ersten Beitrag aus der Fülle von persönlichen und öffentlichen Erfahrungen, Einblicken und Wahrnehmungen, die im Laufe einer langjährigen Vorstandstätigkeit für den deutschen Bundesverband Intersexueller Menschen e.V., deren Gründungsmitglied sie ist, gemacht wurden. Lucie Veith spricht zusammenfassend eine Vielzahl von Aspekten an, die in den nachfolgenden Beiträgen in der einen oder anderen Weise vertieft und verdichtet werden. Für die Artistic Intervention I zeigte sich *Veith* auch mit Freude für ein gemeinsames Arbeiten in Voglers Bildhaueratelier in Bargum (Nordfriesland) bereit. Beim mehrtägigen, gemeinschaftlichen Arbeiten in Modelliergips entstand neben anderen Arbeiten das Konzept für die sogenannte *Gemachte Venus*.

Alex Jürgen aus Österreich beschreibt aus sehr persönlicher Sicht – und ohne ein Blatt vor den Mund zu nehmen – einen Lebensweg zwischen den Geschlechtern, der das Dilemma einer unaufgeklärten Umwelt und Sprachlosigkeit in der Familie drastisch vor Augen führt. Selbst künstlerisch tätig, zeigt Jürgen als Artistic Intervention II dazu 24 Arbeiten des 2016 durchgeführten *#366days366artworks-Projektes*, in dem täglich eine Collage gestaltet und auf Facebook gepostet wurde. Sie illustrieren indirekt die zuvor erzählten Erlebnisse und Wahrnehmungen.

Georgiann Davis stellt in dem folgenden Beitrag einen Teil ihres mehrfach preisgekrönten Buches *Contesting Intersex* zur Verfügung. Es handelt sich um einen sehr einnehmenden und gut verständlichen Ausschnitt des Kapitels *The Power in a Name*, in dem es um den Wandel im Benennen, Entdecken und Diagnostizieren intergeschlechtlicher Formen und Bewegungen geht. Der Text erscheint in Englischer Originalsprache mit freundlicher Genehmigung der New York University Press.

Katinka Schweizer beschäftigt sich darauf folgend in einem Beitrag zum Thema Identitäten ebenfalls mit Sprache und untersucht im Hinblick auf Zwischengeschlechtlichkeit die Nützlichkeit des umstrittenen Identitäts-Konzepts. Die Videokünstlerin *Bianca Kennedy* hat in der Artistic Intervention III zusammen mit Vogler einige seiner Skulpturen in einem Stop-Motion-Film in Bewegung versetzt. Nach einem zweiwöchigen gemeinsamen Arbeiten im Bargumer Atelier im Januar 2017 und mehreren Monaten der Nachbearbeitung entstand der Kurzfilm *Limbo Weeks*: Er spielt in einem fiktiven Uterus, in dem sich ein sogenannter *Dance of Identification* vollzieht, womit auf die Tatsache Bezug genommen wird, dass jeder Fötus während der ersten Entwicklungswochen intersexuell ist, weil seine Anlagen multiple sind.

Inga Becker, *Franziska Brunner* und *Will Preuss* vergleichen aus sexualwissenschaftlicher und klinischer Sicht die Begriffe und Phänomene Intersex und Transgender. Dieser Beitrag ist zentral, da Inter- und Transgeschlechtlichkeit häufig vermengt und verwechselt werden, obwohl sie unterschiedliche Entwicklungen bezeichnen. Fragen lässt sich, was das Verinnerlichen von Differenz und Varianten im Bereich geschlechtlicher Identitäten und Körper so schwer macht.

Die Artistic Intervention IV besteht aus Reiseaufnahmen mit einer kleinen Bronze von Fabian Vogler, die sich nicht immer eindeutig geschlechtlich zuordnen möchte – *Dittmar's Brother*. Als Edition von neun Abgüssen begleitet ständig einer dieser »Brüder« Vogler oder Kolleg_innen auf verschiedenen Reisen um die Welt – den sogenannten *Dittmar's Brothers' Travels*. Jeder Abguss hat inzwischen einen eigenen Namen. So war *Marlene* mit *Bianca Kennedy* in Griechenland und Japan, *Freimut* mit *Viktoria Märker* in Russland und *Maibert* mit *François de Rivoyre* gemeinsam mit Vogler in Leipzig unterwegs.

Almut Rudolf-Petersen zeigt im nächsten Beitrag, dass Intergeschlechtlichkeit innerhalb der Psychoanalyse bisher kaum auftaucht – trotz der reichhaltigen Theorien zum Verständnis polymorpher Geschlechtlichkeiten. Dabei hatte Freud bereits einen psychischen Hermaphrodismus sowie eine körperlich begründete Bisexualität angenommen und das Konzept der Psychosexualität erfunden. Rudolf bezieht die Perspektive und Erfahrungswelt von Eltern intergeschlechtlicher Kinder ein und legt, u.a. aufbauend auf Ideen von Quindeau, Grundlagen für eine Psychoanalyse der Intersexualität.

Die Soziologin *Kathrin Zehnder* geht in ihrem Beitrag der Frage nach, welche Möglichkeiten bisher angesichts intergeschlechtlicher Phänomene für ein erweitertes Geschlechterverständnis in der Sprache entwickelt wurden. Lösungen jenseits des binären *männlich | weiblich* zu finden, ist sicherlich ein Schlüssel, um eine mehr_polige

Welt denken und leben zu können. Gleichzeitig zeigt sich, dass Änderungen des Sprachsystems besonders schnell Irritationen und Widerstand hervorrufen. Das Künstlerpaar *Veronika Schlauss-Riedl* und *Stefan Riedl* hat die grafische Arbeit *We are Gender III* zur Verfügung gestellt. Angeregt davon antwortete Fabian Vogler mit der Komposition *Gender we are*. Gemeinsam ist beiden die scheinbare Auswahlmöglichkeit und Vielheit, einmal dargestellt als Strichzählungen und »Kasterln«, einmal als Figurensymbole, die das Binäre spielerisch verlassen und umspielen und damit hinterfragen und erweitern.

Der menschliche Körper ist ungemein komplex, doch eine ganzheitliche Intersex-spezifische Medizin, die die vielen Wechselwirkungen jenseits eines binären Geschlechterverständnisses betrachtet, ist noch in den Anfängen (vgl. Schweizer 2017). Die Debatten um medizinische Indikationen und geschlechtsangleichende Eingriffe im Kindesalter, ohne höchstpersönliche Zustimmung des Kindes, bedürfen einer respektvollen und geduldigen gegenseitigen Aufmerksamkeit und sollten möglichst konkret geführt werden. Ein Ausblenden gesellschaftlicher und ärztlich-psychologischer Schuld für Fehler der Vergangenheit und Gegenwart ist dabei nicht zielführend. Thematisiert werden muss, was an Unrecht, Verheimlichung und Verletzung der körperlichen Integrität ohne medizinische Not in der Vergangenheit geschehen ist und heute noch geschieht. So können und sollen die Kontroversen im Umgang mit Intersex auch hier nicht ausgeklammert werden. Eine Idee dieser Auseinandersetzungen bekommt man beim Lesen des von *Ute Lampalzer* geführten Interviews mit der Gynäkologin *Sonia Grover* und dem Psychologen *Peter Hegarty*. Das Gespräch, das auf Englisch geführt wurde und im Original wiedergegeben wird, akzentuiert zentrale Streitpunkte.

Eine weitere künstlerische Zusammenarbeit fand mit der angewandten Künstlerin *Silke Lazarević* als Artistic Intervention VI zum Teil gemeinsam mit Fabian Vogler statt. Dabei entstand die dreidimensionale Bildserie *Involucrum*, bei der mit Pergament zu zwei von Voglers Bronzeplastiken im Sinne von Körper und Hülle formal-verwandte Hautkonstrukte gebaut und genäht wurden.

MEHRDEUTIGKEITEN

Im zweiten Teil des Buches geht es um *Mehrdeutigkeiten* im speziellen und erweiterten Sinn. Die Juristin *Konstanze Plett*, die als Mitautorin der eingangs erwähnten Verfassungsbeschwerde im Fall »Vanja« wesentlich am »Geschehen« beteiligt war, weist in ihrem Beitrag darauf hin, dass mit der Auflösung der Geschlechtskategorie im Recht einerseits Diskriminierung eingedämmt werden soll, andererseits damit einhergehend auch Maßnahmen zum Schutz vor geschlechtlicher Diskriminierung entfallen würden. Wenn es keine geschlechtliche Unterscheidung mehr gäbe, könnten Geschlechterungerechtigkeiten nicht mehr erfasst werden. Hier bekommen wir eine Ahnung davon, dass die Öffnung der Geschlechterkategorien »jedermann« betrifft.

Heinz-Jürgen Voss geht im nächsten Beitrag auf die biologische Vielgestalt körperlichen Geschlechts in der jüngeren Neuzeit ein und verdeutlicht, dass die meist-geäußerte Begründung für ein Festhalten an einem dichotomen Weltbild, nämlich das Argument der biologistischen Grundprinzipien, veraltet und ungültig ist.

Der Sexualwissenschaftler *Volkmar Sigusch* prägte den Ausspruch, es gäbe so viele Geschlechter, wie es Menschen gibt. Siguschs Beitrag basiert auf einer Stellungnahme, die er für die *Initiative Dritte Option* für den Bundesgerichtshof verfasst hatte, also für die Instanz vor dem Bundesverfassungsgericht. Der Beitrag entstammt damit ebenfalls den Geschehnissen im Vorfeld des Bundesverfassungsgerichtsurteils. Er zeigt, Rechtsprechung geschieht nicht einfach, sondern ist eingebunden in vielschichtige Prozesse und hat zahlreiche genannte und ungenannte Urheber_innen, Akteur_innen und Verantwortliche aus unterschiedlichen gesellschaftlichen Gruppen.

Ein langjähriger Kenner der Thematik ist der Philosoph *Michael Groneberg*. Zusammen mit Kathrin Zehnder gab er 2008 eines der ersten deutschsprachigen transdisziplinären Bücher zum Thema heraus, das die Würde, Selbstbestimmung und Entscheidungsrechte intergeschlechtlicher Kinder ansprach. Im seinem Beitrag analysiert er künstlerische und theologische Beschäftigungen mit dem Intersex-Thema über die Zeit. Ausgehend von Ovids Mythos von Hermaphroditos zieht er Querverbindungen zu den beiden Schöpfungsmythen des Alten Testamentes und spannt den Bogen bis in die Pop-Musik.

Einen interdisziplinären Abriss über die Grenzen der Kunstgeschichte hinaus gibt die Kunsthistorikerin *Uta Kuhl*, die als erste Autor_in mit ihrem Beitrag zur Stelle war und damit buchstäblich das Fundament für das Buchprojekt legte. Sie macht an Beispielen aus Film und Literatur deutlich, dass Intersexualität schon vielerorts thematisiert wird und wurde.

Im Beitrag *Die digitale Universität zu Besuch im Atelier* geben wir gemeinsam mit *Ute Lampalzer* und *Peer Briken* einen Überblick über partnerschaftliche Projekte, Symposien und Veranstaltungen, die synergetisch in unser Projekt hineingewirkt haben. Exemplarisch ist die Einbindung in das Projekt *intersex-kontrovers* der neuen *Hamburg Open Online University* (HOOU).

Den Übergang zum dritten Teil bildet der Beitrag des Archäologen *Karl Reber*. Er erläutert an Hand der griechischen Hermaphrodit-Darstellungen die Ambivalenz zwischen Darstellung und Deutungsperspektive von Zwischengeschlechtlichkeit im alten Griechenland. Deren erstaunliche Verbreitung als zu verehrende Kultobjekte steht im direkten Widerspruch zur heutigen Auslegung der damaligen Sicht auf geschlechtliche Varianten.

MULTIPOLARE PERSPEKTIVEN

Der dritte Teil führt unterschiedlichste Betrachtungen und Blickwinkel auf verschiedene Kunstwerke und Modephänomene zusammen. In ihrem durch und durch interdisziplinären Text erörtern *Lutz Goetzmann und Barbara Ruettner* anhand einer Skulptur der buddhistischen Gottheit *Bodhisattva Avalokitesvara*, der Bronzeplastik *Menina|8* von Vogler und des Gemäldes *Las Meninas* von Diego Velazquez im Rückgriff auf den Psychoanalytiker Lacan das Geschlecht der Schönheit. Sie kommen zu dem Schluss, dass dieses durch das Dazwischen gebildet wird – durch den Raum, der von zwei Extremen begrenzt wird. In der Artistic Intervention VII steht eine *Menina* von Vogler einem hochpolierten Edelstahlrelief des italienischen Bildhauers *Elia Sabato* gegenüber – sich spiegelnd. Deutlich stellt die Reflexion eine Neuordnung der eigenen Form dar.

Der Beitrag von *Sylvia Muños Ventosa* ist ein Resultat aus einer Art Debate, die unter dem Thema *Art Fashion Gender: Crossover at the Age of Fluid Thought* im Rahmen der Einzelausstellung *Fabian Vogler | Liquid Gender* bei Espronceda stattfand. Ventosa, die als Kuratorin am Design Museum Barcelona die dort 2016 groß angelegte Schau *Dressing the Body* zur Geschichte der Mode konzipiert hatte, erkennt in der Mode eine der wesentlichen Mitgestalterinnen der Aufweichung der Geschlechtergrenzen. Sie stellt die Hypothese auf, dass in Zeiten politischer und sozialer Umbrüche Mode Veränderungen reflektiert, indem sie Stereotypen entflieht und alternative Arten des Kleidens vorschlägt.

Der Kunsthistoriker *Uwe Haupenthal* erläutert im nächsten Beitrag anhand vieler Beispiele, dass die Beschäftigung mit der Geschlechterauflösung in der Kunst nicht erst im zwanzigsten Jahrhundert beginnt, sondern als Entwicklung in der Skulptur am Menschenbild weit früher einsetzte. Er spannt den Bogen von der klassischen Moderne bis hin zu den ältesten bisher entdeckten dreidimensionalen Menschenbildern – den prähistorischen Venus-Darstellungen.

Kunsthistoriker und Experte für mittelalterliche Sakralkunst *Jochen Vennebusch* analysiert in seinem Beitrag ein frühkirchliches katholisches Reliquiar mit der Figur der Fides, einer Märtyrerin und Heiligen aus dem dritten Jahrhundert, dessen Besonderheit in der zusätzlichen Verwendung einer älteren männlichen Herrschermaske zur Darstellung der Frauenfigur liegt. Vennebusch streift auch progressives neutestamentliches Gedankengut, das Intergeschlechtlichkeit als Schöpfungsvariante denken lässt. Ein eigener theologischer Beitrag fehlt jedoch in unserem Band. Dies bedauern wir. Hier markieren wir ein »Gap« _____, das exemplarisch auch für andere Lücken und fehlende Perspektiven steht.

Zusammen mit *Viktoria Märker* eröffnen wir den Gedankenspielraum der »Körperphantasie«, als Einladung, ein statisches Körperbild in Frage zu stellen. Körperliches Imaginieren kann hilfreiche Gesprächs- und Verständnisbrücken bilden. Der Text gibt einen ersten Einblick in ein eigenes Vorhaben.

Die von *Lucie Veith* gehaltene Dankesrede anlässlich der Verleihung des *Preises für das Engagement gegen Diskriminierung* im Oktober 2017 durch die Antidiskriminierungsstelle des Bundes lässt sich wie ein Ausrufezeichen am Ende des Buches lesen: Weitermachen! – lautet die Botschaft der Preisträger_in. Die Rede lässt sich als historisches Dokument lesen, das in die Zukunft wirkt. So ist auch der verliehene Preis, die Bronzeplastik *Prince_ss | 09* von Fabian Vogler, als zeitlos und zeitlich zugleich zu betrachten.

Der abschließende Beitrag von *Katinka Schweizer* widmet sich, in Auseinandersetzung mit dem Konzept der Geschlechtsidentität, der Bedeutung von Vorbildern. Sie beschreibt die historische Figur der intergeschlechtlichen *Herculine*. Aus der tragischen Geschichte heraus, »keinen Platz« für sich in dieser Welt zu haben, erwächst die Aufforderung, diesen Platz einzurichten und zu schützen.

Zum Ausklang geben *wir* in der Artistic Intervention VIII mit einem Augenzwinkern einen »symbolischen« Überblick möglicher Geschlechtlichkeiten. Neunzig Symbole, Neuschöpfungen und Beispiele für Zeichenkombinationen, die uns in den letzten

Jahren aufgefallen sind, führen die Unendlichkeit der Varianten vor Augen und laden zum Weiterdenken ein.

DANK UND AUSBLICK

Viele verschiedene Menschen sind direkt und indirekt am Projekt beteiligt gewesen, durch ihre Beiträge in diesem Buch, in Ateliergesprächen, auf Symposien, Reisen, Ausstellungen und Konferenzen. Allen Mitwirkenden, Förder_innen und Freund_innen des Projekts danken wir herzlich für das Engagement und die vielseitigen, Beiträge: 25 Texte von 29 Autor_innen sowie acht künstlerische Interventionen von neun Künstler_innen sind zusammengekommen. Den Künstler_innen und Autor_innen gilt großer Dank für Mühe, Zeit, Sorgfalt, Ideenreichtum und den Glauben an echte Bücher. Auch den Gesprächspartner_innen im Atelier und unterwegs und unseren befreundeten Kolleg_innen möchten wir danken für die Anregungen, Fragen und stets neue Begeisterung.

Wir danken Professorin Dr. Ilka Quindeau und der Hamburger Bürgermeisterin und Senatorin Katharina Fegebank für die Unterstützung des Projekts und die wertschätzenden Gruß- und Geleitworte aus Wissenschaft und Politik.

Für die großzügige Unterstützung zur Finanzierung der Druckkosten dieses Buches danken wir der Sigmund-Freud-Stiftung zur Förderung der Psychoanalyse Frankfurt/Main, der Stiftung Nordfriesland in Husum, der Behörde für Forschung, Wissenschaft und Gleichstellung der Freien und Hansestadt Hamburg, Annette Güldenring und der Deutschen Gesellschaft für Sexualforschung.

Dank gilt auch den Kooperationspartner_innen und kooperierenden Projekten, allen voran Espronceda (Center for Art & Culture, Barcelona), EuroPSI (European Network for Psychosocial Studies of Intersex) und der HOOU (Hamburg Open Online University).

Dem Campus Verlag, insbesondere der Programmleiterin Frau Dr. Judith Wilke-Primavesi und der Grafikerin Julia Flechtner danken wir für die sehr gute Zusammenarbeit, Professor Dr. Volkmar Sigusch für die freundliche Beratung und Vermittlung an den Verlag.

Unseren Familien danken wir von Herzen für die Geduld und das Interesse, die Unterstützung und praktische Hilfen, Winfried Vogler für sein sorgfältiges, kritisches und konstruktives Lektorat, und Inga Becker für das Herstellen des ersten Herausgeber_innen-Kontakts.

Vielfältig und bereichernd waren die Begegnungen bei der Erarbeitung dieses Bandes. In vielen vorbereitenden und begleitenden Diskussionen stießen wir durchgängig auf Offenheit. Jedoch beim Schreiben wird deutlich: Im momentanen Sprachgebrauch ist es im Deutschen noch ungewohnt, uneinheitlich und schwierig, ein drittes Geschlecht zu benennen. Ob der von uns bevorzugte Gender_gap (_), englisch für Geschlechterlücke und gedacht als ein Freiraum für individuelle Vervollständigungen zu jeder erdenkbaren Option, zur Anwendung kommt, oder der Asterisk (*) oder Schrägstrich (/) – die in diesem Buch praktizierte Uneinheitlichkeit durch den parallelen Gebrauch verschiedener Formen soll im Einklang mit der Vielfältigkeit des Themas für eine Freiheit stehen, die die Kunst der Sprache voraushat.

Katinka Schweizer | Fabian Vogler

BIBLIOGRAFIE

Assmann, A. (2015). Im Dickicht der Zeichen. Berlin, Suhrkamp.

Han, B.-C. (2015). Die Errettung des Schönen. Frankfurt /M., S. Fischer.

Lang, C. (2006). Intersexualität. Leben zwischen den Geschlechtern. Frankfurt/M., Campus.

Lüth, Hans-Heinrich (2015), Fabian Vogler. Vollkommene Unvollkommenheit. Plastiken und Reliefs, Husum-Halebüll. pictus verlag.

Prinz, U. (1986). Androgyn. Sehnsucht nach Vollkommenheit. Einführung, Berlin, Reimer, 9–32.

Schweizer, K. (2017). Herausforderungen der Gesundheitsversorgung bei Intergeschlechtlichkeit. In: Stiftung Männergesundheit (Hg.). Sexualität von Männern. 3. Männergesundheitsbericht. Gießen, Psychosozial, 253–268.

Sonntag, S. (2016). Über Schönheit. In: Sonntag, S. Standpunkt beziehen. Fünf Essays. Reclam, 23–34.

Fabian Vogler

IDOL UND SUPERFORM UND MROFREPUS IN NORDFRIESLAND. 2012. BRONZE. 54 x 19,5 x 13 | 33 x 28,5 x 18,5 cm

Lucie Veith

VON DER SCHÖNHEIT DES GESCHLECHTS UND ANDEREN UNBEKANNTEN GRÖSSEN

Wenn intergeschlechtliche Realität auf heteronormative Gesellschaft trifft

ÜBERLEGUNGEN AUS INTER*-NORMATIVER SICHT

Was ist schön an einem Geschlecht? Jedes Menschengeschlecht ist schön für die Person selbst und, ja, dies unterscheidet ein sogenanntes intersexuelles Geschlecht nicht von dem Geschlecht anderer Menschen. Wir leben in der gleichen Welt, werden gebildet, erzogen, gesellschaftstauglich gemacht. Es spielt keine Rolle, welche Ausprägung dieses individuelle Geschlecht hat, ob es den Normvorstellungen entspricht oder sogenannt »abweichend« ist, denn es ist der eigene Körper. Gilt nicht für jeden Menschen: Die Norm für mich bin ich, denn ein anderes Potenzial wurde mir nicht geschenkt?

Meist ist die körperliche Ausprägung mit dem »Rest«, d.h. mit dem Erleben, übereinstimmend. Es ist für jede_n eine Herausforderung, sich der eigenen körperlichen Entwicklung zu stellen und sich selbst anzunehmen. Es ist für jeden Menschen eine spannende Erfahrung zu erleben, wie die Hormone wirken, wie körperliche Ausformungen sich ausbilden, außerdem das Entdecken der erogenen Zonen, das Erleben von eigenem Begehren, verliebt Sein, begehrt Werden, das Aushandeln von Möglichkeiten und das Gefühl von Zugehörigkeit zu einer Gruppe. Die Erkenntnis, dass das eigene Geschlecht einzigartig ist, Geschenk und Herausforderung zugleich, macht stark, stolz und bereit fürs Leben. Es gibt uns Würde und schenkt uns die Optionen, die das Leben bietet. Soweit die Theorie. Nun lässt sich fragen: Wo ist das Problem? Oder besser: Warum lassen wir zu, dass Konstrukte Menschen aus der Bahn werfen und Exklusion bewirken? Wo bleiben wir mit den Grund- und Menschenrechten eines jeden Menschen, wenn es um Menschen geht, die scheinbar vom Konstrukt der Zweigeschlechtlichkeit abweichen? Und es stellt sich die weitere Frage: Wie zukunftsweisend ist ein Konstrukt, das Realitäten ausklammert und nicht mitdenkt, wie im Fall von intergeschlechtlichen Menschen?

SCHÖNHEITEN

Wenn wir über die Schönheit des Geschlechts reden wollen, was ist damit gemeint? Und was ist mit Schönheit gemeint? Außerdem: Haben wir Menschen nicht viele Geschlechter?

Immanuel Kant hat wohl als einer der Ersten das Theorem von der »Normalidee der Schönheit« formuliert. Danach gilt bei jeder Spezies der »Durchschnittswert« der Körperformen als sehr attraktiv, weil die Natur darin gewissermaßen »das Musterbild« der ganzen Art aufstelle. Hieraus lässt sich die Überlegung ableiten: Braucht Schönheit immer ein Gegenüber? Kann ich mich nicht selber schön finden? Gesellschaftliche Schönheitsnormen wandeln sich, also haben sie nur bedingt Bestand. Es gab und gibt sie in jeder Kultur und in den unterschiedlichsten Epochen. Gesellschaftliche Akzeptanz wird immer auch an dem Kriterium »Schönheit« gemessen. Das löst Druck aus: »Willst du einem Schönheitsideal entsprechen, dann passe dich an!«

Man kann versuchen die Schönheit und das aktuelle Leiden daran biologisch oder kulturell oder philosophisch zu erklären. Oft gehen aus internormativer Perspektive die Schubladen auf, und es ergibt sich die Banalität von Geschlechtsstereotypen von nur zwei Geschlechtern. Allenfalls werden noch die »Mutation« oder die »Kranken«, die »Monströsen« in die Überlegung mit einbezogen. Mal heißt es: »Männer sind das schöne Geschlecht«, wenn sie klug und stark auch begehrenswert sind und bestenfalls zur Fortpflanzung taugen. Mal sind es die Frauen wegen ihrer erotisch attraktiven Ausprägungen, die das Begehren wecken. Mal sind es die biologischen Signale, mal ist die jeweilige Präsentation ausschlaggebend. Das wünschen sich auch Industrie und Handel, denn »Schönheit« bringt Umsatz und Gewinn. Das »nicht schön« ist dem Rest der Menschheit scheinbar überlassen. Zu hinterfragen sind die zugrundliegenden Thesen immer, denn es gilt auch die Einsicht, dass Schönheit sich starker Konkurrenz ausgesetzt sieht: Exotik, Androgynität und das Außergewöhnliche sowie die Ästhetik, die auch als »avantgardistisch« umschrieben werden könnten.

In der Bewegung der intergeschlechtlichen Menschen wird die Diskussion um Schönheitsideale ebenfalls geführt. Dies geschieht fast immer auch in Verbindung mit und in den Auseinandersetzungen um ein Gefühl der Unterlegenheit, der Wertlosigkeit oder im Zusammenhang mit dem eigenen Selbstwertgefühl oder der Werteübertragung von außen. Slogans wie »Zwittersein passt in keine Mode« greifen nur bedingt, denn die Körper vieler intersexuellen Menschen werden unbewusst als schön, begehrenswert und attraktiv wahrgenommen. 2016 sorgte beispielsweise das belgische Fotomodell Hanne Gaby Odiele für Aufsehen auch in den Mainstream-Medien. Dennoch ist man als intergeschlechtlicher Mensch im Alltag eher vorsichtig nach dem Motto »Hauptsache durch das Geschlecht nicht auffallen!« Diskriminierungserfahrungen lassen Menschen vorsichtig sein. Wie schön wäre es, wenn die Vielfalt der Schönheiten im Sichtbarsein wahrnehmbar würde. Sehr wahrscheinlich würde das

Bollwerk der Geschlechtsstereotypen, das Intergeschlechtlichkeit umgibt, zu einem Nichts zusammenfallen.

EBENEN DES GESCHLECHTS

Offen bleibt zudem die Frage: Sprechen wir über Geschlecht, welches der vielen Geschlechter meinen und beschreiben wir? Welche Ebenen von Geschlecht sollen hier benannt werden …? Soll es um das äußere anatomische Geschlecht gehen, diese unsichere Ebene, die sich bei jedem Menschen extrem im Lebensverlauf verändert? Eine Ebene, die durch andere Menschen in Momentaufnahmen betrachtet, durch Übertragen von Vorstellungen und gelernten Stereotypen sehr unterschiedliche Reaktionen auslöst? Bezogen auf intergeschlechtlich geborene Menschen ist zu sagen, dass hier die Ungeduld und die (Selbst-)Überschätzung von medizinisch Sachkundigen die Eltern oft verführt hat, am eigenen Kind ein scheinbar »uneindeutiges« Geschlecht gegen ein »Normgeschlecht« designen zu lassen.

In anderen Zusammenhängen sprechen wir von Genitaloperationen als Genitalverstümmelungen, einer grausamen unmenschlichen Behandlung, wie es nicht nur die Expert_innen der UN-Folterrechtskonvention festgestellt haben. Die Resultate von solcher Folter mag »schön« finden wer will. Ich schließe mich nicht an.

»Äußere, anatomische Geschlechter« mögen sich ähneln, sie sind jedoch alle individuell, einzigartig wie die Potenziale der Menschen selbst. Dies gilt auch für die Ebene des inneren anatomischen Geschlechts. Auch hier ist festzustellen, dass alles sich entwickelt, differenziert, mehr oder weniger produziert, manchmal, in kurzen Zeitspannen, kann es zum Ort neuen Lebens werden. Das System aus Wolff'schen und Müller'schen Gängen, aus Samenleitern, Tuben, Vulva, Prostata, Keimdrüsen, Eierstöcken, Schleimhäuten, Eizellen und Spermien, in scheinbarer Isoliertheit und doch Teil des Körpers, als ein Ort archaischer Phantasien, wäre sicher auch ein Ort der Schönheit, der Vielfältigkeit und Wandlungsfähigkeit birgt. Dies schließt intergeschlechtliche innere anatomische Geschlechter mit ein.

Die Ebene des »Chromosomen-Geschlechts« birgt weitere Erkenntnisse und transportiert Bilder, die eine eigene Betrachtung wert sind. Besonders die Zusammensetzung der menschlichen Chromosomen und der Desoxyribonukleinsäuren (DNS/A) und der Energie- und Entwicklungspotentiale, die sich darin verbergen, sind inspirierend. Man könnte annehmen, es handele sich um eine Ebene des Geschlechts, die weniger Diskriminierungspotenzial hätte, oder? Ein Nachteil ist jedoch die fehlende Verfügbarkeit empirischer Ergebnisse. Niemand ist in der Lage zu klären, ob Diskriminierungen an bestimmten chromosomalen Merkmalen festzumachen sind. Wer kennt schon den Zustand der eigenen Chromosomen?! Hierbei sind intersexuelle Menschen im Vorteil, sie wissen häufig aufgrund der vielen erfahrenen Untersuchungen, welches chromosomale Geschlecht ihnen zugeschrieben wird. Mal findet die Humangenetik bei Menschen mit intergeschlechtlichen Ausprägungen unterschiedlichste Konstellationen wie xx, xy, xxyo und den Genen auf den 46 weitere Chromosomen, auf denen mehr als 100 variable Gen-Abschnitte nachgewiesen werden können. Alle Chromosomen haben somit einen Einfluss auf die geschlechtliche Entwicklung des Menschen.

Auch auf der Ebene des »hormonellen Geschlechts« ließe sich bestimmt ein Zusammenhang bezüglich der individuellen Einmaligkeit herausarbeiten. Alle Menschen jeden Alters haben eine hormonelle Lage, die zwar immer schwankend ist in der Menge, der Art, ihrem Ursprung und ihrer individuellen Wirkung. Manche Hormone werden in unterschiedlichen Organen produziert, andere über die Nahrung oder als Medikament zugeführt. Die Rezeptoren, die Hormonleser, sind Indikatoren für die Umsetzung. Aber vielleicht sprengt das den Rahmen und wir wenden uns dem »Gonaden-Geschlecht« zu. Hormonproduzierende Organe haben alle Menschen. Dieses Gewebe in seinen schier unendlich erscheinenden Entwicklungsstadien und der Vielzahl von Produkten, der Faszination der Unterschiede und der Wirkung, die sich aus der Zusammensetzung ergibt, machen den Menschen in allen Geschlechtlichkeiten durch die eigene Hormonproduktion, gleich wieviel produziert wird, auf individuelle Art einzigartig und autonom. Es bestimmt weite Teile der hormonellen Versorgung des Menschen über den gesamten Lebensverlauf, steuert die Fruchtbarkeit, die psychische Gesundheit, hat direkte Auswirkung auf die Libido und auf die Stoffwechselprozesse des Körpers. Intergeschlechtlichen Menschen wurden und werden diese hormonproduzierenden Organe sehr häufig auch im gesunden Zustand entfernt. Damit ist immer auch das Ende der eigenen Reproduktionsfähigkeit verbunden. Viele intergeschlechtliche Menschen verlieren damit die sexuelle Lust und beklagen den Verlust von Gesundheit sowie sexuellem Begehren. Das Gonaden-Geschlecht ist somit ein Fall verletzter Grund- und Menschenrechte. Aus internormativer Sicht sicher ein Geheimtipp für die Wahl zum wertvollsten Geschlecht. Denn die Gonaden stehen unter besonderem menschen- und grundrechtlichem Schutz. Das Recht der Reproduktion, der Schutz vor Sterilisation, vor Kastration als Ausdruck schlimmster Erniedrigung und unmenschlicher Behandlung gemäß der UN-Folterrechtskonvention erkannt, stehen in einem außergewöhnlich hohen Rang.

Ganz anders, zart und geheimnisumwittert kommt das »psychische Geschlecht« ins Spiel, die geschlechtliche Identität (engl. gender identity). Anders als die Bewertung und Beschreibung durch Dritte ist das psychische Geschlecht oder das Identitätsgeschlecht die geschlechtliche Selbstwahrnehmung und Selbstauskunft der Person selbst. Die Selbstbeschreibung kann sein: weiblich, inter*, anders, divers, dazwischen, männlich, ich, und vieles andere mehr.

Eine weitere Ebene stellt das »Erziehungsgeschlecht« dar. Das Erziehungsgeschlecht spiegelt die jeweils auf die geschlechtsbezogenen ausgehandelten Werte und Normen (zumeist des Zweigeschlechtersystems) wider, die Verhaltensmuster, die Geschlechtsstereotypen, die ein Zugehörigkeitsgefühl bewirken sollen. Das Nichtmitdenken von intergeschlechtlichen Körpern und Identitäten und »Intergeschlechtlich« als mögliche Option von Erziehung führt zu Verunsicherung im selbst erlebten Körper und findet seine unnötigen Barrieren der Identitätsentwicklung. Das Anerkenntnis der eigenen Individualität in einer Welt mit vielen Körpern und Identitäten und Rol-

Lucie Veith

len würde einen Ausschluss unmöglich machen. Die Entscheidung, wie der einzelne Mensch leben möchte, führt zur »Geschlechtsrolle« (*gender-role*). Das Recht, das eigene Leben selbstbestimmt zu leben und nicht diskriminiert zu werden, gehört zu den gesellschaftlichen Werten, die u.a. auch in den religiösen Werten verankert sind. Rollen verändern sich, auch die geschlechtsbezogenen.

Das »Hebammengeschlecht« löst Freude aus. Dieser Freude kann man eine Schönheit nicht absprechen. Das Recht der Hebamme, zwischen die Beine des Kindes zu schauen nach der Geburt, das Werten aus subjektiver Sicht der Hebamme selbst, die Übertragung des Wissens und der Vorstellungen, das Zeugnis des Moments, ohne die Berücksichtigung des geschlechtlichen Entwicklungspotenzials findet in einer Geburtsbescheinigung, ausgestellt von einem_r Geburtshelfer_in seinen Ausdruck und bestimmt das Glück oder das Leid eines Menschen mit dessen individuellem Geschlecht. »Kann das Kind weder dem weiblichen noch dem männlichen Geschlecht zugeordnet werden, so ist der Personenstandsfall ohne eine solche Angabe in das Geburtenregister einzutragen.« So heißt es im Personenstandgesetz § 22.3 seit dem 1.11.2013. Damit wäre dann staatlich angeordnet: Es gibt weibliches und männliches Geschlecht, und es gibt Menschen ohne Geschlecht. Wäre es nicht so tragisch und diskriminierend, ich könnte über so viel Kurzsicht lächeln … Menschen werden geboren und haben immer ein Geschlecht – ihr Eigenes, und sie haben ein Entwicklungspotenzial … Die Absicht dieses Gesetzes mag freundlich gemeint gewesen sein. Die Auswirkungen sind es nicht: Eltern haben überall das Geschlecht ihres Kindes zu benennen. Und das schafft Probleme, die völlig unnötig wären. Frei nach dem Motto: Wenn ich keine Probleme habe, dann schaffe ich sie mir?

Als bitter ist in diesem Zusammenhang die rechtliche Situation zu nennen, der sich ein intergeschlechtlicher Mensch im »Personenstandsgeschlecht« ausgesetzt sieht. Ein Kind, mit intergeschlechtlichen anatomischen, gonadalen und hormonellen Merkmalen geboren, wird selbstgewusst erzogen und wächst behütet auf, versteht den eigenen Körper, entwickelt eine würdevolle und befriedigte Selbstwahrnehmung und legt das Selbstzeugnis ab: ich bin ein Inter*-Mensch und möchte ein staatliches Anerkenntnis. Die Selbstverständlichkeit des diskriminierungsfreien Geschlechtseintrages ist dem intergeschlechtlichen Menschen bisher versagt. Das ist völlig absurd, denn niemand würde den Geschlechtseintrag »Inter*« wählen, wenn er nicht der Selbstbeschreibung entspricht. Die Macht wissenschaftlich nicht belegbarer Normierungen wird hier deutlich. Und nicht zuletzt auch aus christlicher Sicht ist die Überhöhung von Geschlecht und Geschlechternormen nicht haltbar. Zeigt doch der wissenschaftliche Nachweis die Vielfältigkeit der geschlechtlichen Ebenen und der geschlechtlichen Potenziale des Menschen und die großartige Schöpfung.

Das Bundesverfassungsgericht hat in seiner am 8. November 2017 veröffentlichten Entscheidung die Regelung des § 22 (3) PStG als einen verfassungswidrigen Zustand gerügt und eine Neuregelung bis zum 31. Dezember 2018 gefordert. Doch zurück zum Personenstandsgeschlecht: Wenn man erkennt, wie wirkmächtig die Geburtsbescheinigung der Hebamme ist – sie beurkundet amtlich das »Geschlecht« und ist häufig in der Macht größer als das persönliche Potenzial des Menschen selbst –, dann kann Mensch ins Zweifeln geraten. Ist das bei Geburt festgestellte »Hebammengeschlecht« notwendig oder sollte dies nicht als vorläufiger Eintrag dienen, bis sich Körper, Geist und Identität ausgebildet haben und der Mensch Zeugnis über das eigene »Sein« abgeben kann. Niemand würde etwas verlieren, alle gewinnen: Die Überzeugung – ich bin ich.

Ich möchte nicht schließen, ohne einen Blick auf das »Zuweisungsgeschlecht« gelenkt zu haben. Allein in Deutschland leben und leiden mehrere zehntausend intergeschlechtlich geborene Menschen an den Auswirkungen und Ergebnissen der Interventionen, der von der Medizin normierten Geschlechtlichkeit. Wenn das Aussehen der eigenen Genitalien und sexuelle Vorstellungen von Medizin und Eltern auf das Kind übertragen werden und das Kind sogenannten »geschlechtsvereindeutigenden« oder »geschlechtszuweisenden« Eingriffen ausgesetzt wird, ein Kind »zurechtgeschnitzt« wird, damit es später einmal penetriert werden kann, oder penetrieren kann, die Entscheidung nicht der Mensch selbst erbittet, dann ist nach meiner Rechtsauffassung der Tatbestand der schweren vorsätzlichen Körperverletzung erfüllt. Das ist eine Genitalverstümmelung aus dem Glauben heraus, dass man nur als von außen lesbarer Mann oder lesbare Frau leben kann. Dass hier handwerklich gute Arbeit geleistet wird, die so geschaffenen Genitalen oft verblüffend nah an die Schönheitsideale von Prototypen von Mann oder Frau herankommen, ist unstrittig. Sehr häufig ist aber die Sensitivität nicht gegeben, dass das so Geschaffene nicht kompatibel mit dem Wunsch des Menschen selbst ist und eine Teilhabe an einem sozialen Leben, mit einer erfüllten Partnerschaft und der Erfüllung erotischen Begehrens verunmöglicht. Das dies eine schwere Menschenrechtsverletzung, ein unerlaubter Eingriff in die Grund- und Menschenrechte darstellt, muss hier nicht weiter erörtert werden. Die Würdelosigkeit, die in der Verstümmelung von Kindern liegt, raubt jedem noch so guten Behandlungsergebnis den Glanz.

Die Gewalt, die Menschen erleben, die dann psychologisch behandelt werden, weil die eigene geschlechtliche Erlebenswelt nicht mit dem zugewiesenen körperlichen Geschlecht im Einklang ist, sollte nicht verdrängt werden. Die Zuschreibungen und Diagnosen lösen bei den Menschen, die das erleben, häufig ein Gefühl der Hilflosigkeit und tiefer Verletzung aus. So werden Begriffe wie »Identitätsstörungen«, Zwitter oder »DSD« als diskriminierend und erniedrigend empfunden. Wenn eigenes Geschlechtsempfinden in Frage gestellt wird, dann werden sehr persönliche Grenzen überschritten, die Menschen auch in ihrer sozialen Rolle verunsichern, und eine sicher gutgemeinte psychosoziale »Versorgung« löst dann einen Notfall aus.

AUSBLICK

Die Lebensaufgabe, sich selbst anzunehmen, Lebenswege in einem solchen Zustand zu gehen und sich selbst zu finden, erfordert viel Energie und Fähigkeit, sich zu wandeln, nicht zu zerbrechen. Sie verlangt vom intergeschlechtlichen Menschen mit medizinischem Zuweisungsgeschlecht schier Unmenschliches, in jedem Fall sehr viel mehr als von Menschen, die unverletzt und mit der nötigen Wertschätzung aufgewachsen sind.

Da unsere wichtigste geschlechtliche Ausprägung nicht in unserem Unterkörper, sondern zwischen den Ohren liegt, in direkter Nachbarschaft zu unserem Intellekt und dem Instinkt, ist die gelieferte Auflistung unvollständig.

Die Schönheit liegt in der Erkenntnis der Vielfalt der Geschlechter begründet, im Respekt, dem Anerkennen von individuellen Entwicklungen und von Potenzialen, im Anerkennen von selbstbestimmtem Erleben des eigenen Körpers und der individuellen geschlechtlichen Identität. Der Schlüssel dazu ist in der bedingungslosen Liebe begründet, zum Kind in seiner persönlichen Entwicklung und seiner Beziehung zu sich selbst, und dies schließt das eigene Geschlecht auf allen Ebenen und in Beziehung zu andern Menschen mit ein.

ARTISTIC INTERVENTION I Lucie Veith und Fabian Vogler

LUCIE VEITH UND FABIAN VOGLER   DIE GEMACHTE VENUS | 1
LUCIE VEITH   INNERE GENITALVARIATIONEN
FABIAN VOGLER   ÄUSSERE UND INNERE GENITALVARIATIONEN

DIE GEMACHTE VENUS | 3

2017
BRONZE
41,5 x 29 x 26,5 cm

Fabian Vogler

Alex Jürgen

EINDEUTIG UNEINDEUTIG
Intersex-Erfahrungen zwischen Isolation und Gemeinschaft

Buddhisten sagen, es braucht viel gutes Karma, um als Mensch wiedergeboren zu werden. Ich frage mich oft, ob es in meinem Fall speziell schlechtes-gutes Karma war oder etwa extrem gutes. Wenn man auf mein Leben zurückblickt, würden Außenstehende mit Bestimmtheit von »speziell-schlechtem« sprechen. Langsam drängt sich mir aber eher das Gegenteil auf. Gleich vom ersten Atemzug an schien mein Leben ein Desaster zu werden.

Bei meiner Geburt haben die Ärzte nicht recht gewusst, was sie in die Geburtsurkunde schreiben sollen. Die Genitalien sahen eindeutig uneindeutig aus. Angeblich ein zu kleiner Penis, obwohl ich aus Operationsberichten weiß, dass das, was mir da mit sechs Jahren weggeschnitten wurde, 3 Zentimeter lang war. Dieser »Penis« ragte auffällig aus den Schamlippen hervor, deren Haut am unteren Ende sehr an Hoden erinnerte. Wie man später herausfand, hatten sich meine Hoden scheinbar in die Leisten verkrochen.

Ich frage mich oft, wie es für meine Eltern war, diese schier unaufhörlichen Fragen von Allen, und jenes »Was ist es denn?« zu beantworten. Und ob sie dieses überhaupt getan hatten. Ich weiß es nicht. Mit den Eltern über meine Vergangenheit zu sprechen, tut weh. Sicher nicht nur mir. Und weil ich nie gelernt habe, mit ihnen darüber zu sprechen, scheint es heute zu spät. Schon als Kind wusste ich, wenn ich Fragen stelle, werden sie ganz nervös und unbequem. Die ewigen Krankenhausbesuche waren mir ein Rätsel. Als ich dann mit sieben oder acht Jahren einen Mutter-Kind-Pass fand mit meinem Geburtstag und dem Namen »Jürgen« als Vorname, war ich der Überzeugung, es müsse sich um meinen Zwillingsbruder handeln.

In meinem Kopf stellte ich für mich folgende Gleichung auf: Krankenhaus + verschwiegene, panische Eltern + dieser Mutter-Kind Pass = Ich bin unheilbar krank und mein Bruder ist schon tot. Kein Wunder, dass einem keiner was sagt. Ich würde es selber nicht wissen wollen!

Meine Großeltern waren sehr gläubige Leute. Seit ich denken kann, mussten wir sonntags mit ihnen gemeinsam in die Kirche gehen. Oma hat mir alle Gebete beigebracht, die es ihrer Meinung nach als Kind zu wissen gibt. Ich hatte also das beste Werkzeug, am Leben zu bleiben. Jeden Abend, wenn ich im Bett lag, betete ich quasi um mein Leben: »Jesukindi bleib bei mir, mach ein frommes Kind aus mir, mein Herz ist rein, darf niemand hinein, nur du mein liebes Jesulein!«

So rein ist es nicht geblieben, die nächsten Jahre. Ich war seit dem zweiten Lebensjahr als Mädchen eingetragen. Alexandra. Und ich habe mir nie großartig Gedanken darüber gemacht. Ja, ich wusste, dass mir da mal was »falsch angewachsen« sei, wie es meine Mutter einst erklärt hatte. Nichts anderes als der sechste Finger meiner Großcousine. Aber irgendwann haben sie mich zur Seite genommen. Als ich beim Raufen hinten am Spielplatz in der Mittagspause in den Pool gefallen war und patschnass nach Hause geschickt wurde. Ich soll doch endlich aufhören, mit den Buben in der Klasse wilde Spiele zu spielen – hat es geheißen. Warum ich mich denn nicht mit den Mädchen abgeben will – haben sie gefragt. »Die sind sooo fad« habe ich geantwortet. Und da ich für eine Weile planlos, und ohne gegen das Verbot verstoßen zu wollen ziemlich einsam war, fing ich an, in der Leichenhalle nebenan tote Menschen zu betrachten, sofern es welche zu betrachten gab. Aber das Licht am Eingang war nur an, wenn da auch einer drinnen lag. Es hat mich fasziniert, dass plötzlich alles aus ist, und man dann daliegt und wie eine Puppe aus Wachs aussieht. Ich habe diese Menschen nie gekannt, aber als eines Tages die Oma des Nachbarjungen in der Truhe lag, ging ich nie wieder in dieses Gebäude und versuchte Freundschaft zu schließen mit den Mädchen. Ich glaube, es war der Tag, an dem ich beschlossen habe, keinen Ärger mehr zu machen und ein braves Mädchen zu sein. Weil: Die Hölle ist kein Ponyhof, und wenn ich nicht brav bin, kommt entweder der Krampus,[1] man bekommt nix zu Weihnachten oder man fährt in die Hölle.

Wie ein Hund, der zu wild ist, wurde ich mit zehn Jahren kastriert. »So einen Schleim« hätte ich da drinnen. »Und der muss raus«. Als ich in der Schule der Lehrerin vor dieser Torso-Puppe erklärt habe, dass »dieses« Zeug da rausoperiert werden soll, mit dem Finger auf Dünn- und Dickdarm zeigend, haben mich alle ausgelacht. Ohne dem könnte ich gar nicht weiterleben, hat die Lehrerin erklärt.

Ich habe diese Operation gut überstanden und als Belohnung einen roten Walkman bekommen und eine Kassette von Michael Jackson's »Thriller«. Irgendwie habe ich mich immer mit ihm identifizieren können. Auch wenn ich früher noch nicht wusste, dass es sich bei beiden von uns um kosmetische Schönheitsoperationen gehandelt hat, die unser Leben geprägt haben. Bei mir wohl eher negativ. Er war so androgyn. Das hat mir immer gefallen. Die Verwandtschaft hat auch

---

[1]   Der Krampus ist im Brauchtum des Ostalpenraums eine Schreckgestalt in Begleitung des heiligen Nikolaus. Während der Nikolaus die braven Kinder beschenkt, werden die unartigen vom Krampus bestraft. Vgl. Christoph Waltz dazu in The Tonight Show: https://youtu.be/VbkGuCozc9M

Alex Jürgen

immer geglaubt, ich wäre mein drei Jahre älterer Bruder, wenn sie einmal im Jahr zu Besuch kamen. »Markus ist aber schon wieder groß geworden«, musste ich mir anhören.

Als ich in die Hauptschule wechselte, musste ich mit einem Postbus in den nächsten Ort fahren, so groß war unser Dorf nicht für eine eigene. Bei der Busfahrt haben mich andere, ältere Kinder oft seltsam angesprochen. »Stimmt's, du warst einmal ein Junge?« haben sie gefragt. Oder »Zwitter« gerufen. Ich hab' mich überhaupt nicht ausgekannt bis zum Tag der Tage.

Aufklärungsunterricht in der Schule! Büchlein, Binden und Kondome wurden herumgereicht, und jedes bekam seine eigene, kleine Box. Da hab' ich zuhause gleich den Spiegel im Schlafzimmer meiner Eltern genutzt. Ausziehen, Beine spreizen, Buch daneben und los. Aber da haben sie wohl einen Druckfehler gemacht bei meinem Buch. Da passte so einiges nicht zusammen. Ich wollte dann noch mit einem Tampon üben für den Ernstfall, doch da ging nichts. Zu Beginn dachte ich noch, das Jungfernhäutchen sei so dick, aber als dann Blut kam und trotzdem nichts weiterging, wurde ich panisch.

Ich habe drei Tage gebraucht, um mit jemandem darüber reden zu können, und ging zu meiner Mutter. Lapidar erklärte sie und stammelte herum. Sichtlich unangenehm war ihr diese Situation. Und mir erst. Doch ich spürte, dass ich die Wahrheit nicht heute und nicht von ihr erfahren würde. Ich drängte, mit einem Arzt sprechen zu können, und dieser Wunsch wurde mir, ich glaube dankend, gewährt. So bestand kein Grund für weitere Gespräche seitens der Eltern.

Den Doktor sehe ich noch genau vor mir. »Haben Sie Alexandra bereits alles erzählt?« fragte er. Und Mama hätte nicht »Ja« sagen sollen. »Ja, damals, als wir dir die Hoden entfernt haben« war ein Satz, der mir bis heute in den Knochen steckt. Nach diesem Satz hat sich in mir alles zugemacht. Weitere Sätze verblassten bis heute aus meiner Erinnerung. Hoden! Hoden!

Hoden gehören zu einem Buben, klang es in meinem Hirn. Mama sagte, sie hätten es nicht gleich erkannt bei meiner Geburt, aber ich hätte mehr von Mädchen gehabt und darum diese Entscheidung. Aber Hoden?

Ich glaube, es war der Tag an dem ich abgeschlossen habe. Abgeschlossen mit »Vertrauen«, abgeschlossen mit Selbstvertrauen. Plötzlich wusste ich nicht mehr, wer ich war. Oder was. Oder überhaupt. Der Boden unter meinen Füßen ist mir weggezogen worden, und ich fiel in tiefes Schwarz.

Die erste Schockwelle versuchte ich damit zu verarbeiten, dass ich mich nur noch mehr als Mädchen hergerichtet habe. Sogar die Schulterpolster der Mutter hatte ich mir in die Bluse gestopft, um endlich mit meinen Klassenkameradinnen mithalten zu können. Ich konnte es nicht erwarten, endlich weibliche Hormone verabreicht zu bekommen. Niemand durfte je erfahren, dass ich ein Monster war. Ein Monster mitten im Klassenzimmer. Zum Ende der Pflichtschule war ich auch nicht zu bremsen, mir sofort eine künstliche Vagina anlegen zu lassen. Mit Jungen hatte ich schon geknutscht, aber alle wollten ständig mehr und in die Hose. Ohne Möse wird das nie was, habe ich gedacht. Ich muss so schnell es geht »normal« werden, war der Plan und

Michael Jackson hat es vorgemacht. Ab in die Klinik war das Motto, und Mama hat ganz schön geschluckt, als ich dies einforderte.

Danach ging's ran an den Speck. Ich glaube, ich wollte meine Weiblichkeit beweisen oder so etwas. Ich vögelte mich quasi quer durchs Dorf und dann noch weiter. Dazu Alkohol in rauen Mengen.

Alles war vergebens. Mein Ruf war bald ruiniert, je weiblicher ich aussah, umso fremder fühlte ich mich, und nach einer Vergewaltigung hatte ich jahrelang Angst und begann, meine mittlerweile sehr weiblichen Züge, mit Körbchengröße D, zu hassen.

Der Alkohol wurde bald durch Drogen ersetzt. Bei einem Open Air wollte ich was zu rauchen ausprobieren. Und dieser Typ verkaufte mir was, das angeblich so gut ist, dass man es auf der Folie rauchen muss statt es in einen Joint zu drehen. Das war natürlich kein Gras oder Haschisch. Es war Heroin. Natürlich hab ich das sehr bald herausgefunden. Aber dieses Gefühl war unglaublich. Diese Droge konnte mit einem Schlag so viele meiner Bedürfnisse befriedigen. Ich fühlte diese wohlige Wärme. Ein Gefühl der Geborgenheit und vor allem, ich hörte auf, über mich selbst nachzudenken. Wahrscheinlicher aber ist jedoch, retrospektiv betrachtet, dass es die Droge war, die im Laufe der nächsten Monate immer wichtiger wurde, während ich immer mehr in den Hintergrund rutschte.

Es dauerte nicht lange, und ich war in der Drogenhierachie nach oben gerutscht. Unterwegs mit dem bekanntesten Dealer und seiner Freundin fuhren wir nach Prag, um einen Arsch voll Zeug nach Hier zu schmuggeln. Da fing es dann auch mit der Nadel an.

Auch wenn ich oft gehänselt und gewarnt wurde, dass ich heikel sei, dies hat mir wohl das Leben gerettet. Für eine Weile jedenfalls. Wer Junkies kennt, weiß, dass diese nicht gerade zur gepflegtesten Spezies an Süchtigen gehören. Mir war das alles gleich: zu dreckig, zu grauslig, nur »wäh«!

Als ich dann noch ein älteres Ehepaar beim Trampen beklauen wollte, hatte ich, »Göttin sei Dank«, einen lichten Augenblick. Mir wurde bewusst, was aus mir geworden war, und ich beschloss mich von diesen falschen Freunden abzuwenden und clean zu werden. Und weil ich 18 war, aber noch bei den Eltern wohnte, musste ich dafür weg. Zwei Wochen Türkei/Antalya *all inclusive* waren der Ausweg. Drogen verkaufen und gegen ein Flugticket eintauschen. Wie auch immer ich das geschafft hatte, aber die Lehrabschlussprüfung zum Einzelhandelskaufmenschen hatte ich noch auf die Reihe gekriegt und war somit bis zum Beginn der Pflegehelferausbildung im November auf »gemähter Wiese« unterwegs. Also ab nach Antalya zum kalten Entzug. Die erste Woche war ich oft genug glücklich, all inclusive gebucht zu haben. Die Trinkerei hätte mich einiges gekostet. In der zweiten Woche gingen auch Bauchkrämpfe, Durchfall, und Krämpfe weg und so habe ich die letzten Tage noch unter der Hand mit einem Animateur verbracht.

Die haben das ziemlich gut hingebracht, dachte ich mir damals noch. Es hat sich noch nie jemand beschwert oder auch nur irgendetwas gesagt, wenn ich mit einem

Alex Jürgen

Mann zusammen war. Dass ich absolut keine Klitoris habe, wurde mir erst bewusst, als ich anfing auch mit Frauen zu verkehren.

Zurück zuhause war ich wieder in einem Zustand, der den Eltern vorzeigbar war. Braun gebrannt noch dazu. Später im Jahr hatte ich nochmal einen kleinen Rückfall, als ich schon den Pflegehelferlehrgang besucht habe. Zur Buße für mein Fehlverhalten ließ ich mich gemeinsam mit meiner Schulkollegin Inge, in die ich noch dazu tierisch verschossen war, in einer Knochenmarkspenderdatei eintragen.

Ich führte eine On/off-Beziehung mit einem Türsteher, genoss aber mehr das Ansehen anderer Mädchen, weil ich ihn hatte, und nicht sie. Aber in Wahrheit ist er eher ein Kumpel gewesen, mit dem man halt Sex hatte, wie es ihm gepasst hat. Wirklich gespürt habe ich bei diesem Rein-Raus nie wirklich etwas. Ich nannte es immer, und jetzt Ohren zuhalten, »Scheißen« im Vorwärts/rückwärts-Endlosschlaufenmodus.

Mit manchen war es eben lustig. Mit anderen eher nicht! Richtig angenehm wurde es, als ich das erste Mal von einer Frau abgeschleppt wurde. So wie mit meinem damaligen Freund hatte auch ich meine Techtelmechtel außerhalb der Beziehung. Dass es einmal um eine weibliche Person ging, die wir beide wollten, aber ich am selben Abend knutschend mit ihr an der Bar desselben Lokals, wo er Tür stand, gesichtet wurde, haben wir uns ein halbes Jahr nicht mehr gesehen. »Das ist ja ekelhaft« hat er gesagt. Er war einer, der sich am Abend auszog, seine Wäsche zusammenlegte und verstaute um anschließend die Kleider für den nächsten Tag heraus zu legen. Einer, der nach dem Sex aufsprang und sich wusch. Einer, wo man einen Untersetzer nehmen musste in seiner Wohnung, und für den Homosexualität abartig war. Sogar Lesben.

Die Folgen meiner Vaginalplastik – Inkontinenz – wurden von ihm als pure Geilheit gedeutet. Anscheinend hat er noch nie Pipi gekostet. Aber es war anstrengend, die dicken Einlagen und die »Prothese« zu verstecken, die nur dazu da war, diese Neovagina weit zu halten. Ich benutzte sie nurmehr, wenn ich wusste, ich brauch sie heute. Die Mumu, nicht die Prothese. Tja. Ovestin-Creme schmeckt anscheinend auch nach Nichts.

Diese Frau aber, in der Schule, hatte es mir angetan. Meine Freunde, die nie viele waren, haben mich oft aufgezogen, weil ich einmal meinte: »Als sie bei der Türe reinkam, am allerersten Schultag für angehende Pflegehelfer*innen, ging die Sonne über ihrem Kopf auf.« Ich kam mir oft vor wie ein Heuchler, der die Nähe der anderen Frauen genossen hat. Zum ersten Mal hatte ich das Gefühl, dass es für mich eine Zukunft gibt. Mit den Schulkolleginnen verstand ich mich blendend, ich hatte bald eine Ausbildung in der Tasche, in einem Beruf, der mir wirklich Spaß machte und mit dem ich das Gefühl bekam, wertvoll für Andere sein zu können. Und das auch noch gut bezahlt. Ich wollte nach Wien ziehen und dort dann arbeiten. Soweit sollte es nie kommen.

Im Juli 1996, vier Monate vor Abschluss, fing ich an, mich immer seltsamer zu fühlen. Als erstes fiel mir auf, dass ich mein Leibgericht, Schnitzel, nicht mehr aufessen konnte. Morgens war mir oft übel, und ich wurde im Praktikum gerne gehänselt, ob ich denn schwanger sei.

Nach einem Motorradtreffen, bei dem ich noch ordentlich die Sau rausgelassen habe, bin ich völlig zusammengebrochen. Bald stand fest, dass ich an einer akuten Leukämie leide, und ich bekam meine erste Chemotherapie im Krankenhaus der Barmherzigen Schwestern Linz.

Ein Freund hatte mir Marihuana empfohlen, und geraucht hab' ich immer schon gerne was. Tatsächlich stand versteckt in meinem Einzelzimmer eine Bong (Wasserpfeife) am Klo. Und irgendwie hab' ich mich gewundert, dass die Chemo bei mir so gut verläuft. Ich hatte sogar Angst, sie würde nicht anschlagen. Aber alles verlief wie geplant. Meinen 20. Geburtstag verbrachte ich noch im Krankenhaus. Dann wurde ich mit Erhaltungstherapie entlassen. Ständige Kontrollen mit abgeflachter Chemotherapie und dazwischen auf Technopartys mit dem Magen voll Tabletten, Drogen oder beidem. Ich genoss mein neues Leben in vollen Zügen, verfiel in alte Muster und hatte rein gar nichts gelernt.

Die Rechnung wurde mir schon Mitte Dezember präsentiert. Rückfall! Am 1. Januar 1997 wurde ich ins St. Anna Kinderspital eingeliefert. Angeblich war es eine kindliche Form der Leukämie, und dort wäre mir am besten geholfen, haben sie gemeint. Dort gab es kein Klo mit Bong und auch keine Freunde mehr. Oder nicht mehr viele. Mein eigener Freund Thomas war zwar fleißig nach Linz gekommen, aber nach zwei Besuchen in Wien kam er dann nie mehr.

Schon bald ging es bergab mit mir. Wirklich bergab! Nach Wasser in der Lunge kam die künstliche Beatmung und danach das Koma und danach ein Multiorganversagen. 13 Wochen hatte ich geschlafen. In einem traumähnlichen Zustand, der nur mit einem Wort zu beschreiben ist: Hölle.

Jeden Tag ums Überleben kämpfen, ständig wird einem nach dem Leben getrachtet, Finger abgeschnitten,[2] es war Hardcore!

Als ich wieder zu mir kam, war ich bewegungsunfähig. Die erste Zeit haben sie nicht einmal mitbekommen, dass ich wieder »da« war. Mir tat alles weh, ich konnte nicht reden, nicht blinzeln und überhaupt. Ich war wie gelähmt. Da gab es viel Zeit zum Nachdenken. Warum passiert das alles? Und in dieser Formel gab es eine Lösung. Wenn eines seinen Körper so sehr hasste, wie ich es tat, ihn mit Drogen vollstopft, mit Messern schneidet, Zigaretten auf ihm ausdämpft, dann wird dieser Körper irgendwann mal sagen: Leck mich am Arsch! Wenn du mich nicht willst!

Aber ich hatte überlebt. Mein Bruder hat mir Stammzellen gespendet, und obwohl ich diese abgestoßen habe, wie jede Hilfe von außen, reichten diese, um meine eigene Produktion wieder in Gang zu setzen. Nach jährlichen Reha-Maßnahmen im Schwarzwald probierte ich aus, mein wahres ICH zu enthüllen. Dort, weit weg von Zuhause, hatte ich Raum zum Probieren. Bei der zweiten Reha erzählte ich es den Therapeuten und Betreuern und bei der dritten und letzten auch den anderen Patienten. Es war eine Wohltat, und ich wurde niemals ausgelacht. Im Gegenteil. Laut

---

[2] Anspielungen auf Koma-Halluzinationen

Alex Jürgen

Bericht war ich eine Person, die gerne von Anderen für Ratschläge und Gespräche aufgesucht wurde. Ich kam im Rollstuhl mit der Mama im August 1997 das erste Mal zur Reha. Beim dritten Mal im September 1999 kam ich ohne Rollstuhl aus dem Schwarzwald zurück.

Als ich wieder zu Hause war, den Führerschein gemacht, ein Auto und meine Mobilität zurück hatte, hielt ich mich fern von alten Freunden. Ich war wieder verliebt in eine Frau, die alles von mir wusste, und ich erzählte bald darauf im Radio meine Geschichte. Wenig später begann ich mit Elisabeth Scharang die Dreharbeiten an *Tintenfischalarm*. Obwohl wir keinerlei Zusagen hatten, stürzten wir uns in dieses Filmprojekt. Es begleitete mich über 3 Jahre auf meiner Suche nach mir selbst. Natürlich ist es mit der Frau nichts geworden. Eigentlich habe ich das Gefühl, dass sich niemand mehr für mich interessiert, seit ich out bin. Sobald ich jemandem erzähle von mir, kommt die Nummer mit den Freundschaften.

Die Dreharbeiten haben mich einiges gekostet. Gespräche mit den Eltern. Gespräche mit den Ärzten, Dokumente und Krankenakten durchwälzen, nebenbei eine Selbsthilfegruppe gründen und zum ersten Mal im Leben auf andere intergeschlechtliche Menschen zu treffen. Es waren erlösende wie tief traurige Momente zugleich. Die Achterbahn meines Lebens. Wenn oft die schwarze Wolke um Weihnachten herum vorbeischaut und für einige Monate darüber zu schweben scheint, denke ich mir oft: Ich sitze seit Jahren in derselben, Gott verdammten Achterbahn. Endlosschleife. Wenn die Tage wieder länger werden, geht sie dann auch wieder. Manchmal.

Februar 2006 war es dann soweit: Tintenfischalarmpremiere auf der Berlinale in Berlin. Mit dabei einige Herms, die ich bis dahin kennen und lieben gelernt habe, alle Leute aus dem Filmteam und mitten drinnen dann ich. Ich kam mir vor wie ein Star. Zurück in Österreich folgte eine Filmvorführung mit Publikumsgespräch nach der anderen und im groß Reden war ich gut und routiniert geworden. Ein selbstbewusster Zwittermann stand da auf der Bühne.

Während der Dreharbeiten habe ich nicht nur meine Einstellung gewechselt. Auch den Personenstand von weiblich auf männlich. Und ich nahm seither Testosteron. Das Zeug, das meine Hoden eigentlich produziert hätten, hätten sie mir diese nicht mit 10 Jahren herausgeschnitten. Und das tat unglaublich gut. Es fühlte sich an wie ein Jungbrunnen, und auch mein Sexualtrieb zeigte sich zum ersten Mal in meinem Leben. Da, wo mein Penis mal gewesen ist, wuchs mit Testosteron eine fast unmerkliche Beule, die Orgasmen machen kann. Ob diese so sind wie sie wären mit allem dran, ihr wisst, werde ich nie erfahren.

Weibliche Hormone hatten eine völlig andere Wirkung auf mich damals. Das Verlangen galt mehr der Geborgenheit und Liebe. Nicht dem puren Sex. Ich wollte Sicherheit. Jemanden zum Anlehnen, dem man vertrauen konnte. Und die dem weiblichen Zyklus nachempfundene Hormondosen gaben mir das Gefühl, ferngesteuert zu agieren. Blaue Pillen machten eher aggressiv, rote eher weinerlich, gelbe liebesbedürftig usw. Plötzlich verstand ich alle, die mir damals auf den Busen gestarrt haben. Beim Baden mit freizügigen Freunden musste ich anfangs selbst auf den Boden schauen.

Endlich ICH sein zu dürfen, fühlte sich wunderbar an. Und ich lernte meine erste, richtige Freundin kennen. Das Glück schien perfekt, wir sind zusammengezogen. Doch das war wohl das Ende vom Anfang. Bald fing es an zu kriseln, Sätze wie »Ich fühle mich im Bett mit dir wie eine Lesbe«, oder »Wir können nie gemeinsame Kinder haben«, brannten auf meiner Seele.

Nach drei Jahren Beziehung hatte sie ihr Ende erreicht. Ich schlief schon lange nicht mehr im gemeinsamen Bett, ich durfte sie nicht berühren und dann auch mich nicht mehr. Am Ende habe ich alle meine Sachen verkauft und bin sechs Monate nach Indien abgehauen. Alleine. Das tat so gut, dass ich mir bei der Heimkehr eine Wohnung genommen, ein Moped gekauft habe und im Winter gleich nochmal vier Monate nach Indien verschwunden bin.

In meiner letzten Arbeitsstelle als Nachtportier im Studentenheim wurde ich derartig gemobbt, dass mir die Kombination dazu mit meiner Krebserkrankung den geraden Weg in die Berufsunfähigkeitsrente geebnet hat. Bald gab es eine Newsgroup über mich. Das »Portiertier«.

Was ich denn sei, und jeder wusste es besser. Das war einfach zuviel für mich. In dieser Welt, wo es nur Männer und Frauen geben darf, wollte ich nicht mehr arbeiten müssen. Besser die Zeit nutzen für etwas, wofür noch so gut wie keiner bezahlt wird: Inter*Aktivismus.

Für all das hatte ich nun Zeit. Gut, meine Nieren arbeiten nicht mehr richtig, Leberschaden, Neuropathie, Peroneuslähmung und Nervenschmerzen sind einige der Spätfolgen der Chemotherapie, aber hey, ich war am Leben. Das spürt man, so glaube ich, nirgends so stark wie in Indien. Nachdem ich mich in meiner Ex-Freundin verloren habe, hatte ich mich in Indien wiedergefunden. Aber auf die eine, wahre Liebe warte ich noch heute.

Mein Leben hat mich an viele Plätze gebracht, mich viele Menschen kennen lernen lassen. Die heilsamsten Erfahrungen in den letzten 40 Jahren waren – eindeutig auf Platz 1 – andere zwischengeschlechtliche Menschen kennen zu lernen, Platz 2 – Leukämie. Mit Friede, Freude, Eierkuchen lernt man selten etwas dazu. Alles nur, weil ich gelernt habe, Ich zu sein. Mich nicht versteckt habe und aufgestanden bin, für unsere Rechte und dafür, dass künftige Kinder nicht mehr operiert und behandelt werden dürfen. Ich bin eine Variation der Natur. Wenn es einen Gott gibt, hatte er das so gewollt. Wer seid ihr, Menschen, der Natur derartig ins Handwerk zu pfuschen? Nur damit ihr geregelt bekommt, wer wen heiraten darf und Kinder bekommen oder adoptieren? Damit immer eine Seite mehr hat und die andere weniger und Frauen weniger bezahlt bekommen.

Dieses Kasterl-System möchte ich gerne auflösen. Weil es der Mensch ist, der zählt. Nicht das, was er zwischen den Beinen hat, welche Hormone durch seinen Körper fließen oder welche Chromosomen er hat oder auch nicht. Deshalb habe ich Anfang des Jahres eine Geburtsurkunde mit meinem »richtigen« Geburtsgeschlecht

Alex Jürgen

beantragt. Alles andere wäre schlichtweg nur erlogen. Falschangaben in öffentlichen Dokumenten sind strafbar! Und – I'm a human after all.

#366DAYS366ARTWORKS-PROJEKT

2016. MIXED MEDIA. jeweils 9 x 9 cm

#013	THE BLACK FILES 2	Mittwoch, 13. Januar
#022	RAINBOWS END	Freitag, 22. Januar
#026	THE BLACK FILES 3	Dienstag, 26. Januar
#033	Y	Dienstag, 02. Februar
#040	BEHIND THE BOXES	Dienstag, 09. Februar
#053	HUMP	Montag, 22. Februar
#058	THE BLACK FILES 5	Samstag, 27. Februar
#097	SCOPE	Mittwoch, 06. April
#102	ORGANIZED SEX	Sonntag, 11. April
#112	BLAUE TAGE	Donnerstag, 21. April
#127	ELEPHANT LOST IN THE DARKNESS	Freitag, 06. Mai
#128	WELTTAG DER GENITALEN SELBSTBESTIMMUNG	Samstag, 07. Mai

ARTISTIC INTERVENTION II Alex Jürgen

#134	REMAINED	Freitag, 13. Mai
#152	XX/XY	Dienstag, 31. Mai
#168	JEDER GEDANKE VERÄNDERT SIE SICHT (LUCIE VEITH)	Donnerstag, 16. Juni
#209	FERNWEH 1	Mittwoch, 27. Juli
#210	FERNWEH 2	Donnerstag, 28. Juli
#212	VARIATION	Samstag, 30. Juli
#229	TRACE	Dienstag, 16. August
#298	BUNTBLATTLAMINAT 1	Montag, 24. Oktober
#302	STARGATE TRILOGIE 1/3	Freitag, 28. Oktober
#303	STARGATE TRILOGIE 2/3.	Samstag, 29. Oktober
#304	STARGATE TRILOGIE 3/3	Sonntag, 30. Oktober
#334	VER-WOBEN	Dienstag, 29. November

24 BILDER AUS DEM #366DAYS366ARTWORKS-PROJEKT

Fabian Vogler

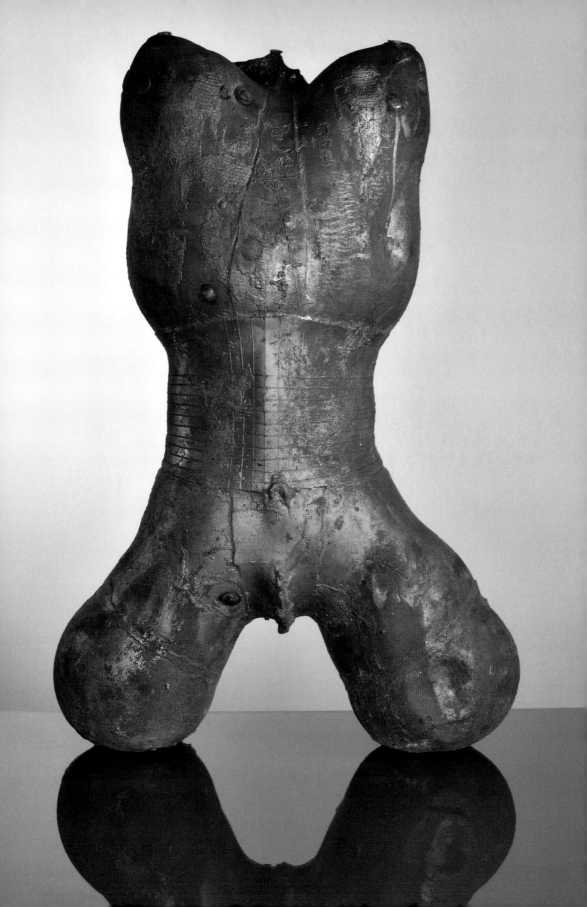

DAS GEMACHTE IDOL

DETAIL

Fabian Vogler

Georgiann Davis

THE POWER IN A NAME[1]
Contesting Intersex

Given that naming is such a politicized and controversial topic in the intersex community, I feel it is important to disclose my own preference. My research has led me to see utility in both intersex language and DSD terminology. As I traveled around the United States, meeting and speaking with intersex people, I found that each term comes with advantages and disadvantages. For example, disorder of sex development can be pathologizing in emotionally harmful ways, but it also affords benefits through the biological citizenship it allows. Many of the people I interviewed who embraced intersex language have positive self-identities but also have troubled relationships with medical professionals and parents.

At the same time, those who embraced DSD nomenclature tended to report positive relationships with medical professionals and family members. This is undeniably a positive pattern, but we need to ask at what cost this benefit surfaces. Disorder of sex development implies that the sex binary system is natural, and the context in which it is deployed suggests that sex is correlated with gender and sexuality, which might explain why those who prefer DSD terminology tended to question their gender authenticity. I embrace the notion that gender is a socially constructed phenomenon—that what we deem masculine or feminine depends on the context, time, and space of the individual deeming it so—which allows me to accept my intersex trait as a normal sex variation that is not tied to my gender identity.

These observations frame my contention that, as a community, we ought to recognize the utility of both intersex language and DSD terminology. To do so, however, we

---

[1]   Bei dem folgenden Text handelt es sich um Auszüge des gleichnamigen Kapitels aus Georgiann Davis' Buch "Contesting Intersex. A Dubious Diagnosis", 2015, New York University Press (89–97, 113–115, 185–187) mit freundlicher Genehmigung der Autor_in und des Verlags.

must reclaim the power embedded within nomenclature, which, in turn, we can begin to accomplish only if we acknowledge that, like sex, gender, and sexuality, medical diagnoses are only as real as their definitions. Underlying this chapter, then, is the crucial question: If we share the goal of reducing the shame, stigma, and secrecy associated with our bodies, why are we giving terminology the power to create further rifts and divides in our community?

INTERSEX IN A BINARY WORLD

A child born with an intersex trait encounters a world that narrowly and inaccurately assumes there are only two sexes, male and female, and considers any deviation from this two-sex model to be abnormal.[2] In other words, biological sex is commonly thought of as a binary phenomenon, in which bodies are either male or female, with distinct differences between the two. However, this line of thinking is flawed, for it assumes both that sex can be captured and that we have reliable markers of sex, when we simply do not. Throughout history, medical scientists have attempted to define sex using external and internal genitalia, sex hormones, chromosomes, and even the brain.[3] Societal institutions reinforce this instinct to define. For example, birth certificates almost always require that babies be labeled male or female.[4] Of course, the sex binary has been challenged by a range of voices, from queer activists to feminist scholars and even a few progressive medical professionals.[5] However, despite such challenges, the ideologies that underline the sex binary remain influential, not only in the medical approach to intersex traits (especially surgical interventions aimed at "normalizing" the body) but also with regard to how people – especially intersex people – understand their bodies, gender, and sexualities in ways that can be emotionally harmful.

As described in earlier chapters, medical professionals have long modified intersex bodies surgically in an attempt to help intersex people fit more comfortably into the sex binary. Consistent with previous research (e.g., Karkazis 2008; Preves 2003), thirty-three of the thirty-seven intersex people I interviewed underwent surgical modifi-

---

[2]   Robert Sparrow (2013) has gone so far as to suggest that pre-implantation genetic diagnosis (PGD) prior to in vitro fertilization is morally permissible, when selecting against intersex traits. I have challenged this claim on the grounds that it relies on misinformed assumptions about the visibility of the intersex community and the boundaries it challenges, the origins and status of intersex shame and stigma, and the health risks associated with intersex traits (Davis 2013).

[3]   In the early 1900s, alleged biological differences between males and females were discussed in various outlets by various sources. See, for example, William Blair Bell (1916); Frank Lillie (1939); Walter Heape (1913); and William Young, Robert Goy, and Charles Phoenix (1964). These narrow ideologies about sex differences continue to be supported (e.g., Bakker 2014).

[4]   In November 2013, Germany began allowing a third gender-indeterminate option on birth certificates. This has been heavily criticized by intersex activists. See, for example, Viloria (2013). In recent years, a few countries, for example Australia and India, have allowed citizens to identify as a third gender on their passports.

[5]   See, for example, Viloria (2015), Costello (2015a,b), Rebecca Jordan-Young (2010), and Nelly Oudshoorn (1994). For progressive perspectives from medical professionals, see Dr. Lih-Mei Liao et al. (2012).

Georgiann Davis

cation (89 percent), leaving them emotionally and physically scarred.[6] The emotional consequences of surgery mostly resulted from parental lies and doctors who attempted to keep diagnoses a secret. Ana, a thirty-seven-year-old woman, described her experience with clitoral reduction surgery:

> "When I was 12 … I was told [by my parents and doctors] that my ovaries had not formed correctly and that there was a risk of cancer and that they needed to be removed. And I had lots of examinations including of my genitals, but I was never made aware [prior to surgery] that anything was going to be taken away [from my external genitalia]. So it was a big shock to me [when I woke up after surgery]. And I really had some work to do when I was eventually ready to do it … from the trauma that I had from waking up from my surgery to realizing that what was between my legs was gone."

Eve, a twenty-two-year-old woman, told me that her intersex diagnosis was kept from her until she was in middle school. When her mother finally told her, Eve felt upset that this information had been withheld from her for so long. She also wondered what the diagnosis meant in terms of her identity. She explained:

> "I was really confused and I was angry. And I was really sad and shocked at finding out this thing about my body that I didn't know. I remember feeling very confused just about who I was after that point. … [It] would prove to be something that I struggled with for a long time, just my identity overall. Not just about AIS [androgen insensitivity syndrome], but like who am I because everything I thought I was … just was gone, I felt. It just had all crumbled. I feel like a lot of my adolescence and my teenage years were just kind of working up to that point, like 'Who am I?'"

When Eve was younger, she underwent the surgical removal of her testes (sometimes called a gonadectomy), which she wishes had not happened:

> "So [my parents] talked to doctors and I guess the only really pressing thing was the doctor said like 'Okay, well when she's still really young, you have to get the gonadectomy because there's risk of cancer.' And now, we know that it's not as much of a risk. … I have a huge scar [on my abdomen] and [my clothes] always fall down to the scar and … I don't know … obviously I had no control over it, but I regret that I had to have that surgery when I was really young."

Prior to the 2000 *Evaluation of the Newborn with Developmental Anomalies of the External Genitalia* statement (Committee 2000), which advised against such deception, intersex people, like Ana and Eve, were often lied to about their diagnoses because doctors were concerned that knowing they had an intersex trait might disrupt children's gender identity formation. While this deception is far less common today, which may reduce the emotional consequences of surgery, intersex genital surgeries continue.[7]

---

[6]   Even medical research reports dissatisfaction with genital surgery and sexual life. See, for example, Birgit Kohler et al. (2012), Verena Schönbucher et al. (2010), and/or Minto et al. (2003).

[7]   In a review piece, Dr. Sarah Creighton and colleagues (2012) conclude, "Regardless of sex of rearing, many individuals with DSD and atypical genitals will, at some point, require genital reconstructive surgery" (608). They do, however, acknowledge that "there is ongoing debate as to both the timing of surgery and which procedure should be chosen" (Creighton et al. 2012, 608).

Even if the emotional effects are mitigated, surgical interventions aimed at helping intersex people can result in negative physical consequences. Twenty-three-year-old Pidgeon[8] said, "My clitoris is gone … My vagina looks really fucked up … There's some scar tissue there and … penetration hurts." Only four of the thirty-seven intersex people I interviewed were not surgically modified (11 percent). Given the physical consequences of surgery, it is no surprise that only one of them was interested in such treatment. Although Pidgeon (who prefers the gender pronoun they) indicated that they would ultimately support any adult with an intersex trait who chose to have genital surgery, they would still passionately advise against it:

> "[N]ever let them touch you in terms of surgery. That's number one. If they ask about surgery or ask your opinion, don't do that. Don't do surgery, no matter what they say. … You'll love your body somehow, someway, and you don't need surgery to love your body and love yourself. … If you fuck with your body, you can never change that. But if you don't fuck with your body, you can change your acceptance of your body."

As Anne Tamar-Mattis (2006), a prominent advocate for the intersex community, puts it, "One thing that is clear about genital-normalizing surgery is that it does not consistently accomplish its apparent goals; in fact, it sometimes causes the problems it purports to solve" (72). More recently, Milton Diamond, a well-known critic of the John Money model of treating intersex (see chapter 3), and his co-author called for "a moratorium on early surgical intervention" because "the best ethical and scientific considerations require that gender surgery should be delayed until the child can consent" (2014: 2).

Given the consequences of these irreversible surgical interventions, it behooves us to ask why they continue.[9] Despite minimal evidence, many medical experts on intersex traits still claim that surgery minimizes cancer risks.[10] A more plausible explanation has to do with the binary sex model that many medical professionals – like much of society –believe should neatly map onto gender and sexual binaries. Fifty-three-year-

---

[8]   Participant has indicated preference for this spelling of the chosen pseudonym. In an earlier publication (Davis 2011), the pseudonym was spelled Pigeon.

[9]   Even medical professionals acknowledge that their surgical interventions aren't working. See, for example, Birgit Kohler et al. (2012), Verena Schönbucher et al. (2010), Johannsen et al. (2010), and/or Minto et al. (2003). Yet, they continue to perform these interventions. Dr. Jennifer Yang and colleagues (2007) even go so far as to conclude that "nerve sparing reduction clitoroplasty … is a safe and reliable approach to correct the enlarged clitoris" (1600).

[10]   We know relatively little about the health risks associated with intersex traits. For example, there is no clear consensus on the malignancy risks associated with complete androgen insensitivity syndrom (CAIS). Dr. Rebecca Deans and colleagues analyzed sixty-two studies of malignancy risks associated with CAIS and found that gonadal malignancy ranged from 0 percent to 22 percent (Deans et al. 2012). They conclude, "An accurate estimate for adult malignancy risk is unavailable" (Deans et al. 2012, 894). See also Nakhal et al. (2013), Pleskacova et al. (2010), and Cools et al. (2006). Congenital adrenal hyperplasia (CAH) is another trait referenced in claims that intersex traits pose serious health risks. While some forms of CAH can be life-threatening if left untreated, it is also the case that there is a remarkable "range of severity" associated with CAH, which can be minimized with appropriate medical care (Merke and Bornstein 2005, 2125).

Georgiann Davis

old Donna was told by her doctor, "You can go to college … have sex with any boy you want to." As she described it, "He pushed me to be feminine, he pushed me to be heterosexual, he pushed me to give in to boys." Pidgeon had a similar experience as a preteen in the 1990s, when a doctor asked, "Wouldn't you like to have normal sex with your husband when you're older? We can just fix [your vagina], we can make it a little bit bigger for you. It's just a little snip incision, and [your vagina] will just be a little bit bigger. And then you can feel like normal women and have normal sex." This line of thinking rests on the dangerous assumption that people should want to fit into the sex binary at any cost, including medically unnecessary surgical intervention. It also assumes that heterosexual partnering is the only route to "normalcy," whereas intersex people, like the rest of society, have diverse sexual identities. Out of the thirty-seven intersex people I interviewed, 32 percent identified as "straight" or "heterosexual." However, almost as many identified as lesbian, gay, or homosexual (30 percent). The rest identified themselves as bisexual (11 percent), queer (11 percent), asexual (8 percent), or reported that their sexuality was, in more or fewer words, "complicated" (8 percent).

Many intersex people, including those who underwent surgical interventions, did have a tremendous amount of anxiety about their "abnormalities," which made it difficult, if not impossible, for them to form sexually intimate relationships. But, as I first argued in 2014,[11] surgery is not the answer to overcoming those struggles.[12] Aimee, a thirty-year-old woman who had surgery, told me that the very thought of a romantic relationship resulted in a "crippling effect of fear." Mariela, a twenty-nine-year-old woman who also had surgery, commented, "I'm still really self-conscious about my body … and I'm worried about falling in love and when to disclose … . What if … he decides he doesn't want to be with me anymore?" Skywalker, a thirty-seven-year-old woman with a surgical history, had similar concerns, although they receded after she found a partner. She explained, "I'm enough of a woman that he doesn't care and that's enough for us." Stevie, a forty-four-year-old woman who had surgery as a young child, explained how the silencing of her experience affected her ability to relate to others: "So not only was I wounded physically through surgery … which I still am dealing with and may surgically revise at some point … . I was wounded by the mantling of my very existence being something that should not be discussed … the whole notion of connecting with other people especially in intimate relationships." If the goal of surgery is to facilitate a sense of normalcy, in large part for the benefit of intimate relationships, it clearly did not work for these people.

If surgery does not overcome the shame, stigma, and anxiety experienced by so many in the community, it is also not their exclusive cause. Many people shared the

---

[11] I first described the sexual struggles associated with intersex in a piece titled 'Bringing Intersexy Back'? Intersexuals and Sexual Satisfaction (Davis 2014a).

[12] Emily Grabham (2012) argues that surgeries aimed at "normalizing" the intersex body are problematic, not necessarily because they disrupt the natural body but because they "interrupt what Bourdieu would term a sense of corporeal 'immersion into the forthcoming'; an immersion which, in his theory of time as social action, is intimately linked with social power and possibilities" (1).

struggles described above, regardless of their surgical history. Kimberly, a thirty-eight-year-old woman who did not have surgery, said, "In relationships I have had, it's always really bothered me that I feel I have to disclose that I'm intersex before I get physically intimate with anybody because it's not like I could fake being normal … I've always resented that." Caitlin, twenty-six, another woman who did not have surgery, echoed this sentiment: "Being in sexual relationships with people, that was really hard. I didn't have a positive relationship with my sexuality when I wasn't being honest with the people I was sleeping with."

People respond in different ways to these feelings of abnormality. At the institutional level, some turn to activism, critiquing medical treatment and raising public awareness about intersex traits. At the individual level, responses vary from avoiding sexual intimacy to seeking out normalization through heterosexual encounters. Some people rejected the medicalization of their bodies altogether, claiming intersex as an identity. Although there was no need to confine themselves to a particular strategy, most chose one and did not shift from it.

The first and perhaps most disheartening response involved avoiding sexual intimacy. Emily, a fifty-year-old woman, explained, "I don't do intimacy very well … . Somewhere around thirty [years old] or so I decided to screw it. I might just not even bother anymore … . I'll just be single … . That's worked out better." Marilyn, another fifty-year-old woman, said, "I still haven't had sex … . I haven't had a date in the last twenty years. Not a single date." Aimee also avoided intimacy, an aversion that even her therapist could not help her overcome. She reported that her therapist would say, "I don't really know how to help you with this, other than to tell you: you need to just get out there and get some experience and get over it." Avoiding sexual intimacy seemed a reliable response to the struggles associated with intersex because it enabled people to avoid their fears of abnormality. However, it was also limited, for it did not confront the struggles associated with intersex traits but rather left them intact.

The second way people responded to these struggles was to focus on heterosexual encounters that would validate their assigned sex (on the assumption that sex correlates neatly and biologically with gender and sexuality). Many medical professionals encouraged this response by urging people to pursue heterosexual relationships. Although fifty-two-year-old Ann didn't respond to her struggles in this manner, she recalled feeling that her lesbian sexuality would be a problem for her endocrinologist. She explained, "I remember him asking me if I was … after the surgeries were done … if I was dating boys. … [I]n my mind … the right thing would be to say 'Yes, I am.' … I remember thinking that I should just tell him that I [was] even though I was not."

For medical providers, heterosexuality has always been an important factor in determining the success of intersex treatment (see, for example, Reis 2009), and it apparently remained so for many of the people I interviewed. Tara, a twenty-three-year-old woman, said, "I slept with a decent amount of guys that I … don't think I should have, but I think it was the whole fact that I wanted to feel like a … a woman." Leigh, a twenty-four-year-old woman, had a similar experience: "When I was a young adult … like sixteen through … twenty, I went through this period where I was trying to prove

Georgiann Davis

to myself that I was feminine and I just engaged in some risky sexual behaviors [with men]. I think that really interfered with my life, and left some lasting marks." Jenna, a thirty-one-year-old woman, also relied on heterosexual encounters to normalize her body and feel appropriately gendered:

> "I still have issues with the fact that I have AIS [androgen insensitivity syndrome]. … It's not a debilitating sort of thing … but … I think about it frequently … . I don't feel like I'm less of a woman or anything … but one thing I have noticed about me, like sexually, is that … I have something to prove … . I'm like … I'm a woman damn it! … And I'm going to take care of business and … you're gonna be like: … "That's the best I ever had!" … It's like on some sort of subconscious level … I want to prove that I'm a woman and I can take care of this man's needs."

When I asked Jenna to elaborate, she provided an example:

> "Let's say that your orgasm is a 100 on a scale of 0 to 100 … for me having my partner reach climax which obviously with a dude it's ridiculously easy … but having my partner climax is 95 out of 100 … . It doesn't make me … but the satisfaction I get from that … is almost as much as me orgasm-ing … 'cause I'm like: FUCK YEAH! I DID THAT!!! THIS XY!! BA BAM! I'm not joking, that's how I am! … I'm like THAT'S WHAT I'M TALKING ABOUT!'"

Tara, Leigh, and Jenna all sought out heterosexual activity to normalize their intersex trait and feel, as Leigh put it, "feminine".

The third response to the struggles associated with intersex was to reject medicalization by embracing intersex as a component of one's identity. Caitlin described what the term intersex meant to her: "I feel very emotionally connected to that word because it really did change my life for the better. So kind of moving away from that word does definitely bring up some emotional response of like no! [Intersex] really empowered me." Those who employed this response overcame their struggles without relying on relationships with others, something they wished everyone with intersex traits could experience. Consequently, they were often critical of those who looked to relationships to feel normal. Millarca, a forty-six-year-old woman, explained: "These girls are in relationships because they're trying to be normal. They don't want to be different, but they are different and they can't accept that. We're different. You're different, and I'm different. That's where the turmoil lies, in trying to be something you're not. If you can accept who you are, like I have, like other people have, what other people say don't mean shit. You're not trying to switch into some other box where you know damn well you can't fit into." For Millarca and others who chose this path, the first steps in overcoming the struggles associated with intersex were to embrace the intersex trait and reject the search for normalcy.

Although Millarca was critical of those "trying to be normal," she was also sympathetic to their situations and hoped they would eventually come around. For many, accepting their intersex trait was a process that started with information. Irene, a seventy-two-year-old woman, said, "I grew up being heterosexual, and … I think I evolved as I found out my condition. I felt more in touch with both sides of how I feel and so I feel I'm somewhere in between." Leigh, who earlier in her life had responded to her feelings of abnormality by seeking out heterosexual encounters, decided [in her twenties to embrace her intersex trait and reject the two-sex model. Although she remained interested in men, by the time I interviewed her she was identifying as queer, and the struggles she'd experienced as a teenager had significantly subsided. Similarly, as a teenager Ana adopted the first response, avoiding intimacy, by burying "any hint of sexuality at all." Now, as a partnered woman in her late thirties, she embraces her sexuality, which she understands as more fluid. She revealed, "I probably could have gone either way. But I probably decided at one point that women are for me and I'll put my energy there and I won't think about it anymore." Kimberly had a similar experience:

> "Growing up, and dealing with being intersexed and ashamed and the secrecy, I was very asexual. I simply didn't allow myself to have an orientation. I didn't allow myself to be attracted to anybody. Now I can be, and I'm really enjoying it. I think [my female partner's right], I never wore dresses before because I never felt I could pull them off. Now I feel like I can. I've got enough ego to really enjoy the body [laughing]."

Rejecting the idea that intersex was an abnormality resulted in a strong sense of liberation that was often enforced by supportive friendship networks. Leigh said, "My friends have been incredibly supportive and really love me for this. One of my friends actually made me a t-shirt for my birthday one year that said, 'She's bringing intersexy back.'" Rejecting medicalization allowed Kimberly and Leigh to move from a place of shame about being differently bodied to acceptance and uplifting humor. These were among the most positive outcomes in my study.

CONCLUSION

Intersex people are born with bodies that directly challenge the sex binary. While this can offer a space for liberation, it can also be a very challenging place to live, work, and play. Not surprisingly, all of the intersex people I interviewed reported that they had struggled with their bodies at some point in their lives. Many of these struggles were tied to the emotional and physical consequences of having undergone irreversible surgical interventions under the guise of medical necessity. However, as I've shown, even those who escaped surgery reported struggles. Cultural critic and longtime intersex advocate Iain Morland (2011) offers some insight into why this might be: "[A] remedy for genital ambiguity, if one were needed, might be gender certainty. After all, if ambiguity is social, and if gender is a social construction that includes expectations about anatomy, then being certain about one's gender might dissolve anxieties about one's genitalia, entirely without surgery taking place" (152). If we accept Morland's assumption and work toward reducing intersex struggles by making it known that gender certainty is independent of bodies, I think we would be on the right track but would still fall short if we didn't simultaneously engage with the idea that diagnoses are also socially constructed.

Georgiann Davis

I contend that relying solely on pathologizing medical terminology to describe our bodies also contributes significantly to the struggles intersex people face. History has shown that there are implications to naming and defining traits as disorders.[13] Consider, for example, attention deficit hyperactivity disorder (ADHD). Peter Conrad (2007) argued that the expansion of the ADHD diagnosis to include adults who hadn't previously been diagnosed had lasting implications for how those individuals understood and explained their behaviors. In his classic work on asylums, Erving Goffman (1959) eloquently shows how individuals who were labeled as mentally ill were forced to adopt identities consistent with their diagnoses. When diagnosis and identity merge, there is little room for reconsidering the diagnosis, which makes it difficult for an individual who is diagnosed with a mental disorder to escape the label, even when the symptoms that originally gave rise to the diagnosis disappear (See also David Rosenhan (1973). Individuals diagnosed with post-traumatic stress disorder or medically labeled as alcoholics face similar situations (See Wilbur Scott (1990) and Mildred Blaxter (1978). In all of these cases, the label imposes an identity that is believed to coincide with the diagnosis, whether or not the diagnosis is justified (ibid.).

Every intersex person I spoke with was familiar with DSD nomenclature, which underscores how quickly it has become ubiquitous. Yet DSD language has not been uniformly accepted by the individuals whose bodies it is meant to describe. Because the medical profession—a powerful institutional authority—formally introduced the DSD nomenclature, people must engage with it, but the way they engage can either allow or prevent access to biological citizenship. In order to be active biological citizens, intersex people are expected to adhere to the nomenclature, but this poses a significant problem, because its very wording, disorder of sex development, clashes, for many, with their conceptualizations of gender and senses of self as healthy people. Those who choose intersex language, rather than DSD terminology, typically conceptualize gender as a social construction that we all perform. This understanding seems to put them at ease in their bodies, but it comes with a cost: lack of access to biological citizenship and the relational support from medical providers and family members it entails. The individuals in my study who embraced DSD terminology tended to have a more essentialist understanding of gender. They also struggled with their gendered selves, worrying that they weren't legitimately gendered, which led to anxiety about their bodies and, in intimate settings, their genitalia. On the positive side, these individuals seemed able to access biological citizenship, which tended to afford positive relational support from medical providers and family members. These supportive relationships gave them comfort in knowing that they were not alone as they navigated their diagnoses, yet it did not necessarily mitigate their anxieties.

For people with intersex traits, DSD nomenclature is the key to accessing biological citizenship and the right to relational support it makes possible. This alone ought to be enough evidence that there is indeed power in a name. My concern here has little

---

[13] See, for example, Annemarie Jutel (2011, 2009), Phil Brown (2007, 1995, 1990), Peter Conrad (2007), Jennifer Fishman and Laura Mamo (2002), and Elizabeth Cooksey and Phil Brown (1998).

to do with whether biological citizenship is good or bad for the intersex community; rather, I am bothered that in order to access biological citizenship, intersex people must openly accept and adopt a linguistic formulation—disorder of sex development that requires them to see themselves as living with an abnormality.

The crucial exception to this rule was those who felt people should be able to choose whichever term they desired, a flexible strategy that clearly has use value. Those who straddle the terminological options, rather than exclusively adopt one label over the other, can selectively employ the language they believe will be most beneficial in any particular situation: They can embrace intersex language to thwart negative self-understandings and use DSD nomenclature to facilitate positive relationships with parents and medical professionals, thus achieving a more open access to biological citizenship. However, in order to achieve this open access, one must acknowledge that gender is a socially constructed system of stratification (See for example, Barbara Risman 2004; 1998). and that a medical condition is only as real as its definition.[14]

Given these findings, I suggest that, rather than allow the power embedded within medical nomenclature to further divide our community, we need to set aside our terminological differences and come together to reduce the shame, stigma, and secrecy associated with our bodies, a goal that we all share. The only way we can accomplish this, however, is by collectively understanding both gender and medical diagnoses as socially constructed phenomena. If we can convey this complex understanding to ourselves and the society at large, we can blunt the medical profession's exercise of institutional power over our bodies.

---

[14] See, for example, Annemarie Jutel (2011, 2009), Phil Brown (2007, 1995, 1990), Peter Conrad (2007), Jennifer Fishman and Laura Mamo (2002), and Elizabeth Cooksey and Phil Brown (1998)

BIBLIOGRAPHY

Bakker, Julie. 2014. »Sex Differentiation: Organizing Effects of Sex Hormones.« In Gender Dysphoria and Disorders of Sex Development: Progress in Care and Knowledge, edited by Baudewijntje P.C. Kreukels, Thomas D. Steensma, and Annelou L.C. de Vries, 3–23. Boston: Springer.

Bell, William Blair. 1916. The Sex Complex: A Study of the Relationship of the Internal Secretions to the Female Characteristics and Functions in Health and Disease.London: Baillière, Tindall & Cox.

Blaxter, Mildred. 1978. »Diagnosis as Category and Process: The Case of Alcoholism.« Social Science & Medicine 12: 9–17.

Brown, Phil. 2007. Toxic Exposures: Contested Illnesses and the Environmental Health Movement. New York: Columbia University Press.

Brown, Phil. 1995. »Naming and Framing: The Social Construction of Diagnosis and Illness.« Journal of Health and Social Behavior 35: 34–52.

Brown, Phil. 1990. »The Name Game: Toward a Sociology of Diagnosis.« The Journal of Mind and Behavior 11(3/4): 385–406.

Judith Butler. [2006]1990. Gender Trouble: Feminism and the Subversion of Identity. New York: Routledge.

Conrad, Peter. 2007. The Medicalization of Society: On the Transformation of Human Conditions into Treatable Disorders.Baltimore: The Johns Hopkins University Press.

Cooksey, Elizabeth C., and Phil Brown. 1998. »Spinning on Its Axes: DSM and the Social Construction of Psychiatric Diagnosis.« International Journal of Health Services 28(3): 525–54.

Georgiann Davis

Costello, Cary Gabriel. 2015a. The Intersex Roadshow.Accessed January 31, 2015. http://intersexroadshow.blogspot.com/.

Costello, Cary Gabriel. 2015b. TransFusion.Accessed January 31, 2015. http://trans-fusion.blogspot.com/.

Cools, Martine, and Stenvert L.S. Drop, Katja P. Wolffenbuttel, J. Wolter Oosterhuis, and Leendert H.J. Looijenga. 2006. »Germ Cell Tumors in the Intersex Gonad: Old Paths, New Directions, Moving Frontiers.« Endocrine Reviews 27(5): 468–84.

Creighton, Sarah, Steven D. Chernausek, Rodrigo Romao, Philip Ransley, and Joao Pippi Salle. 2012. »Timing and Nature of Reconstructive Surgery for Disorders of Sex Development—Introduction.« Journal of Pediatric Urology 8(6): 602–10.

Diamond, Milton, and Jameson Garland. 2014. »Evidence Regarding Cosmetic and Medically Unnecessary Surgery on Infants.« Journal of Pediatric Urology 10: 2–7.

Davis, Georgiann. 2014a. »›Bringing Intersexy Back‹? Intersexuals and Sexual Satisfaction.« In Sex Matters: The Sexualities and Society Reader, 4th ed., 11–21. W. W. Norton & Company.

Davis, G. 2013. »The Social Costs of Preempting Intersex Traits.« The American Journal of Bioethics 13(10): 51–53.

Davis, Georgiann. 2011. »›DSD Is a Perfectly Fine Term‹: Reasserting Medical Authority Through a Shift in Intersex Terminology.« In Sociology of Diagnosis, edited by PJ McGann and David J. Hutson, 155–82. Wagon Lane, Bingley UK: Emerald.

Deans, R., S. M. Creighton, L. M. Liao, and G. S. Conway. 2012. »Timing of Gonadectomy in Adult Women with Complete Androgen Insensitivity Syndrome (CAIS): Patient Preferences and Clinical Evidence.« Clinical Endocrinology 76(6): 894–98.

Fishman, Jennifer R., and Laura Mamo. 2002. »What's in a Disorder? A Cultural Analysis of Medical and Pharmaceutical Constructions of Male and Female Sexual Dysfunction.« Women & Therapy 24(1–2): 179–93.

Grabham, Emily. 2012. »Bodily Integrity and the Surgical Management of Intersex.« Body & Society 18(2): 1–26.

Heape, Walter. 1913. Sex Antagonism.London: Constable.

Johannsen, T. H., C. P. L. Ripa, E. Carlsen, J. Starup, O. H. Nielsen, M. Schwartz, K. T. Drzewiecki, E. L. Mortensen, and K. M. Main. 2010. »Long-Term Gynecological Outcomes in Women with Congenital Adrenal Hyperplasia Due to 21-Hydroxylase Deficiency.« International Journal of Pediatric Endocrinology, Article ID 784297: 1–7.

Jordan-Young, Rebecca M. 2010. Brain Storm: The Flaws in the Science of Sex Differences. Cambridge, Mass.: Harvard University Press.

Jutel, Annemarie. 2011. Putting a Name to It: Diagnosis in Contemporary Society.Baltimore: The Johns Hopkins University Press.

Jutel, A. 2009. »Sociology of Diagnosis: A Preliminary Review.« Sociology of Health & Illness 31(2): 278–99.

Karkazis, Katrina. 2008. Fixing Sex: Intersex, Medical Authority, and Lived Experience. Durham, N.C.: Duke University Press.

Kohler, Birgit, Eva Kleinemeier, Anke Lux, Olaf Hiort, Annette Gruters, Ute Thyen, and the DSD Network Working Group. 2012. »Satisfaction with Genital Surgery and Sexual Life of Adults with XY Disorders of Sex Development: Results from the German Clinical Evaluation Study.« Journal of Clinical Endocrinology & Metabolism 97(2): 577–88.

Liao, Lih-Mei, Laura Audi, Ellie Magritte, Heino F.L. Bahlburg, and Charmian A. Quigley. 2012. »Determinant Factors of Gender Identity: A Commentary.« Journal of Pediatric Urology 8(6): 597–601.

Lillie, Frank R. 1939. »Biological Introduction.« In Sex and Internal Secretions, 2nd ed., edited by E. Allen. Baltimore: Williams & Wilkins.

Merke, Deborah P., and Stefan R. Bornstein. 2005. »Congenital Adrenal Hyperplasia.« The Lancet 365(9477): 2125–36.

Minto, Catherine L., Lih-Mei Liao, Christopher R.J. Woodhouse, Phillip G. Ransley, and Sarah M. Creighton. 2003. »The Effect of Clitoral Surgery on Sexual Outcome in Individuals Who Have Intersex Conditions with Ambiguous Genitalia: A Cross-Sectional Study.« The Lancet 361(9365): 1252–57.

Nakhal, Rola S., Margaret Hall-Craggs, Alex Freeman, Alex Kirkham, Gerard S. Conway, Rupali Arora, Christopher R. J. Woodhouse, Dan N. Wood, and Sarah M. Creighton. 2013. »Evaluation of Retained Testes in Adolescent Girls and Women with Complete Androgen Insensitivity Syndrome.« Radiology 268(1): 153–60.

Oudshoorn, Nelly. 1994. Beyond the Natural Body: An Archeology of Sex Hormones. New York: Routledge.

Pleskacova, J., R. Hersmus, J. W. Oosterhuis, B. A. Setyawati, S. M. Faradz, M. Cools, K. P. Wolffenbuttel, J. Lebl, S. L. Drop, and L. H. Looijenga. 2010. »Tumor Risk in Disorders of Sex Development.« Sexual Development 4(4/5): 259–69.

Preves, Sharon. 2003. Intersex and Identity: The Contested Self. New Brunswick, N.J.: Rutgers University Press.

Reis, Elizabeth. 2009. Bodies in Doubt: An American History of Intersex. Baltimore: The Johns Hopkins University Press.

Rose, Nikolas. 2007. The Politics of Life Itself: Biomedicine, Power, and Subjectivity in the Twenty-First Century. Princeton, N.J.: Princeton University Press.

Rose, Nikolas. 2001. »The Politics of Life Itself.« Theory, Culture & Society 18(6): 1–30. Rosenhan, David. L. 1973. »On Being Sane in Insane Places.« Science 179(4070): 250–58.

Schönbucher, Verena, Katinka Schweizer, and Hertha Richter-Appelt. 2010. »Sexual Quality of Life of Individuals with Disorders of Sex Development and a 46,XY Karyotype: A Review of International Research.« Journal of Sex & Marital Therapy 36(3): 193–215.

Scott, Wilbur J. 1990. »PTSD in DSM-III: A Case in the Politics of Diagnosis and Disease.« Social Problems 37(3): 294–310.

Sparrow, Robert. 2013. »Gender Eugenics? The Ethics of PGD for Intersex Conditions.« American Journal of Bioethics 13(10): 29–38.

Tamar-Mattis, Anne. 2006. »Exceptions to the Rule: Curing the Law's Failure to Protect Intersex Infants.« Berkeley Journal of Gender, Law, & Justice 21(4): 59–110.

Viloria, Hida. 2015. Hida Viloria: Intersex Writer and Activist.Accessed January 31, 2015. http://hidaviloria.com/.

Viloria, Hida. 2013. »Germany's Third-Gender Law Fails on Equality.« Advocate.com.Accessed January 31, 2015. http://www.advocate.com/commentary/2013/11/06/op-ed-germany%E2%80%99s-third-gender-law-fails-equality.

Yang, Jennifer, Diane Felsen, and Dix P. Poppas. 2007. »Nerve Sparing Ventral Clitoroplasty: Analysis of Clitoral Sensitivity and Viability.« The Journal of Urology 178(4): 1598–1601.

Young, William C., Robert W. Goy, and Charles H. Phoenix. 1964. »Hormones and Sexual Behavior.« Science 143(3603): 212–18.

Georgiann Davis

LONDON SKATEBOARD GIRL | 2 79,5 x 37,5 x 33,5 cm

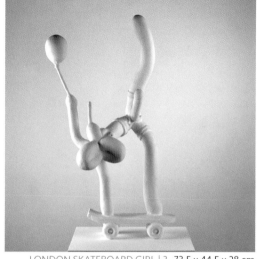

LONDON SKATEBOARD GIRL | 3 73,5 x 44,5 x 28 cm

LONDON SKATEBOARD GIRL | 4 75,5 x 36 x 24 cm

LONDON SKATEBOARD GIRL | 5 82 x 31 x 20,5 cm

Fabian Vogler

LONDON SKATEBOARD GIRL | 1   2007. GIPS. 81 x 64,5 x 37,5 cm

Katinka Schweizer

IDENTITÄTEN

Identitäten erfahren gegenwärtig in der Psychologie, ihren Anwendungsfeldern und benachbarten Fächern großes Interesse. Das Konzept unterliegt dabei einem Wandel: Gleichbleibende Identitäten gibt es nicht mehr, vielmehr konstruieren wir unsere Identitäten in jeder Begegnung neu. Gleichzeitig erleben wir den Missbrauch des Identitätsbegriffs durch populistische Bewegungen.

Der folgende Beitrag lässt sich als Plädoyer für eine dynamische Verwendung und ein dialektisches Verständnis des Identitäten-Begriffs lesen. Danach ist Identität, der Erikson'schen Vorstellung einer zugleich individuellen und sozial konstruierten Identität folgend, mehrdeutig zu verstehen, so wie er auch in verschiedenen Disziplinen beheimatet ist und verwendet wird. Gezeigt werden soll, dass sich der Identitätsbegriff trotz zunehmender Kritik an seinem als hermetisch und starr beschriebenen »Wesen« nach wie vor hilfreich und geeignet ist – insbesondere im Hinblick auf das Benennen und Sichtbarmachen intergeschlechtlicher Identitäten.

VOM BENENNEN UND ERKENNEN

Die Frage nach der Identität einer Person sucht Antworten darauf, wer jemand sei. Das Ansprechen von Identität ist ein Wagnis, besonders dann, wenn es nicht um die eigene Identität geht. Wer hat das Recht, wen wie zu benennen? Die Beschreibung der eigenen Identität ist als ein Vorgang der Selbstbestimmung zu sehen. Gleichzeitig werden in sozialen Interaktionen und im Sprechen ständig Identitätszuschreibungen, Inklusionen und Exklusionen, vollzogen. So ist die Entwicklung von Identitäten nicht ungelöst vom Anderen zu betrachten. Sie erfolgt in Prozessen des Benennens und Benanntwerdens, des Namen Gebens und Erhaltens.

Die Namenszuschreibung hat große Wirkmacht. Einen Namen bekommen wir in der Regel von einem anderen Menschen zugesprochen, der bereits vor uns da war. Die Namenswahl spiegelt die Dialektik und Doppelidentität des Identitätsbegriffs wider: Der Name soll einerseits die Einmaligkeit des Kindes, andererseits auch dessen Zugehörigkeit zum Ausdruck bringen, zum Beispiel die Zugehörigkeit zur Familie etwa durch die Vergabe großelterlicher Vornamen (vgl. Gerhards 2010). Der Name wird amtlich nicht nur vermerkt, als Ausdruck des Rechts darauf, einen Namen zu haben. Es besteht auch die Pflicht, einen Namen zu tragen. Neben dem Namen wird bislang auch das Geschlecht, seit 2013 in Deutschland mit Ausnahme der »unbestimmbaren« Fälle, in das Geburtenregister eingetragen.

In ihrer Frankfurter Poetikvorlesung über *Namen* beschreibt Lewitscharoff (2012) im Rückgriff auf die biblische Schöpfungsgeschichte die Ambiguität des Namenszurufs: »In unserer Reaktion auf den Zuruf kann zweierlei liegen – Freude über das Erkanntwerden, Freude darüber, daß wir die Bestätigung erfahren, dies eine besondere Geschöpf zu sein und kein anderes, womöglich aber Scham oder gar Entsetzen, weil wir uns ertappt fühlen und das Inkognito gern gewahrt hätten« (ebd. 7). Sie führt aus, wie eng der Namenszuruf, Selbst- und Identitätserfahrungen miteinander verwoben sind.

> »Werden wir bei unserem Namen gerufen, kehrt unser im Vagen herumtreibendes Ich, das unablässig in Aufflug- und Unterwindungsgeschäften unterwegs ist, augenblicks zu uns zurück. Beim Namen gerufen, sind wir in der innersten Substanz berührt, die uns zusammenhält. Und das funktioniert sogar, wenn wir fälschlich uns gemeint fühlen, weil ein anderer desselben Namens gerufen wurde, zumindest für Sekunden, bis der Irrtum entdeckt ist« (Lewitscharoff 2012: 7).

Der Name gibt eine Form und Festlegung vor, die Halt und Selbstvergewisserung ermöglichen, aber auch einengend sein kann: »Im Namen wohnt eine Zwingkraft. Sie zwingt die Gestalt zu bleiben, und sie verbürgt, daß der windige, sich selbst immerzu entflatternde Mensch sich in seiner Gestalt wieder versammeln kann« (ebd. 9).

Der Name dient der Identifizierung in beide Richtungen. Namensänderungen geschehen unbemerkt durch Kose- oder Spitznamenszuschreibungen oder durch die eigene, aktiv gesuchte Namensänderung beispielsweise durch ein Gericht, wenn der Name als unpassend, unstimmig oder als nicht richtig erlebt wird. Hierzu braucht es wieder beides: die Initiative der Namensträger_in und das Mitwirken Anderer. Eltern wählen Namen für ihre Kinder, Künsterler_innen für ihre Werke, Autor_innen für ihre Beiträge. Wer andere_s bezeichnet, nimmt eine schöpferische Position ein und ist verantwortlich für das Geschaffene oder Benannte. Das Geschaffene braucht einen Namen, um zu existieren, um wahrgenommen zu werden. Doch wenn es benannt ist, kann es auch falsch benannt sein. Fragen lässt sich, was schwerer wiegt: nicht zu existieren oder falsch zu existieren?

Der in der Bildenden Kunst gebräuchliche Titel *Ohne Titel (OT)* stellt eine Spielart dieser Thematik dar. Eine solche Namensbezeichnung verweist auf die Inhärenz des Vorgangs des Benennens – er ist nicht abschaffbar. Ein Kunstwerk ohne Titel gibt es nicht. Es braucht als namenloses Werk den Titel *Ohne Titel* plus eine Nummer, um zu existieren. In Anlehnung an Freud ließe sich sagen, die Verneinung ist die Bejahung. Auch wenn die_der Künstler_in sich einer positiven Titelwahl entzogen hat, stellt der Titel *Ohne Titel* eine_n Platzhalter_in dar, die die Fantasien der Kunstbetrachter_in stimulieren und sie dazu bringen mögen, mögliche Namen zu finden. Mit der Entscheidung für den titellosen Titel könnte man meinen, die_der Kunstschaffende vermeidet die Festlegung. Sie_er gibt damit zwar den Raum frei, aber setzt doch auch eine Markierung und ein Statement des Verzichts.

INTERGESCHLECHTLICHKEIT

Intergeschlechtliche Formen hat es immer schon gegeben. Sie stellen eine Variante in der Natur dar. Trotzdem sind sie als Phänomen weithin unbekannt. Jahrzehntelang war es in der westlichen Medizin und Psychologie üblich, körpergeschlechtliche Mehrdeutigkeit zu »korrigieren« und an eines der beiden Hauptgeschlechter, meist das Weibliche, optisch anzupassen. Dieses systematische Unsichtbar-Machen und Angleichen an Geschlechter-Konventionen und Normen in Verbindung mit Verheimlichung und Schweigegeboten hat die Entwicklung und Ausdifferenzierung intergeschlechtlicher Identitäten nicht nur beeinträchtigt, sondern auch zu vermeiden versucht. Anstatt Intersex-Identitäten als solche anzuerkennen, wurden sie als Geschlechtsdysphorie oder »gender confusion« befürchtet und ängstlich abgewehrt, u.a. durch Erziehungsprogramme. Gleichzeitig ist es dank der Initiative und des Aufbegehrens einzelner Erfahrungsexpert_innen und Wissenschaftler_innen und mithilfe des Aufkommens des Internets und der neuen Vernetzungsmöglichkeiten zur Bildung neuer kollektiver Identitäten gekommen. Weltweit und auch in Deutschland ist etwa mit Beginn dieses Jahrtausends ein langsamer, aber wirkungsvoller politischer Veränderungsprozess zu beobachten hin zu einer Wieder-Anerkennung intergeschlechtlicher Körper und Identitäten.

Bei Intergeschlechtlichkeit (diverse sex development, dsd) handelt es sich um einen Oberbegriff, der verschiedene angeborene Erscheinungsformen umfasst, bei denen die körperlichen Geschlechtsmerkmale nicht alle einem Geschlecht entsprechen.

Anders formuliert ist Intergeschlechtlichkeit als Oberbegriff zu verstehen, der für eine Vielzahl somatosexueller Erscheinungsformen zutrifft, bei denen die körperliche Geschlechtsentwicklung mehrdeutig und damit weder »typisch weiblich« noch »typisch männlich« verlaufen ist (vgl. Schweizer 2012a). In der pränatalen somatosexuellen, d.h. körpergeschlechtlichen Entwicklung ist die Geschlechtsausprägung in den ersten sieben bis zwölf Schwangerschaftswochen zunächst bei allen Menschen undifferenziert und multipotent, d.h. das Körpergeschlecht kann alle Varianten zwischen genotypisch und phänotypisch männlich und weiblich annehmen. Bei solchen »Zwischenformen« mit männlichen und weiblichen Körpermerkmalen spricht man von Intergeschlechtlichkeit.

Intergeschlechtlichkeit umfasst zahlreiche angeborene Variationen der körpergeschlechtlichen Entwicklung bzw. Merkmale. Dazu zählen sehr unterschiedliche Erscheinungsformen, die medizinische Namen tragen wie Androgenresistenz oder

Androgeninsensitivität (AIS), Adrenogenitales Syndrom (AGS), Gonadendysgenesien, oder sog. Androgenbiosynthesedefizite, zu denen der 5-alpha-Reduktase-Mangel zählt. Manchen dieser Formen liegen Enzymstörungen zugrunde, die hormonelle Umwandlungsprozesse unterbrechen, bei anderen sind hormonelle Wirkmechanismen oder Funktionsweisen beeinträchtigt oder verlaufen untypisch. Die derzeit in der Medizin übliche Klassifikation solcher Variationen körpergeschlechtlicher Merkmale unterscheidet die verschiedenen Intersex-Formen nach dem zugrundeliegenden »genetischen Geschlecht«. Danach gibt es drei übergeordnete Gruppen, die XX-chromosomale (46,XX dsd), die XY-chromosomale (46,XY dsd) und die Geschlechts-chromosomale Gruppe (Sex Chromosome dsd). Zu letzterer zählen chromosomale Mosaikformen wie beispielsweise das sog. Turner-Syndrom (mit einem zugrunde-liegenden 45,X0 Karyotyp) und das sog. Klinefelter-Syndrom (mit einem 47,XXY Karyotyp). Jeder dieser Namen ist konnotiert mit körperlichen Eigenschaften und Geschlechtsmerkmalen, die männliche und weibliche Aspekte aufweisen. Klinefelter ist beispielsweise semantisch verbunden mit einem mehrdeutigen Chromosomenbefund (47,XXY), der weder typisch weiblich (46,XX) noch typisch männlich ist (47,XY), einer Genitalentwicklung mit Penis und Hoden bei gleichzeitigem Brustwachstum in der Pubertät.

Die Debatte um die passende Terminologie zur Benennung intergeschlecht-licher Phänomene von Variationen der körpergeschlechtlichen Entwicklung (sex development) wird seit Jahren sehr kontrovers geführt (vgl. Schweizer 2012b). Während Selbstvertretungsorganisationen den Gebrauch des Oberbegriffs *Störungen der Geschlechtsentwicklung (disorders of sex development, DSD)* ablehnen, wird »DSD« in der medizinischen Community weiterhin unkritisch als aktuelle und gültige Bezeichnung geführt und reproduziert. In Abgrenzung zum Störungsbegriff verwenden einige psychosoziale Forscher_innen und Sozialwissenschaftler_innen die kleingeschriebene Abkürzung zur Bezeichnung von *diverse sex development* (dsd) auch aus pragmatischen Gründen, so zum Beispiel das internationale Netzwerk EuroPSI (European Network for Psychosocial Studies in Intersex/dsd).

Eine kritische Reflexion und vertiefte Auseinandersetzung mit dem DSD-Begriff und dessen pathologisierender Bedeutung für »Betroffene« und »Patient_innen« bleibt im medizinischen Diskurs aus. Die Soziologin und Erfahrungsexpertin Georgiann Davis (2015) kommt in ihrer Analyse der Frage, wie aus dem Phänomen »Intersex« eine »Störung« werden konnte, zu dem Ergebnis, dass der Störungsbegriff dafür sorge, die Zuständigkeit der Medizin für Intersex-Formen weiterhin aufrecht zu erhalten.

Eine Auftragsstudie für das bundesdeutsche Familienministerium ergab, dass nur etwa zwei Prozent der über 600 Teilnehmenden den Störungs-Begriff zur Beschrei-bung intergeschlechtlicher Phänomene präferierten; die größte Zustimmung fanden die Begriffe »Intergeschlechtlichkeit« und »Variationen der körpergeschlechtlichen Merkmale/Entwicklung« (Schweizer u.a. 2016). Einen Begriff, der von einer deut-lichen Mehrheit bevorzugt wurde, gab es dagegen nicht. Zusammenfassend ließen sich die Ergebnisse im Hinblick auf die spezielle Herausforderung des Benennens körpergeschlechtlicher Mehrdeutigkeit so verstehen: »Die Schwierigkeit besteht nicht

Katinka Schweizer

zuletzt darin, einen Überbegriff zu finden, der weder stigmatisiert noch pathologisiert und für eine Vielzahl von körperlichen Erscheinungsformen zutrifft, der gleichzeitig von unterschiedlichen Gruppen akzeptiert, gerne benutzt und gehört wird und der bestenfalls eine Identifikation ermöglicht.« (Schweizer u.a. 2016: 13)

ANERKENNUNGSDISKURSE

Etymologisch betrachtet bedeutet Identität ein »Übereinstimmen mit sich« oder ein »wesensgleich« sein, ausgehend von dem Lateinischen Wort idem, identitas. Daran und an philosophische Identitätstraditionen anknüpfend lässt sich Ricoeur zufolge zwischen einer Ipse-Identität und einer Idem-Identität unterscheiden (Ricoeur 1992: 165ff, zit. nach Danzer: 2017: 14). Die Idem-Identität bezeichnet Gleichheit: Zwei verschiedene Objekte teilen identische, gleiche Merkmale. Eine Ipse-Identität wiederum beruht auf dem Aspekt der Selbstheit, auf einem Identischsein in sich oder mit sich. Demnach kann sich das Identischsein auf zwei getrennte Objekte bzw. Subjekte mit gleichen, identischen Merkmalen beziehen oder auf ein Subjekt, das mit sich selbst kontinuierlich übereinstimmend bleibt.

Dem Ich-Psychologen Erik Erikson (1971) wird das Verdienst zugeschrieben, als erster den Begriff der Identität in die Psychoanalyse eingeführt zu haben. Er unterscheidet verschiedene Aspekte des Identitätserlebens. Wesentlich ist das scheinbare Paradoxon individueller und zugleich kollektiver Aspekte, die im Identitätskonzept vereint sind: Genauso wie Menschen nach einer Ich-Identität streben, suchen sie auch die soziale Zugehörigkeit zu Gruppen und damit eine Wir-Identität. Unter der Ich-Identität versteht Erikson ein ›Identisch mit sich selbst über die Zeit Sein‹. Gleichzeitig verändert sich die eigene Identität täglich. Abels (2010) bezeichnet genau dies, »dass sich Identität über das ganze Leben hin entwickelt«, also die Annahme von Veränderlichkeit und Entwicklung als die »wichtigste Botschaft des Identitätskonzepts von Erik H. Erikson« (ebd. 289).

Durch das Hervorheben der dem Identitätenbegriff innewohnenden Dialektik hat Erikson einen menschlichen Kernkonflikt – den zwischen dem Wunsch nach Einzigartigkeit einerseits und sozialer Zugehörigkeit andererseits – aufgegriffen und als zentrales Wesensmerkmal von Identität beschrieben. Daneben zählen die Kontinuität der Identität über die Zeit und die Anerkennung durch andere zu weiteren Identitätsmerkmalen nach deLevita (2002). In einer zwischenmenschlichen Beziehung, die Kontinuität und Anerkennung bietet und damit einen Entwicklungsraum, kann die individuelle Identität gedeihen, also sowohl das Gefühl ein Individuum zu sein, als auch das Gemeinschaftserleben, zu einer Gruppe zu gehören, mit der es Merkmale teilt. Genauer sieht Erikson (1971) in der Ich-Identität »eine subjektive Erfahrung und eine dynamische Tatsache« (ebd. 18), die nicht statisch ist, sondern aus Syntheseprozessen des Ichs entsteht, die dazu beitragen, die Wahrnehmung von eigener »Gleichheit und Kontinuität auch in den Augen der anderen zu gewährleisten« (ebd. 18).

Die Erfahrung von Anerkennung spielt sowohl für die individuelle Ich-Identität als auch für kollektive Wir-Identitäten eine wesentliche Rolle. Im Vorgang des

Anerkennens sind sowohl Prozesse des Erkennens als auch des Kennens enthalten. Honneth (2015) führt aus, dass »das Anerkennen dem Erkennen« vorausgehe (ebd. 46). Dabei argumentiert Honneth entwicklungspsychologisch, indem er sich auf den bedeutenden Entwicklungsschritt der Aneignung der Fähigkeit zur Perspektivübernahme bezieht: Im Triangulierungsgeschehen, das am Ende des ersten Lebensjahres beginne, lernt das Kind, sich aus der frühen Beziehungsdyade zur Mutter-Person zu lösen – durch die Gegenwart von Dritten, die es nun zu konzeptualisieren lernt.

Der Psychoanalytiker Bion (1992) hat neben dem »Lieben« und »Hassen« das »Kennen« als grundlegende menschliche Beziehungserfahrung dargestellt, die von Bedeutung auch in Hinblick auf das Identitätserleben zu sein scheint. Gekannt zu werden, wiedererkannt zu werden wäre das Gegenteil von ignoriert, übergangen zu werden. In ihrer Untersuchung kollektiver Identitäten unterscheidet Emcke (2010) verschiedene Konstellationen von Zusammenhängen zwischen Identitätsbildung und Anerkennungs- bzw. Missachtungserfahrungen (ebd. 320). Relevant für die Anwendung auf Intergeschlechtlichkeit ist ihre Unterscheidung zwischen gewollten, freiwillig gewählten und unfreiwilligen kollektiven Identitäten, bei denen die Wahl der eigenen Zugehörigkeit verweigert wurde oder nicht möglich gewesen ist. Emcke (2010) definiert solche unfreiwilligen Identitätsformen als »ein ambivalentes Produkt aus Aneignung verletzender Beschreibungen und Bewertungen und dem Aufbegehren gegen eine fremde, demütigende Identität und Lebenssituation« (ebd. 321). Weiter führt sie aus:

> »Eine transformierende Anerkennung resultiert aus der Einsicht in die Verantwortung, die aus der menschlichen Abhängigkeit vom responsiven Verhalten anderer und also [dem] konstitutiven Zusammenhang von unversehrter Identität und Anerkennung oder verletzter Identität und Missachtung folgt. Die transformierende Anerkennung speist sich des Weiteren aus der Einsicht in die Folgen dauerhafter Mißachtung und Ausgrenzung in Bezug auf die faktischen Lebenslagen, aber auch die Artikulations- und Repräsentationsmöglichkeiten, die vonnöten wären, um durch eigene Partizipation die Ursachen und Folgen der Ausgrenzung zu beheben« (ebd. 325).

So hat der Begriff der Intersexualität eine eben solche »transformierende Anerkennung« erfahren. Den Untersuchungen der Soziologin Preves zufolge hat »Intersex« eine Verwandlung von einer von außen zugeschriebenen medizinischen Diagnose zu einer Identitätsbezeichnung vollzogen, die für manche Erfahrungsexpert_innen zu einem Empowerment-Begriff wurde, der sich bis heute beispielsweise im Namen der deutschen Selbstvertretungsorganisation der Intersexuellen Menschen e.V. hält. Preves (2003) ging in diesem Zusammenhang auf Goffmans (1975) Stigma-Theorie ein, der zufolge soziale Stigmatisierung nicht nur zu intrapsychischer Selbststigmatisierung führen könne; durch Internalisierung, Anerkennung und Integration einer sog. »spoiled identity« gelinge es manchen Erfahrungsexpert_innen auch, »eine solche stigmatisierte Identität umzuwandeln in eine von Würde und Selbstrespekt geprägte Identität des bewussten Anderssein« (Schweizer 2012: 478f). So können diese kompensatorisch wirkenden Aneignungsprozesse eben auch zur Anerkennung und Übernahme ursprünglich unfreiwilliger, von anderen zugeschriebenen Identitäten führen.

Katinka Schweizer

Emcke (2010) spricht von der Schutzfunktion, die Anerkennungsdiskurse für »ansonsten ausgelieferte Minderheiten« haben (ebd. 342). Durch kollektive Anerkennungsprozesse und -diskurse kann eine Öffnung und Veränderung entstehen, die zur Herstellung von Gerechtigkeit beiträgt. Im besten Fall tragen solche Aneignungen ursprünglich unfreiwilliger Identitäten dazu bei, dass die Unfreiwilligkeit, die auf kollektiver Ausgrenzung oder gesellschaftlicher Unsichtbarkeit fußt, zeitlich begrenzt bleibt. »Die zweite, transformierende Form der Anerkennung hat ihre eigene Überflüssigkeit zum Ziel. Personen oder Gruppen sollen nicht in dauerhafter Abhängigkeit solch kompensatorischer Maßnahmen gehalten werden« (ebd. 325).

Solche Vorgänge lassen sich derzeit anhand der Entscheidung des Bundesverfassungsgerichts zur Zulassung einer weiteren positiven Geschlechtskategorie untersuchen. Der Beschluss des Bundesverfassungsgerichts vom 10.10.2017 sieht vor, dass intergeschlechtlich identifizierte Personen, die bisher aus dem binären rechtlichen Zwei-Geschlechter-System ausgegrenzt wurden, weil sie sich weder als Mann noch als Frau erlebten und auch biologisch betrachtet männlich und weiblich zugleich sind, ab jetzt die Aussicht auf eine eigene Personenstandskategorie haben und damit rechtlich (wieder) anerkannt werden. Die Alternative zur Schaffung einer dritten Geschlechtskategorie wäre die Abschaffung und Auflösung des Geschlechts im Recht für alle Personen. Bis zum Jahresende 2018 hat der Deutsche Bundestag Zeit, hierfür eine gesetzliche Regelung zu schaffen.

Bei diesem Beschluss haben wir es mit dem bedeutsamen »Ergebnis« eines sich über Jahrzehnte vollziehenden Anerkennungsdiskurses zu tun, das seltsamerweise bei Angehörigen der Hauptgeschlechter und Mehrheitsgesellschaft nicht nur Freude auslöst, sondern auch neue Verunsicherung schafft (vgl. Schweizer 2017). Ist Anerkennung also nur durch Angst vor neuer Missachtung denkbar? Oder sind diese Ängste auf Spaltungsprozesse zurückzuführen, die dem dialektischen Prinzip des Sowohl-als-auch-Denkens zuwiderlaufen?

Emcke (2010) schreibt:

> »Wer wir sind, macht sich nicht nur an unserer Herkunft und unseren Praktiken fest, sondern auch im Umgang mit Andersdenkenden, sowohl am Respekt vor anderen kulturellen Überzeugungen und Lebensformen, als auch am Umgang mit den eigenen stereotypen Vorurteilen, mit dem Unrecht der Vergangenheit, auf der die Gegenwart nicht zur Ruhe kommt« (ebd. 343).

So entwickeln auch die jeweils »anderen«, die nicht durch Intersexualität oder andere Minderheitenerfahrungen stigmatisiert sind, ihre individuell-kollektiven Identitäten in Auseinandersetzung mit dem Anderen. Die Einführung einer weiteren positiven Identitätskategorie neben männlich und weiblich oder gar die Abschaffung der rechtlichen Geschlechtskategorie mag vielleicht deshalb eine Verunsicherung oder sogar »Bedrohung« gerade für Menschen darstellen, die ihre Identität ausschließlich auf dem binären Geschlechtersystem aufbauen – vielleicht auch in Ermangelung anderer Identitäten oder inklusiver Zugehörigkeiten als der eigenen Geschlechtsidentität.

Der Soziologe Hirschauer (2017) sieht vor allem Chancen und einen Zugewinn durch den Beschluss des Bundesverfassungsgerichts und die sich daraus noch ergebende neue Rechtslage:

> »eine dritte Geschlechtsoption [ist] in soziologischer Sicht eine kulturell schon lange naheliegende Korrektur, mit der das Recht eine gesellschaftliche Entwicklung nachvollzieht, die in den individualisierenden Strukturen der modernen Gesellschaft tief angelegt ist. Eine dritte Geschlechtsoption im Recht hätte eine dreifache Bedeutung: Erstens bietet sie einen *klassifikatorischen Raum* für Menschen, die sich explizit und identitär einem Zwischenraum zwischen den Kategorien »Mann« und »Frau« zugehörig fühlen und durch den Entscheidungszwang symbolischer Gewalt ausgesetzt werden. Zweitens bietet sie einen *Optionsraum* für Menschen, die sich in dieser Frage enthalten wollen, weil sie sie für ihre Lebensvollzüge als weitgehend irrelevant empfinden. Drittens bietet sie einen *Diskretionsraum* für jene Menschen, die keine Auskunft über ihre persönliche Geschlechtsidentität geben wollen, weil sie der Meinung sind, dass diese den Staat genauso wenig angehe wie ihre religiösen Überzeugungen oder weltanschaulichen Ansichten.«

Hirschauer (2017) erscheint es »zunehmend anachronistisch, dass eine Geschlechtszuordnung in behördlichen Vorgängen routinemäßig abgefragt wird«. Er verweist darauf, dass auch Rasse und Religion als amtliche Identifizierungskategorien entfallen sind und fragt sich, wieso das Geschlecht eine so sonderbare Eigenstellung behält trotz wachsender »Geschlechtsindifferenz« und gesellschaftlicher Androgynisierungstendenz. Indifferenz sei der neue Zwischenraum jenseits der Geschlechter, der eröffnet werde

> »von einer in der Evolution der Gesellschaft angelegten strukturellen Entwurzelung und allgemeinen kulturellen Entwertung von Klassifikationen, die Personen auf ein gesellschaftlich bestimmtes Sosein festlegen. Die Gesellschaft hat sich seit der Neuzeit in unterschiedliche Felder ausdifferenziert, und für die Funktionsweise der meisten dieser Felder ist die Geschlechtszugehörigkeit (etwa im Vergleich mit der Leistungsfähigkeit) schlicht irrelevant. Ihre Bedeutung hat sich auf das private Leben und Interaktionsbeziehungen konzentriert. […]. Das Recht hat diese Entwicklung teils nachvollzogen, teils forciert, indem es in den Verfassungen demokratischer Gesellschaften in der Regel an prominenter Stelle Geschlechtsblindheit verlangt, wo Geschlecht nichts zur Sache tut.«

Zusammen mit Hirschauer werden viele aufmerksam beobachten, wie sich der Bundestag dem Auftrag des Bundesverfassungsgerichts bis zum Jahresende 2018 stellen wird: Ob er ein Sonderrecht für Intersexuelle einrichtet – vergleichbar mit dem Transsexuellengesetz (TSG) von 1981 oder der eingetragenen Partnerschaft von 2002 für gleichgeschlechtliche Paare – oder ob er sich zu dem vollständigen Verzicht auf die amtliche Geschlechtseintragung durchringen kann, bleibt mit Spannung zu erwarten.

DYNAMISCHE IDENTITÄTEN UND IDENTITÄTSKRITIK

Wenn Erikson (1975) schreibt, ein Gefühl der Identität zu haben bedeute, »sich mit sich selbst – so wie man wächst und sich entwickelt – eins zu fühlen« (ebd. 29), wird damit der Aspekt des Individuellen, des Einzigartigen und einer erlebten Einheit beschrieben. Gerade dieser Mythos des Einheitlichen ist auf kritische Stimmen gesto-

Katinka Schweizer

ßen. Die postmoderne Kritik am Identitätskonzept stellt Implikationen von Stabilität und Entität in Frage. Innerhalb der Geistes- und Sozialwissenschaften war es vor allem die Philosophin Judith Butler, die das Identitätskonzept zerlegte. Ihre »radikale Kritik der Kategorien der Identität« (Breger 2009: 57), die auf Ideen von Foucault, Lacan und Derrida basiert, führt zu der Benennung und zugleich Infragestellung der sozial explizit und implizit wirksamen heterosexuellen Matrix, also der Annahme, dass Geschlechtsidentität eindeutig aus dem Körpergeschlecht (*sex*) hervorgehe und automatisch an das Begehren geknüpft sei, nämlich an ein Heterosexuelles.

Butler (2009) sieht in der Annahme hermetischer Identität und Geschlechtsidentität die Gefahr, diese geschlechtliche Denkschablone und »Matrix« diskursiv weiter zu zementieren. Breger (2009) zufolge geht es Butler darum, gerade »die Inkohärenzen und Uneindeutigkeiten unserer Selbstwahrnehmungen und Zugehörigkeiten politisch produktiv zu machen« (ebd. 58). Butler geht von konstruktivistischen Prozessen aus und schlägt anstelle eines hermetischen Identitätskonzeptes vor, sich weniger auf Identitäten zu fokussieren. Die von ihr präferierten Konzepte sind die des performativen Geschehens und deren narrativer Konstruktion.

Butler (2009) fragt: »Was kann dann mit dem Begriff »Identität« gemeint sein? Und worauf beruht die Annahme, daß Identitäten selbstidentisch sind, d.h. in der Zeit als selbe, einheitlich und innerlich kohärent fortbestehen?« (ebd. 37); und weiter »Inwiefern stellt »Identität« eher ein normatives Ideal als ein deskriptives Merkmal der Erfahrung dar?« (ebd. 38)

Genaugenommen steht hinter Butlers Kritik am Identitätsbegriff eine Kritik amerikanischer Identitätspolitiken feministischer Bewegungen und Debatten der 1970er und 1980er Jahre, in denen eine gemeinsame vermeintliche Identität als Frau die Grundlage politischer Forderungen darstellte. Butler entlarvt das implizit transportierte Bild einer weißen, heterosexuellen Frau der Mittelschicht, das hier zur »normativen Grundlage« erhoben wurde, und dabei nicht-heterosexuelle, farbige Frauen aus anderen sozioökonomischen Strukturen ausschloss (vgl. Meißner 2012: 64). Der differenzierten Betrachtungsweise von Butler, die auf blinde Flecken und implizite Herrschaftssysteme aufmerksam macht, ist entgegen zu halten, dass der Identitätenbegriff auch anders als aus ihrer warnenden Perspektive gelesen und verstanden werden kann. So fanden sich auch innerhalb der Geschlechterforschung Fürsprecher_innen des Identitätskonzepts in Reaktion auf Butler. Beispielsweise warb Benhabib (1994) in der als »Butler-Benhabib-Kontroverse« bekannt gewordenen Auseinandersetzung für den Gebrauch des Identitäts-Begriffs, der alternativ auch durch den der »Kohärenz« ersetzt werden könnte. In der Nutzung des Kohärenz-Begriffs sieht Benhabib Chancen für die Vereinbarung von Subjektivität und autonomer Individualität und Handlungsfähigkeit. Beide Begriffe könnten mit fließenden Ich-Grenzen und damit einhergehend mit weniger Angst vor Andersheiten assoziiert werden (vgl. Breger 2009: 58). Ein weiterer Alternativbegriff, der aus der Genderforschung hervorgebracht wurde, ist der Begriff der »Positionalität«, der die »Vielschichtigkeit wie Veränderlichkeit von Subjektivität und sozialer Zugehörigkeit« akzentuieren solle (Breger 2009: 61).

Fraglich bleibt, inwieweit bei der rein sozialwissenschaftlichen Betrachtung und Kritik des Identitätsbegriffs ebenfalls bedeutsame psychologische Aspekte des subjektiven Selbsterlebens ausreichend berücksichtigt oder eher vernachlässigt werden. Deutlich wird, wie wichtig, aber auch schwierig die trans- und interdisziplinäre Synopsis von Sprechgewohnheiten und Begriffsverwendungen ist. Die Tatsache, dass der Identitätsbegriff von vielen Disziplinen und Diskursen verwendet und unterschiedlich definiert wird, macht ihn zu einem schillernden, aber auch mehrsprachigen und mehrdeutigen Begriff. Darin liegt nicht nur eine Gefahr, sondern auch Realität und Chance.

Vor diesem Hintergrund lassen sich die Merkmale Nützlichkeit, Verständlichkeit und Mehrdeutigkeit als Anforderungen aufstellen, an denen sich ein interdisziplinärer Begriff prüfen lassen sollte. Der Identitätenbegriff erfüllt diese Kriterien. Darin liegt sein Vorteil, weshalb er nicht vorzeitig fallengelassen werden sollte. Der Identitäten-Begriff erweist sich als ein brauchbares Konzept, das inter- und transdisziplinär verständlich ist – gerade aufgrund der enthaltenen Dialektik, Mehrdeutigkeit und seiner offenen Schnittstellen zwischen verschiedenen Schulen.

Zudem lassen sich Identitäten auch dynamisch betrachten. Identität ist nicht als geschlossene Entität zu verstehen, sondern als ein dynamisches, sich in Entwicklung befindendes Konzept. So schreibt die Psychotherapeutin Staehle (2014):

> »Anstatt von einer kohärenten, einheitlichen Identität auszugehen, sollte man von einem Identitätsempfinden als einem inneren Beziehungsgleichgewicht ausgehen. Identität wird so als ein Prozess verstanden, in dem seelische Integration erstrebt wird. Diese zu erreichen bleibt dann eine lebenslange Aufgabe, die nie abgeschlossen werden kann« (ebd. 27f).

Darüber hinaus gibt das Identitätskonzept, wie es in der kritischen Sexualwissenschaft angewendet wird, die Möglichkeit, zwischen unterschiedlichen geschlechtlichen Konzepten zu unterscheiden und diese so darzulegen, dass in Abgrenzung zum gesellschaftlich wirksamen Geschlechtstabu und dessen Ausdruck in Pauschalisierung, undifferenzierten Narrativen und Vorurteilen, Identität, Rolle und Begehren jeweils Unterschiedliches meinen. Dies ist in der alltagspraktischen Bedeutung nicht zu unterschätzen: Gerade zum Aufbrechen von Tabus und zur Sichtbarmachung vielfältiger Identitäten scheint der Identitätsbegriff passend. Er ist verständlich und weit akzeptiert und wird auch außerhalb akademischer Diskurse und Sprachgemeinschaften verstanden und gekannt. Eine intergeschlechtliche Identität beispielsweise lässt sich unter Anwendung des Identitätsbegriffs als eine solche beschreiben.

Dem oben erwähnten Vorschlag von Benhabib folgend könnte es auch ein respektables Anliegen sein, Identität durch Koheränz zu ersetzen und alternativ von einer Intersex-Koheränz zu sprechen. Auch Kohärenz und Koheränzgefühl (sense of coherence) sind in der Psychologie gut erforschte Konzepte, doch in die Alltagssprache noch nicht derart vorgedrungen und verständlich wie der Identitätsbegriff. Erfahrungsexpert_innen müssten befragt werden, was sie von »Kohärenz« zur Bezeichnung des eigenen subjektiven Selbsterlebens halten. Maßgebend wäre die Frage, wie hilfreich der jeweilige Begriff, Kohärenz, Identität oder Positionalität zur Beschreibung dessen ist, als wer und was sie sich identifizieren und erleben. Solange der Identitätsbegriff eine auch in der Allgemeinbevölkerung verbreitete und anerkannte Verständlichkeit hat, sollten auch diejenigen, die hier bislang weitgehend unsichtbar, stigmatisiert oder unerwähnt waren, die Möglichkeit zur Teilhabe an allgemein akzeptierten Begriffen zur Kennzeichnung des eigenen So-Seins, Erlebens und Wesens, eben der eigenen Identität, erhalten. Vielleicht findet sich im Laufe der weiteren auch öffentlichen Auseinandersetzung ein passenderer, feinerer und noch besser akzeptierter Begriff. Derzeit scheint eine Auflösung des Identitätsbegriffs in Ermangelung eines Besseren, der ähnlich umfassend, mehrdeutig und dialektisch ist, nicht gegeben.

IDENTITÄTEN ALS PRIVATE UND ÖFFENTLICHE ANGELEGENHEITEN

Identitäten haben individuelle und kollektive, private und öffentliche Anteile. Sie erscheinen gleichzeitig greifbar und schwer zu greifen. So schreibt Emcke (2010):

> »Identitäten bleiben, bei allen Anerkennungsdiskursen, etwas, das man nie im Griff haben kann. Es sind multiple, bewegliche Gebilde, die sich gegen und an traditionalen, ererbten Überzeugungen, aber auch an Praktiken der Diskriminierung bilden und subversiv weiterbilden. Es sind auch konstruierte Vergemeinschaftungen von Individuen, die mitunter gegen und mit ihrer Konstruiertheit ringen. Immer wieder verändern sie sich durch interne und externe kritische Auseinandersetzungen, durch einzelne Mitglieder, die in sich hybride Personen sind, die sich an die kollektive Konvention nicht anpassen und sie kritisch begleiten oder stören.
>
> Kollektive Identitäten sind niemals nur kollektiv, sie sind immer das bewegliche, poröse Produkt aktiver Individuen« (ebd. 341).

Die These dieses Beitrags bleibt, dass das Identitätskonzept selbst auch dazu dienen kann, hegemoniale Diskurse, Ungleichheit und Diskriminierung kritisch zu hinterfragen, und in der Lage ist, zur Anerkennung und Sichtbarmachung bislang unsichtbarer Identitäten beizutragen. Es kann Räume öffnen, Intersex-Identitäten benennen und zum Verständnis intergeschlechtlichen Seins und Erlebens beitragen. So lautet Bregers (2009) Fazit zum Gebrauch des Identitätsbegriffs:

> »Immer deutlicher wird jedenfalls die Komplexität des Feldes der Identität: Die Produktion von ›Hybriditäten‹ ist – auch wenn man von der rassistischen Geschichte des Begriffs absieht – kein Garant für ›Subversion‹, sondern u.U. als aktuelle Strategie der Herrschaftssicherung im Raum der Globalisierung zu begreifen. Andererseits akzentuiert das wachsende Bewusstsein solcher Komplexitäten auch die Instabilität von Identitätsformationen – und eröffnet so die Möglichkeit, ihre hegemonialen, noch immer diskriminierenden und ausschließenden Definitionen kritisch zu hinterfragen« (Breger 2009: 62).

Wenn es Identitäten geben darf, sollten sie als dynamische Konzepte aufgefasst werden. Wenn es Identitäten gibt, so entwickeln sie sich bestenfalls. Allein begrifflich bildet das Wort Identität eine Entität, etwas Eingegrenztes, Geschlossenes. Dies heißt nicht, dass das Geschlossene nicht zu öffnen ist. Geht es, statt Identitäten abzuschaffen, nicht darum, das Konzept dynamisch zu verstehen und anzuwenden? Bedarf es nicht genau dieser Aushandlungssphäre, in der das Stabile zugleich zum Instabil-Beweglichen-Formbaren wird, das sich wieder stabilisiert? Das Oszillieren stellt jenen dynamischen Prozess dar, den auch psychoanalytische Konflikttheorien immer wieder einzufangen und zu verdeutlichen suchen. Wenden wir uns dem einen zu, droht die Vernachlässigung des anderen. Die Aufmerksamkeit dialektisch hin- und herzuwenden, bleibt menschliche Aufgabe und Kunst.

Sprache dient der Kommunikation und Verständigung. Das Verstehen unbekannter, komplexer Vorgänge und Phänomene bedarf einer präzisen und verständlichen Sprache. In der oben erwähnten historischen Verfassungsklage hat die Verwendung des Identitätskonzepts möglicherweise zum Erfolg beigetragen. Liest man die Verfassungsbeschwerde und den Beschluss des Bundesverfassungsgerichts zur Einführung einer dritten positiven Geschlechtskategorie (Bundesverfassungsgericht 2017), stellt die Vorstellung von Identitäten neben dem Grundrechtsbezug ein wichtiges Schlüsselelement in der Argumentationskette dar. Das Identitätenkonzept zu verwenden und weiterzuentwickeln bedeutet keineswegs, die Festlegung auf ein binäres oder dichotomes Geschlechtermodell, das Mann und Frau als sich gegenseitig ausschließende und allein gültige Kategorien kennt, beizubehalten. Solange der Identitätenbegriff ein weites Verständnis und Offenheit für die Beschreibung dynamischer, individueller und kollektiver Subjektivitäten zulässt und es keinen Geeigneteren gibt, scheint seine Verwendung bedenkenlos. Für die Anerkennung intergeschlechtlichen Seins und Erlebens scheint er hilfreich gewesen zu sein.

Dieser Beitrag erschien unter dem Titel »Identitäten zwischen Entität und Erfahrungsraum: Intersex und das Dritte Geschlecht« in: PDP – Psychodynamische Psychotherapie, 1/2018.

BIBLIOGRAFIE

Abels, H. (2010). Identität. Wiesbaden, Verlag für Sozialwissenschaften.

Benhabib, S. (1995). Selbst im Kontext. Frankfurt/M.

Bion, W.R. (1992). Lernen durch Erfahrung. Frankfurt/M., Suhrkamp.

Breger, C. (2009). Identität. In: von Braun, C., Stephan, I. (Hg.). Gender@Wissen. Ein Handbuch der Gender-Theorien. Köln, Weimar, Wien, Böhlau Verlag, UTB, 47–65.

Bundesverfassungsgericht. (2017). Zum Beschluss vom 10.10.2017. https://www.bundesverfassungsgericht.de/SharedDocs/Entscheidungen/DE/2017/10/rs20171010_1bvr201916.html, abgerufen am 30.12.2017.

Butler, J. (2009). Das Unbehagen der Geschlechter. Frankfurt/M., Suhrkamp.

Danzer, G. (2017). Identität. Über die allmähliche Verfertigung unseres Ichs durch das Leben. Heidelberg, Springer.

Davis, G. (2015). Contesting intersex. The Dubious Diagnosis. New York: New York University Press.

deLevita, D. (2002). Der Begriff der Identität. Gießen, Psychosozial Verlag.

Erikson, E. (1971). Identität und Lebenszyklus. Drei Aufsätze. Frankfurt/M., Suhrkamp.

Erikson, E. (1975). Dimensionen einer neuen Identität. Frankfurt/M., Suhrkamp.

Emcke, C. (2010). Kollektive Identitaeten. Sozialphilosophische Grundlagen. Frankfurt/M., Campus.

Katinka Schweizer

Gerhards, J. (2010). Die Moderne und ihre Vornamen. Eine Einladung in die Kultursoziologie. Wiesbaden: VS Verlag für Sozialwissenschaften.

Goffmann, E. (1975). Stigma. Über Techniken der Bewältigung beschädigter Identität. Frankfurt/M., Suhrkamp.

Hirschauer, S. (2017). Im Zwischenraum der Geschlechter. Frankfurter Allgemeine Zeitung, 10. November 2017, 9.

Honneth, A. (2015, 2005). Verdinglichung. Eine anerkennungstheoretische Studie. Frankfurt/M., Berlin, Suhrkamp.

Lewitscharoff, S. (2012). Vom Guten, Wahren und Schönen. Frankfurter und Zürcher Poetikvorlesungen. Frankfurt/M., Suhrkamp.

Meißner, H. (2012). Butler. Stuttgart, Reclam.

Preves, S. (2003). Intersex and identity. The contested Self. New Brunswikc, N.J., Rugers University Press.

Ricoeur, P. (1992). Oneself as another. Chicago: University of Chicago Press.

Schweizer, K. (2012a). Körperliche Geschlechtsentwicklung und zwischengeschlechtliche Formenvielfalt. In: Schweizer, K.& Richter-Appelt, H. (Hg.) Intersexualität kontrovers. Grundlagen, Erfahrungen und Positionen. Gießen: Psychosozial Verlag, 43–67.

Schweizer, K. (2012b). Sprache und Begrifflichkeiten. Intersexualität benennen. In: Schweizer, K.& Richter-Appelt, H. (Hg.). Intersexualität kontrovers. Grundlagen, Erfahrungen und Positionen. Gießen: Psychosozial Verlag, 19–42.

Schweizer, K. (2017). »Männlich, weiblich, divers: Das dritte Geschlecht«. Interview im ZDF-Morgenmagazin MoMa am 9.11.2017, https://www.zdf.de/nachrichten/zdf-morgenmagazin/intersexualitaet-anerkannt-100.html, abgerufen am 22.12.2017.

Schweizer, K., Lampalzer, U., Handford, C., & Briken, P. (2016). Kurzzeitbefragung zu Strukturen und Angeboten zur Beratung und Unterstützung bei Variationen der körperlichen Geschlechtsmerkmale. Begleitmaterial zur Interministeriellen Arbeitsgruppe Inter- & Transsexualität. Berlin: Bundesministerium für Familie, Senioren, Frauen und Jugend.

Straehle, A. (2014). »Der, der ich bin, grüßt wehmütig den, der ich sein möchte«. In: Kögler, M., Busch, E. (Hg.). Übergangsobjekte und Übergangsräume. Gießen, Psychosozial, 25–47.

LIMBO WEEKS   STOP MOTION ANIMATION. 2017. 08:09 min

This cooperation between Bianca Kennedy and Fabian Vogler – is a Matryoshka doll puppet of a film. Layers inside layers, mothers hidden inside mothers, giving birth to even younger mothers, the sculptural themes are like interwoven skins of a slowly peeling onion. Bianca Kennedy stages the plaster and bronze figures of sculptor Fabian Vogler inside intricately detailed miniature sets, depicting a very peculiar state of human development: The short time frame of seven weeks, where nature hasn't decided on a specific gender for its fetus yet.

In this state of blissful limbo the characters try to influence their own destiny through changing the water temperature of the bathing mother or playing with the wheel of evolutionary fortune. Several feti's journeys are being depicted, as they fight their way out of wombs, lose themselves in ritualistic dances and finally shed their golden skin, before reattaching to the severed navel string.

Limbo Weeks combines colorful handmade rooms and unique sculptures with ambiguous genders, illuminating the fact, that everybody is the result of cosmic coincidence and fate.

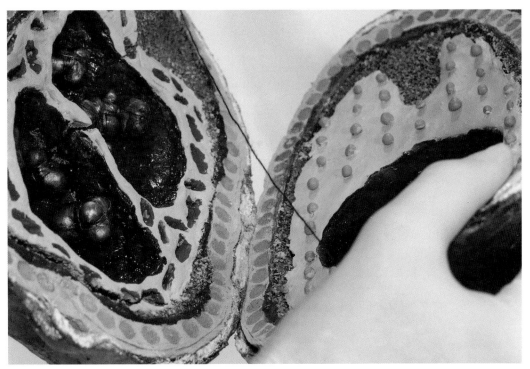

LIMBO WEEKS FILMSTILL at 07:24 min

LIMBO WEEKS FILMSTILL at 03:41 min

LIMBO WEEKS FILMSTILL at 05:37 min

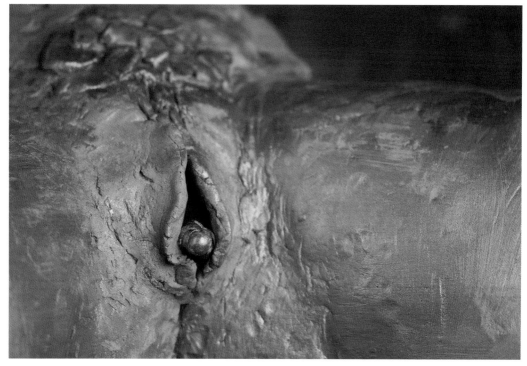

LIMBO WEEKS FILMSTILL at 02:26 min

ARTISTIC INTERVENTION III Bianca Kennedy und Fabian Vogler

LIMBO WEEKS   FILMSTILL at 03:20 min

LIMBO WEEKS   FILMSTILL at 06:18 min

Inga Becker | Franziska Brunner | Wilhelm F. Preuss

INTER- UND TRANSGESCHLECHTLICHKEIT IM VERGLEICH

Intergeschlechtlichkeit und Transgeschlechtlichkeit sind zwei unterschiedliche Phänomene. Beiden ist gemein, dass die Themen Identität, Körper und Geschlecht von zentraler Bedeutung sind. Vor dem klinisch-sexualwissenschaftlichen Hintergrund der Autor_innen wird der_die Leser_in an die Thematik mit einem klinisch-wissenschaftlichen Blick herangeführt: Konzepte werden zunächst voneinander getrennt und aus der Außenperspektive beleuchtet. Durch die Lektüre sollen folgende Fragen leiten: Was unterscheidet Menschen mit intersexuellen Besonderheiten hinsichtlich ihrer geschlechtlichen Entwicklung von Menschen, die transgeschlechtlich sind? Welche Themen verbindet Inter- und Transgeschlechtlichkeit?

Der Blick soll jedoch hierbei nicht verharren, sondern auf die mögliche Vielfalt an inneren Erlebensweisen von Geschlecht sowie auf körperlich geschlechtliche Mehrdeutigkeit gelenkt werden. Ist der Blick geschult, kann der Lesende die beiden Phänomene unterscheiden und Verbindendes erkennen. Dies ermöglicht abschließend, die Themen wieder zusammenzuführen und gemeinsame, aber dennoch individuelle Implikationen für das Verständnis von geschlechtlicher Diversität und Vielfalt abzuleiten. Damit soll es dem/der Leser_in leichter werden, Schönheit in den Gesichtern und Körpern geschlechtlich mehrdeutiger Menschen zu entdecken und somit anfängliche Verunsicherungen, die mit diesen Themen einhergehen können, auszuhalten.

EIN SEXUALWISSENSCHAFTLICHER BLICK AUF KÖRPER UND GESCHLECHT

»Das Beste daran, ein Mädchen zu sein, ist, dass ich nicht mehr so tun muss, als sei ich ein Junge«, sagt ein transgender-Mädchen auf dem Titelbild des National Geographic Magazin (Ausgabe Januar 2017, dt. Übersetzung von den Autor_innen). »Ich [bin] eine Frau+«, schreibt eine Studienteilnehmer_in, die am Hamburger Forschungsprojekt zur Intersexualität teilgenommen hat (vgl Brunner u.a. 2012: 39). Doch was meinen die beiden Personen, die sich als »Mädchen« oder als »Frau +« bezeichnen damit, wenn sie diese Begriffe verwenden? Und was verstehen Sie als Leser_in darunter? Sowohl für eine Reflexion des eigenen Verständnisses von »Frau« und »Mann« als auch für ein Verständnis von Inter- und Transgeschlechtlichkeit ist eine genaue Differenzierung unterschiedlicher Ebenen des Geschlechts unerlässlich.

Das biologische oder körperliche Geschlecht, das im Englischen mit *sex* bezeichnet wird, meint zunächst alle körperlichen Aspekte von Geschlecht, also Gene, Geschlechtschromosomen, Hormone und die geschlechtliche Anatomie.

Das psychosoziale Geschlecht, das im Englischen als *gender* bezeichnet wird und ins Deutsche übernommen wurde, bezieht sowohl soziale als auch psychische Aspekte mit ein. Gender beschreibt aber auch, wie Menschen sich gegenseitig und sich selbst wahrnehmen und miteinander interagieren und umfasst somit auch die nach außen wahrnehmbare Geschlechtsrolle einer Person. Die Geschlechtsrolle beinhaltet das nach außen sichtbare geschlechtstypische Verhalten (Money 1994). Viele Menschen demonstrieren über die Betonung ihrer Geschlechtsrolle, dass sie sich einem Geschlecht zugehörig erleben. Gleichzeitig gibt es auch Personen, die in einer Geschlechtsrolle leben, die nicht ihrem inneren geschlechtlichen Erleben (Geschlechtsidentität) entspricht. Die Geschlechtsidentität (oder das Geschlechtserleben) ist ein von Stoller (1968) eingeführter und in der Sexualforschung maßgeblich von Money (1994) geprägter Begriff, der jene Aspekte der Identität umfasst, die als mit dem Geschlecht verbunden erlebt werden, also mit der Erfahrung von sich selbst als Angehörige oder Angehöriger eines Geschlechts. Die Geschlechtsidentität wird meistens dann thematisiert, wenn sie als nicht eindeutig mit dem Körpergeschlecht übereinstimmend erlebt wird, wie es häufig bei der Intergeschlechtlichkeit oder Transgeschlechtlichkeit der Fall ist (Richter-Appelt 2013). So nimmt zum Beispiel ein_e Teilnehmer_in aus dem oben genannten Hamburger Forschungsprojekt direkt Bezug auf körperliche Geschlechtsmerkmale, wenn sie über ihre Geschlechtsidentität nachdenkt: »Auch wenn es Sachen gibt, die ich nicht habe/kann, aber andere Frauen haben/können (Gebärmutter/ Kinder bekommen), fühle ich wie eine Frau und bin eine« (vgl. hierzu auch Brunner u.a. 2016: 117).

Somit müssen Geschlechtsidentität, Geschlechtsrolle und Körpergeschlecht als unterschiedliche Konzepte gedacht werden, um ein Verständnis für geschlechtliche Vielfalt entwickeln zu können. Deutlich wird anhand der Konzepte, wie vielfältig Geschlecht bereits hinsichtlich unterschiedlicher Erlebensweisen, Körperlichkeiten und vor allem Begrifflichkeiten sein kann, und wie wichtig ein sensibler sprachlicher Umgang mit der Thematik ist, wenn man versuchen möchte, unterschiedliche Perspektiven zu den Phänomenen zu beleuchten (Bouman u.a. 2016; Brunner/Schweizer 2016).

Bei Personen, die sich selbst als transgeschlechtlich erleben und unter Geschlechtsdysphorie leiden, und Personen, die intergeschlechtlich sind, handelt es sich um zwei unterschiedliche Gruppen, denen eine unterschiedliche Behandlungspraxis entspricht (Richter-Appelt/Sandberg 2010; Richter-Appelt 2013). Gemeinsamkeiten bestehen jedoch hinsichtlich der möglichen Diversität und Dimensionalität, wenn man über

Inga Becker | Franziska Brunner | Wilhelm F. Preuss

die binären Kategorien von entweder (psychisch und körperlich) eindeutig Frau oder (psychisch und körperlich) eindeutig Mann hinaus die Grenzen von Geschlechtlichkeit verschiebt. Die sich dadurch eröffnenden Möglichkeiten von Geschlechtserleben sollen im Folgenden vorgestellt und dann gemeinsam diskutiert werden.

EIN KLINISCHER BLICK AUF TRANSGESCHLECHTLICHKEIT

Transgeschlechtliche Personen berichten, ihre körperlichen Geschlechtsmerkmale als nicht passend zu ihrem geschlechtlichen Selbsterleben zu empfinden, d.h. nicht passend zu ihrer Geschlechtsidentität. In diesem Sinne entsteht ein Gefühl, »im falschen Körper« zu leben: Dabei ist der Geschlechtskörper gemeint. Daher streben viele transgeschlechtliche Menschen körpermedizinische Behandlungen (z.B. durch Hormone oder Operationen) an, um ihren Körper ihrem geschlechtlichen Erleben anzugleichen. Das Leiden, das aus der Unstimmigkeit von Geschlechtskörper und Geschlechtsidentität entsteht, nennt man Geschlechtsdysphorie. Am spezifischen Leiden transgeschlechtlicher Menschen orientiert sich die klinische Diagnose Geschlechtsdysphorie (Gender Dysphoria) in der aktuellen Version des Diagnostic and Statistical Manual of Mental Disorders (DSM V; APA 2013).

Zwei Beispiele sollen verdeutlichen, wie eine Trans-Frau und ein junger Trans-Mann ihren Körper empfinden.

Eine 28 Jahre alte Trans-Frau (bzw. eine Klientin mit einer sogenannten transsexuellen Entwicklung von Mann-zu-Frau) berichtet in der Spezialsprechstunde für Transgender Gesundheitsversorgung am UKE zögerlich und voller Scham:

> »… das Dings da unten zwischen meinen Beinen, das gehört nicht zu mir; das mag ich gar nicht anfassen. Wenn ich unter der Dusche stehe, schaue ich nicht runter … ich trage nur enge weibliche Unterwäsche, die das Zeug wegdrückt. Ich habe es auch eine Zeitlang mit Klebeband nach hinten weggebunden, … ich habe mir spezielle Silikoneinlagen für meinen BH besorgt. Wenn ich ein passendes Kleid trage, fällt es gar nicht mehr auf, dass ich keine echte weibliche Brust habe. Die Silikoneinlagen verschaffen mir ein besseres Körpergefühl. Das ist fast noch wichtiger für mich als mein weibliches Durchgehen bei meinen Mitmenschen.«

Ein 15-jähriger Jugendlicher mit einer sogenannten transsexuellen Entwicklung von Frau-zu-Mann (bzw. von Mädchen zu Junge) öffnet sich seiner Mutter gegenüber in einem Brief:

> »Ich fühle mich wie ein Junge und nicht wie ein Mädchen, und ich möchte wie ein Junge leben. Ich bin und war schon immer ein Junge. Ich versuche sogar im Stehen zu pinkeln. Bitte versteh mich! Ich fühle mich so, wie ich bin, nicht wohl. Ich glaube, ich gehe deshalb so krumm, damit man meine Brüste nicht sehen kann. Ich möchte *Mark* heißen und mit »er« angesprochen werden. Ich hab' im Internet recherchiert und einen Kinder-Endokrinologen gefunden, der sich damit auskennt. Bei dem möchte ich mich mal vorstellen. Kommst du da mit hin?«

In der aktuell noch gültigen Version der Internationalen Statistischen Klassifikation der Krankheiten und verwandter Gesundheitsprobleme in ihrer zehnten Revision

(ICD-10; WHO 1992) lautet die spezifische Diagnose Transsexualismus (F64.0). Diese Diagnose wird durch drei Sachverhalte und Kriterien definiert: Zum einen wird vom Betroffenen das Körpergeschlecht abgelehnt, zum anderen besteht das ausgeprägte Verlangen, dem »anderen« Geschlecht anzugehören sowie der Wunsch nach medizinischen Maßnahmen, die zu diesem Ziel führen. Nach diesem Verständnis handelt es sich bei der Mann-zu-Frau-Transgeschlechtlichkeit und der Frau-zu-Mann-Transgeschlechtlichkeit entsprechend einer binären Vorstellung von Geschlecht um zwei einander entgegengesetzte zugrundeliegende Geschlechtsidentitäten, d.h. das geschlechtliche Erleben wird als entweder männlich oder weiblich gedacht. Tatsächlich erlebt sich ein Großteil der transgeschlechtlichen Menschen, die eine Behandlung suchen, entweder männlich oder weiblich. Es gibt jedoch auch Personen, die sich eher als gendervariant beschreiben ließen. Dieser Begriff umfasst all jene Entwicklungsverläufe von Geschlechtsidentitäten, die Menschen zeigen können, die nicht vollständig geschlechtskongruent sind. Das bedeutet, dass manche Personen sich nicht eindeutig »gegengeschlechtlich« identifizieren, und dass auch keine Notwendigkeit medizinischer Behandlungsmaßnahmen besteht. Personen, die sich dem Spektrum Gendervarianz zuordnen lassen, können dennoch zusätzlich einen Leidensdruck in Form einer Geschlechtsdysphorie erleben und sich wünschen, mit non-binärem und/oder anderem Geschlecht zu leben und anerkannt zu werden.

Als Beispiel sei eine Frau mit typisch weiblichem Körpergeschlecht und ohne eine typisch »transsexuelle Entwicklung« genannt, die unter ihrer weiblichen Brust genauso litt wie eine Person mit einer Frau-zu-Mann-Entwicklung. Der Leidensdruck durch diese Geschlechtsdysphorie war derart stark, dass sie längere Zeit arbeitsunfähig wurde. Sie bat ihre Psychotherapeutin flehentlich um die Zustimmung zu einer Brustangleichung, wollte aber vorerst den weiblichen Namen behalten und keine Testosteronbehandlung beginnen. Nach der plastisch-chirurgischen Angleichung ihrer Brust (ohne gegengeschlechtliche Hormonbehandlung und Rollenwechsel) ging es ihr psychisch anhaltend besser, und sie konnte ihre Tätigkeit wieder aufnehmen.

Im Rahmen der geplanten Modifikationen des medizinischen Klassifikationssystems ICD (ICD-11) soll der veraltete Begriff Transsexualismus durch die neutralere Bezeichnung Geschlechtsinkongruenz ersetzt werden und im Sinne einer wünschenswerten Entpathologisierung aus der Gruppe der psychiatrischen Diagnosen herausgenommen werden (Drescher u.a. 2012). Gleichzeitig aber soll die Geschlechtsinkongruenz als störungswertig verstanden werden, um den Betroffenen eine Behandlung zu ermöglichen, deren Kosten die Krankenversicherungen übernehmen.

In den letzten Jahren hat sich ein Wandel in der Terminologie und den entsprechenden medizinischen Klassifikationssystemen vollzogen (vgl. Beek u.a. 2016; Drescher u.a. 2012; Brunner u.a. 2017). Die veränderte Wortwahl ist Ausdruck nicht nur dieses Wandels rund um das Verständnis von Geschlecht, sondern spiegelt auch Veränderungen in der Behandlung von Geschlechtsidentitätsthematiken wider (vgl. Nieder u.a. 2013). Aus Selbstberichten von Menschen mit Gendervarianz oder Geschlechtsdysphorie wird zunehmend deutlich, dass manche von ihnen sich geschlechtlich zwischen den Polen weiblich und männlich erleben, also jenseits der Logik eines

Inga Becker | Franziska Brunner | Wilhelm F. Preuss

binär-polaren Geschlechtersystems, in dem es nur Frauen bzw. Trans-Frauen oder nur Männer bzw. Trans-Männer geben dürfte. Diese Personen verorten ihre je eigene non-binäre Geschlechtsidentität im Gender-Spektrum und benennen sie sehr unterschiedlich: trans, non-binär, genderqueer, gender-liquid, agender und weitere. Laut Nieder und Kollegen (2017: 466) will beispielsweise der Sammelbegriff *trans* »Erkenntnis und Anerkennung geschlechtlicher Vielfalt Ausdruck verleihen, frei von Bezugnahme auf Pathologie sein und nicht zwingend den Wunsch implizieren, sich somatisch geschlechtsangleichend behandeln zu lassen«. Damit steht dieser Begriff allen Menschen offen, die ihre Geschlechtszugehörigkeit bzw. ihre Geschlechtsidentität »nicht oder noch nicht vollständig in Einklang mit ihrem – in der Regel anhand der körperlichen Geschlechtsmerkmale – zugewiesenen Geschlecht erleben« (ebd. 466).

EIN KLINISCHER BLICK AUF INTERGESCHLECHTLICHKEIT

Verschiedene Formen von Intergeschlechtlichkeit werden heute in der Medizin als Varianten der körperlichen Geschlechtsentwicklung bezeichnet (AWMF 2016). Dieser Begriff darf nicht mit der Gendervarianz im Sinne des psychologischen Gender verwechselt werden (Richter-Appelt 2013), d.h. auch hier wird Geschlecht zunächst rein biologisch anatomisch, körperlich im Sinne von *sex* verstanden. In der neuen Begrifflichkeit bleibt die psychosexuelle Entwicklung außer Acht, obwohl immer mitgedacht werden muss, dass letztere ganz unterschiedlich und auch konträr zu den vorherrschenden Merkmalen/Anteilen des Geschlechtskörpers verlaufen kann.

Allen intergeschlechtlichen Formen ist phänomenologisch gemein, dass die Entwicklung des geschlechtlichen (somatosexuellen) Körpers vor dem Hintergrund eines binären Geschlechtsverständnisses untypisch verläuft. Die Körper von intergeschlechtlichen Menschen sind mehrdeutig, wenn weibliche und männliche Anteile ausgeprägt sind. Bei einigen, aber nicht allen intergeschlechtlichen Menschen wird das äußere Genitale als mehrdeutig wahrgenommen, d.h. weder eindeutig anatomisch männlich noch eindeutig anatomisch weiblich.

Lange Zeit war der Fokus der medizinischen Behandlungspraxis darauf gerichtet, aus diesen mehrdeutigen Geschlechtsteilen und/oder Geschlechtsmerkmalen möglichst eindeutig erscheinende Geschlechtsteile zu schaffen. Dieser Praxis der nicht mehr haltbaren »optimal gender policy« lag die Annahme zu Grunde, dass man nur eine »gesunde« psychosexuelle Entwicklung durchlaufen könne, wenn der Körper eindeutig dem einen oder dem anderen Geschlecht entspreche und von anderen entsprechend eindeutig wahrgenommen werde (Schweizer/Richter-Appelt 2012). Aber auch intergeschlechtliche Menschen, die körperlich weibliche und männliche Merkmale aufweisen, können sich entweder in die genannten Geschlechtsidentitäten von entweder weiblich oder männlich einordnen, oder aber ein eigenes Gender bzw. eine eigene Geschlechtsidentität oder aber eine intergeschlechtliche Identität annehmen und leben. Die Selbstbeschreibungen von intergeschlechtlichen Personen können somit sehr unterschiedlich ausfallen, wie die folgenden Beispiele zeigen: »Ich bin eine Frau – hundertprozentig. Nur ohne Vagina« (vgl. hierzu auch Brunner u.a. 2016: 115).

»[Ich] definiere … mich zum Glück nicht mehr in erster Linie über meine Zugehörigkeit zu einem Geschlechtskonstrukt« (vgl. hierzu auch Brunner u.a. 2016: 116). »Ich trage beide Geschlechter in mir« (vgl. hierzu auch Handford u.a. 2013: 81).

Die von John Money geprägte Behandlungspraxis (optimal gender policy) führte dazu, dass Kleinkinder mit mehrdeutigen Geschlechtsmerkmalen medizinisch an das eine oder andere Geschlecht angeglichen wurden, um sie dann geschlechtstypisch in diesem Geschlecht zu erziehen. Dabei ging man von der Annahme aus, dass die jeweilige Geschlechtsidentität prägbar sei. Diese Annahme wurde in empirischen Untersuchungen, persönliche Stellungnahmen und durch dokumentierte Fallberichte zum psychischen Erleben und zur Geschlechtsidentität im Erwachsenenalter widerlegt (vgl. Schweizer/Richter-Appelt 2012). In Studien der Hamburger Forschungsgruppe am Universitätsklinikum Hamburg Eppendorf (Leitung: Prof. Hertha Richter-Appelt) hat sich unter anderem gezeigt, dass die zwei Kategorien männlich und weiblich zur Beschreibung der Geschlechtsidentität von Personen mit Variationen der Geschlechtsentwicklung nicht ausreichen (Schweizer u.a. 2014).

DIE GEMEINSAME BETRACHTUNG DER PHÄNOMENE TRANSGESCHLECHTLICHKEIT UND INTERGESCHLECHTLICHKEIT

Obwohl es sich um zwei voneinander begrifflich, konzeptionell und medizinisch zu unterscheidende Phänomene handelt, so vereint doch beide Phänomene (Trans- und Intergeschlechtlichkeit), dass der Umgang mit ihnen lange Zeit durch eben jene binäre Vorstellung von Geschlecht geprägt wurde. Wie bereits erwähnt, zielte die medizinische Behandlung vor allem darauf, mögliche »Abweichungen« von einem eindeutigen männlichen oder weiblichen Körper medizinisch zu beheben (Nieder/Richter-Appelt 2011; Richter-Appelt 2013). Ein Umdenken innerhalb der Medizin und den dazu gehörigen Wissenschaften wurde maßgeblich durch die Initiative von Menschenrechts- und Selbsthilfeorganisationen beeinflusst (Veith 2014). Neben den Veränderungen in der medizinischen Praxis haben sich trans- und intergeschlechtliche Menschen weitere Rechte in unserer Gesellschaft erstritten (Plett 2009; Schreiber 2017). Ein Leben außerhalb der binären Kategorie weiblich/männlich ist demnach denkbar/möglich.

Dennoch existiert in unserer heutigen Gesellschaft in der Regel eine Trennung der Geschlechter in zwei Gruppen: jene der »Männer« und jene der »Frauen«. Im Alltag unterscheiden wir unsere Mitmenschen in Sekundenbruchteilen und gewöhnlich nach dem Konzept »Frau/Mann«. Dabei dienen diese vorbewussten Wahrnehmungsprozesse dazu, Menschen einzuordnen, Informationen zu bündeln, Komplexität zu reduzieren und somit die sozialen Interaktionen und das Zusammenleben zu erleichtern. Aus Studien zur Verhaltensbeobachtungen von Kleinkindern kann man schließen, dass diese nicht nur den (männlichen) Vater und die (weibliche) Mutter, sondern auch andere Personen nach Männern und Frauen unterscheiden, noch bevor sie sprechen können (Campbell u.a. 2000; Hock u.a. 2015). Wenn die Zuordnung weiblich oder männlich in unterschiedlichen Altersstufen jedoch nicht quasi automatisch gelingt, kann dies zu Irritationen führen.

Inga Becker | Franziska Brunner | Wilhelm F. Preuss

Transgeschlechtliche Menschen werden vor ihrem Coming-Out als Trans-Frauen (Mann-zu-Frau) oder als Trans-Männer (Frau-zu-Mann) häufig nicht ihrem erlebten Geschlecht gemäß gesehen, weil ihre Geschlechtszugehörigkeit nach der Körpergestalt, ihren Gesichtszügen und ihrem anatomischen Geschlecht beurteilt wird. Komplexer stellt sich dieser Sachverhalt bei Personen dar, die einen androgynen Eindruck vermitteln, als ob sie sich zwischen den Geschlechtern befinden.

Eltern von intergeschlechtlichen Kindern können nach der Geburt ihres Kindes die von ihrer Umgebung sehr häufig gestellte Frage nicht sofort beantworten: »Ist es ein Junge oder ein Mädchen?« Die Geburt eines Kindes mit Variationen der Geschlechtsentwicklung kann somit bei Eltern zunächst starke Verunsicherung und Verwirrung auslösen, wenn die Familien nicht ausreichend aufgeklärt und begleitet werden. Dies gilt insbesondere auch dann, wenn das Neugeborene mehrdeutige Körpermerkmale (z.B. Genitalien) hat. Eltern von intergeschlechtlichen Kindern sollten daher in jedem Fall auch psychologische Beratung in Anspruch nehmen können, wenn sie solcher bedürfen. So empfiehlt zum Beispiel die Interministerielle Arbeitsgruppe Inter- & Transsexualität die notwendige Verbesserung von Beratungsangeboten für Familien von intergeschlechtlichen Kindern, welche professionell auf die Schwierigkeiten und Ängste reagieren können und niedrigschwellig zu erreichen sind (vgl. BMFSFJ 2015, Schweizer u.a. 2016).

Einige, nicht alle, erwachsene intergeschlechtliche Menschen können selbst unter Ablehnung oder Verunsicherung durch nicht passend erlebte Körpermerkmale leiden. Auch für diese Personen gilt, dass sie hierfür die Unterstützung von Professionellen verdienen, die sich mit Intergeschlechtlichkeit auskennen. Bei Trangender-Personen, die bei Gender-Spezialisten in Behandlung kommen, ist das Leiden unter den als nicht passend erlebten Körpermerkmalen der Regelfall. So ertragen es z.B. viele Trans-Frauen nicht, in den Spiegel zu schauen, weil sie dort nur ihr »männliches« Gesicht mit Bartstoppeln sehen würden. Die meisten Trans-Männer binden die als nicht zu ihnen gehörend empfundenen Brüste ab. Nicht wenige von ihnen entwickeln so Haltungsschäden und Rückenschmerzen.

Beide Gruppen können unter Schamgefühlen leiden, wenn sie sich mit Mädchen und Jungen vergleichen, die ganz eindeutig als das eine oder andere Geschlecht durchgehen und sich bis zur Pubertät scheinbar nicht mit Fragen der eigenen Geschlechtszugehörigkeit beschäftigen müssen. Beiden Phänomenen ist in dieser Hinsicht gemein, dass inter- und transgeschlechtliche Kinder, Jugendliche und Erwachsene anders als geschlechternormative Jungen und Mädchen sind. Wenn dabei das Bedürfnis entsteht, sich möglichst stimmig im eigenen Geschlechtskörper zu fühlen, kann es in vielen Fällen sein, dass geschlechtsangleichende Maßnahmen wie Hormonbehandlung oder plastisch-chirurgische Eingriffe notwendig werden.

Vor dem Hintergrund der erwähnten neuen Vielfalt der Geschlechter sollte man hier noch anmerken, dass der Großteil der Menschen mit Inter- oder Transgeschlechtlichkeit immer noch eine polar-binäre Geschlechtsidentität anstrebt bzw. zu leben versucht. Andererseits bietet das Gender-Spektrum oder die möglichen Alternativen von gendervarianten Identifikationsmöglichkeiten vor allem jungen Menschen einen kostbaren Entwicklungsraum für ihre Selbst-Findung und Ich-Werdung, ohne sich in überkommene und allzu enge heteronormative Geschlechternormen einsortieren zu müssen.

Von großer Bedeutung für alle Beteiligten sind Genauigkeit in der Handhabung der Begriffe, um Verwirrung zu vermeiden, und eine sensible Handhabung des Sprachgebrauchs, um Entwertungen zu verhindern (Bouman u.a. 2016; Brunner/Schweizer 2016). Da das binäre Denken in unserer Sprache und Gesellschaft jedoch immer noch verankert ist, gestaltet sich dies manchmal schwierig (Brunner u.a. 2012). Dies drückt sich auch in vielen um Objektivität bemühten wissenschaftlichen Studien aus, welche dennoch voraussetzen, bestimmte Kategorien, wie z.B. Geschlechterkategorien, bei der Untersuchung bestimmter Fragestellungen zu bilden. Den meisten klinischen Studien standen und stehen, wie von Schweizer (2012) für die Forschung beschrieben, konzeptionell alternative Kategorien zur Selbstbeschreibung noch nicht zur Verfügung. Das bedeutet, dass in vielen gesellschaftlichen Kontexten, sei es in der Wissenschaft und Klinik, oder aber in der Schule immer wieder auf die binäre Unterteilung in Mädchen und Jungen, Frauen und Männer zurückgegriffen wird. Die Vorgabe von Kategorien als entweder/oder birgt jedoch die Gefahr, dass die subjektiven Realitäten von nicht eindeutigen oder heterogenen geschlechtlichen Gruppen ignoriert wird (vgl. Schweizer 2012).

FAZIT

Gerade mit Blick auf intergeschlechtliche und transgeschlechtliche Personen verbreitet sich zunehmend in Medizin und Psychologie die Erkenntnis, dass subjektives Erleben – unabhängig von den Gegebenheiten des Körpers – nicht nur männlich oder weiblich sein kann, sondern auch »männlich und weiblich«, »dazwischen«, »intergeschlechtlich«, »transgender«, »queer« und vieles mehr. Letztere Erlebensweisen oder Konzepte können eine ebenso gesunde Integration der geschlechtlichen Selbstanteile ermöglichen wie ein im binären Verständnis eindeutig männliches oder eindeutig weibliches Erleben. Allerdings müssen viele Menschen, bei denen die geschlechtliche Entwicklung weder eindeutig weiblich noch eindeutig männlich verläuft, gegen vielfältige Hindernisse kämpfen. Dies ist auch damit verbunden, dass der binär geprägte Blick ihrer Mitmenschen in der Regel das »eindeutig Männliche« oder »Weibliche« sucht. Daher führt Mehrdeutigkeit für den_die ungeschulte Betrachter_in, der_die die Geschlechter nur nach ihren anatomischen Unterschieden »liest«, oft zu Verunsicherung und Verwirrung. Ein offener Blick jedoch, der sich nicht sofort irritieren lässt und sein Gegenüber freundlich anblickt, kann die Vielseitigkeit und die Schönheiten der Geschlechter kennenlernen.

BIBLIOGRAFIE

American Psychiatric Association (2013), Diagnostic and statistical manual of mental disorders, 5th ed.Washington, DC.

AWMF (2016), S2k-Leitlinien Varinatne der Geschlechtsentwicklung, 07.2016, http://www.

awmf.org/uploads/tx_szleitlinien/174-001l_S2k_Geschlechtsentwicklung-Varianten_2016-08_01.pdf

Beek, Titia F., Cohen-Kettenis, Peggy T./Kreukels, Baudewijntje P.C. (2016), Gender incongruence/gender dysphoria and its classification history, International Review of Psychiatry, Jg. 28, H. 1, S. 1–8.

Inga Becker | Franziska Brunner | Wilhelm F. Preuss

BMFSFJ (2015). Kurzzeitbefragung zu Strukturen und Angeboten zur Beratung und Unterstützung bei Variationen der körperlichen Geschlechtsmerkmale. Begleitmaterial zur Interministeriellen Arbeitsgruppe Inter- & Transsexualität – Band 2. https://www.bmfsfj.de/blob/73940/e2f19dcd64ab5afbeca1c9d6a6203dc6/kurzzeitbefragung-intersexualitaet-data.pdfBrunner, Franziska/Klein, Verena/Reed, Geoffrey M./Briken, Peer (2017), Die Feldstudien zur Internationalen statistischen Klassifikation der Krankheiten und verwandter Gesundheitsprobleme (ICD)–Version 11 und die zukünftige Klassifikation sexueller Störungen, Zeitschrift für Sexualforschung, Jg. 30, H. 1, S. 74–81.

Brunner, Franziska/Prochnow, Caroline/Schweizer, Katinka/Richter-Appelt, Hertha (2012), Körper- und Geschlechtserleben bei Personen mit kompletter Androgeninsensitivität [Body and Gender Experience in Individuals with Complete Androgen Insensitivity], Zeitschrift für Sexualforschung, Jg. 25, H. 1, S. 26–48.

Brunner, Franziska/Schweizer, Katinka (2016), Zur Diversität sexueller Orientierungen, in: Petia Genkova & Tobias Ringeisen (Hg.), Handbuch Diversity Kompetenz: Gegenstandsbereiche, Wiesbaden, S. 1–14.

Drescher, Jack/Cohen-Kettenis, Peggy T./Winter, Sam (2012), Minding the body: Situating gender identity diagnoses in the ICD-11, International Review of Psychiatry, Jg. 24, H. 6, S. 568–577.

Handford, Christina/Brunner, Franziska/Schweizer, Katinka/Richter-Appelt, Hertha. (2013), Brauchen wir ein drittes Geschlecht? – Eine qualitative Untersuchung der Einstellung von Menschen mit Intersexualität bezüglich eines möglichen Alternativmodells zur Definition von Geschlecht, in S. Tschudin, B. Maier, J. Bitzer, S. Ditz & M. Rauchfuß (Hg.), Grenzen wahrnehmen – respektieren – überwinden, Frankfurt am Main: Mabuse-Verlag. S. 79–84.

Money, John (1994), The concept of gender identity disorder in childhood and adolescence after 39 years, Journal of Sex & Marital Therapy, Jg. 20, H. 3, S. 163–177.

Nieder, Timo O./Richter-Appelt, Hertha (2011), Tertium non datur – either/or reactions to trans-sexualism amongst health care professionals: the situation past and present, and its relevance to the future, Psychology & Sexuality, Jg. 2, H. 3, S. 224–243.

Nieder, Timo O./Briken, Peer/Richter-Appelt, Hertha (2013), Transgender, Transsexualität und Geschlechtsdysphorie: Aktuelle Entwicklungen in Diagnostik und Therapie, PSYCH up2date, Jg. 7, H. 6, S. 373–388.

Nieder, Timo O./Güldenring, Annette/Köhler, Almut/Briken, Peer (2017), Trans*-Gesundheitsversorgung. Zwischen Entpathologisierung und bedarfsgerechter Behandlung begleitender psychischer Störungen, Der Nervenarzt, Jg. 88, H. 5, S. 466–471.

Plett, Konstanze (2009), Intersex und Menschenrechte, in: Claudia Lohrenscheit, (Hg.), Sexuelle Selbstbestimmung als Menschenrecht, Baden-Baden, S. 151–168.

Richter-Appelt, Hertha/Sandberg, David E. (2010), Should disorders of sex development be an exclusion criterion for gender identity disorder in DSM 5?, International Journal of Transgenderism, Jg. 12, H. 2, S. 94–99.

Richter-Appelt, Hertha (2013), Intersexualität nicht Transsexualität. Abgrenzung, aktuelle Ergebnisse und Reformvorschläge, Bundesgesundheitsblatt – Gesundheitsforschung – Gesundheitsschutz, Jg. 56, H. 2, S. 240–249.

Schreiber, Gerhard (2017), Geschlecht als Leerstelle? Zur Verfassungsbeschwerde 1 BvR 2019/16 gegen die Versagung eines dritten Geschlechtseintrags, Ethik und Gesellschaft, H. 1.

Schweizer, Katinka (2012). Identitätsbildung und Varianten der Geschlechtsidentität, in: Katinka Schweizer/Hertha Richter-Appelt (Hg.), Intersexualität kontrovers: Grundlagen, Erfahrungen, Positionen, Gießen, S. 459–484.

Schweizer, Katinka/Richter-Appelt, Hertha (2012), Behandlungspraxis gestern und heute: Vom optimalen Geschlecht zur individuellen Behandlungsindikation, in: Katinka Schweizer/Hertha Richter-Appelt (Hg.), Intersexualität kontrovers: Grundlagen, Erfahrungen, Positionen, Gießen, S. 99–118.

Schweizer, Katinka/Brunner, Franziska/Handford, Christina/Richter-Appelt, Hertha (2014), Gender experience and satisfaction with gender allocation in adults with diverse intersex conditions (Divergences of Sex Development, DSD), Psychology & Sexuality, Jg. 5, H. 1, S. 56–82.

Schweizer, Katinka/Lampalzer, Ute/Handford, Christina/Briken, Peer (2016). Kurzzeitbefragung zu Strukturen und Angeboten zur Beratung und Unterstützung bei Variationen der körperlichen Geschlechtsmerkmale. Bundesministerium für Familie, Senioren, Frauen und Jugend, Berlin.

Stoller, R.J. (1968). Sex and Gender: On the development of masculinity and femininity. Science House, New York City.

Veith, Lucie (2014), Vom Opfersein zum Menschsein in Würde: Intersexuelle Menschen auf dem Weg zurück in das gesellschaftliche Bewusstsein, in: Katinka Schweizer/Franziska Brunner/Susanne Cerwenka/Timo O. Nieder/Peer Briken (Hg.), Sexualität und Geschlecht, Gießen, S. 145–154.

World Health Organization (1992), International statistical classification of diseases and related health problems (10th Rev., Vol. 1), Geneva.

DITTMAR'S BROTHER MARIA in Spain | Barcelona

DITTMAR'S BROTHER HEINA in Germany | North Friesland

DITTMAR'S BROTHER MAIBERT in Austria | Corinthia

DITTMAR'S BROTHER ROGER in South Africa | Afrikaburn

DITTMAR'S BROTHER MARIA in Portugal

DITTMAR'S BROTHER MARIA in Italy | Rome

Fabian Vogler

DITTMAR'S BROTHER ANDREA in France | Paris

DITTMAR'S BROTHERS' TRAVELS 2014. BRONZE. 13,5 x 7 x 6,5 cm

DITTMAR'S BROTHER MAIBERT in Germany | Ruhrpott

DITTMAR'S BROTHER ROGER in South Africa | Cape Town

DITTMAR'S BROTHER ROGER in UAE | Dubai

DITTMAR'S BROTHER ROGER in South Africa

DITTMAR'S BROTHER WILBUR in USA | San Francisco

ARTISTIC INTERVENTION IV Bianca Kennedy | Viktoria Märker | François de Rivoyre | Fabian Vogler

DITTMAR'S BROTHER MARLENE in Greece | Athens

DITTMAR'S BROTHER FREIMUT in Sibiria | Tomsk

DITTMAR'S BROTHER MARLENE in Japan | Tokyo

DITTMAR'S BROTHER MAIBERT in Germany | Leipzig

DITTMAR'S BROTHER FREIMUT in Israel | Jerusalem

DITTMAR'S BROTHER FREIMUT in Israel | Tel Aviv

DITTMAR'S BROTHERS' TRAVELS

Almut Rudolf-Petersen

INTERGESCHLECHTLICHKEIT, MEHRDEUTIGKEIT, QUEER THINKING
Psychoanalytische Überlegungen[1]

MEHRDEUTIGES GESCHLECHT

Mehrdeutigkeit ist wenig komfortabel. Das Denken in Kategorien hingegen, insbesondere die scharfe Trennlinie zwischen Mann und Frau, fungiert als eine der Grundlagen unserer Identität.

Die von uns vorausgesetzte geschlechtliche Eindeutigkeit gibt es in dieser Form aber nicht immer. Anatomische, chromosomale oder gonadale geschlechtliche Mehrdeutigkeiten, mit der manche Menschen auf die Welt kommen, gibt es seit jeher. Wenn wir vor diesem Hintergrund darauf verzichten, Geschlechtlichkeit grundsätzlich mit eindeutigen Kategorien zu beschreiben, stellt sich ein leichter Schwindel ein – der produktiv sein kann. Die Notwendigkeit solch eines, vielleicht zunächst schwindelerregenden Perspektivwechsels hat die Psychoanalytikerin Quindeau herausgestellt:

> »In Gesellschaften, in denen das Geschlecht eine zentrale Ordnungsfunktion einnimmt, werden geschlechtliche Transgressionen, sei es in Gestalt von Trans- oder von Intersexualismus, beinahe notwendig stigmatisiert, weil sie die dichotome Geschlechterordnung mit ihren heteronormativen Grundannahmen infrage stellen. Diese gesellschaftliche Stigmatisierung schlägt nicht selten auch auf die Theoriebildung durch; das polare Verhältnis von Männlichkeit und Weiblichkeit wird als ›natürlich‹ apostrophiert und theoretisch legitimiert« (2012: 119).

So beginnt Quindeau ihr Plädoyer gegen eine Vereindeutigung der Geschlechtszugehörigkeit bei intersexuellem Geschlecht durch operative Eingriffe ohne medizinische

---

[1] Ganz herzlich danken möchte ich Lars Hennings, Hamburg, und Herbert Will, München, für ihre wertvollen Anregungen.

Indikation im frühen Kindesalter. Denn in den letzten Jahren haben Berichte von intersexuellen Menschen[2] gezeigt, dass diese frühen Operationen die personale Integrität beschädigen können und damit in vielen Fällen mehr Leid verursachen, als durch die Geschlechtsangleichung bzw. -veränderung ursprünglich behoben werden sollte.[3] Der (vorläufige oder dauerhafte) Verzicht auf Festlegung des Geschlechts ist allerdings für Intergeschlechtliche selbst und auch für deren Familien eine Herausforderung und stellt besonders diese, aber auch die Gesellschaft vor eine anspruchsvolle psychische Aufgabe, abzuwarten nämlich, ob die intersexuelle Konstitution bei Kind und Eltern im Wunsch nach einem Geschlecht im binären System von Mann und Frau mündet – oftmals verbunden mit medizinischen Behandlungen – oder ob sich eine Geschlechtsidentität entwickelt, die psychisch vielleicht ebenso eindeutig, aber anatomisch oder gonadal mehrdeutig ist und auch bleiben kann.

Stellt die Psychoanalyse klinisch relevante Begriffe und Konzepte bereit (oder ist sie dabei, diese zu entwickeln), die Intergeschlechtlichkeit und die psychosexuelle Entwicklung von intergeschlechtlichen Menschen mit ihren spezifischen inneren Konflikten und Erfahrungen erfassen können? Dieser Frage wird im Folgenden nachgegangen. Vor 15 Jahren beschrieb die amerikanische Psychoanalytikerin Williams den Stand des psychoanalytischen Diskurses zu Intergeschlechtlichkeit so:

> »[…] it is clear there are almost no contributions from psychoanalysis to it (zur Kontroverse bzgl. der sich verändernden Einstellung zu Intersexualität, A. R.-P.). In fact, one might conclude from a review of psychoanalytic literature that such anomalies and the treatment of them are nonexistent or meaningless. This seems a puzzling silence from the inheritors of the 20th century's most elaborate theory connecting psyche to body ego […]. Clinicians who encounter intersexed patients have little more for guidance than their own beliefs about binary gender identity and its role in psychological health« (Williams 2002: 458).

Inzwischen sind einige Veröffentlichungen von Psychoanalytiker*innen erschienen;[4] insbesondere zu nennen ist der umfangreiche Sammelband *Intersexualität kontrovers*, den Schweizer und Richter-Appelt (2012) herausgegeben haben, u.a. mit Beiträgen der Psychoanalytiker*innen Binswanger, Gsell, Quindeau und Richter-Appelt, die auch im Folgenden zu Wort kommen werden.

---

[2] Ich verwende im Folgenden sowohl den im Fachdiskurs üblicheren Ausdruck Intersexualität als auch den vom Verband IVIM vorgeschlagenen Begriff Intergeschlechtlichkeit (https://oiigermany.org/wp-content/uploads/InterUndSprache_A_Z.pdf).

[3] Siehe Schweizer, K. & Richter-Appelt, H. (2012): Behandlungspraxis gestern und heute. Vom »optimalen« Geschlecht zur individuellen Indikation. Die Autorinnen geben einen detaillierten Überblick über die aktuellen Behandlungsleitlinien. In einem von ihnen selbst (Schweizer & Richter-Appelt, Hg., 2012) herausgegebenen Sammelband finden sich, neben ihrem eigenen, eben erwähnten, auch Beiträge, die sehr differenziert für eine medizinische Behandlung plädieren, z.B. Kraus-Kinsky (2012) über die Behandlung bei adrenogenitalem Syndrom im Hinblick auf die Reproduktionsfähigkeit.

[4] Williams (2002) gibt einen Überblick über die wenigen Veröffentlichungen von Psychoanalytiker*innen bis zum Jahre 2001.

Almut Rudolf-Petersen

Das Apriori unseres Geschlechtsverständnisses, die scharfe Unterscheidbarkeit von Mann einerseits und Frau andererseits gerät durch eine anatomische (oder chromosomale oder gonadale) Mehrdeutigkeit, also durch Abweichungen, die den vorgegebenen dichotomen Kategorien nicht entsprechen, ins Wanken. Wir möchten Unterscheidbarkeit und Klarheit vorfinden – oder andernfalls durch Eingreifen schaffen, wie es bis vor wenigen Jahren noch vorherrschende Behandlungspraxis (das Optimal-Gender-Paradigma, Schweizer und Richter-Appelt 2012) war. Es schien im Interesse der Kinder im Hinblick auf eine psychisch gesunde Entwicklung zu sein, genitalangleichend bzw. -verändernd zu operieren, medikamentös-hormonell zu behandeln und dem Kind somit ein Geschlecht zuzuweisen, das dann wiederum die eindeutige Erziehung zu einem Jungen bzw. zu einem Mädchen ermöglichen sollte. Es galt als unmöglich, eine stabile Geschlechtsidentität trotz uneindeutiger Geschlechtsmerkmale zu entwickeln: »[…] one cannot develop a gender identity with ambiguous genitals«, fasst Williams (2002) die lange Zeit geltende Haltung kritisch zusammen.

Aber waren es, fragt die amerikanische Psychoanalytikerin weiter, nicht vielmehr die Erwachsenen, zunächst Eltern und Mediziner*innen, die eine geschlechtliche Ambiguität nicht aushielten und von Scham und Verzweiflung über solch eine als Defizit und Makel empfundene Mehrdeutigkeit ihrer Schutzbefohlenen erfasst wurden? »But although questions of gender concern some intersexed people, what seems to be a more universal source of pain is their treatment by caregivers«, formuliert sie (ebd. 462). Williams ist davon überzeugt, dass chirurgische Eingriffe und auch das Schweigen zu psychischen Folgeschäden führen und schreibt: »[it] seemed to increase the experience of defect, isolation, and stigma it once promised to erase« (ebd.). Und Williams weiter:

> »The reasons given for such surgeries are the apparently insurmountable social difficulties of being a girl with a large clitoris, or a boy who cannot urinate from a standing position. One wonders if the reason has less to do with the rare occasions on which the genitals are shown publicly and more to do with how such minor variations do something to the observer's imagination, something potentially analyzable« (Williams 2002: 469).

»SOMETHING POTENTIALLY ANALYZABLE«

Was spielt sich im Betrachtenden ab beim Anblick bzw. bei der Vorstellung des intersexuellen Geschlechts? Was geht in uns vor und lässt uns so bestürzt und voller Aktionismus auf eine seit jeher vorkommende Variante von Geschlecht reagieren?

> »That some of our bodies do not neatly fit into the categories of male and female seem to many clinicians and theorists either a psychotic delusion or some sort of naive utopian ideal« (Williams 2002: 469).

Führt man die Erwägung von Williams weiter, dann erscheint uns, ohne dass wir uns dessen bewusst sein müssen, das uneindeutige Geschlecht as so unheimlich, dass wir dessen Uneindeutigkeit beseitigt wissen möchten. Freud (1919) sah im Unheimlichen nicht einfach nur das Fremde, Andersartige, sondern

»[…] jene Art des Schreckhaften, welche auf das Altbekannte, Längstvertraute zurück-geht« (ebd. 231). Und weiter: »Das Unheimliche des Erlebens kommt zustande, wenn verdrängte [im Original gesperrt gedruckt, A. R.-P.] infantile Komplexe durch einen Ein-druck wieder belebt werden, oder wenn überwundene primitive Überzeugungen wieder bestätigt scheinen« (ebd. 263). »Das Unheimliche ist also […] das ehemals Heimische, Altvertraute. Die Vorsilbe »un« an diesem Worte ist aber die Marke der Verdrängung« (ebd. 259).

Wäre es denkbar, dass die Verdrängung eines alten Kindheitstraums – beides zugleich sein zu können, Mädchen und Junge, Mann und Frau – für den Betrachtenden ins Wanken gerät und er/sie diese Labilisierung seiner Verdrängung als bedrohlich erlebt? Noch wahrscheinlicher ist, dass das uneindeutige oder mehrdeutige Geschlecht zur Projektionsfläche wird für all das, was wir nicht haben und was wir nicht sein wol-len: Es geht nicht nur um ein mehrdeutiges Geschlecht, sondern überhaupt um die Angst, ein Freak, missgestaltet oder aussätzig zu sein. Eine Angst, die irgendwie und irgendwo jede/r von uns mit sich trägt.

Die österreichische Künstlerin Julischka Stengele arbeitet mit diesem stets nach Projektionsflächen suchenden Blick ihres Publikums: In einer ihrer Performances klebt sie sich Spiegelblättchen auf ihre Augenlider und konfrontiert die Zuschauenden dadurch mit deren eigenen Blicken auf den stark adipösen nackten Körper der Künst-lerin. In der Ankündigung ihrer Akt-Performance Return the gaze! an der Universität Hamburg (September 2016) schreibt sie:

> »Die Auseinandersetzung mit dem Blick, das Verhältnis von anschauen und angeschaut werden ist in meiner künstlerischen Arbeit von zentraler Bedeutung. Dabei interessiert mich insbesondere der Blick auf gesellschaftlich diskriminierte Körper, sowie der Blick von jenen, die diskriminiert werden, auf sich selbst und die unterdrückenden Mecha-nismen. In meiner Kunst wie auch in meiner Lohnarbeit als Aktmodell erprobe ich Stra-tegien für das Zurückgeben solcher Blicke« (Stengele 2016).

Denn durch die Spiegelung (auf den Plättchen, die sich die Künstlerin auf ihre Augen-lider klebt) sehen die Zuschauenden in erster Linie sich selbst – oder meinen jedenfalls, sich zu sehen. Sie werden mit dem eigenen abschätzigen Blick konfrontiert. Und auch mit der Erleichterung, nicht diesen stark adipösen Körper zu haben, gleich gefolgt von der Scham andererseits über eben diese Erleichterung und letzlich über das eigene Projektionsbedürfnis. Genau diese Dynamik ist es, die Williams, wenn ich sie richtig verstehe, sehr zurückhaltend als potentially analyzable bezeichnet. Vielleicht könnte man auch pointierter formulieren: Wir tun gut daran, unseren Projektionen auf den Grund zu gehen, auch, um unsere eigene Psyche vor Reduktionen zu bewahren.

PARADIGMENWECHSEL

Nicht nur nach der Beobachtung von Williams (2002) ist das Problem von inter-geschlechtlichen Menschen nicht in erster Linie ihre geschlechtliche Physiologie.[5]

---

[5] Siehe auch die Homepage der deutschen Sektion der IVIM (Internationale Vereinigung interge-schlechtlicher Menschen) www.oiigermany.org

Almut Rudolf-Petersen

Größeres Leid verursacht, dass sie gar nicht anders können, als die gesellschaftlich genormten Vorstellungen von einem männlichen oder von einem weiblichen Körper und einer optimalen (mit Geschlechtsverkehr verbundenen) Sexualität auf sich selbst anzuwenden – um sich stattdessen in einem unpassenden Körper wiederzufinden. Im engeren Sinne traumatisierend sind außerdem die Vielzahl von Eingriffen und Untersuchungen und die daraus resultierenden Phantasien, beschädigt worden zu sein und die Erfahrung, auch später über diese Eingriffe nicht informiert oder sogar desinformiert worden zu sein: Es gibt vermutlich eine große Anzahl von intergeschlechtlichen Personen, die von den im frühen Kindesalter vorgenommenen Operationen (wobei die sexuelle Empfindungsfähigkeit häufig der kosmetischen Erscheinung geopfert wurde) oder anderen Behandlungen nichts wissen, die ihre Intersexualität lediglich vermuten, aber keine oder nur spärliche Informationen erhalten (was den entlastenden Austausch mit anderen Personen mehrdeutigem Geschlechts erschwert).

Angestoßen durch die Proteste und Klagen derer, die mit der Zeit doch von den wegen ihrer Intergeschlechtlichkeit erfolgten medizinischen Eingriffe erfahren haben, und durch die wissenschaftliche und klinische Arbeit z.B. am Institut für Sexualforschung des Universitätsklinikums Hamburg-Eppendorf, vollzieht sich gegenwärtig ein Paradigmenwechsel: Der Ethikrat empfahl der Bundesregierung 2012 eine Änderung des Personenstandsgesetzes, die im Jahre 2013 realisiert wurde. Diese Änderung ermöglicht es intergeschlechtlichen Personen bzw. deren Eltern, eine Geschlechtszuweisung nicht vorzunehmen, sondern die entsprechende Rubrik beim Standesamt offen zu lassen (Bundesministerium der Justiz und für Verbraucherschutz 2013, § 22).

Das konnte als großer Fortschritt und als Erleichterung für intergeschlechtliche Kinder und deren Eltern gelten, der ihnen Zeit verschafft, sich in der psychisch komplizierten Situation zurechtzufinden,[6] mit der Einschränkung, dass die standesamtlich offene Rubrik auch wie eine Bestätigung der Unaussprechlichkeit und Unbenennbarkeit des mehrdeutigen Geschlechts erlebt werden konnte – denn Intersexuelle haben ja nicht kein Geschlecht. In diesem Sinne urteilt ganz aktuell das Bundesverfassungsgericht (mit einer Frist für eine Neuregelung bis zum 31.12.2018) und spricht von einer partiellen Verfassungswidrigkeit des Personenstandsgesetzes wegen der fehlenden Möglichkeit zur Eintragung einer weiteren positiven Geschlechtsbezeichnung (z.B. divers oder inter) bei intergeschlechtlichen Personen – die geschlechtliche Identität auch derjenigen müsse geschützt werden, die sich dauerhaft weder dem weiblichen noch dem männlichen Geschlecht zuordnen lassen. [Rath, Chr., taz 09.11.2017: 3]

KLINISCHE VERLÄUFE UND ÜBERLEGUNGEN

»»I think it's hard to even find the right words««, sagt Kristin, eine Patientin von Williams, deren intergeschlechtliche Konstitution und die damit verbundene medizinische Behandlungsgeschichte sich im Laufe der Analyse – für ihre Analytikerin, aber in gewisser Weise auch für die Patientin selbst – herauskristallisiert. »»Sometimes it's

---

[6]   Siehe die Erlebnisberichte zweier Mütter von intergeschlechtlichen Kindern, Pulvermüller (2012) und eine Mutter (2012).

okay if you say ›intersex‹ or ›ambiguous genitals‹ and sometimes I can't stand it‹« (Williams 2002: 468).

Williams (2002) lässt uns an einem therapeutisch-psychoanalytischen Prozess teilhaben, der sie beide allmählich aus der Fokussierung auf das zunächst als defizitär empfundene Geschlecht herausführt.[7] Williams und ihre Patientin versuchen zunächst, deren Dilemma zu erfassen:

> »If Kristin reveals her history to other people, her relationships with them become mediated by their preoccupation with her anatomy. If she does not, she is left with a sense of isolation and shame.« (Ebd. 469)

Offenbar schiebt sich bei einer Preisgabe der Intergeschlechtlichkeit das Spektakuläre, Undenkbare oder Unheimliche in den Vordergrund. Williams versteht das Dilemma ihrer Patientin so:

> »It haunts you with these images, it makes you feel bad about yourself. If you don't tell people about it, you feel like no one really knows you, and if you do, you have to worry about what they're thinking‹« (ebd. 468).

Bis zu diesem Zeitpunkt hatte Williams ihre Affekte, insbesondere ihre Irritation und ihre Neugier auf den Körper ihrer Patientin verborgen, aus Angst, sie durch eben diese Neugier auf ihr Geschlecht zu verletzen; das sagt sie ihrer Patientin schließlich. ›I know you're curious‹, entgegnet diese kurz und bündig – was ihre Analytikerin nicht überrascht.

Williams versteht im Verlauf der Analyse allmählich, dass sie durch ihre Fixiertheit auf das Geschlecht ihrer Patientin diese verfehlt und ihrer Einsamkeit überlassen hat und dass sie in der Übertragung für die Patientin zu einem Objekt geworden ist, das sich, wie damals die Mediziner*innen, nur für das between the legs interessiert. Die Einsamkeit der Patientin ist vor dem Hintergrund des beschriebenen Dilemmas gut nachvollziehbar; könnte es darüber hinaus sein, dass die Patientin unbewusst ihren Eltern, also ihren frühen Objekten vorwirft, ihr eine geschlechtliche Mehrdeutigkeit mit all den Folgen zugemutet, sie nicht eindeutiger und damit kompatibler mit den gängigen Kategorien ausgestattet zu haben? Dieser unbewusste Groll brächte sie in einen kaum lösbaren intrapsychischen Konflikt: Einerseits wäre da ihre Liebe und Loyalität den Eltern gegenüber, und auf der anderen Seite der Groll, den sie möglicherweise verdrängt und gegen sich selbst richtet (sich in die Einsamkeit verbannt), um ihre Objekte zu schonen und vor ihrer Wut zu schützen; diese Abwehrbewegung aber schwächt das Ich, das dann nicht in vollem Maße über die Möglichkeit einer angemessenen, durchaus auch aggressiven Vertretung der eigenen Interessen verfügen könnte.

Ausgangspunkt dieser Schonung der Objekte – der Aggressionshemmung, der Reaktionsbildung im Sinne einer besonderen Verbundenheit – wäre die Wut über die Zumutung, durch die intersexuelle Körperlichkeit nicht in die gängigen, vorgegebenen

---

[7]   Eine Pionierleistung weitgehend ohne diskursives Geländer, denn Williams Artikel ist schon 15 Jahre alt.

Almut Rudolf-Petersen

Kategorien zu passen und in einer Psychoanalyse oder tiefenpsychologisch fundierten Psychotherapie bearbeitet und aufgelöst werden. Aber es gibt vielleicht darüber hinaus noch ein basaleres Erleben, das nicht aufgelöst, sondern anerkannt werden muss.

Interessant ist in diesem Zusammenhang Ermanns (2009) Konzept des homosexuellen Dilemmas, das er aus seiner analytischen Arbeit mit homosexuellen Männern heraus formuliert hat (ebd. 356):

> »Es beginnt damit, dass eine rudimentäre homosexuelle Identität nicht mit den Identifikationsangeboten in den frühen Interaktionen zusammenpasst, die in der Regel eine heterosexuelle Ausrichtung haben. So kommt es zu einer fundamentalen Diskontingenz, einem Mismatching in der frühen homosexuellen Entwicklung. […]
>
> Die Art und Weise, wie dieses Dilemma gelöst wird, entscheidet über die weitere Entwicklung. Die Entwicklungsaufgabe besteht für den homosexuellen Jungen darin, unabhängig von den heterosexuellen Zuschreibungen seiner Bezugspersonen bzw. der Gesellschaft seinen unbewussten Schemata zu folgen« (ebd. 355).

> »Diese konfliktfreie Gewissheit [ein den Erwartungen entsprechend heterosexueller Junge zu sein, A. R.-P.] wird in der homosexuellen Entwicklung nicht erreicht. In ihr bleibt eine identitätsbildende Diskontingenz erhalten. Sie gräbt sich tief in das implizite Gedächtnis ein und wird in das basale Beziehungswissen aufgenommen: Ich bin anders, als man es von mir erwartet. Da es für diese Erfahrung noch keine Begriffe gibt, bleibt diese basale Schicht der homosexuellen Identitätsbildung zutiefst unbewusst […]« (ebd. 357).

Ermanns Überlegungen sind für die analytischen Behandlungen intersexueller Menschen von Bedeutung: Das frühe Wissen, einen – an einem zentralen Punkt – anderen Körper zu haben als »vorgesehen« und erwartet, könnte zum basalen Erleben des Missmatchings führen und müsste dann im Laufe des Lebens bearbeitet und betrauert werden im Sinne des Fehlens einer selbstverständlichen Übereinstimmung mit den Phantasien und Vorstellungen der Eltern und der sie umgebenden Gesellschaft.

DER STELLENWERT VON NICHT-WISSEN IN DER PSYCHOANALYTISCHEN THEORIE

Eltern intergeschlechtlicher Kinder sehen ihr Kind heranwachsen, von dem vorläufig unklar ist, wie es sich im Laufe der Jahre in Bezug auf seine Geschlechtsidentität entwickeln wird. Erst nach einiger Zeit, vielleicht erst Jahre später wird sich herausstellen, wie ihr Kind sich als Jugendliche/r, wenn sie/er die Mehrdeutigkeit des Geschlechts in ihrer ganzen Tragweite erkennen kann, ausrichten wird – auf geschlechtliche Mehrdeutigkeit oder auf operativ bzw. medikamentös herzustellende Geschlechtseindeutigkeit und Verortung im binären System.

Das Aushalten von Nicht-Wissen spielt als theoretisches Konzept und als innere Haltung in der Psychoanalyse eine wichtige Rolle. Der englische Psychoanalytiker Bion ([1970] 2006) spricht von der Bedeutung der negativen Fähigkeit der/des Analytiker*in, »the negative capability«, ein literaturtheoretischer Begriff, der vom englischen Schriftsteller Keats geprägt wurde und über Bion Eingang in die psychoanalytische Theoriebildung fand.[8] Bion beschreibt mit diesem Terminus die Fähigkeit,

---

[8] Eine sehr gute Einführung in dieses Konzept gibt Frank (2016).

in der therapeutischen Situation Paradoxes, Ambivalentes, Verwirrendes hinzunehmen, auszuhalten und dem Sog zu widerstehen, diesen Zustand des Nicht-Wissens voreilig durch eine Einordnung in schon Bekanntes zu beenden. Ein allzu schnelles (vermeintliches) Verstehen sieht er als Abwehr von Ungewissheit an – die Tür wird sozusagen zugeschlagen, der Raum dahinter zunächst unbegehbar. Durch die negative Fähigkeit, also durch den Versuch, zunächst ohne Gewissheit und Eindeutigkeit auszukommen, öffnet sich der therapeutische Prozess für bisher unbekannte emotionale Erfahrungen und lässt im besten Falle neue kreative Narrative, auch über den eigenen Körper entstehen.

Intergeschlechtliche Menschen sind mit einer anatomischen, gonadalen oder chromosomalen Uneindeutigkeit auf die Welt gekommen; kein medizinischer Eingriff und keine psychologische Intervention kann dies aus der Welt schaffen. Wie ihre Eltern brauchen sie selbst ein hohes Maß an *negative capability:* Sie müssen aushalten, nicht zu wissen, wie sich ihre Geschlechtsidentität entwickeln wird und werden einen Weg gehen, der meist mehr, bisweilen weniger vom normalen abweicht. Nicht wenige Autor*innen und Fachleute, die sich mit diesem Thema beschäftigen, aber insbesondere intergeschlechtliche Menschen selbst plädieren in den letzten Jahren dafür, den Entschluss für oder gegen einen genitalangleichende Operation erst zu fällen, wenn der/die Betreffende alt genug ist, selbst zu entscheiden bzw. vielleicht auch die Entscheidung treffen möchte, keine zu treffen (Homepage der IVIM; Schweizer/Richter-Appelt 2012).

Gsell und Binswanger (2012) plädieren dafür, Eltern intergeschlechtlicher Kinder, die durch die Ungewissheit in eine Krise geraten und den Wunsch nach einer operativen Geschlechtsangleichung ihres Kindes entwickeln, nicht als engstirnig zu verurteilen und skizzieren die große intrapsychische Arbeit, die eine solche flexible Haltung, solch ein Aushalten von Mehrdeutigkeit für die Psyche von Kind und Eltern mit sich bringt (ebd. 388ff). Als Beispiel dafür die Äußerung einer Mutter eines intersexuellen Kindes:

> »Auch unsere Familien und Freunde […] waren von der Diagnose wie vor den Kopf geschlagen. Das war etwas ganz Neues, Unbekanntes, das erstmal hilflos macht. Wenn man auch nicht sofort ermessen konnte, warum, ahnte man doch, dass eine Begegnung von Mensch zu Mensch immer durch das erste Einordnen in Kategorien gezeichnet ist. Und männlich-weiblich ist da immer ganz vorne mit dabei. […] Ich betone das, weil der zuvor beschriebene Schockzustand allein aus der Unfassbarkeit all dieser Gedanken, im wahrsten Sinnes des Wortes, bestand« (Pulvermüller 2012: 257).

Bion formuliert neben dem Konzept der *negative capability* das der Alpha-Funktion ([1962] 1990: 55ff). Es könnte ebenfalls hilfreich sind. Stark verkürzt besagt es, dass die frühen Objekte eines Kindes die Aufgabe haben, die inneren Zustände eines kleinen Kindes, die dieses ganz regelhaft hat, aber nicht gezielt ausdrücken oder gar verbalisieren kann – Bauchschmerzen, Angst, quälenden Hunger, Unruhe –, mit ihrer reifen Psyche zu erfassen, zu entschärfen und zu verdauen (Bion benutzt für diese Vorgänge oft Verdauungsmetaphern). Bion nennt die Affekte und Empfindungen, die vom Kind

Almut Rudolf-Petersen

zunächst nicht ertragen, sondern nur herausgeschrien, ausgestoßen und projiziert werden können, Beta-Elemente; diese haben in der Regel wegen ihrer Unverträglichkeit für die noch unentwickelte Psyche des Kindes verfolgenden Charakter. Können die frühen Objekte, in der Regel die Eltern, ihrer Aufgabe gerecht werden, spiegeln sie ihrem kleinen Kind dessen projizierte Beta-Elemente nicht eins zu eins wider, sondern geben diese in transformierter, entschärfter Form zurück. Das Kind, so die bionianische Vorstellung, erfährt dabei zum einen, dass seine inneren Zustände von seinen Objekten nicht zurückgewiesen, sondern aufgenommen (gehalten, contained) werden und deshalb ganz offensichtlich erträglich sind, zum anderen erwirbt es durch diesen von den Elternobjekten geleisteten Transformationsprozess selbst das Instrumentarium, mit dessen Hilfe es mit der Zeit seine inneren Zustände erkennen und bewältigen kann. Erst durch die Projektion in die Eltern und die Transformation durch die Eltern werden diese zunächst noch unverdaulichen Beta-Elemente allmählich in eine psychisch verwendbare Form gebracht (**LEGO**-Steinen vergleichbar) und heißen dann Alpha-Elemente: Nach bionianischer Vorstellung bilden Alpha-Elemente die Grundelemente der psychischen Innenwelt – aus ihnen entstehen Träume und Phantasien; sie bilden darüber hinaus auch eine stabile, jedoch nicht undurchlässige Schranke zwischen Bewusstem und Unbewusstem. Durch diese immer wieder und überwiegend unbewusst ablaufenden Prozesse zwischen Kind und Bezugspersonen entsteht auch im Kind allmählich die Fähigkeit, mit der Wucht beta-elementartiger Affekte umzugehen, statt sich von ihnen traktiert und verfolgt zu fühlen.

All dies gilt auch für intergeschlechtliche Kinder und deren Eltern. Allerdings brauchen diese Eltern vermutlich ein besonders hohes Maß an *negative capability*, ein besonders gutes Transformationspotential und ein stabiles Ich, das die durch anatomische (oder gonadale oder chromosomale) geschlechtliche Mehrdeutigkeit ihres Kindes entstehenden Spannungen und Konflikte auffangen kann. Vielleicht kann man sagen, dass sie nicht nur eine Container-Funktion für ihre Kinder übernehmen müssen, sondern ihrerseits einen übergeordneten Container brauchen, der ihnen hilft, etwas ganz Neues, nämlich nicht Dichotomes zu denken. Dieser Container könnte das sich verändernde gesellschaftliche Bewusstsein sein: Der sich abzeichnende Paradigmenwechsel bzw. die Aufweichung der Binarität der Geschlechter lässt allmählich einen erweiterten Denkraum entstehen, der mehr als bisher Platz für geschlechtliche Variationen bietet. Diese Erweiterung erfasst nicht nur unser Bewusstsein. Auch unser Unbewusstes steht im Austausch mit gesellschaftlichen Prozessen. Rohde-Dachser (1997) spricht von der Beeinflussbarkeit bzw. der Kulturabhängigkeit des Unbewussten:

> »Nicht nur daß unbewußte Phantasien, Wünsche und Ängste die Gestaltungen der Kultur beeinflussen – das Unbewußte seinerseits ist empfänglich für die Inhalte eben dieser Kultur, deren Symbole es sich bei der Prozessierung seines Phantasiedenkens bedient. Unbewußtes und Kultur geraten damit unversehens in eine zirkuläre Relation mit vielfältigen Feedbackschleifen [...]« (ebd. 72).

Im schon mehrfach erwähnten Sammelband *Intersexualität kontrovers* schildert eine Mutter diese Erweiterung ihres eigenen Denkraums im Zusammensein mit ihrem intersexuellen Kind.

> »Wir begannen, die Frage nach dem Geschlecht unseres Kindes auch auf der Straße ehrlich zu beantworten. ›Wir können es Ihnen noch nicht sagen.‹ Und diese Aussage hat niemanden umgehauen, sondern viele interessante Gespräche eröffnet und Nähe geschaffen.« (Pulvermüller 2012: 260)

> »Vielleicht hat unsere Offenheit dazu beigetragen, dass unser Kind auf die häufig gestellte Frage, ob sie nun ein Mädchen oder ein Junge sei, bereitwillig antwortet, sie sei ›beides‹, und die entrüstete Behauptung, dass es das ja gar nicht gebe, entschlossen zurückweist und sagt: ›Doch das gibt es!‹ Vielleicht ist es auch nur der kindliche Wunsch, etwas Besonderes zu sein, der dem jugendlichen, möglichst wie die anderen zu sein, weichen wird. Aber ein Anfang ist gemacht – und zwar von unserem Kind« (ebd. 261).

So findet ein kleines Kind eine Sprache für seine gesellschaftlich zunächst nicht vorgesehene geschlechtliche Mehrdeutigkeit. In die Sprache der Psychoanalyse übersetzt könnte es heißen, dass wir eine psychoanalytische Theorie brauchen und formulieren können, die

> »[…] Männlichkeit und Weiblichkeit nicht rigide voneinander abgrenzt und dichotom konzeptualisiert, sondern das Geschlecht als Mischungsverhältnis betrachtet, in dem in unterschiedlichem Ausmaß und variierend zu unterschiedlichen Zeiten der Lebensgeschichte männliche und weibliche Anteile vorhanden sind. Während diese Mischungen bedingt durch die gesellschaftliche Ordnung in den meisten Fällen unter dem Primat des Genitalen zu einer eindeutigen Geschlechtsidentität zusammengefügt werden, ist dies im Falle der Intersexualität durch die uneindeutigen genitalen Geschlechtsmerkmale erschwert. Die Geschlechtszugehörigkeit unter den gegenwärtigen gesellschaftlichen Bedingungen offen zu halten, stellt eine große Herausforderung an Intersexuelle und ihre Familien dar« (Quindeau 2012: 129).

BEITRÄGE DER QUEER THEORY

Sowohl die Psychoanalyse als auch die Queer Theory sind kulturkritische Theorien, die sich nicht mit dem Betrachten der Oberfläche von individuellen Identitäten und gesellschaftlichen Diskursen zufriedengeben, sondern zu den diese konstituierenden, in der Sprache der Psychoanalyse formuliert, unbewussten Prozessen und Konflikten vordringen wollen. Deshalb gibt es zwischen beiden Disziplinen Überschneidungen, und ihre Konzepte können sich jeweils befruchten. Die Betrachtung von Sexualität und Geschlecht unter dem Aspekt der Mehrdeutigkeit ist für die Queer Theory zentral. Beim Perspektivwechsel von eindeutigkeitsorienter hin zu mehrdeutigkeitsorientierter Einstellung kann die psychoanalytische Theorie deshalb bei manchen Fragen auf Ergebnisse der Queer Theory zurückgreifen, und die lange Zeit uneingeschränkt vorherrschende psychoanalytische Grundannahme, geschlechtliche Eindeutigkeit sei

Almut Rudolf-Petersen

Ausdruck psychischer Stabilität und Reife, wird inzwischen von Psycholog*innen und auch von manchen Analytiker*innen[9] in Frage gestellt.

> »Es ist insbesondere das kritische und dekonstruktive Potenzial der Queer Theory […], das es ermöglicht, all jene – auch impliziten – Vorannahmen, die den traditionellen binären Kategorien von männlich/weiblich, homosexuell/heterosexuell usw. zu Grunde liegen, und zudem auch die Art und Weise, wie Identitäten und Subjekte entstehen – nämlich durch sozial, kulturell, medizinisch, sprachlich usw. konstruierte Normen, Vorstellungen und Prozesse –, zu entlarven und zu hinterfragen« (Hutfless 2016: 101).

Diese Dekonstruktion bezieht sich auch auf das körperliche (anatomische, chromosomale und gonadale) Geschlecht.

> »Nicht nur Sexualität, sondern auch Geschlecht ist eine diskursive Praxis, die sich selbst bestätigt, fortschreibt und verfestigt. […] Natürlich und normal ist eine heterosexuelle Lebensform und Identität in einem zweigeschlechtlichen System. In diesem System ist kein Platz für Inter- und Transsexuelle, Transgender, Schwule und Lesben« (Degele 2005: 18f).

Die Queer Theory, entstanden aus Teilen der Schwulen- und Lesben-Bewegung in den späten 1980er und in den 1990er Jahren, dekonstruiert vermeintlich natürliche Kategorien (wie Heterosexualität, Geschlechtsidentität, Zweigeschlechtlichkeit). Ihr zufolge konstituiert sich Geschlecht im Verlauf unzähliger performativer Akte, durch die Normalität den Anschein von Natürlichkeit erhält.

> »Ich sage nicht, dass es keine anatomische Differenz gibt, aber wir sehen sie nie, ohne sie schon zu interpretieren. Wenn ein Baby geboren wird, sagen wir, es ist ein Mädchen, es ist ein Bub – da ist schon ein medizinischer, ein rechtlicher Diskurs, den wir fast rituell wiederholen. So wirken Worte auf uns ein. Wenn eine anatomische Wahrnehmung geprägt ist von unserer Sprache, dann erfolgen Wahrnehmung und Interpretation gleichzeitig. Und in der Biologie ist sehr umstritten, wie man Geschlecht definiert. Wenn zum Beispiel das Olympische Komitee entscheiden muss, ob jemand als Frau antreten darf, konsultiert es Genetiker, Endokrinologen, sogar Psychologen …« (Judith Butler, im Gespräch mit Anne-Catherine Simon 2014).

Eines der vielen interessanten Konzepte Butlers, der bekanntesten Vertreterin der Queer Theory, ist das von der Melancholie der heterosexuellen Geschlechtsidentität (Butler [1991]2016: 93ff) bzw. der »Rolle der melancholischen Verneinung/Bewahrung der Homosexualität bei der Produktion der Geschlechtsidentität innerhalb des heterosexuellen Rahmens« (ebd. 94): Der Zwang zur Heterosexualität verhindere es, den Verlust von primären homosexuellen Liebesobjekten zu betrauern. Es entstehe ein unaussprechlicher und deshalb auch nicht im eigentlichen Sinne erlebbarer Verlust; dieser Verlust müsse in der Folge durch eine forcierte Heterosexualität immer wieder neu zitiert und durch performative Akte in Szene gesetzt und dadurch stabilisiert werden.[10]

---

[9]   Binswanger & Gsell (2012), Quindeau (2012) und Schweizer & Richter-Appelt (2012).

[10]   In diesem Sinne, so Butler ([1997] 2014), sei »die ›echteste‹ lesbische Melancholikerin die strikt heterosexuelle Frau und der ›echteste‹ schwule Melancholiker der strikt heterosexuelle Mann« (ebd. 323).

Das schon beschriebene Behandlungsparadigma, das lange Zeit zu frühen geschlechtsangleichenden Operationen veranlasste, könnte, folgt man Butlers Überlegungen, von der Melancholie der Heteronormativität und damit auch dem Zwang zur Binarität mit bestimmt sein. Melancholie im Freud'schen[11] und Butler'schen Sinne wäre aber auch zu erwarten bei früh geschlechtsangleichend behandelten Menshen, deren Vorgeschichte ihnen selbst nur schemenhaft bekannt ist: In ihrem impliziten Gedächtnis[12] bleibt vermutlich das Bild ihres ursprünglichen Körpers mit dessen Lusterlebnissen und auch Lustversprechen bestehen, als – solange dieser Verlust nicht erlebt und benannt werden darf – geheimer, unbetretbarer Ort,[13] der nicht (als Alpha-Element unter anderen) in die psychische Welt integriert und für psychisches Wachstum benutzt werden kann.

Einen Körper lustvoll zu besetzen, der – vorläufig oder auch dauerhaft – ohne abschließende geschlechtliche Bestimmung bleibt, das ist die Entwicklungsaufgabe, vor der intersexuelle Kinder und auch ihre Eltern stehen. Bei intersexuellem Geschlecht ist die Passung in eine der gesellschaftlich vorgegebenen Kategorien (männlich/weiblich) nicht ohne weiteres und nicht ohne Verleugnung dieser grundlegenden Differenz möglich. Das Oszillieren zwischen der Angst einerseits, wegen der fehlenden Passung ausgeschlossen zu sein, und der Lust anderseits, von der Norm befreit zu sein und neue Denkräume zu betreten, könnte sich in dem folgenden Dialog zwischen Mutter und Kind wiederfinden:

> »›Und Anna, mit der spielst Du doch auch, die ist doch auch ein Mädchen!?‹ – ›Anna ist auch beides.‹ Das stimmt zwar so nicht, ist aber eine interessante Wahrnehmung eines Kindes, das immer mit den drei Kategorien männlich, weiblich und beides aufgewachsen ist« (Pulvermüller 2012: 263).

Welchen Bedeutungshof hätte oder hat der Ausruf oder die Anrufung: ›Es ist ein intergeschlechtliches Kind?‹ Eine Mutter eines intersexuellen Kindes, das als Mädchen aufwächst, erzählt:

> »Heute frage ich sie selbstverständlich, bevor ich mich als Mutter einer Intersexuellen ›oute‹, weil das natürlich auch sie betrifft. Das ist auch der einzige Grund dafür, weshalb unter diesem Beitrag nicht mein Name steht. Ich würde gern allen Menschen erzählen: ›Das ist meine Tochter! Sie ist ein wunderbarer Mensch und sie ist intersexuell‹« (Eine Mutter 2012: 159).

In einem Interview gibt Butler in Bezug auf Normativität zu bedenken:

> »Selbst wenn wir statistische Tendenzen zeigen können: Es wird immer Menschen geben, die nicht in diese Norm hineinpassen, die zur Minderheit gehören. Mir geht es um eine menschliche Frage: Wie kann man Erziehung so organisieren, dass alle Kinder ihre Wünsche als legitim erfahren? Es ist schmerzhaft und schwächend, das Gefühl zu be-

---

[11] Freud (1916–17g), Trauer und Melancholie.

[12] Zum impliziten VS. expliziten Gedächtnis vgl. auch Ermann (2009).

[13] Zum Konzept der Inkorporation vs. Introjektion und zur Metapher der Krypta siehe Abraham & Torok (2001), auf die Butler immer wieder rekurriert.

Almut Rudolf-Petersen

kommen, das, was andere tun, ist natürlich und richtig, was ich tue, ist unnatürlich, falsch, pathologisch. Ich möchte das Geschlechter-Kontinuum entpathologisieren – das ist mein Anliegen« (Butler/Simon 2014).

Auf den Einwand ihrer Interviewerin, wir bräuchten doch zweifelsohne Kategorien, um uns in der Welt zurecht zu finden, antwortet Butler:

>Meine Agenda ist es auch nicht, die Kategorie, die damit verbundene Norm zu negie-
ren, sie abzuschaffen. Ich will sie nur öffnen. Wie gesagt, wir brauchen Normen! Aber
Normen können enger oder weiter gefasst sein. […] Und wenn jemand in die Kategorie
weiblich oder männlich eintreten oder sie verlassen will, zum Beispiel Transsexuelle,
dann sollte es Wege dafür geben.« (Ebd.)

Die Mutter eines intersexuellen Kindes drückt es so aus:

>Wie kann dieses Kind in einer männlich und weiblich gepolten Welt als intersexueller
Mensch leben? Oder ist unsere Frage: Wie können wir herausfinden, ob dieses intersexuelle Kind sich eher männlich oder eher weiblich fühlen wird? Und was meinen wir
dann mit ›männlich‹ oder ›weiblich‹? Oder müssen wir davon ausgehen, dass ein intersexueller Mensch sich eben intersexuell fühlen wird? Ist das ein natürlicher Fakt, von dem
wir ausgehen können oder eine gesellschaftlich zu etablierende Kategorie?« (Pulvermüller 2012: 264).

Die Psychoanalytikerin Williams hat im Laufe der analytischen Therapie zu einer umfassenderen Einstellung zu ihrer Patientin und deren Körper gefunden.

>I do not know what Kristin's body looked like at birth or whether the surgeries she has
had were to alter her genitals, but my focus on knowing has blocked my truly appreciating
how alone she is in a world where, as she puts it, ›no one has a body like mine‹. Being with
her has made me understand how what is hidden between the legs of a child has evoked
the most extravagant reactions in a world unable to look away from the body all wild
spray from the transformation of the child into a symbol – of disorder, monster, outlaw,
even freedom fighter. How easy it is to circle endlessly within these fantasies, leaving the
child behind […]« (Williams 2002: 470f).

SCHLUSSBEMERKUNG

Intergeschlechtlichkeit ist kein exotisches Phänomen. Vermutlich kennen nicht wenige Leser*innen dieses Sammelbands jemanden aus dem erweiterten Bekanntenkreis, der/die intergeschlechtlich ist oder ein Kind hat, das … .

Daher ist es verwunderlich, dass sich bisher so wenige Psychoanalytiker*innen mit Intergeschlechtlichkeit befasst haben. Zumal das Spektrum intergeschlechtlicher Ausprägungen weit reicht, bis hin zu Frauen beispielsweise, die sich wegen einer starken Körperbehaarung beeinträchtigt fühlen und deshalb in psychotherapeutischer Behandlung sind.

Der Grund für die Vernachlässigung von Intergeschlechtlichkeit seitens der Psychoanalyse dürfte in deren von Rohde-Dachser (1991) untersuchten Abhängigkeit vom gesellschaftlichen Diskurs liegen: Er hat lange Zeit geschlechtliche Binarität zur Norm gemacht und damit den Hintergrund dafür geliefert, die eindeutige Geschlechtszuweisung notfalls gegen die Natur durchzusetzen. Die Weiterentwicklung des Diskurses und die damit einhergehende Infragestellung der alten Behandlungspraxis macht den Weg frei für eine Betrachtung der Verlaufsformen einer intersexuell-psychosexuellen Entwicklung mit all ihren Komplikationen bzw. Einschränkungen, aber auch Möglichkeiten der Identitätsbildung. Zu einer Erweiterung des Denkraums in diesem Sinne kann die Psychoanalyse mit ihrer Fokussierung auf unbewusste intrapsychische Prozesse beitragen.

BIBLIOGRAFIE

Abraham, N. & Torok, M. (2001), Trauer oder Melancholie. Inkorporieren – introjizieren. Psyche – Zeitschrift für Psychoanalyse und ihre Anwendungen 55, S. 545–559.

Bion, W.R. ([1962] 1990), Lernen durch Erfahrung. Suhrkamp Taschenbuch. Frankfurt/M.

Bion, W.R. (2006), Aufmerksamkeit und Deutung. Edition discord. Tübingen.

Bundesministerium der Justiz und für Verbraucherschutz (2013), Änderung des Personenstandsgesetzes. https://www.gesetze-im-internet.de/bundesrecht/pstg/gesamt.pdf [17.03.2017]

Butler, J. & Simon, A.C. (2014), http://diepresse.com/home/kultur/medien/3801823/Manche-wuerden-sagen-ich-bin-keine-Frau [12.08.17]

Butler, J. ([1991] 2016), Das Unbehagen der Geschlechter. Suhrkamp Verlag, Frankfurt/M.

Butler, J. ([1997] 2014), Körper von Gewicht. Die diskursiven Grenzen des Geschlechts. Suhrkamp Verlag, Frankfurt/M.

Degele, N. (2005), Heteronormativität entselbstverständlichen. Zum verunsichernden Potenzial von Queer Studies. Freiburger Frauenstudien 11, S. 15–39. http://www.budrich-journals.de/index.php/fgs/issue/view/649/showToc [08.06.2017]

Die Deutsche Vertretung der Internationalen Vereinigung intergeschlechtlicher Menschen. https://oii-germany.org/[17.05.2017]

Ermann, M. (2009), Das homosexuelle Dilemma. Zur Entwicklungsdynamik der normalen männlichen Homosexualität. Forum der Psychoanalyse 25, S. 349–361. DOI 10.1007/s00451-009-0022-z

Frank, C. (2016), Über die Notwendigkeit einer Fähigkeit zur Reverie. Zur Bedeutung des Ertragens von Nicht-Wissen in der analytischen Psychotherapie. Psychoanalyse Aktuell. Online-Zeitung der DPV.

http://www.psychoanalyse-aktuell.de/artikel/detail/news/claudia-frank-ueber-die-notwendigkeit-einer-faehigkeit-zur-reverie-zur-bedeutung-des-ertragens-von-nichtwissen-in-der-analytischen-psychotherapie/?tx_news_pi1%5Bcontroller%5D=News&tx_news_pi1%5Baction%5D=detail&cHash=a195ec67907d821c263e10fa2c43d99d [08.06.2017]

Freud, S. (1916–17g), Trauer und Melancholie. GW X, S. 428–446.

Freud, S. (1919h), Das Unheimliche. GW XII, S. 229–268.

Gsell, M. & Binswanger, R., Psychosexuelle Entwicklung und Geschlechtsidentität unter intersexuellen Konditionen. Überlegungen und Hypothesen aus psychoanalytischer Perspektive. In: Schweizer, K. & H. Richter-Appelt, H. (2012): Intersexualität kontrovers. Psychosozial Verlag, Gießen, S. 371–394.

Hutfless, E. (2016), Wider die Binarität – Psychoanalyse und Queer Theory. Journal für Psychoanalyse, 57, S. 99–115. http://www.psychoanalyse-journal.ch/article/view/jfp.57.7

Kraus-Kinsky, E., Androgenitales Syndom. Persönliches Erleben zwischen eigener Lebensgeschichte und dem Dasein als Ärztin. In: Schweizer, K. & H. Richter-Appelt, H. (2012), Intersexualität kontrovers. Psychosozial Verlag, Gießen, S. 161–174.

(Eine Mutter), Für mein Kind entscheiden. Eine Mutter. In: In: Schweizer, K. & H. Richter-Appelt, H. (2012): Intersexualität kontrovers. Psychosozial Verlag, Gießen, S. 153–160.

Quindeau, I., Geschlechtentwicklung und psychosexuelle Zwischenräume aus der Perspektive neuerer psychoanalytischer Theoriebildung. In: Schweizer, K. & H. Richter-Appelt, H. (2012), Intersexualität kontrovers. Psychosozial Verlag, Gießen, S. 119–130.

Almut Rudolf-Petersen

Pulvermüller, J.M., Gedanken einer Mutter. In: Schweizer, K. & H. Richter-Appelt, H. (2012), Intersexualität kontrovers. Psychosozial Verlag, Gießen, S. 255–268.

Rath, Chr. (2017), Eine »dritte Möglichkeit«: weder Mann noch Frau, in: die tageszeitung vom 09.11.2017, S. 3.

Rohde-Dachser, Christa (1991). Expedition in den dunklen Kontinent. Weiblichkeit im Diskurs der Psychoanalyse; Buchreihe: Psychoanalyse der Geschlechterdifferenz, Springer-Verlag Berlin Heidelberg.

Schweizer, K. & Richter-Appelt, H., Behandlungspraxis gestern und heute. Vom »optimalen Geschlecht« zur individuellen Indikation. In: Schweizer, K. & H. Richter-Appelt, H. (2012), Intersexualität kontrovers. Psychosozial Verlag, Gießen, S. 99–118.

Stengele, J. (2016), Vortragseinladung 29-06-17: Return the gaze! – Performative Strategien für queer-feministischen Widerstand. http://agqueerstudies.de/tag/queer-feminismus/[06.07.17]

Williams, N. (2002), The Imposition of Gender. Psychoanal. Psychol., 19(3), S. 455–474.

Fabian Vogler

THE DOTTED VENUS 2017. Bronze. 13 x 6,5 x 7,5 cm

Katrin Zehnder

DAS KIND BEIM NAMEN NENNEN
Zum sprachlichen Umgang mit dem »anderen« Geschlecht

Kinder, die sich nach der Geburt weder dem weiblichen noch dem männlichen Geschlecht zuordnen lassen, müssen in Deutschland seit dem 1. November 2013 einer dritten Kategorie zugeteilt werden. Respektive sind diese Kinder gemäss § 22 Absatz 3 des Personenstandsgesetzes (PStG) »ohne eine solche Angabe in das Geburten-register einzutragen«. Das sogenannte Geschlechtskennzeichen hat in diesem Falle den Schlüssel »1« (= »ohne Angabe«). Auch in Australien gibt es die Möglichkeit das Geschlecht als »non-specific« einzutragen. In Indien, Pakistan und Nepal heißt die dritte Kategorie schlicht »other«.[1] Das dritte Geschlecht bleibt eine Leerstelle und spiegelt das Ringen um die Benennung einer Existenz, die nicht fassbar ist, die für einen großen Teil der Gesellschaft gar nicht da ist. Dieses »Andere« lässt sich erst erahnen, schemenhaft, ist aber nicht Teil der alltäglichen Vorstellung von Geschlecht und hat keinen Namen. Ein »X« oder »0«, ein »anders« oder »unbestimmt«, ist es das, was intersexuelle Aktivist_innen wollten, wenn sie seit der Jahrtausendwende monier-ten, dass der Personenstand und der Eintrag ins Zivilstandsregister für intersexuelle Menschen ein Problem sei? Wollten sie nicht eher etwas sein, als »nichts« oder etwas »anderes«? Wollten nicht »Zwitter [...] auch beim Namen genannt werden«,[2] wie ein_e Aktivist_in auf dem Hermaphroditforum vor über 10 Jahren (Zehnder 2010) schrieb? – so wie es auch Michel Reiter in Deutschland bereits im Jahr 2002 gericht-lich forderte, als »zwittrig«, »intersexuell«, »intrasexuell« oder »Hermaphrodit«[3] ein-

---

[1] In Indien und Pakistan gibt es zudem die Möglichkeit »E« für »eunuch« einzutragen.

[2] Hermaphroditforum http://65694.rapidforum.com, einzelne Beiträge sind nicht mehr zugänglich, einen Eindruck über die damalige Themenstruktur bietet https://web.archive.org, letzter Zugriff 30.10.2017.

[3] 2008 hat sich Reiter vom Begriff intersexuell distanziert, weil er aus der Medizin stammt (Zehnder 2010)

getragen zu werden. Oder wie die Person, die 2016 bis vor den Bundesgerichtshof zog und für sich einen Eintrag als »inter« oder »divers« forderte?[4] Das Ringen um den standesamtlichen Geschlechtseintrag spiegelt auch die Schwierigkeit eines sprachlichen Umgangs mit »Intersexualität«: Was fasst in Worte, was das »Andere« ist? Wie gelingt es nicht-diskriminierend über »das dritte Geschlecht« zu sprechen? Aus dem Vielen, was dazu gesagt werden kann, soll der folgende Text einige Gedanken herausgreifen.

Jedem Begriff wohnt eine ganze Palette von Normen und Bildern inne, die diskriminierend sein können. Mit Bezeichnungen werden herrschende Machtstrukturen reproduziert. Wenn bis in die 1980er Jahre von unverheirateten Frauen als »Fräulein« gesprochen wurde, war das nicht nur ein Ausdruck für etwas, der Begriff tat auch etwas. Er hielt das Fräulein klein und versächlichte die Frau ohne Ehemann. Sprache ist also auch Handeln, Bezeichnungen sind Sprachhandlungen. Mit Begriffen sind zudem Assoziationen – Prädispositionen – verbunden, und diese bewerten bewusst oder unbewusst, schränken ein, grenzen aus. Begriffe sind also nie neutral. Selbst mit »alle« sind niemals alle Personen gemeint (AG Feministisch Sprachhandeln, 2015), sondern oft nur alle Männer, alle Weißen oder alle Heterosexuellen. Geschlechtsbezeichnungen können deshalb verächtlich oder pejorativ sein, sie können als Schimpfworte verwendet werden, etwa mit dem Ausdruck »Mannweib« oder wenn gesagt wird »er rennt wie ein Mädchen«.

Namen können aber auch Existenzen begründen. Erst mit dem Begriff »Lesbierin« im 19. Jahrhundert wurde die »Gefährtin« zur homosexuellen Frau. Auch wenn »lesbisch« zunächst diskriminierend genutzt wurde, erst die Bezeichnung machte gleichgeschlechtliches Begehren zu etwas (auch) Weiblichem. Wir brauchen also einen Namen für das »Andere«, um eine Existenz sichtbar zu machen. Wir brauchen Sprache, um Handlungsmöglichkeiten auszuprobieren und antidiskriminierend zu handeln (AG Feministisch Sprachhandeln, 2015).

Wie also soll man Menschen, die nicht in ein gängiges Geschlechterschema passen »beim Namen nennen«? Welche Worte beschreiben, dass männlich und weiblich nicht ausreichen, dass es Existenzweisen fern davon gibt? Welche Begriffe bezeichnen – ohne zu bewerten, ohne auszugrenzen – das »Weder-noch«, das (nicht) beides ist? Auf der Social Media Plattform Facebook gibt es über 60[5] Bezeichnungen für die Kategorie Geschlecht, von a wie »androgyn« über h wie »Hermaphrodit« bis zu z wie »Zwitter«. Facebook zeigt sich aufgeschlossen,[6] wenn es nicht im, auf männlich und weiblich beschränkten, binären System verhaftet bleibt. Mehr noch, das Geschlecht kann selbst gewählt werden – Facebook verlangt keinen Nachweis, ist nicht Richter_in oder Amt. Das Geschlecht lässt sich auf Facebook gar nach Belieben wechseln. Gerade die Länge der Facebook-Liste macht sie aber auch problematisch. Einerseits kann

---

4   Vgl. die anonymisierte Version des Entscheides des Bundesgerichtshofes vom 22. Juni 2016 zugänglich via http://dritte-option.de/, letzter Zugriff am 06.11.2017.

5   In GB sind es sogar 71 Bezeichnungen, vgl. Fabian Vogler in diesem Buch.

6   Sofern man der Plattform nicht schlicht Marketing-Absichten unterstellt.

Katrin Zehnder

die Vielfalt von Bezeichnungen eine Gruppe oder Einheit, das Ganze, das Gemeinsame unsichtbar machen. Wenn auch dieses Gemeinsame im politischen Aktivismus intersexueller Menschen eher die Leiderfahrung, als die Geschlechtszugehörigkeit ist, so braucht jede politische Bewegung als Basis einen Namen, der die Zugehörigkeit eindeutig markiert. Andererseits suggeriert Facebook durch die Ausführlichkeit der Liste Vollständigkeit. Dieser Versuch, die Facetten des »Dazwischen« abschließend aufzuzählen, bedient aber eher die Kritik, das Ganze sei unnötig und weltfremd, ja lächerlich. Die antifeministische Plattform WikiMannia[7] etwa, höhnt, da fehle noch »Ananas« auf der Liste. Vielfalt droht so in Beliebigkeit zu kippen.

Trotz aller Kritik – Facebook leistet einen wichtigen Beitrag zur Sichtbarkeit des »Anderen«. Was ich bezeichnen kann, darüber kann ich sprechen und nachdenken und streiten. Die Benennung macht das Undenkbare denkbar. Hingegen wird die Existenz des nicht-Bezeichneten schlicht geleugnet. Denn Bezeichnungen dienen auch dazu »[…] strukturelle Diskriminierungen wahrzunehmen und zu verändern, […] es [ist] daher notwendig, Personen und Personengruppen in Bezug auf in einer Situation relevante strukturelle Diskriminierungen und Privilegierungen möglichst genau und differenziert zu benennen« (AG Feministisch Sprachhandeln, 2015).

Welcher Name bezeichnet das »andere« Geschlecht also am Besten? Die Varianten bei Facebook sind erfreulich vielfältig. »Inter*«, »inter*weiblich«, »Zwitter«, »XY-Frau«, »Hermaphrodit« und andere Möglichkeiten stehen hier zur Auswahl. Gemeinsam ist den Begriffen, dass sie sich letztlich mangels Alternativen am binären System mit den Polen »Mann« und »Frau« orientieren. Einige Begriffe betonen das »Dazwischen«, wie »inter*«. Andere Begriffe betonen das »beides«, wie androgyn oder »Zwitter« (von althochdt. zwitarn, zwei) und sind dadurch ebenfalls nicht frei von einem Bezug zu etwas Ursprünglichem, Eigentlichem. Während »androgyn« im Alltag vielfältig, eher aber für Frauen und für Männer verwendet wird, assoziiert man »Zwitter« vielmehr mit dem »anderen«. Dem Begriff haftet heute der Geruch der Rebellion, des Kampfes und der politischen Bewegung an, während er noch vor 15 Jahren fast ausschließlich als verletzend und stigmatisierend empfunden und oft als Schimpfwort verwendet wurde. Zwitter steht für den Kampf um Gleichberechtigung für alle Geschlechter, für die Forderung einer Lebensberechtigung. Im Laufe der letzten Jahre wurde Zwitter vermehrt als Selbstbezeichnung verwendet und vom Feld selbstermächtigend genutzt und positiv besetzt. Zwitter nannte sich, wer die eigene Bezeichnung nicht anderen überlassen wollte. Heute ist der Begriff fast gänzlich zurückerobert und wird auch in seriösen Medien zunehmend neben Mann und Frau verwendet. Der Begriff funktioniert wohl auch deshalb so gut, weil er sich einer Ausschlusslogik bedient: Wer nicht Frau und nicht Mann ist, kann logischerweise nur Zwitter sein. Diese begriffliche Assoziation begründet eine Zwitter-Existenz. In Zwitter schwingt also die Essenz, das Wahre, der Bezug auf ein natürliches Geschlecht, das nicht eine Lücke, sondern etwas eigenes ist. Zwitter wird sofort verstanden. Als Selbstbezeichnung ist der kraftvolle Ausdruck deshalb sicher wichtig und richtig. Als

---

[7]   http://de.wikimannia.org/60_Geschlechtsidentitäten, letzter Zugriff 02.11.2017.

Fremdbezeichnung kann er hingegen nach wie vor problematisch und stigmatisierend sein – gerade im medizinischen Kontext.[8]

Die Bezeichnung »Hermaphrodit« resp. »Herm«, »herm« ist zwar mythologisch überfrachtet,[9] stellt aber im Gegensatz zu den Termini »Mann« und Frau nicht das »Männliche«, als das Universale und Ursprüngliche dar. »Mann« geht nämlich auf das germanische *manon– »Mann, Mensch« zurück, während Frau sich aus der Feminisierung des althochdeutschen frô = Herr entwickelte. In seiner Kurzform ließe sich »herm« zudem um »merm« und »ferm« zu einem Kontinuitätsmodell erweitern, wie einst Anne Fausto-Sterling (1993) vorschlug. Noch kreativere neue Denkmodelle würde es brauchen, wenn »Zwischen-« oder »Zweigeschlechtlichkeit« als etwas gänzlich Neues gedacht werden soll, was sich nicht aus Männlichkeit und Weiblichkeit zusammensetzt oder dazwischen steht. Lann Hornscheidt schlägt beispielsweise vor, neue Sprachformen zu schaffen, die die Vorstellung von Zweigeschlechtlichkeit herausfordern. Hornscheidt benutzte erst die Endung -x, später -ecs, was für *Exit Gender*, das Verlassen von Zweigeschlechtlichkeit steht. Die Endung kann nicht nur an den Stamm von Personenbezeichnungen angehängt werden (Schwimmecs, Musikecs) auch Pronomina werden mit ecs ersetzt. Ein Beispielsatz: »Lann liebt es mit anderen zu diskutieren. Ecs lädt häufig dazu ein, einen Roman zu besprechen. Lann ist Lesecs von vielen Romanen.« Die Form *-ecs* drückt aus, dass die Person, die so bezeichnet wird, sich als nicht weiblich oder männlich versteht.[10] Ähnliches versuchte bereits 2008 die sogenannte SYLVAIN-Konvention. Auch sie führte eine neue Grammatik ein, die neben den drei Genera der deutschen Sprache einen vierten Genus, den ›Lim‹ und damit neue grammatikalische Regeln kennt (De Sylvain und Balzer, 2008). Für den Umgang mit Intersexualität im Alltag und als juristische Kategorie sind beide Vorschläge etwas sperrig und wenig etabliert.

Ein_e Aktivist_in beeindruckte mich in einem Forum mit folgendem Satz »Wenn männlich schwarz ist und weiblich weiß, dann bin ich nicht schwarzweiß kariert, sondern grün« (Zehnder, 2010). In dieser Logik machte plötzlich Sinn, dass »grün« nicht erkennbar ist, dass die Gesellschaft sozusagen farbenblind ist. Wie aber grün erklären? Vielleicht indem man bei schwarz und weiß beginnt: Nicht nur das Unmarkierte, das »andere« muss benannt werden, sondern das vermeintlich »Normale«, das Universelle. So geschehen in den Queer-Theorien, indem man beispielsweise Cis-Männer von Transmännern unterscheidet oder etwa von »Penisträgern« spricht, nicht nur um das Männliche als das Universelle in Frage zu stellen, sondern auch um auf die Willkürlichkeit von geschlechtlichen Zuordnungen hinzuweisen. In dieser Logik könnte

---

[8] In diesem Zusammenhang wäre die vielleicht noch viel wichtigere Frage zu erörtern, wer von wem zu welchem Geschlecht zugeordnet werden darf und wer sich selbst zuordnen kann. Diese Fragen sind gerade auch in Zusammenhang mit dem Personenstand zentral, würden aber den Rahmen dieser Ausführungen sprengen.

[9] Hermaphroditos, selbst das Antlitz beider Eltern, Hermes und Aphrodite, verschmolz in seinem Verlangen für die Nymphe Salamacis für immer zu einem Körper mit ihr und vereint deshalb beide Geschlechter in sich.

[10] http://www.lannhornscheidt.com/

Katrin Zehnder

man dem »intersexuell« beispielsweise die Begriffe gynosexuell und androsexuell oder femisexuell und maskosexuell gegenüber stellen. In der Debatte darum, was diese Begriffe bedeuten, würde klar, dass sie ebenso vielfältig besetzt werden können, wie das »andere«.

Mit seinen sechzig Möglichkeiten Geschlecht zu bezeichnen hat Facebook eine Diskussion losgetreten. Es hat sich damit klar zu geschlechtlichen Minderheiten bekannt, und setzt »ein Zeichen des Respekts gegenüber Verschiedenheiten«.[11] Facebook hat mit LGBTI-Organisationen zusammengearbeitet und sich bemüht, dem Selbstverständnis der Community gerecht zu werden. Dies alles ist löblich. Hätte man das Feld »Geschlecht« bei Facebook als Freitextfeld jedoch gänzlich offen gelassen, statt eine Liste anzufertigen, könnte man nicht nur stimmige Geschlechtsbezeichnungen für jede Art von Geschlecht finden, sondern die bestehenden auflösen oder kreativ ad absurdum zu führen. Oder aber Facebook hätte den Geschlechtseintrag weggelassen können. Die Kategorie Geschlecht gehört systematisch leergelassen, dort wo sie keine Rolle spielt oder zumindest keine spielen sollte. Dies gilt insbesondere auch für den Personenstand. Das tönt vielleicht erstmal utopisch, ist aber beispielsweise beim »Fräulein« oder der »Rasse« ja bereits gelungen. Zu diesem Leerlassen gehört auch, in geschlechtsneutraler Art und Weise von anderen Personen zu sprechen. In queer-feministischen Debatten ist dies bereits Alltag. Eine Aussage verliert ja nicht an Gehalt, wenn ich von »einer Person« statt von »einer Frau« spreche. Auch juristisch wäre die Abschaffung des Geschlechtseintrags gar nicht so kompliziert, wie die beiden Juristinnen Andrea Büchler und Michelle Cottier (2005) gezeigt haben. Geschlechtsneutralität müsste insbesondere für Kinder gelten und das nicht nur beim Personenstand, sondern auch im Alltag. Kinder ordnen sich selbst einem Geschlecht nicht bewusst zu, sondern fügen sich in die ihnen zugeteilte Rolle und Bezeichnung. Man müsste also ein Kind gar nicht als »intersexuell«, »Zwitter« oder »herm« bezeichnen, sondern nur konsequent alle Kinder als Kind ansprechen, statt sie zu vergeschlechtlichen. Damit würde die Leerstelle des dritten Geschlechts so erweitert, dass auch die anderen »anderen« hineinpassen.

---

[11] http://www.faz.net/aktuell/gesellschaft/facebook-60-auswahlmoeglichkeiten-fuer-geschlecht-13135140.html

BIBLIOGRAFIE

AG Feministisch Sprachhandeln der Humboldt-Universität zu Berlin (2015):Was tun? Sprachhandeln – aber wie? W_Ortungen statt Tatenlosigkeit! http://feministisch-sprachhandeln.org/wp-content/uploads/2015/04/sprachleitfaden_zweite_auflage.pdf letzter Zugriff am 02.11.2017.

Büchler, Andrea und Cottier, Michelle (2005). Intersexualität, Transsexualität und das Recht – Geschlechtsfreiheit und körperliche Integrität als Eckpfeiler einer neuen Konzeption. In: Freiburger Frauenstudien, 17: 115–140.

De Sylvain, Cabala und Balzer, Carsten (2008): Die SYLVAIN-Konvention – Versuch einer »geschlechtergerechten« Grammatik-Transformation der deutsch Sprache. In: Liminalis, 02: 40–53.

Fausto-Sterling, Anne (1993): The Five Sexes: Why Male and Female Are Not Enough. In: The Sciences March/April 1993: 20–24.

Zehnder, Kathrin (2010): Zwitter beim Namen nennen. Intersexualität zwischen Pathologie, Selbstbestimmung und leiblicher Erfahrung. Bielefeld: Transcipt.

WE ARE GENDER

While we adhere to gender binary …

    … don't we implicitly agree upon silencing the diversity of nature?
    … don't we leave individuals voiceless and unheard?

        There are countless identities beyond social norms.

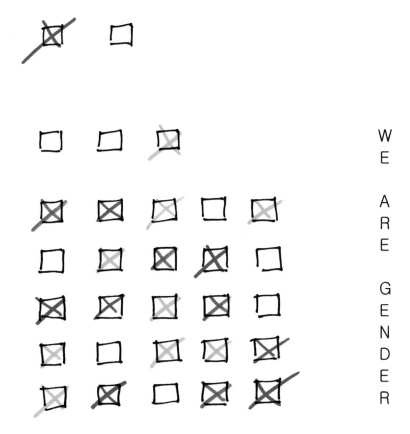

WE

ARE

GENDER

Asexual | Female to male trans man | Female to male transgender man | Female to male transsexual man | F2M | Gender neutral | Hermaphrodite | Intersex man | Intersex person Intersex woman | Male to female trans woman | Male to female transgender woman | Male to female transsexual woman | Man | M2F | Polygender | T*man | T*woman | Two*person | Two-spirit person | Woman | Agender | Androgyne | Androgynes | Androgynous | Bigender Man | Cisgender

Fabian Vogler

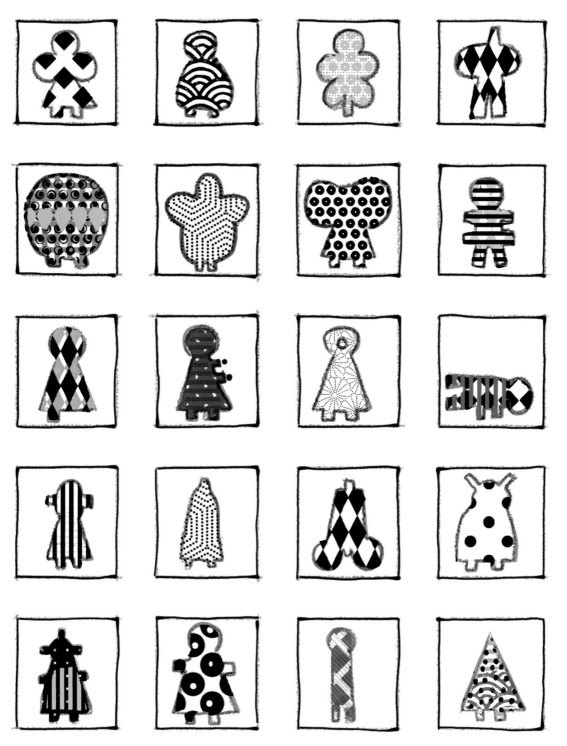

Woman | Cis Male | Cis Man | Cis Woman | Cisgender | Cisgender Female | Cisgender Male | Cisgender | Cis | Cis Female | Female to Male | FTM | Gender Fluid | Gender Nonconforming | Gender Questioning | Gender Variant | Genderqueer | Intersex | Male to Female | MTF | Neither | Neutrois | Non-binary | Other | Pangender | Trans | Trans Female | Trans Male | Trans Man | Trans Person Trans*Female | Trans*Male | Trans*Man | Trans*Person | Trans*Woman | Transexual | Transexual Female | Transexual | Male Transexual Man | Transexual Person | Transexual Woman | Transgender Female | Transgender Person | Transmasculine | Two-spirit

Ute Lampalzer | Peter Hegarty | Sonia Grover | Katinka Schweizer

ON BEAUTY AND THE BENEFITS OF AMBIGUITY

Current Controversies in Intersex Care. An interview and discussion between gynecologist Sonia Grover and social psychologist Peter Hegarty.

HINTERGRUND DES INTERVIEWS

Im Folgenden geben wir ein Interview und Gespräch zwischen Sonia Grover und Peter Hegarty zum Umgang mit Intergeschlechtlichkeit in Medizin, Psychologie und Gesellschaft wider. Beide Expert_innen haben aus dem jeweiligen Blickwinkel ihrer Forschungs- und Praxisfelder sehr verschiedene Zugänge zur Thematik: Peter Hegarty ist Professor für Sozialpsychologie an der University of Surrey in Guildford, England. Sonia Grover ist Professorin für Pädiatrische und Adoleszenz-Gynäkologie und Leiterin des Departments Gynäkologie im Bereich Chirurgie am Royal Children's Hospital Melbourne, Australien.

Mit Blick auf die Skulpturen und Arbeiten Fabian Voglers sind Grover und Hegarty sich darin einig, dass Kunst als wichtige Gesprächsbrücke dienen kann. Dessen Bedeutung zeigt sich insbesondere im interdisziplinären Dialog, der oft endet, wenn die wichtigen Fragen formuliert sind. Wodurch gelingt es Kunst, diese Begegnung herzustellen? Vielleicht liegt es daran, dass sie, wie Hegarty es formuliert, eine dritte Sichtweise einbringt, die außer Konkurrenz steht, die nicht in wissenschaftlicher Hinsicht recht behalten will und die nicht auf einer Definitionshoheit besteht.

Das Gespräch ist eine Fortsetzung einer im Sommer 2017 begonnenen Konversation. Das Interview wurde auf Englisch im September 2017 per Skype von Ute Lampalzer im Rahmen des Projektes *Intersex-Kontrovers* für die Hamburg Open Online University (HOOU) geführt. Es wird hier in Auszügen wiedergegeben. Vorausgegangen waren persönliche Gespräche und Begegnungen während des Forschungsaufenthalts von Sonia Grover in Europa, u.a. bei Katinka Schweizer am Institut für

Sexualforschung der Universitätsklinik Hamburg-Eppendorf, während einer Konferenz in Kopenhagen und im Atelier von Fabian Vogler. Wir danken Sonia Grover und Peter Hegarty, dass sie sofort einwilligten, die begonnenen Gespräche in einem systematischen Rahmen fortzusetzen.

APPEASEMENT OR NECESSITY? – LOGICS OF MEDICAL INTERVENTIONS

UTE LAMPALZER Thank you, Sonia and Peter, for being ready to discuss current controversies in intersex care while having in mind a perspective of beauty – the beauty of sex and the beauty of genitals. I would like to start with the question if, against the background of sexual self-determination and physical integrity, it is legitimate to intervene on an intact body – and under which circumstances, you think, it might be legitimate or not.

SONIA GROVER True, it is an intact body in that it hasn't got scars on it, but the bodies that we are referring to when we're having this conversation are sometimes bodies that are only partially intact from a sense of being capable of fulfilling the functions that those parts of the body usually perform. At one end of the spectrum, we can be talking about women wanting labiaplasty because they think it doesn't look normal. But there's nothing that's non-functional about their body. We can talk about males who have a penis where the urine comes out half way down the penis, who were going to potentially have problems being able to stand up to urinate – for many boys, that's an important thing to be able to achieve. The question of where the opening of the urethra is, relates to other issues, as to whether down the track they are going to be able to ejaculate with sperm coming out the "right place", and therefore be able to make pregnancies. You can say that there's a spectrum there already, and if we're talking about bodies that fit under the label, the definition of intersex, of disorders of sex development, some of those differences in those bodies do have an impact on function.

PETER HEGARTY This is a good question to ask and I think we're not starting a conversation today, but we're stepping into one. For example, if you look at the bioethics statements, or even legal statements, a dichotomy can be drawn between kinds of interventions that are done for medically necessary or medically essential kinds of reasons versus those that are done for reasons that touch on the core topic that you've introduced into this conversation, to beauty, things that have been done for cosmetic reasons, or for appearance-based reasons.

With my colleagues Katrina Roen, Tove Lundberg and Lih Mei Liao we've been interviewing diverse young people, their parents, and medical practitioners, about the ways in which they make sense of precisely these kinds of questions in Europe. I think Sonia is absolutely right to sort of imagine that there's a continuum. We presented medical practitioners with a physical continuum, a 300mm line, – and asked them to locate different kinds of interventions along that continuum. Interestingly there are many practitioners who rejected that continuum; they said a one-dimensional line wasn't going to be adequate because there were many other things at play, other functions such as the ways in which fluids leave the body, and cosmetic, or appearance-based concerns. They also mentioned concerns about the anxiety of parents when they're born with a child with atypical genital anatomy but those things would not necessarily be on the grid for bioethical statements because they concern families and not individual bodies. We might quite reasonably think it's not reasonable to intervene into one person's body to appease the anxiety of another person, but concerns with doing precisely that were very much present in some clinicians' talk.

To get back to your core question, beauty is a funny category. Beauty, on the one hand, sounds very wonderful. At the same time, beauty is what cosmetic surgery aims to achieve, right? Whether it does or not, is probably a much more difficult question. In terms of ethical and legal legitimacy things are shaping up against doing things only for the sake of what you might call beauty.

MEANINGS OF NORMALITY, BEAUTY AND AESTHETICS

SONIA GROVER I think it is interesting in that context that there has been some work done in Australia asking clinicians, plastic surgeons predominantly, about their attitudes to what is normal. Not necessarily talking about beauty, their definition of what is normal is actually quite different to other clinicians. Not even daring to try and tackle beauty, some people have stricter lines about what they consider normal, and other people have less rigid lines about what's normal and what spectrum of "normality" is acceptable.

PETER HEGARTY I also think that we are dealing with a very special part of the human body around the category of beauty here. I think so for two reasons. One is that the genitals are involved in reproduction which is often one of the kinds of functions that plays into decision making. Also, the very same genitals are, as Freud said, supposed to look disgusting or arousing to different people in different contexts. I think that perhaps gets us to the relationship between beauty and aesthetics. Genitals might be very special in this discussion. Do any of us really expect our genitals to look beautiful in the ordinary course of events? Probably not or probably very, very occasionally. I think there's a difference between talking about genitals in terms of beauty, and talking about genitals in terms of something like aesthetics which might bring in questions about arousal, sensitivity, sensation, and those other kinds of things, which are part of the definition of aesthetics and not so much part of the definition of beauty.

UTE LAMPALZER If we talk about function then you can also ask which functions have to be there, and which functions maybe not. What is necessary? Which functions must be cared for and which maybe not?

SONIA GROVER If we think about urinary function, we can say most people, if they had a choice, would like to be able to urinate in the same way as other people. Now, that's not to say that if you've got a problem that you might not be amazingly grateful that you can wear a bag and you're not wet all the time. But your starting point is that if people were really given a choice they probably prefer their body to work as it's supposed to work. If pushed, they will accept other things, which then can be fine. If we start talking about vaginas in women, then sure we could have the arguments in the discussion about "Well, vaginas aren't required in little girls, and therefore why are we doing anything (to 'fix' the vaginal opening) in little girls?". That then leads to a whole discussion about optimal timing of surgery, rates of complications, when it is easier to do and when it's less easy to do. You can leave a group of gynecologists or surgeons to have an argument around this, and you might get a range of opinions.

Some of those conditions we're talking about with respect to intersex people, there is a vagina present, but the vagina is relatively inaccessible and blocked over. These days, people or groups are thinking carefully about making decisions to "correct" genitals, for example to "make" vaginas so that the vagina will allow menstrual blood to come out, so that the girl when she grows up will be able to use tampons and to have penetrative sexual activities.

Looking at a diagnosis, not at what it looks like but at a medical diagnosis, and saying with this diagnosis that this person is likely to end up feeling female, doing the surgery to make the genital bits functional will need to be done at some point of time. If you have the appropriate surgical skills and appropriate anaesthetics and a team around you, there can be an argument for doing it in the younger age group. If you have inexperienced surgeons, surgeons with no expertise in this surgery, you shouldn't be doing it. If you have data out of your hospital or region saying you are getting poor outcomes, you should not be doing the surgery. There is a cluster of information that says no to early surgery.

But things have changed because if you go back 30 years the decision regarding gender, and which individuals with certain diagnoses were being raised female or raised male has shifted substantially. If you had a very poorly formed penis in some settings, 30 or 40 years ago, you were more likely to be raised female, because not having a penis as a male was considered the be-all and end-all. If you didn't have a great penis, life was going to be disastrous as a male and thus we had better raised this person female. It was also that time when John Money's theories were accepted – when everything relating to gender was plastic and we've moved from that time. The decision to do feminizing genital surgery is being done specifically only in the small cohort, where we feel really confident that doing the surgery will make sense. If the same child with the same condition is born in a resource poor part of the world – and I'm specifically thinking here about a condition known as congenital adrenal hyperplasia (CAH) – you may not want the surgery to be done because the families are going to have trouble accessing appropriate hormonal support (due to medication cost as well as health service provision reasons) and the child is likely to end up being very virilized head-wise and may end up wanting to be a boy.

RISK ASSESSMENT AND ETHICAL PRINCIPALS OVER TIME

UTE LAMPALZER There is also the question which risks are legitimate. What do you think?

PETER HEGARTY I am curious about how medical practitioners think about this. I can see different kinds of ways of framing questions about risks ethically. So going back to the kinds of scenarios where diagnoses are being made on the basis of biomedical information and infancy: Inferences about a child's future gender identity are being made differently than they were 30 years ago, and they might be made differently in different kinds of locations, based on the kinds of biomedical and technical resources that might or might not be available; including surgical skill, but other things as well.

As a result of that sort of imagining of the future psyche, the future psychosexual desires and the future wishes of the adult that the child might grow-up into being, interventions on the child's genitals are being made in the present. Those interventions are also possibly informed by a range of other social and cultural factors. This immediately feels very, very risky, particularly when we remember that this is an area of clinical medicine where historically follow-up studies have not been good.

Also, we live in an era where ideas about gender are changing very, very rapidly in those various societies where techno-scientific and surgical skills are most available. I know that in the UK an increasing number of young people are identifying outside the gender binary and some doctors in the UK are thinking about the range of possible kinds of happy functional well-adjusted young adults that intersex children might grow into. We can imagine and we can project a broader set of possible gendered futures onto the kinds of infants who are being born with diverse kinds of bodies now.

I think there is, as Sonia says, a cluster of information here. There are things that look like a diagnosis, there are things that look like syndromes. But they are very far from being ultimate categories of necessary and defining features where you can make certain kinds of inferences. Yes, there is a lot of risk here and not only risk about what we don't know, but also risk about what we don't know that we don't know. There are not only risks that we can say something like "there's a 40 percent chance that this will go wrong." We are actually talking about what in Psychology we call 'uncertainty', where we can't even quantify the state of our unknowing. I think we're still in that state of science. Risk, I think, is very, very real.

I recently heard about people who were very upset that surgery wasn't done to them earlier in their life, and who now retrospectively said they would have liked that. On the other hand, lots and lots of people have been complaining for a long time that interventions were done on them that they didn't choose and they consider it to be human rights abuse, and lots of powerful people agree with them.

PETER HEGARTY What do we do there? Do we try to do some calculation as best as we can about the pros and cons of surgery, the pros and cons of non-surgery, and do we then make medical decisions about that? As to this, I'm imagining that any parent who is thrown into this world, by virtue of having a child with an atypical anatomy, is going to be in a very, very high state of anxiety. Because that is what all the research on parents says.

It is in the nature of psychological anxiety that your cognition becomes very, very closed. You don't think very much about the long-term, you're not very good about seeing things from several perspectives, because that increases the feeling of anxiety. It's very hard to do very elaborate decision making in a situation where you're in that affective state.

There may be inherent conflicts of interests between that future child that we imagine and that future adult that we imagine. That's incredibly complex. Even when I just simply cognitively imagine that I would have an internal dilemma with two different versions of the future-self of my child who is now a fragile infant in my arms, or in my doctor's care I'm getting goosebumps.

We know that an emergency around birth increases the risk of trauma, which is surprisingly high around birth anyway. Where the extent of rethinking of the epistemological and moral and aesthetic world that would need to be done so quickly, and under a time course within which decisions about interventions currently have to be made, it just seems to me to make an unreasonable psychological demand of our parents and to increase the risk for all sorts of difficulties later on. I don't know a way around that.

SONIA GROVER You have mentioned things and considerations which I find interesting because there's a level of intellectual thinking about this which is – more academic or not – different to the style that we would be thinking about it in our hospital multidisciplinary team. But the reality is, that if you look at the team that I function within, we have our surgeon who does most of the work, who does a beautiful job and would happily do all of the surgery at two months of age. And we have changed the situation now so that it is being done at six to eight months of age.

We have a patient coordinator in place who actually sits in on the appointments and she is very cognizant of where the parents are up to and whether the parents are together in the same space, or whether the father (or mother) never comes to the consults. She has a good grasp of how the family is dealing with the challenges around the diagnosis and the making of the diagnosis. She works really hard to ensure that the family gets to meet the people that are going to help them get their heads around this. I've seen her do it on several occasions now, where the family has clearly been not quite comfortable, and she can pull the right people around, so that the families feel comfortable in whatever decision they are trying to make. They can choose to not to do anything. The line of "Thou shalt operate on anyone who has atypical genitalia" is a thing of the past.

She is quite good at coordinating people to link into services that they might need for their support. It just means that she's got a head watching out for their need for support at the same time as having a good grasp of the science and all behind that. Her role is to make that pathway, the parents' pathway and then later the young person's pathway, through the medical services and into the community, as smooth as possible. So, that means linking into school related things when the child is a bit older, or whatever is required network-wise to best assist that person to fulfill their optimal health and wellbeing, then also gender-related things. She's comfortable with all of those issues and she is not a black and white rigid person. So, we have been very fortunate to have her, but she reflects the change – she's been in that position for 18 months. The team involved in the care of people with intersex or DSDs had moved to wanting and needing such a person, to make sure that we could allow the parents to take on board as much information as possible.

You mentioned parents before and it has been written about parents having a right in this decision making. If you have a father who cannot pick up his daughter because his daughter has got a clitoris that's too big and he picks her up and thinks she's a boy, you've got a problem there.

An dieser Stelle lässt sich fragen, worin das Problem besteht, und wessen Problem es ist, wenn die Geschlechtszugehörigkeit nicht eindeutig männlich oder eindeutig weiblich ist.

DEALING WITH UNCERTAINTY: A MATTER OF ATTACHMENT OR SURGICAL ANSWERS?

PETER HEGARTY I think this would be the kind of situation where you must agree that hitherto in our culture, we have attributed to medicine the skill and the responsibility to manage that kind of situation around that father and that daughter. That actually is something, that we have asked of medicine which is inappropriate because medicine cannot address that and cannot solve that situation on its own. The problem is about addressing attachment.

The failure to appropriately grasp the extent of uncertainty that we are dealing with, did a lot of harm. In the current era, say starting with 2006, the consensus statement is very clear. It acknowledges that surgery used to be done to address questions about child parent bonding and attachment, but that nobody had any idea whether that actually works or not. I don't think we're any better off today. I haven't seen a study that says, "We studied a bunch of parents. We studied kids with reasonably similar diagnoses. All of them were considered eligible for surgery, and for whatever reasons some of them did and some of them didn't have surgery. We studied them naturalistically. And we measured attachments overtime using reasonable attachment measures that developmental psychologists would consider legitimate." That controlled experiment would be utterly unethical, and so we continue to exist in the same set of uncertainty about that, and decision making goes on.

What I will continue to say is that the human situation you've just described is a real human situation where a parent can't bond with a child, can't love a child. Or a parent needs help in forming a loving bonding attachment with the child that the child is going to utterly need to thrive. There are few axioms in psychology, but the idea that loving your children is good for them is probably one of them. So, we are absolutely right to be concerned. And because birth is medicalized, it will be doctors who first observe that situation of that father not being able to pick up that child. But that situation does not mean that the medical professionals on hand know what is in the best interests of that father, child (and mother).

AMBIGUITY, INTERSEX AND ART

UTE LAMPALZER   You said we don't have enough studies from the psychological side or aspects. But even if there were studies about the question, if people were happy after surgery or not, would the problem be solved? And if we think about beauty: What we decided a few years ago might not be right any more in ten years because the concept of beauty, or what we consider gender, might change.

PETER HEGARTY   Yes. People talk about beauty of course in different kinds of ways. Some people think about beauty as things being so inherently aesthetic: You know, the idea that we would all have an experience (of beauty) if we went to the Grand Canyon or the Sistine Chapel or something similar, something natural, something human. That's one version of beauty. Another version of beauty is the idea that what we count as beautiful changes very, very quickly. That there are fashions in beauty and that seems to be true as well. I think we have to remember that we're talking about developing humans and growing humans here. The ways in which we feel about beauty can change very, very quickly over time. One period of concern in the lifespan for these kids is adolescence. It seems to me that the experience of every single adolescent that I've ever known, including myself, is that what you think is very, very beautiful and cool at one moment but about a week later you're hideously embarrassed that you thought that was cool. It feels like that most of the time, between the ages of about 12 and 19, right? The adolescent self is very movable around beauty.

And cultures are very movable around beauty. I think you're right. Scholars who work in cultural studies surely can detail this much better than I could. But you can certainly look at times where androgynous figures are considered very beautiful or not.

Fabian Vogler's work I think is in the background of our conversation. What's interesting about Fabian's work is that he began to think about intersex and see it with an eye for beauty which is very different from the conversations that we normatively have and normatively have been having. Very often the conversations that we have are about what's normal versus what's abnormal, and our definition of normal in those kinds of conversations runs around with medicalization. To think of a both German and English word, "adequate" may be an interesting example: My sense is that in Germany the word "adequate" connotes something really good whereas in English

Peter Hegarty | Sonia Grover | Ute Lampalzer | Katinka Schweizer the word adequate connotes "just good enough". If we take that word adequate and free it from its linguistic origins the ambiguity that it gives us gets at what's important here. I think to live a fuller and complete life, one has not only to be adequate in the English sense. One should have at least moments where you feel adequate in the German sense, where you feel beautiful.

When Fabian came and presented his art at the University of Surrey at the conference, after the Recognition of Intersex Human Rights Conference 2016, I have to say I did have a slight anxiety that the work might not be well received by all, that it might be seen as inappropriate in light of some people's experience. I had a kind of anxiety that that reaction might emerge, but to my knowledge it didn't at all. And I often thought during the conference, when Fabian's art was on display behind the speakers: "This is really, really nice against the background of all these very intense conversations that we're having about medicine and human rights and law and psychology and all the rest of it. Here, we have this constant visual reminder of an imagination of somebody who can see this as adequate in the German sense, and not just debate whether this can be adequate in the English sense."

MEET THE ART_IST

UTE LAMPALZER Fabian Vogler also has this term "perfect imperfection". What do you think about that concerning intersex?

PETER HEGARTY I think it is interesting in terms of narrative and aesthetics. If you read anything about how people write scripts or how people write narratives for films or anything like that, it's all about working with character imperfections and moving characters forward in response to situations. We are all perfect imperfections and that's lovely.

The other thing that is good about that concept is perhaps acknowledging and universalizing from the notion of imperfection. I have had situations where people have put up images of genitals and said: "Well, this is an abnormal genital, this needs intervention." Becoming a psychosexual adult and becoming a gay psychosexual adult, apart from my own, one of the first penises I encountered was one of those with penile torsion. It had never been medicalized. I had no idea how rare, or unrare that was. The guy involved had no idea about that either and we just cracked on. I've sometimes seen this, the medical case of defining: "Okay. This is definitely abnormal. We all agree on this, and I'm saying that with the authority of an expert."

There have been moments I've been scratching my head and thought: "No, I've seen that perfect imperfection attached to a person that I'm really quite interested in." I just have thought of that as variation, and sometimes I didn't notice it at all. I think lots of people who may not have had personal experience of intersex (and I include myself in that category), have those kinds of experiences, and are being told by a very rigid definition of genital normality how we did – or should have – responded to our own and others' bodies. Fabian's work does an important part of making us see intersex people as human. I think we still need to increase the range of ways in which we do that.

SONIA GROVER I couldn't agree more. I know Fabian had asked the question to me: "How do surgeons decide if they're going to operate?" I mean, how do you decide, what's the perfect that you're aiming for when you're doing surgery? I was trying to come up with a way of answering the question. Because the reality is that your starting point in everybody is different, anyway.

I was trying to think of an analogy that would match Fabian. If he's making his sculptures in the shape of the balloons and uses the first mold, that determines what he can do. As a surgeon, you're handed different balloons as your starting point and therefore, there isn't a perfection that you're aiming for. If your aim was to create a sculpture that vaguely looked a little bit human, put the head and some legs on it. If we're talking about genitals the aim is to have a urethra that opens, a vagina that opens, labia minora or clitoris, that all the bits are there. But what the 'perfect' is, is determined by your starting point, or what your endpoint is, is determined by your starting point. There isn't a definition of 'perfect' in a surgeon's mind with regard to that. 'Perfect' would be the measures of functional, but not in terms of the size of this or the shape of that being perfect.

I think I'd be answering in a much more developmental view than a plastic surgeon. I'm not aiming for and I never think in those terms, because I don't think those terms are appropriate to use. I'm not sure whether that answer would have answered Fabian's question regarding "Do surgeons have a model of 'perfect' that they're aiming for?". Because I don't think you do have a perfect, unless you're a plastic surgeon in which case you may have a warped view of the world. Mostly as surgeons working in the field of people born with differences, the surgeon is aiming for a functional best.

PETER HEGARTY I do feel and I think the category of aesthetic is perhaps a more useful one than beauty here. Because aesthetics is not just about beauty, but is also about sensation and sensitivity. It is about that experience of being moved by a piece of art. Again, I can think of a time where – because I was under a lot of stress at work – I was just pretty flat for a while and then went to a lecture, which was also a music performance, and I was just being moved by this music, because it was just brilliant and I left it feeling alive again. I think we can all have those kinds of experiences around a piece of music or a film or a play or something that just moves you because you are sensitive to it. In that sensitivity, you feel aliveness, you feel a humanness. Aesthetics is about that as well. I have a very old-fashioned romantic idea that a good life is not just one about function. It is also one where there is the capacity to feel that aesthetic response and to feel it in an embodied way.

It seems to me that too often – when you hear us talking and when you listen to qualitative research, whether it's about parents or about adults – you hear accounts of people who are living lives in a state that seems quite unaesthetic. I suppose, perhaps it's a bit my naively optimistic way of thinking, that works such as Fabian's art may make the category of the aesthetic available to a broader range of people. It might not be a psychological benefit that I am rushing to claim and that I can quantify anytime soon, but I think it is a way in which disciplines, other than medicine or psychology, might lean into this domain and do something useful and humanizing, which I still think needs to be done.

INTERDISCIPLINARY CONTRIBUTIONS AND HISTORIC REVIEW: NEEDS FOR OPENNESS AND NOTE TAKING

UTE LAMPALZER What do you think, in both your fields, can be learned concerning the appreciation of perfect imperfection or aesthetics? And what can your professional fields, gynecology and social psychology, contribute to that?

PETER HEGARTY In a very concrete way, I think another psychological category that is around here is aesthetic response and the way it makes you feel; it draws you towards the object. For example, when you hear that wonderful music and say "I want more of that, please" you feel pleasure. In our broader social survey on how people are thinking about the controversies around medicalization and human rights and all the rest of it, is a psychological variable called need for closure, in particular people's openness to new experiences and an openness to new information. People who are high on need for closure, who really dislike uncertainty, are more favorable towards medical kinds of options for intersex in the survey overall. People who are lower on need for closure are more favorable towards support groups, the human rights legal challenge to medicine and all kinds of support.

UTE LAMPALZER And what do you think can gynecology contribute towards more appreciation of ambiguity?

SONIA GROVER I think that is a challenge and in fact Peter alluded to it. The question that hopefully Peter will answer in due course is: Can you shift people's sense of closure? […] People's tolerance of gender fluidity has definitely increased, so everyone has shifted a bit. But has everyone shifted? The answer is that there is going to be a hardcore group that has not shifted at all.

PETER HEGARTY I think there was some discussion at the recent I-DSD Conference where people were talking about different kinds of clinical practices. One clinician described a practice in which parents recorded in medical notes what their reasons were for consenting to an intervention, or for not consenting to a medically available intervention. Consequently, parents had a record of their thought process and their decision making to go back to with their children later on. Now, I do not think those things are necessarily going to undo all the ethical risks in the world, but engaging in those kinds of note taking practices sounds to me like a very, very positive development for several reasons. Most notably, it gives you a record of who you, yourself, were at the point of time when you made that decision.

I think that, irrespective of what decision is made and irrespective of that child being happy or not, making those notes at that point in time takes a little bit of risk out of that situation if we properly consider that one of the things that is at risk here is not just the integrity and the child's bounded body as an individual, but also the child-parent relationship. If we are from the very beginning concerned that the child-parent bond is something that we need to maintain and that must not be put excessively at risk when somebody is being born with atypical anatomy and someone is saying "I can't love my child", then I think that kind of note taking might de-risk the family psychology a little bit.

Because let's say, we then get to a situation where that child is 14 and says "Mom, Dad, I am really angry at you that you had that surgery done on me when I was six months old", or says "Mom, Dad, I am really angry at you that you didn't have that surgery when I was six months old!" At that moment dad and mom can then go back and say: "Okay. This is what we were thinking about you. This was our best judgement. We loved you and we did this for this reason. And we are not the mom and dad we were 14 years ago, and we can all talk about that mom and dad from 14 years ago." To use psychotherapeutic language, there is then a third object in the room that we can both talk about, which is the record of the conversation, the past version of it.

That seems to me to be a wise intervention that is thinking in a non-medicalized way, instead of seeing it as a purely medical decision, and is ensuring the possibility for creating resources for well-being for that family 10 years down the line, 20 years down the line. I also wonder if having to actually sit down and write those things and if the gravitas of writing those into the medical records might change the way some parents make some of these decisions.

UTE LAMPALZER The last question is: What is your vision for sexual ambiguity in a gender friendly world?

PETER HEGARTY My vision is very easy to visualize. We have to end these technological societies who give a hundred percent of authority to medicine. It has not always been like that. It seemed to become like that more in the 19th century than before. Before then some of these kids would have died, particularly a lot of kids with CAH (engl. Congenital Adrenal Hyperplasia, dt. Adrenogenitales Syndrom, AGS) would have died, up until middle of the 20th century. And other kinds of atypical genital anatomies were handled by other authorities like the church or the legal system.

But we got into the state where medicine owned 100 percent of being responsible for decision making. I think medicine will be left with quite a lot of responsibility at the end of all of this, in my ideal world. Because I think there are really pressing questions about interventions that need to be made so that fluids can leave the body so people

Peter Hegarty | Sonia Grover | Ute Lampalzer | Katinka Schweizer don't experience pain or die. There are interventions to be made to ensure people can manage their lives and their adrenal functions. I have talked about a concrete decision that you can point to in a very recent historical time where psychology leaned out and I think perhaps should have leaned. We might be living in a different world, had psychology leaned in around intersex about 12 years ago, the way it did around trans-gender in the 2000s. I think we have talked about Fabian being an artist who is leaning in and what our optimism might be around that event that he has allowed. Truly, bioethics is leaning in and saying some very useful things. There is a set of qualitative and critical psychologists who seem to be leaning in.

SONIA GROVER So much of my work is at a one-on-one level, in that clinical context of a person in their family and in their community. I am not usually required to develop visions that will be much broader than that, except to say that the practices that I think of, that is enabling people to optimally grow and help to give them what they need, to be encouraged and to achieve that. A vision where there is softness, tolerance and a less dichotomous view of life would be my best attempt at a vision.

UTE LAMPALZER Thank you both very much!

TORSO | 02 (CACIOCAVALLO) 2016. BRONZE. 16,5 x 8 x 7 cm

INVOLUCRUM   BRONZE UND PERGAMENT. 2017

Innere Form und äußere Hülle – eine Grenzwanderung zwischen den Polen des männlichen und weiblichen, dem Innen und Außen, Kern und Hülle.

Pergament, unter Spannung getrocknete Tierhaut, gibt der Bronze eine zweite Haut, umspannt sie oder formt sie ab: Eine hautnahe Hülle, die über die Skulptur hinauswächst, sich ihrer Form beugt, sie abzeichnet, verhüllt oder kleidet.

Es ist ein Spiel mit der Vielfalt der Variationen. Losgelöst von den Bronzen entstehen eigenständige, neue Formen, die in ihrer Leichtigkeit an den Ursprung der Skulpturen anknüpfen, dem Aufbau aus Ballons. In der Reihung zeigt sich die Bandbreite der gelebten Ausdrucksformen – roh, nackt, verletzlich und schön.

INVOLUCRUM | 01 2017. BRONZE UND PERGAMENT. 21,5 x 14 x 14 cm

INVOLUCRUM | 02   2017. 16,5 x 14 x 9 cm

INVOLUCRUM | 02

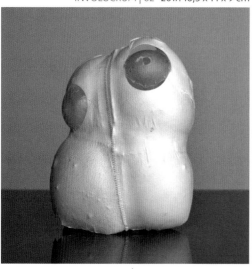

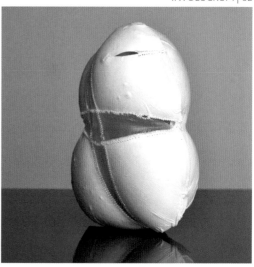

INVOLUCRUM | 03   2017. 16,5 x 14 x 9,5 cm

INVOLUCRUM | 04   2017. 17 x 14 x 9,5 cm

INVOLUCRUM | 05   2017. 23 x 19 x 16 cm

INVOLUCRUM | 06   2017. 18 x 14,5 x 10,5 cm

ARTISTIC INTERVENTION V   Silke Lazarević und Fabian Vogler

TORSO | 01 (NDUJIA) 2015. BRONZE. 19 x 14,5 x 10,5 cm

INVOLUCRUM | 07 2017. 18 x 15 x 10 cm

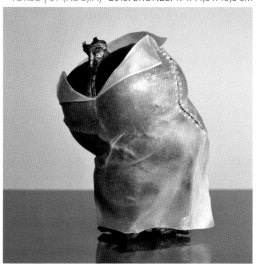

INVOLUCRUM | 08 2017. 19 x 15 x 10,5 cm

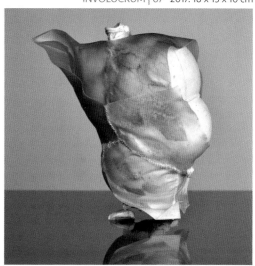

INVOLUCRUM | 09 2017. 19 x 20 x 11 cm

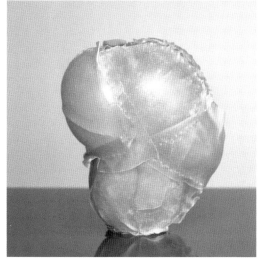

INVOLUCRUM | 10 2017. 16,5 x 13,5 x 10 cm

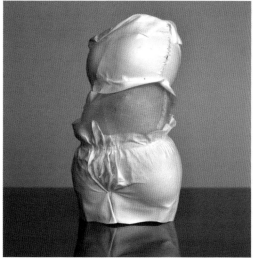

INVOLUCRUM | 11 2017. 23 x 13 x 13,5 cm

INVOLUCRUM

Konstanze Plett

RECHT – m/MACHT – GESCHLECHT

Die Vielfältigkeit des Geschlechtsbegriffs wurde und wird in der Rechtswissenschaft oft übersehen, wenn auch das Bundesverfassungsgericht just im Herbst 2017 die Bedeutung erweitert hat; dazu später mehr. Der Begriff wird verwendet, ohne dass er im Gesetzesrecht selbst definiert wird. Gerichte und Rechtswissenschaft legen ihn dann je nach Kontext aus; dabei bleiben Bedeutungsvariationen in anderen Kontexten ausgeblendet.

Geschlecht hat vor allem – vielleicht sogar in erster Linie – mit Fortpflanzung zu tun, wie aus der Bedeutung von ›Geschlecht‹ für Familie (»das Geschlecht derer von und zu«) ersichtlich wird. Für die Fortführung einer Geschlechterlinie sind Nachkommen erforderlich, und für die Frage, ob Nachkommen »legitim« sind, wurden Regeln entwickelt, die heute in unserem Land, das vor knapp hundert Jahren den Adel abgeschafft hat und seit fast siebzig Jahren die Gleichheit aller Menschen ohne Einschränkungen anerkennt, keine Rolle mehr spielen dürften.[1] Bei den Gleichheitsrechten ist allerdings zu berücksichtigen, dass sie nicht absolut gelten: Ausnahmen sind zulässig, wenn sie sich rechtfertigen lassen. Was als Rechtfertigungsgrund anerkannt wird, ist wiederum von gesellschaftlichen Entwicklungen beeinflusst und wird deshalb zu verschiedenen Zeiten auch unterschiedlich bewertet. Und hier wird wiederum ein Zusammenhang von Geschlecht und Familie deutlich; denn die rechtliche Ungleichbehandlung von Frauen – von der tatsächlichen ganz zu schweigen – wurde

---

[1] Geburts- und Standesvorrechte wurden mit Artikel 109 Absatz 2 Satz 1 der Weimarer Reichsverfassung von 1919 aufgehoben. Hinsichtlich der Gleichberechtigung von Frauen erlaubte die Weimarer Verfassung noch Ausnahmen; erst die Nachkriegsverfassungen der Bundesrepublik Deutschland vom 23. Mai 1949 und der DDR vom 7. Oktober 1949 stellten Frauen mit Männern rechtlich gleich, in der Bundesrepublik noch mit einer Übergangszeit bis Ende März 1953.

auch unter der Geltung der jetzigen Verfassung noch für Jahrzehnte mit den nach Geschlecht unterschiedenen familiären Aufgaben gerechtfertigt, selbst für solche Frauen, die keine Familienaufgaben haben.[2]

Was die Befassung mit Geschlecht und Recht so unübersichtlich macht, ist die Übertragung von Annahmen, die aus der Betrachtung von familiären oder sonstigen zwischenmenschlichen Beziehungen gewonnen werden, auf Individuen als solche. Damit ein Kind geboren wird, muss in einem Menschen mit weiblichen Fortpflanzungsorganen ein von einem Menschen mit männlichen Fortpflanzungsorganen befruchtetes Ei sich in einen Uterus einnisten und dort bis zur Geburt entwickeln. Dazu waren früher – in den Zeiten vor der Entwicklung der Reproduktionsmedizin[3] – genau zwei Menschen erforderlich, die »natürlichen« Eltern. Diese wurden und werden – geschlechtsspezifisch – auch Mutter und Vater genannt, aber genau genommen erfolgt damit ein Übergang von der Biologie zum Recht; denn rechtliche Elternschaft bedeutet Verantwortung für das Kind und kann zum Beispiel auch durch Adoption übernommen werden, wodurch ein Kind mehr als die zwei zu seiner Hervorbringung erforderlich gewesenen Menschen als Eltern hat.[4] Für den im Vergleich zur »Mutterschaft« schwerer zu führenden Nachweis der »Vaterschaft« gab es seit alters her und gibt es noch heute die Standardregel, dass der Ehemann der Frau, die das Kind geboren hat, ohne Weiteres zum rechtlichen Vater wird, auch unabhängig von der Zeugung.[5] Aber nur weil zum Hervorbringen von Nachkommenschaft zwei Menschen verschiedenen Geschlechts nötig sind, deshalb bereits Neugeborene jeweils einem dieser beiden – nach bisheriger Auffassung sich wechselseitig ausschließenden – Geschlechter zuzuordnen, lässt sich nicht wirklich rechtfertigen. Genau das geschieht aber seit Einführung der staatlichen Personenstandsregister mit Beginn des Jahres 1876.

---

[2]   Besonders deutlich wird dies im Vergleich zweier Entscheidungen des Bundesverfassungsgerichts zum Nachtarbeitsverbot für Frauen (das ohnehin nur für Arbeiterinnen und nicht für Angestellte galt): 1956 hatte das Gericht noch aus biologischen Unterschieden auf daraus folgende funktionale Unterschiede zwischen Männern und Frauen geschlossen (BVerfGE 5, 9); erst seit 1991 knüpft das Gericht nicht mehr an biologisch-funktionale Unterschiede an, sondern an Lebenslagen (BVerfGE 85, 191).

[3]   Gemeinhin wird der Beginn mit der ersten erfolgreichen (im Sinne zu einer Geburt führenden) extrakorporalen Befruchtung angesetzt (»Retortenbaby« Louise Brown, geboren 1978). Die dazu gerechnete sogenannte heterologe Insemination gab es aber auch schon vorher.

[4]   Ein Kind kann rechtlich auch gar keine Eltern haben (»Findelkinder« oder wenn die Eltern gestorben sind) oder nur einen Elternteil (»Vater unbekannt« oder ein Elternteil lebt nicht mehr) oder mit den heutigen Möglichkeiten der Reproduktionsmedizin bis zu fünf Elternteile: Samenspender, Eispenderin, Tragemutter, Adoptiveltern. Auf die Details kann hier nicht weiter eingegangen werden, deshalb nur der Hinweis: Nicht alle medizinisch-technischen Möglichkeiten sind auch rechtlich erlaubt, wobei der Rahmen des Erlaubten von Land zu Land variiert (so ist z.B. Ersatzmutterschaft in Deutschland verboten). Insgesamt sind hier eine Fülle ethischer und juristischer Fragen tangiert.

[5]   Auch von einer Darlegung der verschiedenen Anfechtungsmöglichkeiten muss hier Abstand genommen werden. Hingewiesen sei nur darauf, dass ein Anfechtungsrecht ursprünglich nur dem Ehemann zukam, es inzwischen aber auch auf die Mutter und das Kind sowie auf den Erzeuger ausgeweitet worden ist.

Konstanze Plett

Es gab auch schon vorher Register, doch für Deutschland flächendeckend nach einheitlichen Regeln erst, seit unter Bismarck mit der obligatorischen Zivilehe auch die Standesämter eingeführt wurden (vgl. Schütz 1977). Registriert wurden – wie vorher von den Kirchen – die Ereignisse Geburt, Eheschließung und Tod. Neu war, dass das Geschlecht Neugeborener nicht mehr nur aus den gegebenen Vornamen zu erschließen war, sondern es wurde bei den Geburten explizit die Kategorie Geschlecht eingeführt. Damit waren die liberalen »Zwitter-Paragrafen« des Allgemeinen Landrechts für die Preußischen Staaten von 1794 (I 1 § 19–23) bereits knapp ein Vierteljahrhundert vor Inkrafttreten des Bürgerlichen Gesetzbuchs außer Kraft gesetzt (vgl. Einzelheiten bei Plett 2016: 216–221). Vor allem war damit aber Geschlecht als individuelle Eigenschaft schon Minderjähriger etabliert und ihres familienrechtlichen Kontexts entkleidet.[6]

Erschwerend für eine liberale Handhabung kam hinzu, dass die Geburtenregister nur im Falle unrichtiger Eintragungen geändert werden durften. Intergeschlechtlich Geborene wurden wie alle anderen als männlich oder weiblich eingetragen, eventuell wurde der Eintrag später geändert, aber vor November 2013 nur innerhalb des binären Schemas. Zwar hatten manche Trans*-Menschen[7] unter Berufung darauf, dass ihr ursprünglich eingetragenes Geschlecht falsch sei, eine Änderung erreichen können, bevor mit dem Transsexuellengesetz ab 1981[8] vom Recht anerkannt wurde, dass Menschen nicht lebenslänglich am Geburtsgeschlecht festgehalten werden dürfen, wenn es ihrer erwachsenen Persönlichkeit nicht entspricht. Jedoch verblieb auch diese Regelung im Binärschema von Geschlecht, und vor allem waren anfangs extrem harsche Voraussetzungen an den »Geschlechtswechsel« geknüpft, u.a. Sterilisation und Ehelosigkeit. So mussten Trans*-Menschen zur Wahrung *ihres* Persönlichkeitsrechts auf Übereinstimmung zwischen ihrem Geschlecht und dem amtlichen Geschlecht auf ihre genauso gewichtigen Rechte auf körperliche Integrität und Schutz ihrer möglicherweise bestehenden Ehe lange verzichten. Erst durch hartnäckiges Angehen gegen die innerhalb dieses Gesetzes bestehenden diskriminierenden Bestimmungen ist es nach und nach gelungen, sie mit Hilfe des Bundesverfassungsgerichts zu beseitigen, so dass heute »nur« noch durch zwei Gutachten in einem gerichtlichen Verfahren nachzuweisen ist, dass die antragstellende Person, wie es im Gesetz heißt, »sich auf Grund ihrer transsexuellen Prägung nicht mehr dem in ihrem Geburtseintrag angegebenen Geschlecht, sondern dem anderen Geschlecht als zugehörig empfindet und seit

---

[6] So ist es in alten Zeiten und bestimmten Zusammenhängen auf das Geschlecht Minderjähriger angekommen, etwa im Zusammenhang mit dem Erbrecht. Aber dann ging es um Söhne und Töchter, nicht um Jungen und Mädchen.

[7] Zu diesen Bezeichnungen und was damit gemeint ist, vgl. die Beiträge von Becker u.a. sowie Sigusch in diesem Band.

[8] Zur Genese dieses Gesetzes über die Änderung der Vornamen und die Feststellung der Geschlechtszugehörigkeit in besonderen Fällen (Transsexuellengesetzes – TSG) vom 18.9.1980, wie sein vollständiger Titel lautet, vgl. Augstein (1987).

mindestens drei Jahren unter dem Zwang steht, ihren Vorstellungen entsprechend zu leben« sowie »mit hoher Wahrscheinlichkeit anzunehmen ist, dass sich ihr Zugehörigkeitsempfinden zum anderen Geschlecht nicht mehr ändern wird«.[9] Auf eine im Oktober 2017 anhängig gemachte Verfassungsbeschwerde im Bereich Trans* komme ich noch zurück.

Im Bereich Inter* hat es erst eine Verfassungsbeschwerde gegeben; sie wurde im Herbst 2017 erfolgreich beschieden.[10] Worum ging es? Ich muss etwas weiter ausholen. Der Gesetzgeber des Bürgerlichen Gesetzbuchs, das am ersten Tag des Jahres 1900 in Kraft trat, hatte sich gegen eine Übernahme der Regelung für »Zwitter« aus dem Preußischen Allgemeinen Landrecht entschieden mit der Begründung, jeder Mensch habe mindestens ein überwiegendes Geschlecht, das dann maßgeblich sei (Motive 1888: 26). Zwar war das schon damals nicht richtig (vgl. Wacke 1989: 871), aber zusammen mit der auf männlich oder weiblich reduzierten Eintragungsmöglichkeit im Geburtenregister trug diese gesetzgeberische Entscheidung maßgeblich dazu bei, dass Inter*-Menschen in der Folgezeit mehr und mehr aus dem öffentlichen Bewusstsein verdrängt wurden, bis sie nicht einmal mehr als möglich angesehen wurden. Die Tabuisierung hatte sicher einen Anteil an dem, was ab den späten 1950er Jahren mit intergeschlechtlich geborenen Säuglingen und Kleinstkindern vielfach geschah: die operative und medikamentöse Anpassung an eines der allein als zulässig erachteten Geschlechter.[11] Umgekehrt hat diese Behandlung die Tabuisierung noch verschärft. Erst in den 1990er Jahren waren einzelne mutig genug, nachdem sie – meistens eher zufällig – die Wahrheit über ihre eigene Geschichte herausgefunden hatten, damit an die Öffentlichkeit zu treten. Obgleich die Bundesregierung erstmals schon 1996 mit der brennenden Frage befasst wurde, ob diese schwerwiegenden und irreversiblen Eingriffe an einwilligungsunfähigen Kindern unter grundrechtlichen Aspekten überhaupt zulässig seien (Deutscher Bundestag 1996), hat es noch viele Jahre gedauert, bis die Bundesregierung – letztlich erst auf Druck eines UN-Menschenrechtsausschusses – den Deutschen Ethikrat mit einer Stellungnahme zu Intersexualität beauftragte. Diese wurde im Februar 2012 zunächst der Bundesregierung und dem Deutschen Bundestag zugänglich gemacht und dann der allgemeinen Öffentlichkeit vorgestellt (Deutscher Ethikrat 2012).

Womit danach so schnell niemand gerechnet hatte, geschah dann Anfang 2013: die Einführung einer neuen Gesetzesbestimmung im Personenstandsgesetz (§ 22 Absatz 3), die vorsieht, dass die Geburt von Kindern, die »weder dem weiblichen noch dem männlichen Geschlecht zugeordnet werden« können, ohne Eintrag in der Rubrik

---

[9] Zu Einzelheiten hinsichtlich der bis 2010 ergangenen Entscheidungen Adamietz (2010: 124–276), zur jüngsten und, was die körperliche Integrität betrifft, wichtigsten Entscheidung Grünberger (2011); vgl. auch Plett 2012: 54–56.

[10] Beschluss vom 10.10.2017 (Az. 1 BvR 2019/16), bekannt gegeben am 8.11.2917, https://www.bundesverfassungsgericht.de/SharedDocs/Entscheidungen/DE/2017/10/rs20171010_1bvr201916.html (5.12.2017).

[11] Vgl. hierzu vor allem Klöppel (2010), zu den Folgen für die davon Betroffenen: Zehnder (2010) und Schweizer/Richter-Appelt (2012).

Konstanze Plett

Geschlecht registriert wird.[12] Die Reaktionen auf diese Bestimmung waren geteilt. Euphorisch begrüßt wurde sie von keiner Seite, hat sie doch mehr Fragen aufgeworfen als beantwortet (vgl. schon früh Sieberichs 2013). Eine der Fragen, ob die Bestimmung auch rückwirkend gilt, ob also erwachsene Inter*-Menschen ihren Geschlechtseintrag dahingehend berichtigen lassen können, dass er im Geburtenregister gestrichen wird, wurde relativ schnell mit Ja beantwortet. Aber für viele ist die Löschung des Eintrags keine Lösung, weil damit letztlich nur »geschlechtslos« übrig bleibt. Schon 2014 hat deshalb ein intergeschlechtlich geborener Mensch den Antrag auf Änderung in einen positiven Eintrag (»inter/divers«) gestellt. Dies wurde von allen Instanzen abgelehnt, zuletzt 2016 vom Bundesgerichtshof, so dass nur noch der Weg zum Bundesverfassungsgericht blieb, aber auch erst möglich wurde.[13]

Nun hat das Bundesverfassungsgericht der Verfassungsbeschwerde stattgegeben und entschieden, dass die Regelung von 2013 insoweit das allgemeine Persönlichkeitsrecht der beschwerdeführenden Person und das Diskriminierungsverbot wegen des Geschlechts verletze, als kein positiver Geschlechtseintrag jenseits von weiblich oder männlich erlaubt sei in Fällen, in denen dies – wie im zu entscheidenden Fall – der gefestigten geschlechtlichen Identität entspreche. Damit hat das Bundesverfassungsgericht das, was die Gesetzgebung 2013 unbedingt aufrechterhalten wollte – nämlich die Geschlechterbinarität – letztlich als Taschenspielertrick entlarvt; mit der Einführung der Bestimmung zum Nichteintrag wurde die Illusion aufrechterhalten, es gebe nach wie vor nur zwei Ausprägungen von Geschlecht, obwohl schon der Nichteintrag eine dritte Möglichkeit bedeutete;[14] dies wurde daran deutlich, dass im innerbehördlichen Verkehr zu den Buchstaben M und F ein X getreten ist (Einzelheiten bei Plett 2015: 24–30).[15]

Wenn ich die Rechtsentwicklungen im Zusammenhang mit Geschlecht über die letzten Jahrzehnte Revue passieren lasse – und dazu gehören nicht nur die jüngsten Entwicklungen zu Trans* und Inter*, sondern auch die davor mit Bezug auf die Situation von Schwulen und Lesben und noch davor von Frauen allgemein –, so fällt mir auf, dass immer dann, wenn es um die unter dem Gleichheitsprinzip anzuerkennenden Rechte derer geht, denen im bürgerlichen Patriarchat die öffentliche Stimme versagt war, es besonderer Anstrengungen bedarf. Eine ungleiche Verteilung von Rechten

---

[12] Dies geschah gleichsam im Huckepackverfahren, da andere Änderungen des Personenstandsgesetzes ohnehin anstanden, Details bei Plett (2014).

[13] Verfassungsbeschwerden Einzelner sind erst dann zulässig, wenn vorher alle gerichtlichen Möglichkeiten ausgeschöpft worden sind.

[14] Entsprechend nennt sich auch die Gruppierung, die das Verfahren zivilgesellschaftlich unterstützt, »dritte Option«.

[15] Vom Wortlaut der Vorschrift her müssen intergeschlechtlich Geborene ohne Geschlecht ins Geburtenregister eingetragen werden. In der Praxis scheint dies allerdings so strikt nicht befolgt zu werden (vgl. Bayerischer Landtag 2014). Dies erklärt sich für mich daraus, dass die Geburtsbescheinigungen (= »von einer Ärztin oder einem Arzt oder einer Hebamme oder einem Entbindungspfleger ausgestellte Bescheinigung über die Geburt, soweit sie bei der Geburt zugegen waren«, § 33 Satz 1 Nr. 4 Personenstandsverordnung), von den Standesämtern inhaltlich nicht überprüft werden. Vgl. insgesamt zur Handhabung des 2013 eingeführten § 22 Absatz 3 Personenstandsgesetz Schabram (2017).

spiegelt eben immer auch eine ungleiche Verteilung von Macht wider. Wer weniger Rechte hat, hat zugleich weniger Macht, ist ein Stück ohnmächtig. Wer hingegen im Besitz der Macht ist, hat wenig Veranlassung, selbst initiativ zu werden, um anderen zur Zuerkennung und/oder Wahrung von Rechten zu verhelfen, selbst wenn es von der Verfassung verlangt wird. Damit bleibt es bei der Ohnmacht einzelner. Wenn hingegen von unten aus der Zivilgesellschaft heraus Druck entfaltet wird und dieser von oben oder außerhalb der untersuchten Rechtsordnung unterstützt wird, können Änderungen gelingen. Bei »oben« denke ich an das Bundesverfassungsgericht, bei »außerhalb« an andere Länder als Beispiele oder supra- oder internationale politische Institutionen wie die Europäische Union, den Europarat oder die Vereinten Nationen.[16]

Nachweisen lässt sich das für alle Bereiche. Die Rechte von Frauen allgemein wurden von der Frauenbewegung und der Europäischen Union (beziehungsweise deren Vorläufern) befördert. Die Rechte gleichgeschlechtlich orientierter Menschen wären sicher nicht so weit vorangekommen ohne die Schwulen- und Lesbenbewegung, die auch international vernetzt aktiv ist. Bei Trans* und Inter* haben sich soziale Bewegungen erst später entwickelt, aber bei Trans* hat das Bundesverfassungsgericht eine Rolle gespielt, die gar nicht überschätzt werden kann, und bei Inter* waren und sind es die Monita der UN-Gremien, deren Missachtung die Bundesregierung in ein schlechtes Licht gestellt hätte und die auf diese Weise Druck entfalteten.[17]

Zugleich wird aber immer versucht, die alten gesellschaftlichen Strukturen, die durch lange Übung und entsprechende Wirkung auf die Sozialisation der Menschen einen Anschein als quasi-natürlich bekommen haben, möglichst unangetastet zu lassen. Die ursprünglichen Regelungen des Transsexuellengesetzes zählen ebenso dazu wie die Änderung beim Geschlechtseintrag für intergeschlechtlich Geborene, und auch der lang anhaltende Widerstand gegen die Öffnung der Ehe für andere als verschiedengeschlechtlich erscheinende Paare, der erst im Jahr 2017 gesetzgeberisch überwunden wurde, ist ein Beispiel. Es war 1980 eben unvorstellbar, dass ein personenstandsrechtlicher Mann ein Kind gebiert oder eine personenstandsrechtliche Frau ein Kind zeugt. 2013 war zwar schon grundsätzlich akzeptiert, dass Menschen etwas anderes sein können als männlich oder weiblich, aber die Autor_innen der Gesetzesnovelle wollten unbedingt an der Geschlechterbinariät festhalten und meinten, dies mit der Möglichkeit des Nichteintrags von Geschlecht zu schaffen.

Die Restriktionen gehen dabei zu Lasten der einzelnen Menschen. Dass Vorstellungen von Familie in diesen Bereichen (fast) immer mitschwingen, zeigt sich zum Beispiel an der Stellungnahme des Deutschen Ethikrats, der kein Problem damit hatte, »anderes« als Geschlechtseintrag für intergeschlechtlich Geborene zu emp-

---

[16] Wegen des gleichzeitig von unten und oben/außerhalb nötigen Drucks auf die binnenstaatliche Politik habe ich diesen Vorgang in früheren Vorträgen auch schon mal als Sandwich-Theorem bezeichnet.

[17] Es ist verschiedenen Nichtregierungsorganisationen, u.a. auf Initiative von Lucie Veith, zu verdanken, dass seit 2008 zu inzwischen fast jedem UN-Menschenrechtsausschuss sowie dem UN-Menschenrechtsrat ein zivilgesellschaftliches Parallelgutachten vorgelegt wurde, in dem die rechtlichen und tatsächlichen Inter*-Probleme in Deutschland dargelegt werden.

Konstanze Plett

fehlen, sich aber schwertat mit der Frage, ob diese Menschen heiraten dürfen oder doch nur eine eingetragene Lebenspartnerschaft eingehen (Deutscher Ethikrat 2012: 177). Nun, diese Frage könnte obsolet geworden sein mit der Einführung der »Ehe für alle« – aber nur bei einer extensiven Auslegung des geänderten § 1353 Absatz 1 Satz 1 Bürgerliches Gesetzbuch, der die Ehe für »zwei Personen verschiedenen oder gleichen Geschlechts« öffnet, also gerade nicht für Menschen »ohne Geschlecht«, die es weiterhin geben wird; denn das Bundesverfassungsgericht hat die 2013 eröffnete Möglichkeit des Nichteintrags bei Geschlecht nicht angetastet.

Noch komplizierter wird es im Bereich Trans*. Seit Sterilität kein Erfordernis für die Änderung des Geschlechtseintrags ist, haben einige Menschen, die wirksam als Männer registriert sind, Kinder geboren, von denen wiederum einige als Vater dieser Kinder und mit ihrem aktuellen männlich konnotierten Vornamen registriert werden wollen. Die Standesämter haben dies bislang abgelehnt und wollen sie mit ihrem ursprünglichen Vornamen und als Mutter eintragen. Das wird von den Personen, die Verfassungsbeschwerde eingelegt haben (dem Vater und dem von ihm geborenen Kind), als extrem belastend angesehen, weil dann bei jeder Vorlage der Geburtsurkunde, wenn nach der darauf vermerkten Mutter gefragt wird, der mit anderem Vornamen und als Vater auftretende Mann sagen muss: »Das bin ich.«

Damit schließt sich der Kreis meiner Überlegungen insofern, als ursprünglich im Familienkontext entwickelte Regelungen zu Geschlecht davon abgelöst und als Charakteristikum individueller Menschen erst verabsolutiert, dann im Individualkontext weiterentwickelt wurden und nun, zurück im Familienkontext, neue Probleme auftauchen.

Wäre es also einfacher, das Geschlecht überhaupt nicht mehr behördlich zu erfassen oder in irgendwelchen rechtlichen Bestimmungen zu erwähnen, wie vom Bundesverfassungsgericht als eine der Möglichkeiten, um die Rechte intergeschlechtlicher Menschen zu wahren, aufgezeigt? Als Gedankenexperiment spiele ich diese Frage seit zwanzig Jahren durch. Das einzige Gegenargument, das mir dazu einfällt, ist die amtliche Statistik, die aufgrund der bequemen Erfassung von nach männlich und weiblich (demnächst zusätzlich: »dritte Option«) getrennten Daten Frauendiskriminierung (demnächst auch: Diskriminierung eines »dritten Geschlechts«) einfacher und schneller sichtbar macht, als wenn diese nur mittels empirischer Untersuchungen feststellbar wäre.

Rechtliche Regelungen müssen, wenn es um Gleichheitsrechte geht, seit der Entscheidung des Bundesverfassungsgerichts zum Nachtarbeitsverbot von 1992 (BVerfGE 85, 191) ohnedies an bestimmten Lebenslagen anknüpfen statt an Eigenschaften der handelnden oder betroffenen Menschen. Eine Unterscheidung nach Geschlecht erscheint verzichtbar; es müssten nur die Rechtsbegriffe ›Mutterschaft‹ und ›Vaterschaft‹ durch ›Elternschaft‹ ersetzt werden (vgl. Plett 2015: 33). Auch in einem im Auftrag des Bundesfamilienministeriums erstellten Gutachten und einem darauf basierenden Gesetzentwurf wird aufgezeigt, dass dies möglich ist (Althoff u.a. 2017). Allerdings gehen die Autorinnen nicht so weit, Geschlecht als Kategorie gänzlich aus dem Recht beseitigen zu wollen. Ihr Ziel ist hingegen, dem einzelnen Menschen die Verfügungsbefugnis über sein Geschlecht zurückzugeben, die es – wenn auch nur innerhalb des binären Schemas –nach dem Preußischen Allgemeinen Landrecht von 1794 für über 18-Jährige ja schon einmal gab (mit der Einschränkung, dass keine Rechte Dritter entgegenstehen durften; vgl. dazu Duncker 2003: 278f.; Rolker 2015).

Zur Verfügungsbefugnis über das eigene Geschlecht gehört auch und vor allem, dass irreversible Eingriffe in den Körper und körperliche Vorgänge unterbleiben, wenn nicht der davon betroffene Mensch diese Entscheidung selbst getroffen hat. Seit über zwanzig Jahren wird dies gefordert, um insbesondere intergeschlechtlich geborene Kinder unversehrt zu lassen, bis sie selbst über ihren Körper entscheiden können. Dies ist, wie verschiedene juristische Untersuchungen ergeben haben (vgl. etwa Kolbe 2010, Tönsmeyer 2012), »an sich« sogar jetzt schon verboten. Aber es geschieht noch allenthalben (vgl. Klöppel 2016). Dieser Problematik können Rechtspolitik und Gesetzgebung nicht länger ausweichen, wenn der Menschenrechtsschutz ernst genommen wird.

Die Politik ist auch gefordert, soweit Gesetzesänderungen, die eigentlich ja etwas verbessern sollen, zu neuen Widersprüchen geführt haben. Denn es ist nicht wirklich Aufgabe einzelner Menschen aus der Bevölkerung, die Widersprüche in einem individuell geführten Gerichtsverfahren mit einem Spruch des Bundesverfassungsgerichts am Ende lösen zu lassen. Wenn die Politik darauf wartet, werden Machtverhältnisse verdreht. Aber es ist gut, dass die Menschenrechte und die zu ihrer Sicherung geschaffenen Institutionen – das Bundesverfassungsgericht, der Europäische Menschengerichtshof in Straßburg und etliche UN-Gremien – Machtunterworfenen immerhin die Möglichkeit der Gegenwehr und im Erfolgsfalle auch so etwas wie Gegenmacht verleihen.

Unabhängig davon, ob Geschlecht als ein jeden Menschen charakterisierendes Merkmal im Recht für amtliche Registrierungen beibehalten wird oder nicht, muss Geschlecht deshalb auf jeden Fall ein verbotenes Diskriminierungsmerkmal bleiben, damit Einzelne sich mit rechtlichen Mitteln gegen Diskriminierungen wegen ihres Geschlechts zur Wehr setzen können.

BIBLIOGRAFIE

Adamietz, Laura (2010), Geschlecht als Erwartung, Baden-Baden.

Althoff, Nina, u.a. (2017), Gutachten Geschlechtervielfalt im Recht, Berlin (auch abrufbar unter Angabe des Titels von https://www.bmfsfj.de, 7.11.2017).

Augstein, Maria Sabine (1987), Ein Abgeordneter kämpft für eine Minderheit, in: Annemarie Renger u.a. (Hg.), Festschrift für Claus Arndt zum 60. Geburtstag, Heidelberg, S. 1–11.

Bayerischer Landtag (2014), Schriftliche Anfrage: Rechte intersexueller Menschen, Drucksache Nr. 17/3884 vom 12.12.2014 (abrufbar unter http://www1.bayern.landtag.de/ElanTextAblage_WP17/Drucksachen/Schriftliche%20Anfragen/17_0003884.pdf, 8.12.2017).

BVerfGE 5, 9 = Entscheidungen des Bundesverfassungsgerichts, Bd. 5, S. 9–12.

BVerfGE 85, 191 = Entscheidungen des Bundesverfassungsgerichts, Bd. 85, S. 191–214.

BVerfGE 128, 109 = Entscheidungen des Bundesverfassungsgerichts, Bd. 128, 109–137.

Deutscher Bundestag (1996), Genitalanpassungen in der Bundesrepublik Deutschland, Kleine Anfrage der PDS: Drucksache 13/5757, Antwort der Bundesregierung: Drucksache 13/5916.

Deutscher Ethikrat (2012), Intersexualität, Berlin (auch abrufbar unter http://www.ethikrat.org/publikationen/stellungnahmen/intersexualitaet, 7.11.2017.

Duncker, Arne (2003), Gleichheit und Ungleichheit in der Ehe, Hannover.

Grünberger, Michael (2011), Anmerkung [zu BVerfGE 128, 109], JuristenZeitung, Jg. 66, H. 7, S. 368–371.

Klöppel, Ulrike (2010), XX0XY ungelöst, Bielefeld.

Klöppel, Ulrike (2016), Zur Aktualität kosmetischer Operationen »uneindeutiger« Genitalien im Kindesalter, Berlin (abrufbar unter https://www.gender.hu-berlin.de/de/publikationen/gender-bulletins/bulletin-texte/texte-42, 7.11.2017).

Kolbe, Angela (2010), Intersexualität, Zweigeschlechtlichkeit und Verfassungsrecht, Baden-Baden.

Motive (1888) zu dem Entwurf eines Bürgerlichen Gesetzbuches für das Deutsche Reich, Bd. I, Berlin & Leipzig.

Plett, Konstanze (2012), Jenseits von männlich und weiblich, Femina Politica, Jg. 21, H. 2, S. 49–62.

Plett, Konstanze (2014): W, M, X – schon alles?, psychosozial, Jg. 37, Nr. 135, S. 7–15.

Plett, Konstanze (2015), Diskriminierungspotentiale gegenüber trans- und intergeschlechtlichen Menschen im deutschen Recht, Berlin (auch abrufbar unter https://www.berlin.de/sen/lads/schwerpunkte/lsbti/materialien/schriftenreihe/, 7.11.2017).

Plett, Konstanze (2016), Trans* und Inter* im Recht, in: Maximilian Schochow u.a. (Hg.), Inter* und Trans*identitäten, Gießen, S. 215–230.

Rolker, Christof (2015), Der »Zwitterparagraph des ALR (1794), in Männlich-weiblich-zwischen, 29.10.2015, http://intersex.hypotheses.org/1194 (5.12.2017).

Schabram, Greta (2017), »Kein Geschlecht bin ich ja nun auch nicht.«, Berlin (abrufbar unter http://www.institut-fuer-menschenrechte.de/publikationen/show/analyse-kein-geschlecht-bin-ich-ja-nun-auch-nicht/, 8.12.2017).

Schütz, Wolfgang (1977), 100 Jahre Standesämter in Deutschland, Frankfurt/M.

Schweizer, Katinka, Richter-Appelt, Hertha (Hg.) (2012), Intersexualität Kontrovers. Grundlagen, Erfahrungen, Positionen, Gießen.

Sieberichs, Wolf (2013), Das unbestimmte Geschlecht, Zeitschrift für das gesamte Familienrecht (FamRZ), Jg. 60, H. 15, S. 1180–1184.

Tönsmeyer, Britt (2012), Die Grenzen der elterlichen Sorge bei intersexuell geborenen Kindern, Baden-Baden.

Wacke, Andreas (1989), Vom Hermaphroditen zum Transsexuellen, in: Heinz Eyrich u.a. (Hg.), Festschrift für Kurt Rebmann zum 65. Geburtstag, München, S. 861–903.

Zehnder, Kathrin (2010), Zwitter beim Namen nennen, Bielefeld.

CHROMOSOM

2017
BRONZE
22 x 19 x 8,5 cm

Fabian Vogler

BEIDE

2017
BRONZE
36 x 18 x 16 cm

Fabian Vogler

Heinz-Jürgen Voß

DIE BIOLOGIE DES GESCHLECHTS
Eine Einführung

Um sich mit biologischem Geschlecht zu befassen, ist es notwendig, sich zunächst die gesellschaftliche Einbindung biologischer Theorien vor Augen zu führen. Das zeigt sich ganz besonders in Bezug auf den gesellschaftlichen Umgang mit intergeschlechtlichen Kindern und Erwachsenen sowie die medizinische Behandlungspraxis, der intergeschlechtliche Kinder noch immer ausgesetzt werden. Biologische Theoriebildung, die ausschließlich zwei Geschlechter als Möglichkeiten biologischer Entwicklung beschreibt, trägt letztlich dazu bei, dass in der Realität auftretende weitere Möglichkeiten der Ausbildung des Genitaltraktes – und insgesamt des biologischen Geschlechts – gesellschaftlich als »Abweichungen« und »Störungen« eingeordnet werden und sich normierende medizinische Eingriffe anschließen können und oftmals noch immer anschließen.

Dabei ist die Fachdisziplin Biologie längst weiter: Etwa die Wissenschaftszeitschrift *Nature* (Heft 218, 2015) – sie gehört zu den anerkanntesten in der Disziplin Biologie – veröffentlichte unlängst einen Übersichtsartikel, der populär verbreitete Gewissheiten auf den Kopf stellt. Biologisches Geschlecht sei nicht einfach in zwei Varianten – »weiblich« versus »männlich« – aufzuteilen. »Die Annahme, es gebe zwei Geschlechter, ist zu simpel«, erläutert Claire Ainsworth im Artikel *Sex redefined* (Ainsworth 2015). Sie fasst damit den Forschungsstand der Biologie zusammen, der von einem größeren Spektrum geschlechtlicher Entwicklungsmöglichkeiten ausgeht. Und diese Sichtweise ist in der Biologie nicht neu – vielmehr prägt sie gerade die Entwicklungsbiologie von Anfang an, wenn auch in wechselhafter Intensität.

In diesem Beitrag wird der Schwerpunkt auf der Biologie des Geschlechts liegen. Dazu wird zunächst sehr grundlegend auf das den Fragen zu Geschlecht basal zu

Grunde liegende Problem eingegangen: Das Kind wird in westlichen Gesellschaften bereits vor der Geburt als Mädchen oder Junge erwartet und darauf »zugerichtet«.

GESCHLECHT ALS GESELLSCHAFTLICHE KONSTRUKTION

Ein Kind wird in westlichen Gesellschaften stets schon eindeutig geschlechtlich erwartet: Zahlreiche medizinische Untersuchungen orientieren bereits vor der Geburt darauf, das Geschlecht des Kindes als »weiblich« oder »männlich« festzulegen. Die Eltern informieren das nähere soziale Umfeld über das angenommene Ergebnis. Sie, die Umgebung und zuweilen selbst die Kinderzimmereinrichtung sind darauf vorbereitet, dass es sich bei dem Kind um ein »Mädchen«, alternativ um einen »Jungen«, handeln wird. Der Ausspruch der Hebamme oder des_der Ärzt_in in der Klinik »Es ist ein Junge!« oder »Es ist ein Mädchen!« ist entsprechend nur noch eine Bestätigung dessen, was alle schon wussten. Das Geschlecht des Menschen ist immer schon da, sogar vor der Geburt.

Diese Feststellung ist nicht neu, sondern es handelt sich um eine bereits lange bekannte Einsicht. Zentral kann man sie bei Louis Althusser (1971 [frz. 1970]) nachlesen. In seinen Analysen, in denen er darstellt, wie Menschen im Kapitalismus zu »Subjekten« gemacht – also unterworfen – werden, geht er deutlich auf Geschlecht ein. Bisherige Arbeiten der Geschlechterforschung und der Sozialwissenschaften zitieren zur Erläuterung der Theorien Althussers hingegen oft das Polizist_innen-Beispiel: Ruft ein_e Polizist_in auf der Straße »He, Sie da!«, fühle sich jede_r Passant_in ertappt und drehe sich um. Althusser erläutert mit diesem Beispiel, wie sich Passant_innen auf diese Weise als »staatsbürgerschaftliche Subjekte« der Macht der Polizei unterwürfen (vgl. Wolter 2013). Für unseren Gegenstand, die Betrachtungen zu Geschlecht, ist ein analoges Beispiel von Althusser passgenau. Er erläutert darin, dass das Kind sogar bereits vor der Geburt auf sein Geschlecht – und auch weitere Merkmale, wie den Namen des Vaters und den Status der Familie – festgelegt werde:

> »Es steht von vornherein fest, daß es den Namen des Vaters tragen wird und damit eine Identität besitzt und durch niemand anderen zu ersetzen sein wird. Bevor das Kind also überhaupt geboren ist, ist es immer-schon Subjekt, dazu bestimmt in und durch die spezifische familiäre ideologische Konfiguration, in der es nach der Zeugung ›erwartet‹ wird. [… Das] ehemalige zukünftige Subjekt [… muß] ›seinen‹ Platz ›finden‹ […], d.h. zu dem geschlechtlichen Subjekt (Junge oder Mädchen) werden […], das es bereits von vornherein gewesen ist.« (Althusser 1971 [1970]; vgl. Wolter 2013: 39)

Der gesellschaftliche Herstellungscharakter von Geschlecht ist damit offensichtlich, aber die ideologischen Strukturen in der aktuellen (deutschen, westlichen) Gesellschaft sind mittlerweile so fest geworden, dass der Herstellungsprozess kaum im Blick ist. Unter dem Stichwort »Natürlichkeit« und zurückgeführt auf einen »Gott« oder auf Natur, ist die gesellschaftliche Sichtweise dominant, dass der Säugling doch ganz offensichtlich bereits ein Geschlecht habe. So stießen die Bücher *Das Unbehagen der Geschlechter* (1991) und *Körper von Gewicht* (1997) von Judith Butler in der Bundesrepublik

Heinz-Jürgen Voß

Deutschland auf massiven Widerstand, selbst aus feministischen Zusammenhängen. Dabei sagen sie im Kern nichts anderes aus als Louis Althusser im Jahr 1970. Anders als es andere feministische Arbeiten dieser Zeit taten, bezog Butler biologische Merkmale in ihre Analyse ein. Sie zeigte auf, dass auch die vermeintlich nicht hintergehbaren biologischen – physischen und physiologischen – (Geschlechts-)Merkmale erst in der Gesellschaft gelesen und mit Bedeutungen versehen werden. Und dabei geht Butler nicht einmal ausreichend weit: Sie bleibt auf der Ebene von Performativität stehen, erläutert also, wie Merkmale durch Begriffe, Benennung, Deutung und die Wiederholung der Deutung mit spezifischen Zuschreibungen aufgeladen und geschlechtlich binär beschrieben werden. Es macht damit den Anschein, dass es diese (Geschlechts-)merkmale in der (binär-geschlechtlichen) Form tatsächlich gebe – und sie nicht gleichzeitig mit der Benennung und Deutung erst hervorgebracht würden. Dabei kommt man überhaupt erst aus der Sicht einer Gesellschaft, die zwei Geschlechter unterscheidet und die Ungleichbehandlungen an die Geschlechtszugehörigkeit knüpft, zu Ergebnissen von sich binär-geschlechtlich unterscheidenden Organstrukturen/Körpern. In anderen Gesellschaften würde man zu anderen Konzepten gelangen.

Aber auch die aktuelle Biologie beschreibt offenere Konzepte von Geschlecht, wie mit dem kurzen Bezug zum Beitrag von Claire Ainsworth deutlich wurde. In den einzelnen Disziplinen der Fachrichtung Biologie, wie der Entwicklungsbiologie und der Molekularbiologie, hat sich die Sicht durchgesetzt, dass Geschlecht nicht als einfach präformiert, vorbestimmt zu betrachten ist, sondern dass sich Geschlecht in der Embryonalentwicklung (und auch nach der Geburt) in einem Prozess entwickelt und dieser Prozess vielgestaltige, individuell unterschiedliche Ausprägungen speziell des Genitaltrakts, aber auch insgesamt des Geschlechts ermöglicht. Über die biologischen Betrachtungen wird im Folgenden ein Überblick gegeben – ausführlichere Darstellungen finden sich in Voß (2010) und Voß (2011).

GESCHLECHT IN DER BIOLOGIE – NICHT AUSSERHALB VON GESELLSCHAFT DENKBAR

Sieht man auf naturphilosophische und biologische Geschlechtertheorien unterschiedlicher Zeiträume, so spiegeln sich in ihnen die jeweiligen gesellschaftlichen Verhältnisse. Etwa die Französische Revolution wirkte sich auch auf wissenschaftlich arbeitende Personen aus, auch in der Medizin und der Biologie wurde um die Stellung der Frauen in der Gesellschaft gerungen. Die Französische Revolution machte sowohl in literarischen Arbeiten, aber auch ganz praktisch auf der Straße deutlich, dass Frauen in Bezug auf die Verstandeskräfte, Mut und Tatkraft keineswegs hinter den Männern zurückstehen. Es waren gerade Frauen, die auf den Straßen demonstrierten, die sich einmischten und Veränderungen erreichten:

>»Am 5. Oktober 1789 zogen Tausende von Frauen von Paris nach Versailles, um vom König Brot und stabile Preise für Getreide und Mehl zu erbitten. Das war eine weibliche Massendemonstration quer durch die Bevölkerungsschichten hindurch und ein Politikum ersten Ranges. Auslöser des Marsches waren die leeren Bäckerläden am frühen Morgen

des 5. Oktober, die neuerliche Preissteigerung für Brot [...] In Versailles erreichen die Frauen, daß der König zunächst eine Abordnung empfängt und eine ausreichende Mehlversorgung sowie Festpreise zusichert. Das war ihr vorrangiges Ziel. Trotzdem kehren sie nun nicht zurück nach Paris, sondern schicken eine zweite Abordnung zum König. [... Die] zweite Delegation [fordert] die vom König bislang verweigerte Anerkennung des Dekrets über die Abschaffung der Feudalität und die Anerkennung der Menschenrechtserklärung. Und sie hat damit Erfolg. Mehr noch: sie erzwingt, daß die königliche Familie gewissermaßen als Garantin der Versorgung, aber auch als Garantin der Gültigkeit der Menschenrechte mit nach Paris kommt.« (Stübig 1990: 30f)

Dieses Streiten prägte auch die biologischen und medizinischen Theorien über Geschlecht. So finden wir um 1800 eine umfassende Auseinandersetzung zwischen Wissenschaftlern zu den Verstandeskräften von Frauen und Männern. Während die einen behaupteten, dass Männer besser als Frauen für wissenschaftliche Tätigkeiten tauglich seien, widersprachen dieser Ansicht andere und postulieren entweder eine bessere Eignung der Frauen oder eine Gleichheit der Geschlechter. Etwa Jacob Fidelis Ackermann (1765–1815), der sich nach Einmarsch der französischen Truppen in Mainz am dortigen revolutionären – für Freiheit und Gleichheit eintretenden – *Jakobinerklub* beteiligte, sah auf Basis genauer anatomischer Untersuchungen Frauen aufgrund ihrer Lebensweise als besser geeignet für wissenschaftliche Tätigkeiten an, als es Männer wären. Er beschrieb einen größeren Quotienten zwischen den Nervenenden und der Gehirngröße bei den Frauen, der auf ihre »sitzende« Lebensweise zurückgehe (siehe: Ackermann 1788; Ackermann 1805; vgl. zur Einordnung: Voß 2010: 131–188; Voß 2011). Er hatte also privilegierte Frauen vor Augen, da in der armen Klasse Frauen und Männer die gleiche schwere Arbeit in der Landwirtschaft und in Manufakturen leisteten. Andere Wissenschaftler widersprachen Ackermann vehement (vgl. Voß 2010: 131–188). Wenn wir genauer auf die Beschreibungen der sich begründenden »Gehirnforschung« sehen, so wird deutlich, dass das gesamte 19. Jahrhundert hindurch intensiv über die Verstandeskräfte der Geschlechter gerungen wurde – und sich selbst äußerste Gegner der Frauenbildung ausführlich mit Betrachtungen, wie sie von Ackermann kamen, auseinandersetzen mussten. Gleichwohl ist auch bekannt, dass sich nach der Französischen Revolution zunächst die reaktionären Kräfte durchsetzten – historisch spricht man von der *Restauration* der alten Ordnung – und Frauen nun grundlegend aus den Wissenschaften ausgeschlossen wurden. Selbst die wohlhabendsten Frauen konnten im Wissenschaftsbetrieb der »modernen« Akademien und Universitäten zunächst nicht tätig sein. In den deutschen Ländern kam das Immatrikulationsrecht für Frauen im Vergleich mit den anderen europäischen Ländern spät – an den Universitäten beginnend 1900 in Baden und 1903 in Bayern, schließlich auch 1909 an Technischen Hochschulen in Preußen und Braunschweig (vgl. Voß 2008: 233f). Um hier nicht die Dominanz der Männer einseitig zu reproduzieren, soll mit Blick auf die historischen Debatten zum Gehirn auch auf die Psychologin und Gehirnforscherin Helen Bradford Thompson (1874–1947) verwiesen werden, die mit ihrer preisgekrönten Dissertation *Vergleichende Psychologie der Geschlechter:*

Experimentelle Untersuchungen der normalen Geistesfähigkeiten bei Mann und Frau (1905 [engl. 1903]) eine differenzierte und auch für heutige Verhältnisse methodisch hoch reflektierte Arbeit zu Geschlechterähnlichkeiten und -differenzen im Gehirn vorlegte.

ZUR ENTWICKLUNGSBIOLOGIE

Die Auseinandersetzungen zur Stellung der Geschlechter in der Gesellschaft prägten (und prägen) auch die biologischen und medizinischen Theorien zur Vererbung und Embryonalentwicklung. So ist zum Beispiel noch heute die Sicht geläufig, dass gerade Spermien die agilen Bestandteile bei der Befruchtung wären, während Eizellen weitgehend »passiv« bleiben würden und darauf warteten, von einem Spermium »erwählt« zu werden. Erst seit kürzerem werden in der Biologie die »aktiven Auswahlprozesse« untersucht, die von der Eizelle ausgehen. Der herkömmlichen und populär noch verbreiteten Sicht, in der sich gesellschaftliche Vorstellungen der Überlegenheit des männlichen Geschlechts spiegeln, erwiderte Thompson bereits 1905 (1903) treffend:

> »Es liegt sowohl Wahrheit wie Humor in *Lourbets* […] Vermutung, dass, wenn man die Beschaffenheit der Genitalzellen [Eizelle, Samenzelle, Anm. HJV] umkehrte, es für die Anhänger dieser Entwickelungslehre ein leichtes sein würde, die Kennzeichen für das Geschlecht so abzuleiten, wie sie sie jetzt für den umgekehrten Fall angeben. Es würde dann die weibliche Zelle, kleiner und beweglicher als die männliche, das Weib mit ihrer geringeren Körpergrösse, ihrem erregbaren Nervensystem und ihrer Unfähigkeit zu angestrengter Aufmerksamkeit verkörpern, während die männliche Zelle, gross, ruhig und auf sich selbst beruhend, die Grösse und Kraft, das unparteiische Denken und die leichte Konzentration der Aufmerksamkeit des Mannes darstellen würde.« (Thompson 1905 [1903]: 183; Hervorhebung bei Thompson)

In Bezug auf die Geschlechtsentwicklung ringen in der Entwicklungsbiologie unterschiedliche Positionen miteinander. Sie reichen im 19. Jahrhundert von Positionen der weitgehenden Vorformung von Geschlecht, so dass das Geschlecht des Embryos direkt nach der Befruchtung festgelegt wäre, bis hin zur Sichtweise, dass nicht nur jeder Embryo das Potenzial habe, sich in alle geschlechtlichen Richtungen zu entwickeln, sondern darüber hinaus jeder Mensch zeitlebens sowohl »weibliche« als auch »männliche« Merkmale trage. Letzte Auffassung war Ende des 19. Jahrhunderts und Anfang des 20. Jahrhunderts im Bildungsbürgertum geläufig (vgl. Herzer 1998) und wurde von den einflussreichen Wissenschaftlern der aufkommenden »Genetik« und »Hormonforschung«, aber auch der traditionellen Anatomie beschrieben. Etwa der Mediziner und Physiologe Eugen Steinach (1861–1944) ging davon aus, dass bestenfalls im Labor »reine Weiblichkeit« und »reine Männlichkeit« erzeugt werden könnten, in der Realität hingegen endlose Möglichkeiten »männlich-weiblicher Mischformen« auftreten würden (Stoff 2004: 453; Sengoopta 2006: 110).

Die erstere Auffassung hingegen, nach der das Geschlecht nach der Befruchtung der Eizelle bereits vorgeformt wäre, konnte sich nicht durchsetzen. Stattdessen ist in der Entwicklungsbiologie die Perspektive zentral geworden, dass *jeder Embryo zunächst das Potenzial zu jeder geschlechtlichen Entwicklung* habe und dass sich *das Geschlecht erst im Laufe des Entwicklungsprozesses zunehmend ausdifferenzieren würde*. Allerdings gingen auch diejenigen Auffassungen in die Theorien mit ein, die das männliche Geschlecht überhöhten: »Weibliches Geschlecht« stelle die basale Entwicklungsrichtung dar, die ohne aktive Entwicklungsschritte verlaufe. Das männliche Geschlecht gehe dann durch besondere und aktive Entwicklungsschritte aus ihm hervor und stelle das »überlegenere« Geschlecht dar. »Nicht typische« Entwicklungen des Genitaltrakts und insgesamt des Geschlechts wurden als »Störungen« und »Abweichungen« des Entwicklungsweges in diese Theorien eingebunden. »Hermaphroditische« geschlechtliche Bildungen wurden dabei sogar noch deutlicher als das »weibliche Geschlecht« abgewertet und zwar als Ausdruck des »Durchschlagens« eines evolutionär »niedrigeren« Entwicklungsstandes in der Stammesentwicklung (Fachausdruck: *Atavismus*) (vgl. Voß 2010: 219ff).

Dieser Blick auf die Überordnung des einen – des männlichen – Geschlechts und seine gesellschaftliche Einbindung ist für das Verständnis der heutigen Theoriebildung notwendig. Dieses Denken ist in die Theorien der Geschlechtsentwicklung eingegangen. So wurde das Y-Chromosom, seit seiner ersten Beschreibung zu Beginn des 20. Jahrhunderts, in eine Position gesetzt, dass es »die geschlechtliche Entwicklung« des Menschen »steuere«. Zunächst wurde ausschließlich auf ihm – die anderen Chromosomen wurden gar nicht betrachtet – nach dem sogenannten »Hoden determinierenden Faktor« (Fachbegriff: *testis determining factor*) gesucht, der als der entscheidende Faktor angesehen wurde, der die Hoden und damit die weitere Geschlechtsentwicklung festlegen (also *determinieren*) würde. Die Hoden ihrerseits wurden als die zentralen Merkmale in der Geschlechtsentwicklung überhaupt beschrieben (vgl. Voß 2010: 237–311). Über »ausgeschüttete« »vermännlichende« Hormone (Androgene) würden sie die als männlich betrachtete Entwicklung des Genitaltraktes steuern. Heute ist diese Perspektive noch prägend. Zwar wird nicht mehr davon ausgegangen, dass ein Bereich des Y-Chromosoms einfach die »Hoden« repräsentieren/determinieren würde, aber noch immer wird von einigen Wissenschaftler_innen der »Hoden determinierende Faktor« als der zentrale »Schalter« angesehen, der von einer »basalen« »weiblichen« Entwicklung auf eine »männliche« Entwicklung umschalte. Als solcher »Hoden determinierender Faktor« wird heute das Gen SRY (*sex-determining region Y*; dt.: *geschlechtsdeterminierende Region auf dem Y-Chromosom*) angesehen, obwohl direkt nach der ersten Beschreibung von SRY, wie bei allen vorhergehenden Kandidaten-Genen für den »Hoden determinierenden Faktor«, widersprüchliche Befunde festgestellt wurden: In einigen Fällen war das SRY-Gen funktionstüchtig vorhanden und es hatten sich »trotzdem« keine Hoden ausgebildet, in anderen Fällen »fehlte« SRY und es hatten sich »dennoch« Hoden ausgebildet. Diese Feststellungen führten allerdings zunächst nicht dazu, grundlegend andere – und weniger wertende – Theorien der Geschlechtsentwicklung zu formulieren (vgl. Rieder 2003 (2000); Voß 2010: 245–255).

Heinz-Jürgen Voß

»Weibliche Entwicklung« wurde über Jahrzehnte als »einfach so« ablaufend angenommen, ohne dass »aktivierende« Entwicklungsschritte erforderlich wären. Das änderte sich erst mit einem Aufsatz der Biologinnen Eva M. Eicher und Linda L. Washburn (1986), die – als Ergebnis einer groß angelegten Studie – herausstellten, dass es sich auch bei den Eierstöcken um sehr komplexe Organe handele und daher aktive genetische Signalwege zu deren Ausbildung existieren müssten (Eicher 1986: 328f; vgl. Fausto-Sterling 1988 (1985): 119, 129; Rieder 2003 (2000): 118). Erst diese Intervention führte dazu, dass auch nach einem »Eierstock determinierenden Faktor« gesucht wurde, wobei sich auch hier rasch widersprüchliche Befunde herausstellten. So ging man auch hier – wie bei dem »Hoden determinierenden Faktor« – von der Auffassung ab, dass ein einzelnes Gen allein zur Ausbildung eines komplexen Organs führen würde, und nahm nun an, dass es auf ein ganzes Netzwerk von Genen bzw. ihrer Genprodukte ankommen würde, die miteinander in Wechselwirkung stünden.

Mittlerweile verdichten sich die Hinweise darauf, dass Netzwerke verschiedener Faktoren für die Geschlechtsentwicklung bedeutsam sind, und es wird deutlicher als bisher und mit weniger Wertung die Sicht hervorgehoben, dass jeder Embryo zunächst das Potenzial habe, jegliche als »weiblich« und als »männlich« betrachtete Struktur des Genitaltraktes auszubilden. Das zeigt sich in der Überblicksdarstellung über den aktuellen biologischen Kenntnisstand zur Geschlechtsentwicklung von Claire Ainsworth, die sie im Jahr 2015 in der Zeitschrift *Nature* veröffentlichte. Damit wird in größerer Breite an einen Diskussionsstrang angeschlossen, der historisch angelegt war und bereits seit einigen Jahrzehnten von einigen Wissenschaftler_innen intensiver verfolgt wird. Bedeutsam waren hierfür die Arbeiten feministischer Naturwissenschaftskritik (vgl. für einen Überblick: Voß 2008), ganz besonders wichtig die Arbeiten von Anne Fausto-Sterling. Mit ihren Büchern *Myths of Gender* (1985, dt. 1988) und *Sexing the Body* (2000) hat sie den damaligen biologischen Kenntnisstand zur Geschlechtsentwicklung umfassend dargestellt und reflektiert. Dabei betrachtete sie sowohl die Untersuchungen der Genetik als auch die der Endokrinologie (Hormonforschung). Auch für die Hormonforschung zeigte sie, dass die Bedeutung von *Androgenen* (unter anderem des *Testosterons*) einseitig überhöht und die weitreichende physiologische Bedeutung der sogenannten »Geschlechtshormone« in der Entwicklung aller Embryonen (zum Beispiel bei der Ausbildung der Knochen, der Nieren, des Herzens, der Blutbildung etc.) in der Forschung vernachlässigt wurde. Fausto-Sterling schlug entsprechend vor, diese Hormone nicht mehr als »Geschlechtshormone«, sondern als »Wachstumshormone« zu bezeichnen, um besser auch begrifflich ihren vielfältigen physiologischen Wirkungen gerecht zu werden.

Die sich seit den 1990er Jahren formierende Intersex-Bewegung erhielt einen wichtigen initiativen Impuls durch Fausto-Sterlings Aufsatz *The Five Sexes – Why Male and Female are not enough* (Fausto-Sterling 1993) sowie durch Suzanne J. Kesslers Aufsatz *The Medical Construction of Gender: Case Management of Intersexed Infant* (Kessler 1990).

Beide Aufsätze regten Cheryl Chase an, die erste Vereinigung intergeschlechtlicher Menschen zu gründen – die *Intersex Society of North America* (ISNA) (vgl. Karkazis 2008).

ABSCHLUSS

Wenn dieser Aufsatz auch nur einige erste Anregungen dazu geben soll, sich auch mit biologischen Geschlechterbetrachtungen umfassend und kritisch auseinanderzusetzen, sollte deutlich geworden sein, dass (1) auch die biologische Theoriebildung vom gesellschaftlichen Geschlechterverständnis der jeweiligen Zeit geprägt ist und entsprechend Vorannahmen zum Beispiel über Zweigeschlechtlichkeit oder über »Höher-« und »Unterentwicklung« in die Theoriebildung eingehen und dass (2) Beschreibungen aus der Biologie zunehmend differenzierter und prozessorientierter werden und vielgestaltige – und damit auch als »nicht typisch« betrachtete – Entwicklungen des Genitaltraktes und insgesamt des Geschlechts mittlerweile weniger wertend beschrieben werden.

Wichtig wird es sein, dass auch junge Wissenschaftler_innen beginnen und lernen, ihre eigenen, in der Gesellschaft gewachsenen Vorannahmen über eine vermeintlich alternativlose Zweigeschlechtlichkeit zu hinterfragen.

BIBLIOGRAFIE

Ackermann, Jacob Fidelis (1788): Ueber die körperliche Verschiedenheit des Mannes vom Weibe außer den Geschlechtstheilen; Uebersetzt nebst einer Vorrede und einigen Bemerkungen von J. Wenzel. Winkoppische Buchhandlung, Mainz.

Ackermann, Jacob Fidelis (1805): Infantis androgyni historia et ichnographia: acc. De sexu et generatione disquisitiones physiologicae et V. Tabulae. Maucke, Jenae.

Ainsworth, Claire (2015): Sex redefined. Nature, 518: 288–291.

Althusser, Louis (1971 [frz. 1970]): Ideologie und ideologische Staatsapparate. Online: http://www.b-books.de/texteprojekte/althusser/index.html (Zugriff: 29.3.2016).

Butler, Judith (1991 [engl. 1990]): Das Unbehagen der Geschlechter. Suhrkamp Verlag, Frankfurt/Main.

Butler, Judith (1997 [engl. 1993]): Körper von Gewicht. Suhrkamp Verlag, Frankfurt/Main.

Eicher, Eva M., Washburn, Linda L. (1986): Genetic control of primary sex determination in mice. Annual review of genetics, 20: S. 327–360.

Fausto-Sterling, Anne (1988 [engl. 1985]): Gefangene des Geschlechts? Was biologische Theorien über Mann und Frau sagen. Aus dem Amerikanischen von B. Stein. Piper, München, Zürich.

Fausto-Sterling, Anne (1993): The Five Sexes – Why Male and Female Are Not Enough. In: The Sciences, Jahrgang 33, Heft 2, S. 19–25.

Fausto-Sterling, A. (2000): Sexing the Body – Gender Politics and the Construction of Sexuality. Basic Books, New York.

Herzer, Manfred (1998): Hirschfelds Utopie, Hirschfelds Religion und das dritte Geschlecht der Romantik. Ursprünglich erschienen in: Mitteilungen der Magnus-Hirschfeld-Gesellschaft, Nr. 28.

Karkazis Katrina (2008): Fixing Sex: Intersex, Medical Authority, and Lived Experience. Durham: Duke University Press.

Kessler, Suzanne J. (1990): The Medical Construction of Gender: Case Management of Intersexed Infant. In: Signs: Journal of Women in Culture and Society, 16 (1), S. 3–26.

Rieder, Katrin (2003 [Erstauflage 2000]): Teil II: Der X-Y-Mythos – Konstruktion von Geschlecht in der Genetik. In: Burren, Susanne, Rieder, Katrin (Hg.): Organismus und Geschlecht in der genetischen Forschung. Eine wissenssoziologische Studie. Institut für Soziologie, Bern, S. 88–189.

Sengoopta, Chandak (2006): The Most Secret Quintessence of Life. Sex, Glands, and Hormones, 1850–1950. The University of Chicago Press, Chicago, London.

Stoff, Heiko (2004): Ewige Jugend – Konzepte der Verjüngung vom späten 19. Jahrhundert bis ins Dritte Reich. Böhlau Verlag, Köln u.a..

Stübig, Frauke (1990): Was geschah eigentlich vor 200 Jahren? Ein Rückblick auf die Französische Revolution auch aus weiblicher Sicht. In: Gerhard, Ute, Jansen, Mechthild, Maihofer, Andrea, Schmid, Pia, Schultz, Irmgard (Hg.): Differenz und Gleichheit – Menschenrechte haben (k)ein Geschlecht. Ulrike Helmer Verlag, Frankfurt/Main, S. 30–45.

Thompson, Helen Bradford (1905 [engl. 1903]): Vergleichende Psychologie der Geschlechter. Experimentelle Untersuchungen der normalen Geistesfähigkeiten bei Mann und Weib. Autorisierte Übersetzung von J. E. Kötscher. A. Stuber's Verlag (C. Kabitzsch), Würzburg.

Voß, Heinz-Jürgen (2008): Feministische Wissenschaftskritik am Beispiel der Naturwissenschaft Biologie. In: Freikamp, Ulrike, Leanza, Matthias, Mende, Janne, Müller, Stefan, Ullrich, Peter, Voß, Heinz-Jürgen (Hg.): Kritik mit Methode? Forschungsmethoden und Gesellschaftskritik (Texte 42). Karl Dietz Verlag, Berlin, S. 233–252.

Voß, Heinz-Jürgen (2010): Making Sex Revisited: Dekonstruktion des Geschlechts aus biologisch-medizinischer Perspektive. Bielefeld: Transcript Verlag.

Voß, Heinz-Jürgen (2011): Geschlecht: Wider die Natürlichkeit. Stuttgart: Schmetterling-Verlag.

Wolter, Salih A. (2013): Über Foucault hinaus? Kapitalismus und sexuelle Formverhältnisse im Wandel. In: Voß, Heinz-Jürgen; Wolter, Salih A.: Queer und (Anti-)Kapitalismus. Stuttgart: Schmetterling. S. 35–45.

YPSILON

2018
GIPS
34,5 x 17 x 10 cm

Fabian Vogler

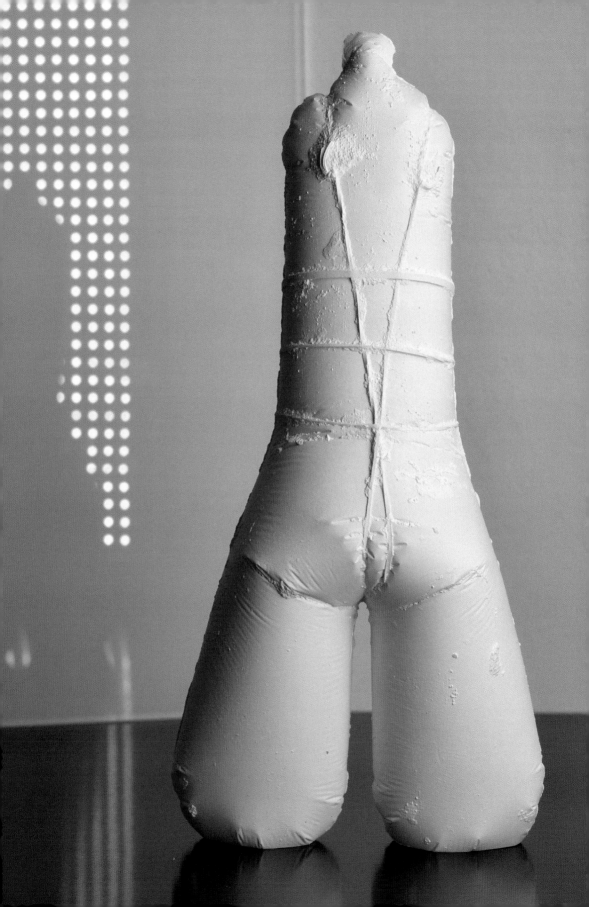

IX
2018
GIPS
25 x 27 x 22 cm

Fabian Vogler

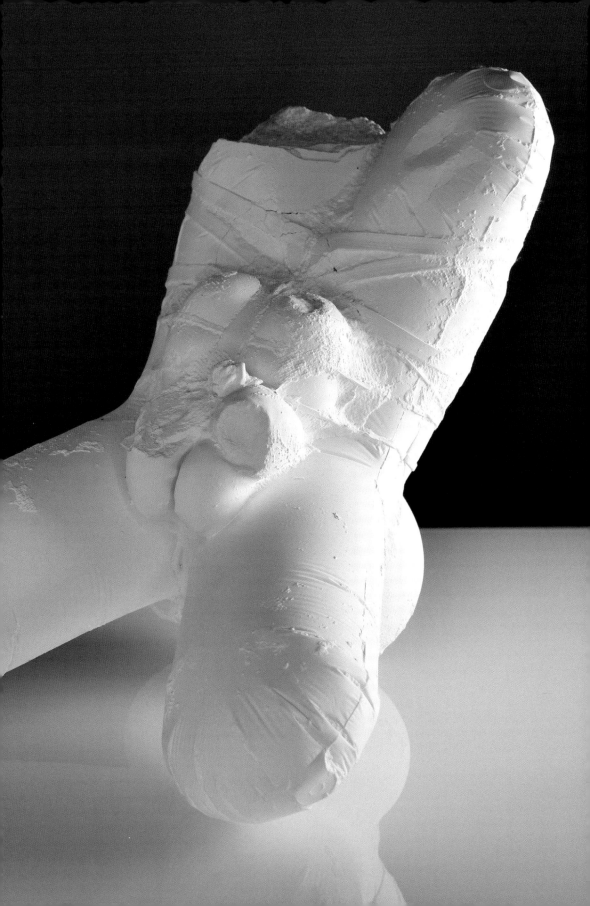

Volkmar Sigusch

VON DER ALTEN GESCHLECHTSMETAPHYSIK ZU DEN HEUTIGEN NEOGESCHLECHTERN

Auf Wunsch der *Kampagne für eine dritte Option beim Geschlechtseintrag* habe ich im März 2014 ein sexualwissenschaftlich-sexualmedizinisches Gutachten verfasst, das inzwischen den Gerichten bis hin zum Bundesgerichtshof vorgelegt worden ist. In diesem Gutachten habe ich unter anderem ausgeführt:

Unsere Kultur ist nach drei sogenannten sexuellen Revolutionen in den letzten einhundert Jahren endlich in der Lage, mehr als zwei Geschlechtsformen anzuerkennen, wie es sogenannte Naturvölker bereits getan haben. Waren die erste sexuelle Revolution um 1905 und die zweite sexuelle Revolution um 1968 noch ganz überwiegend mit dem Mann-Frau-Verhältnis und der Emanzipation des weiblichen Geschlechts befasst, ereignete sich im Verlaufe der dritten, »neosexuell« genannten Revolution seit den Endsiebziger Jahren des letzten Jahrhunderts ein kultureller Wandel, der vordem pathologisierte Geschlechtsformen entpathologisierte, zu einer Renaissance der weiblichen Sexualität führte und dazu, dass die Hauptsätze der alten Geschlechtsmetaphysik als durch und durch patriarchalisch entlarvt werden konnten, Sätze der hohen Philosophie wie:

1. Der Mann ist das Sexus potior, die Frau das Sexus sequior. Der Mann repräsentiert den Menschen katexochen, also schlechthin. Die Frau ist Derivat, also eine Ableitung.

2. Der Mann ist Geist und aktiv, die Frau ist Materie und passiv. Das Wesen des Mannes ist Geist, Tatkraft, Mut und Kreation, das der Frau Materie, Sinnlichkeit, Herz, Gemüt und Propagation.

3. Die Entelechie des Mannes ist das Selbstbewusstsein des begreifenden Gedankens und das Wollen des objektiven Endzwecks, die der Frau Fortpflanzung.

4. Die Frau ist Sinnlichkeit und Erotik ausgeliefert, der Mann beherrscht sie.

5. Der Charakter des Mannes entspricht dem des Tieres, der der Frau dem der Pflanze.

6. Der Mann liebt partiell, die Frau ganz. Der Mann ist polygam, die Frau monogam.

7. Der Mann hat sein wirklich substanzielles Leben in Staat, Beruf, Wissenschaft, Technik, Kunst, Kirche und Politik, die Frau in der Familie.

8. Die Frau zieht den Mann ganz nach unten und ganz nach oben.

9. Der Mann ist der natürliche Repräsentant der Frau im Staat und in der ganzen Gesellschaft.

Wollen wir den kulturellen Wandel begreifen, muss an diese patriarchalische Geschlechtsmetaphysik erinnert werden. Außerdem sind durch die letzte, die neosexuelle Revolution, nicht nur vordem verfolgte und verpönte Sexualformen wie die Homosexualität weitgehend anerkannt worden. Es konnten sich in den letzten Jahrzehnten auch Menschen zu Wort melden und sich organisieren, die andere Geschlechtsformen als die männliche und die weibliche oder keine repräsentieren. Nach beinahe 50 Jahren klinischer und soziologischer Forschung auf diesem Gebiete unterscheide ich heute als kulturell mehr oder weniger zugelassene Geschlechtsformen neben Frau und Mann vier weitere: Intergeschlechtliche, Transgender (ohne geschlechtsverändernde Operationen), Transsexuelle (mit geschlechtsverändernden Operationen), Liquid Gender sowie Agender, wobei Liquid Gender (Sigusch 2013) bedeutet, dass zwischen dem männlichen und dem weiblichen Geschlecht bewusst gewechselt wird, während Agender bedeutet, sich keiner Geschlechtsform zuordnen zu können oder zu wollen.

Um diese Veränderungen begreifen zu können, müssen die grundsätzlichen Transformationen beachtet werden, die mit den letzten sexuellen Revolutionen einhergegangen sind.

SEXUELLE REVOLUTIONEN

Ein rasanter kultureller Wandel der geschlechtlichen und sexuellen Verhältnisse vollzog sich in der Vergangenheit manchmal innerhalb weniger Jahrzehnte oder gar Jahre. Das gilt auf jeden Fall für die sogenannte sexuelle Revolution am Ende der 1960er Jahre. Damals wurde ein König Sex inthronisiert, der alle bis dahin normalen Sexualverhältnisse als normopathisch und die glückliche Familie als Brutstätte von Unfreiheit und Unglück denunzierte. Porno- und Sexografie wurden breit kommerzialisiert. In den Massenmedien probten diverse Sexualia den Aufstand, bis sie ihre Stupidität nicht mehr verbergen konnten. In den Schulen wurde versucht, den Zeigestock gegen das Imaginäre ins Feld zu führen. Dazu passte das zunehmende Technologisieren der Fortpflanzung ebenso wie das Trennen von Recht und Moral. Der Staat zog sich aus einigen Bereichen des individuellen Lebens zurück, sodass das Sexual-,

Ehe- und Kontrazeptionsverhaltens partiell entpönalisiert wurde. Jugendliche und junge Erwachsene forcierten ihr Sexualverhalten kollektiv, blieben aber mehrheitlich am Ehe- und Treuemodell ihrer Eltern orientiert. Besonders einschneidend war die kulturelle Resexualisierung der Frau als Genus. Sie war jetzt orgasmuspflichtig, nachdem ihr bis in die dreißiger Jahre des 20. Jahrhunderts hinein wissenschaftlich abgesprochen worden war, überhaupt ein sexuelles Wesen sui generis zu sein. Hinzu kam die warenästhetische Indienstnahme nicht nur des weiblichen, sondern auch des männlichen Körpers.

Damals wurden Zustände beseitigt, die uns heute nur noch als vorsintflutlich erscheinen, beispielsweise der Kuppelei-Paragraf. Solche Rechtsnormen wurden von der veränderten Realität hinweggefegt; um andere wie den Abtreibungsparagrafen wird dagegen nach wie vor gerungen. Von einschneidender Bedeutung war die Möglichkeit der oralen Kontrazeption mit Hormonpräparaten. Die erste »Antibaby-Pille« kam 1960 unter dem Handelsnamen »Enovid« in den USA auf den Markt. Immer wieder ist die These aufgestellt worden, ohne die »Pille« hätte es keine sexuelle Liberalisierung gegeben. Ich denke, diese These ist zu eindimensional. Moderne Gesellschaften sind viel zu komplex und kulturelle Prozesse viel zu different bestimmt, als dass eine Errungenschaft wie die hormonellen Kontrazeptiva allein eine Transformation der Sexualität bewirken könnte. Ob die letzte sexuelle Revolution ohne sie anders verlaufen wäre, können wir nicht wissen. Sicher aber ist, dass die »Antibaby-Pille« eine Frucht der sich entfaltenden Wissensgesellschaft ist, einer Gesellschaft, die einerseits Leben ermöglicht und erleichtert, andererseits totstellt und vernichtet wie am Prozess der Hylomatie (vgl. Sigusch 1997a) abzulesen ist.

NEOSEXUELLE REVOLUTION

Im Vergleich mit dem Getöse der Endsechziger Jahre verlief die neosexuelle Revolte seit den Endsiebzigerjahren eher lautlos. Eine sich damals neu etablierende Sexual-, Intim- oder Geschlechtsform, die sich den alten Ängsten, Vorurteilen und Theorien entzieht, nenne ich Neosexualität, Neoallianz oder Neogeschlecht (Sigusch 1996a, 1996b, 1998a, 1998b, 2001, 2004, 2005, 2015). Bezeichneten wir die Reformationen und Transformationen, die um 1905 herum erfolgten, als erste sexuelle Revolution des 20. Jahrhunderts und die um 1968 herum als zweite, könnten wir auch von der dritten sexuellen Revolution sprechen. Die Umwälzung, die gegen Ende des 20. Jahrhunderts erfolgte, ist vielleicht noch einschneidender als die, die mit der sexuellen Revolution der 1960er Jahre einherging. Durch die neosexuelle oder dritte sexuelle Revolution wurde die alte Sexualität auseinandergelegt und neu zusammengesetzt. Dadurch traten Dimensionen, Intimbeziehungen und Sexualfragmente hervor, die bisher keinen Namen hatten oder gar nicht existierten. Bestand die alte, die Paläosexualität vor allem aus Trieb, Orgasmus und dem heterosexuellen Paar, bestehen die Neosexualitäten vor allem aus Genderdifferenz, Selbstliebe, Thrills und Prothetisierungen.

Die Vorsilbe »neo« scheint mir besonders geeignet zu sein, weil sie sowohl die schöpferische und neuartige wie die rückwärtsgewandte und totstellende Seite eines

Vorganges assoziieren lässt: Neocortex und Neoplasma, Neophyth und Neokolonialismus, Neorama und Neoliberalismus usw. Von Revolution spreche ich, weil wir inzwischen wissen, dass Umwälzungen dramatisch oder undramatisch, schlagartig oder schleichend verlaufen können und dass sie nicht unbedingt in ein Reich der Freiheit führen. Vor allem aber habe ich diese Bezeichnung gewählt, weil die mit der Revolte von 1967/68 verbundene sexuelle Revolution, ein realer Mythos unserer jüngeren Geschichte, zwangsläufig als Maß genommen wird, sobald Umbrüche der Sexualkultur beschrieben werden.

Insgesamt scheint heute eine rasante Umwertung und Umschreibung der Sexualität stattzufinden. Die hohe symbolische Bedeutung, die die Sexualität um 1900, in den 1920er Jahren und am Ende der 1960er Jahre hatte, scheint wieder reduziert zu werden, wenn wir nur an die Verheißungen der letzten Revolte denken. Damals wurde die Sexualität mit einer solchen Mächtigkeit ausgestattet, dass einige davon überzeugt waren, durch ihre Entfesselung die ganze Gesellschaft stürzen zu können. Andere verklärten die Sexualität zur menschlichen Glücksmöglichkeit katexochen. Generell sollte sie so früh, so oft, so vielfältig und so intensiv wie nur irgend möglich praktiziert werden. Generativität, Monogamie, Treue, Virginität und Askese waren Inbegriff und Ausfluss der zu bekämpfenden Repression. Dass mit der »Befreiung« erhebliche Fremd- und Selbstzwänge, neue Probleme und alte Ängste einhergingen, wollten die Propagandisten nicht wahrhaben.

Seit den 1980er Jahren wird das, was die Generationen der zweiten sexuellen Revolution als Ekstase und Transgression erlebten oder ersehnten, unter dem Aspekt der Mann-Frau-Differenz, der sexuellen Übergriffigkeit, der Missbrauchserfahrung, der Gewaltanwendung und der Infektionsgefahr infolge des Einbruchs der Krankheit AIDS problematisiert. Diese Topoi herrschen seit dieser Zeit in der wissenschaftlichen Diskussion vor und bezeichnen in empirischen Studien die Themen, die Jugendliche und junge Erwachsene heute beschäftigen, wie vor allem das sexualwissenschaftliche Team um Gunter Schmidt nachgewiesen hat (vgl. Schmidt 1993, 2002, Schmidt und Strauß 1998, Schmidt u.a. 2006). Ganz offensichtlich wird Sexualität heute nicht mehr als die große Metapher der Lust und des Glücks überschätzt und positiv mystifiziert.

DISSOZIATIONEN

Vor allem anhand dreier miteinander vernetzter Prozesse der Dissoziation, der Dispersion und der Diversifikation habe ich die Transformationen der neosexuellen Revolution andernorts ausführlich beschrieben (vgl. vor allem Sigusch 1998a, 2015), sodass hier einige Andeutungen genügen. Bereits vor zwei bis drei Jahrhunderten wurde in unserem Kulturkreis eine sexuelle Sphäre von einer logischerweise nunmehr nichtsexuellen oder unlogischerweise nur noch erotischen abgetrennt und sogleich mit dem Seziermesser zerlegt: infantile versus reife Sexualität, perverse versus normale Sexualität, Sinnlichkeit versus Zärtlichkeit, Venerie versus Gesundheit, Prostitution versus Monogamie usw. Zur Zeit der ersten sexuellen Revolution wurde die Trennung der sexuellen von der reproduktiven Sphäre gefordert; zur Zeit der zweiten sexuellen

Revolution wurde diese Dissoziation mit Hilfe technologischer Innovationen durchexerziert, bis wir in den 1960er Jahren annahmen, die Sphären hätten überhaupt nichts miteinander zu tun. Das war so etwas wie die zweite historische Geburt unserer Sexualität, und das bedeutet: die Konstruktion einer scheinbar eigentlichen, »reinen« Sexualität. Nach und nach wurde die nunmehr isolierte Sphäre der Reproduktion mit enormen Auswirkungen selbst fragmentiert. Die alten, früher als unhintergehbar angesehenen Naturzwänge, die Fortpflanzungs-, Generationen- und Geschlechterschranken wurden und werden weiterhin step for step überwunden. Auch dadurch werden »Leben« und »Tod« ständig umcodiert, unterliegen Metamorphosen (vgl. Sigusch 1997b, 2015). Nach der historischen Geburt der Kindheit und der Jugendzeit erleben wir jetzt die historische Geburt der »Fetuszeit«. Die Vorgänge der Reproduktion einschließlich der Embryonalentwicklung sind prinzipiell aus dem weiblichen Körper herausgenommen. Die Technik des Klonens lässt erstmalig menschliche »Parthenogenese« als möglich erscheinen, eine »Selbstzeugung«, an der die Theoretiker der Autopoiesis ihre helle Freude haben dürften. Dieser technologische »Quantensprung« bedeutet, dass die Fortpflanzung nicht nur unsexuell, sondern auch ungeschlechtlich erfolgen kann. Die Geschlechter werden dadurch auf eine neue Weise prinzipiell getrennt: Frauen und Männer sind biotisch nicht mehr unverrückbar aufeinander angewiesen und existenziell nicht mehr unverrückbar aufeinander verwiesen.

Auf die historisch weit zurückreichende Trennung der reproduktiven von der sexuellen Sphäre folgte in den 1970er und vor allem 1980er Jahren eine neuartige Dissoziation der sexuellen von der geschlechtlichen Sphäre, die zu einer neuerlichen Genuierung der weiblichen und damit auch der männlichen Sexualität und zu einer grundsätzlichen Problematisierung des Mann-Frau-Verhältnisses führte, verbunden mit einer Dekonstruktion andromorpher Blicke und Begriffe bis hinein in Logik und Mathematik. Angestoßen vom politischen und wissenschaftlichen Feminismus, wurden auch in Sexualwissenschaft und Psychoanalyse die alten Sexualverhältnisse zunehmend zum Geschlechterverhältnis umgeschrieben. Der Springpunkt war jetzt für viele nicht mehr der Sexualtrieb mit seinem »Schicksal«, sondern das Geschlecht mit seiner »Differenz«. Folglich konnten viele Sexualität ohne Trieb denken, nicht aber ohne Geschlecht. »Gender Studies« schossen wie Pilze aus dem Diskurs-Boden, drängten die psychoanalytische Trieblehre in den Hintergrund. Sogar Perversionen, einst der Inbegriff des sexuell Triebhaften, wurden zu einer Geschlechtsidentitätsstörung entsexualisiert.

Bis in die 1970er Jahre hinein lag bei uns Geschlechtlichkeit nur den scheinbar Ewiggestrigen am Sexus-sequior-Herzen: ein mystisch-metaphysischer Topf, in dem der Smer brodelte, den – wie bereits angedeutet – namentlich die hohe deutsche Philosophie sezerniert hatte. Im Verlauf der neosexuellen Revolution wurde die Geschlechtlichkeit für die einen auf eine andere Weise unhintergehbar, während sie andere als transitorisch ansahen. Für die Theoretikerinnen, die im Sex-and-Gender-Diskurs den Ton angaben, waren schließlich beide, Sex und Gender, durch und durch kulturell konstruiert, bar jeder Natur und folglich hintergehbar und veränderbar. Kompliziert wurde die Debatte dadurch, dass Frauen, die weder weiß noch mittelständisch sind oder sich nicht als heterosexuell bezeichnen, auf ihren anderen Lebenswirklichkeiten bestanden. Denn tatsächlich werden Großkategorien wie Gender oder Frausein durch fundierende Differenzen, die mit der Ethnie, mit der sozialen Klasse oder der sexuellen Präferenz zusammenhängen, epistemologisch wie politisch grundsätzlich in Frage gestellt. Letzter Stand des Geschlechter- und Geschlechts-Diskurses in den USA: auch Gender sei »besiegt«, indem das kulturelle Bigenus und der somatische Dimorphismus, also das Binäre, theoretisch per Dekonstruktion und politisch per Subversion aufgelöst werden (sollen) mit dem Ziel der Selbstermächtigung. Diese ist – um Kants berühmte, 1784 gegebene Antwort auf die Frage, was Aufklärung sei, zu paraphrasieren – der Ausgang der Frauen aus ihrer selbstverschuldeten Unmündigkeit. Unmündigkeit ist das Unvermögen, sich seiner weiblichen Geschlechtlichkeit ohne Leitung eines anderen zu bedienen. Selbstverschuldet ist diese Unmündigkeit, wenn die Ursache derselben nicht am Mangel der Differenz, sondern der Entschließung und des Mutes liegt, sich ihrer ohne Leitung eines anderen zu bedienen. Sapere aude! Habe Mut, dich subversiv deiner eigenen Differenz zu bedienen! ist also der Wahlspruch des letzten (meta-physischen) Feminismus. Die Ziele des klassischen (physisch-politischen) Feminismus, nämlich Respekt und Gleichberechtigung, und die Einsichten des unmittelbar vorausgegangenen (differenztheoretischen) Feminismus, nämlich Geschlechter als transsubjektive Diskurseffekte zu begreifen, lässt der gegenwärtig Furore machende Feminismus idealistisch mit einem atemberaubenden Optimismus hinter sich. Die Materialität der Gesellschaftsformation und die Materialität der Diskurse scheint der subversive Wille zur Selbstermächtigung außer Kraft setzen zu können.

Die Separation der Sphäre des sexuellen Erlebens von der Sphäre der körperlichen Reaktion ist eine weitere Dissoziation der 1980er und 1990er Jahre. Indem Mediziner eine Erektion des Penis mechanisch, medikamentös oder chirurgisch herstellen, trennen sie Verlangen, Erektion und Potenz auf künstliche Weise voneinander. Ein Mann kann dann ohne gespürtes Verlangen und oft auch ohne jene psychophysischen Sensationen, die dem sexuellen Erleben bisher eigen zu sein schienen, »sexuell funktionieren« und den Geschlechtsakt als das praktizieren, was er in unserer Kultur einer zentralen Tendenz nach immer war: Vollzug. Der Traum der Mediziner von der perfekten Prothetisierung der sexuellen Funktionen, deren Verkörperungen den Körper zur Leiche machen, also auch Entkörperungen sind, korrespondiert mit dem allgemeinen Traum von der Prävention des Somatischen und der Überwindung des Körpers, von der Entleiblichung des Sexus und des Genus. Abzulesen ist diese kulturelle Tendenz vor allem am Internet-Sex, an dem sich möglicherweise ein generelles Umschreiben der Sinnlichkeits- und Wahrnehmungsstrukturen offenbart, das mit dem Übergang von einer Kultur des Wortes nicht nur in eine Kultur des Bildes, sondern in eine Kultur des Zeichens zusammenhängt. Die alten Mythen schrumpfen zu Punkten und Strichen zusammen. Momentan noch ungefährdet wie der Pilot, der am Flugsimulator trainiert, will der E-Sexer und noch grundsätzlicher der Cybersexer die leibhafte Paläosexualität hinter sich lassen, ohne die Gefahren der elektronischen Kopulation bereits zu kennen, die eine produktive Verstofflichung dieser Dimension

Volkmar Sigusch

zwangsläufig enthält, so lange den Manipulateuren eine Leibseele alter Art zugerechnet wird.

Die letzte Dissoziation, die ich erwähnen möchte, schied bei uns im Verlauf der 1980er Jahre, vor allem angestoßen vom politischen Feminismus, die alte Sphäre der Libido von der alten Sphäre der Destrudo. Durch diesen Prozess wurde die aggressive und trennende Seite der Sexualität von der zärtlichen und vereinigenden so gründlich abgelöst, bis jene diese uniform überblenden konnte. Die einen historischen Moment lang als »rein« imaginierte Sexualität wurde wieder manifest »unrein«. Die Schatten, die die Angst-, Ekel-, Scham- und Schuldgefühle werfen, wurden so dunkel und breit, dass viele Frauen und folglich auch Männer keinen Lichtstrahl mehr sahen. Gefühle der Nähe, der Freude, der Zärtlichkeit, der Exzitation, des Stolzes, der Lust, der Zuneigung und des Wohlseins drohten in einem diskursiven Affektsturm aus Hass, Wut, Neid, Bitterkeit, Rache, Angst und Furcht zu ersticken. Die Stichworte, die wir alle kennen, lauteten und lauten: frauenverachtende Porno- und Sexografie, sexuelle Gewalt gegen Frauen, sexuelle Belästigung am Arbeitsplatz, alltäglicher Sexismus, Inzest, sexueller Kindesmissbrauch.

DISPERSIONEN

Der Prozess der kulturellen Dissoziation der alten Einheit Sexualität hat Hand in Hand mit der möglichst allseitigen Kommerzialisierung der Sphären zu einer gewaltigen Zerstreuung der Partikel, Segmente und Life Styles geführt. Durch diese sexuelle Dispersion sind neue Konstrukte entstanden, die alte Verkrampfungen, Zweifel und Befürchtungen beseitigt haben, sodass sich andere ausbreiten können. Es gibt jetzt bei uns eine sexuelle und geschlechtliche Buntscheckigkeit, von der frühere Generationen nicht einmal träumen konnten. Die Dispersion zwingt die einzelnen Allgemeinen ins System, indem sie aus allem, was vordem als Ganzes gedacht worden ist, herausgerissen werden. Dispersion entwurzelt, fragmentiert und anonymisiert die Individuen; zugleich werden sie durch diesen Mechanismus diversifiziert, vernetzt und unterhaltsam zerstreut; und zum Dritten werden sie in das getrieben, was ich Hylomatie nenne. Unterm Strich kommt mannigfaltige Atomisierung heraus.

Dissoziation und Dispersion begannen historisch bereits in dem Moment, in dem die Sexualform als Einheit fabriziert wurde. Sie entstand schließlich um den Preis der Trennung in erstes (Sexus potior) und zweites (Sexus sequior) Geschlecht, in männliche und unmännliche Sexualität, in moralisches und unmoralisches, nichtdelinquentes und delinquentes, gesundes und krankes Sexualverhalten. Heute ist nicht mehr zu übersehen, wie sehr die alten heilig-unheiligen Entitäten, vom Sexus potior bis hin zur Unio mystica, von Anfang an von Widersprüchen und Konflikten durchzogen waren und jenseits des Empfindens nur als Scheineinheiten existierten. Auf Dauer konnten die Widersprüche offensichtlich nicht stillgestellt werden, trieben vielmehr die verdeckt fragmentierte Einheit in die offene Dispersion, bis die Unio mystica Elektrovibratoren und Autoinjektoren aus sich heraustreten ließ, genereller gesprochen: Prothesen und Surrogate.

Durch die Kommerzialisierung von Sexualität, Liebe und Geschlecht wird die Dispersion gewissermaßen physisch und damit greifbar. Sie ist der Versuch, möglichst viele Fragmente und Segmente in die Warenförmigkeit zu pressen und dem Tauschprinzip zu unterwerfen, von der medialen Selbstentlarvung über die Flirtschule, die Partnervermittlung, die Produktion von Keuschheitsgürteln, Penisbekleidungen oder Massagestäben in »weiblicher« Delfinform und mit Klitorisstimulator über den Sextourismus und die Kinderprostitution bis hin zum Embryonenhandel. Gegen die These, unsere Sexualität sei insgesamt zur Ware geworden, die im Zuge einer mit der Studentenbewegung einhergehenden Marx-Renaissance aufgekommen war, hatte ich in den 1970er Jahren zu zeigen versucht, warum das prinzipiell unmöglich ist (Sigusch 1984). Denn träfe die These zu, wären Mensch und Ware identisch, lebten Menschen nicht nur in Verhältnissen des Scheins, nicht nur mit dem Schein und im Schein, sondern nur noch zum Schein. Das mittlerweile erreichte Ausmaß der Kommerzialisierung aber hätte ich mir damals nicht vorstellen können.

Inzwischen sind alle alten Perversionen nicht nur im Internet, sondern auch in den traditionellen Massenmedien aufbereitet und partiell entdämonisiert worden – mit Ausnahme der nach wie vor tabuisierten Pädosexualität. Doch auch die Pädosexualität pluralisiert sich nach marktwirtschaftlicher Logik. Wenn Embryonen und Jungfrauen auf dem Markt angeboten werden, wenn alles käuflich ist, warum dann nicht auch Kinderfleisch? Neben den alten, vereinzelten Pädophilen ist massenhaft der Biedermann als Sextourist getreten. Er entzieht sich ganz naturwüchsig dem klinisch-forensischen Zugriff und macht zugleich Freuds Verdacht wahr, dass er erst dann seine volle Potenz entwickelt, wenn er »ein erniedrigtes Sexualobjekt« vor sich hat, das ihn ansonsten nicht kennt.

Ein Blick in die Welt der Zeitungs- und Wurfblattannoncen zeigt, wie groß die Dispersität der Fragmente ist. Beispielsweise werden angeboten, immer akronymisiert und manchmal gar nicht leicht zu entschlüsseln: O (Sklavin), GB (Gesichtsbesamung), BW (Brustwarzenerotik), DS (Dildospiele), FA (Fat Admirer), GLL (Gummi, Lack, Leder), FF (Fist Fucking), KA (Kaviar = Kot), ZA (Zunge anal) usw. Beinahe alle der Sexualforschung bekannten Praktiken werden offeriert. Natürlich kann die Zerstreuung der Paläosexualität auch im Fernsehen beobachtet werden, nach dem Vormarsch der privaten Anbieter auch in Sendungen der öffentlich-rechtlichen Anstalten. Unter der Versicherung, sie blieben ganz persönlich, findet im Fernsehen die Veröffentlichung aller Intimitäten statt, die irgendwie fassbar sind. Das Motto lautet: *Ich bekenne*. Wildfremde sagen Wildfremden die persönlichsten Dinge und verschaffen sich offenbar dadurch das Gefühl, noch am Leben zu sein. Dadurch, dass inzwischen Vorlieben und Sonderbarkeiten, die früher als unaussprechlich und pervers galten, öffentlich nachhaltig verhandelt worden sind, hat sich die Grenze zwischen Normalität und Anormalität, zwischen Privatheit und Öffentlichkeit beträchtlich verschoben. Durch die angedeuteten Prozesse werden die Freudschen Partialtriebe erst so richtig partiell und dispers, und der Genitalprimat, der immer eine psychoanalytische Fata Morgana war, rückt in noch größere Ferne. Die »großen« alten Perversionen werden diskursiv

Volkmar Sigusch

aufgelöst und als normalisierte Lüste neu installiert. Wenn manfrau jetzt im Fernsehen erfährt, dass es einen Reparaturbetrieb für Dildi gibt und auch ein ordentliches Dienstleistungsgewerbe, das gerufen werden kann, wenn der Sadist die Kette oder den Käfig nicht mehr zu öffnen vermag; ja dass es Möbel für Sadomasochisten gibt, die so geschickt in das kleinbürgerliche Wohnzimmer integriert werden können, dass es die Oma nicht merkt, wenn sie zu Besuch kommt – dann kann doch, so die Botschaft, all das nicht so absonderlich und gefährlich sein wie früher behauptet worden ist.

DIVERSIFIKATIONEN

Die Dissoziationen und Dispersionen, von denen bisher die Rede war, wurden durch das Schrumpfen, Deregulieren und Entwerten der traditionellen Familie sowie durch das Vervielfältigen der traditionellen Beziehungs- und Lebensweisen ebenso ermöglicht wie sie von ihnen angestoßen worden sind oder mit ihnen zusammenfallen. Ich fasse diese Tendenzen und Transformationen unter den Bezeichnungen Diversifikation und Deregulierung zusammen, weil in ihnen nach meinem Verständnis vor allem die ökonomische Strategie der perennierenden Flexibilisierung durchschlägt, eine Strategie erster Linie, die selbstredend auch die sexuelle und die geschlechtliche Sphäre erfasst. Die Verfechter der Experimental-, Markt-, Wissens-, Kommunikations- und Erlebnisgesellschaft bringen sie postfordistisch auf die Formel »Offenheit muss das Leitbild sein«. Um das zu garantieren, müssten rasch Anschlüsse her, die grenzübergreifend seien. Mit einer solchen ökonomischen Strategie und entsprechenden gesellschaftlichen Anforderungen weitgehend unvereinbar sind starre soziale Rollen, stabile psychische Identifikationen und undurchlässige psychosoziale Identitäten. Anschlussfähig und erfolgversprechend sind dagegen transitorische, partielle oder fragmentarische Verhaltensweisen, Identifikationen und Identitäten, letztlich ein modulartiges Selbst, das wie ein Werkzeugkasten funktioniert, dessen Teile nach Bedarf herausgenommen, ergänzt und angekoppelt werden können. Politisch angestoßen wurde die Diversifikation der Beziehungsformen durch die großen Selbstbestimmungs- und Bürgerrechtsbewegungen der vergangenen drei Jahrzehnte, die sich ebenso auf Identitäten beriefen wie sie sie faktisch auflösten.

Wenn zum Beispiel homosexuelle Paare kirchlich gesegnet und heterosexuellen Paaren staatlich weitgehend gleichgestellt werden, verliert die Homosexualität als kulturell-soziale Form an Subversivität, Devianz und Eigensinn. Theoretisch und politisch hat diese Entwicklung den Übergang von (universitären) »Gay and Lesbian Studies« zu »Queer Studies« gewissenmaßen erzwungen, soll es nicht zu einem kulturellen Stillstand kommen. Diese können aber nur so offen und »queer« sein, wie es der epistemische, ökonomische und soziale Prozess zulässt. Die Vertreter der »Queer Studies« wollen Ungewöhnliches und Eigensinniges in sein Recht setzen, ohne es in Identitäten erstarren zu lassen. Indem sie sich jedoch theoretisch äußern, was ohne Begriffe nicht möglich ist, müssen sie erneut das Flüssige zwangsläufig in Festes transferieren.

Blicken wir auf die Familie, stellen wir fest, dass sie im Verlauf einiger Jahrhunderte drastisch geschrumpft ist. Bestand das »Ganze Haus« vergangener Jahrhunderte aus 20, 30, 100 Personen, bewegen wir uns seit einigen Jahrzehnten auf eine Kleinstfamilie zu. Immer mehr Einzelpersonen sind zu ihrer eigenen Familie geworden. Die Dreiheit Vater-Mutter-Kind, noch vor zwei Generationen der Inbegriff der Familie, ist in einem ungeahnten Ausmaß kulturell verblasst. Dem Schrumpfen der traditionellen Familie ging eine prinzipielle Trennung von Ehe und Familie voraus, das heißt manfrau hat auch dann ganz naturwüchsig eine Familie, wenn manfrau nicht verheiratet ist. Wie sehr die Ehe ihre alte symbolische Bedeutung verloren hat, kann zum Beispiel daran abgelesen werden, dass dieses einst heilige Institut jetzt zumindest deklaratorisch für jene Personen geöffnet wird, die bis vor kurzem als dessen unheilige Zerstörer angesehen worden sind: die Homosexuellen.

Der Deregulierungs- und Entwertungsprozess, dem die traditionelle Familie ausgesetzt ist, kann an einem demografisch nachweisbaren Wandel abgelesen werden, ein Wandel, der sich seit den sechziger Jahren zum Teil rasant vollzog: Abnahme der Heiratsrate; Zunahme der Scheidungsrate; Abnahme der Kinderzahl pro Partnerschaft und Ehe; Zunahme der partnerschaftlichen (immer noch nicht- oder außerehelich genannten) Geburten; Zunahme der Ein- und Zwei-Personen-Haushalte; Zunahme der alleinerziehenden Mütter und ganz allmählich auch Väter, die den Übergang von der Klein- zur Kleinstfamilie anzeigt; Aufkommen von Drei- und Mehr-Personen-Haushalten unterschiedlicher Motivations- und Interessenlage, deren Mitglieder nicht miteinander verwandt sind. Soziologen sprechen in diesem Zusammenhang von der »postfamilialen Familie«.

Es gibt jetzt Singles und Alleinerziehende, Dauerbeziehungen mit Liebe, aber ohne sexuellen Verkehr, äußerst komplizierte Intimbeziehungen mit drei und mehr Akteuren, Abstinenz und Partnertausch, One-Night-Stands, Love Parades, elektronischen Sex sowie eine Unzahl weiterer neosexueller Inszenierungen. Im Verlauf dieser Transformationen wurde die soziale und emotionale Bedeutung der Herkunftsfamilie auch durch die zunehmende Aufwertung subkultureller und freundschaftlicher Bindungen vom Jugendalter bis zum Tod erheblich reduziert, zumindest in den oberen Mittelschichten. Diese selbstgewählten Bindungen ließen die unfreiwilligen Blutsbande verblassen. Heute stehen vielen Menschen Freundinnen und Freunde näher als die eigenen Geschwister. Heute steht unter Todesanzeigen nicht selten ein Freundeskreis und nicht (nur) die Keimbahnfamilie.

Die Vervielfältigung der sozial akzeptierten Beziehungs- und Lebensformen hat auch zu einer Differenzierung der alten Hetero- und Homosexualität geführt. Deren vordem monolithische Charaktere haben sich damit empirisch als theoretisch in dem Sinne erwiesen: dass sie kulturell fabriziert worden sind. Sexualtheoretisch scheint mir von Bedeutung zu sein, dass sich neue Selbstpraktiken wie beispielsweise bisexuelle, sadomasochistische, fetischistische und transgenderistische, die früher als krank angesehen worden sind oder nur in Keimform existierten, gegenwärtig mit großer Selbst-

Volkmar Sigusch

verständlichkeit in aller Öffentlichkeit als etwas Eigensinniges inszenieren. Sie sind insofern typische Neosexualitäten, als das triebhaft Sexuelle im alten Sinne nicht mehr im Vordergrund steht. Sie sind zugleich sexuell und nonsexuell, weil Selbstwertgefühl, Befriedigung und Homöostase nicht nur aus der Mystifikation der Drangliebe und dem Phantasma der orgastischen Verschmelzung beim Geschlechtsverkehr gezogen werden, sondern ebenso oder stärker aus dem Thrill, der mit der nonsexuellen Selbstpreisgabe und der narzisstischen Selbsterfindung einhergeht. Und schließlich oszillieren sie zwischen fest und flüssig, identisch und unidentisch und sind oft sehr viel passagerer als ihre »schicksalshaften« und fixierten Vorgänger.

Im Zentrum der heutigen allgemeinen Sexualform stehen Selbstdisziplinierung und Selbstoptimierung. Sie könnte unter Anspielung auf den vorgängigen Egoismus auch als Selfsex bezeichnet werden, ein Wort, das an Self-service, Self-control oder Self-help denken lässt. Tatsächlich ist nach den empirischen Studien die Selbstbefriedigung die erfolgreichste Sexualform der letzten Jahrzehnte, nicht zuletzt dank Internet. Die Internet-Technologie ihrerseits hat emergente Neosexualitäten wie E-Sex oder Portalsex hervorgebracht, die es zuvor gar nicht geben konnte (vgl. Sigusch 2015). Am Beginn der neosexuellen Revolution waren Love Parades und Raver Parties der Inbegriff der Neosexualitäten: Werktags wird sauber und korrekt funktioniert, am Wochenende aber wird mit Hilfe von Designerdrogen, die den Körper von der Seele dissoziieren und Out-of-Body-Experiences gestatten, tausendfach eine Techno-Sau durchs Land getrieben. Entsprechend oszilliert das Sexualleben Adoleszenter und junger Erwachsener zwischen dem undisziplinierten und individuellen Thrill der spätmodernen Massen-Events und der disziplinierten und kollektiven Selbstsorge der frühmodernen Individual-Treue.

Die alte Ehe- und Versorgungsmoral und die jüngere Lustmaximierungsmoral sind in eine individuell zu gestaltende und zu verantwortende Konsensmoral transferiert worden, deren deklarierte Kriterien Geschlechtssymmetrie und Liebessymmetrie sind. Das macht die Menschen umgänglicher, bringt sie aber zugleich auf Distanz. Andere als andere anerkennen und zugleich ein eigenes, »selbsterfülltes« Leben leben – das mag sozial Privilegierten teilweise gelingen. Im Ernstfall entscheidet aber auch bei ihnen der Egoismus. Moral ist heute individualisiert, weil allgemeine und praktisch gewordene moralische Ideen fehlen, hinter denen sich die meisten Erwachsenen, Jugendlichen und Kinder versammeln könnten.

KAMPF UM GESCHLECHTLICHE VIELFALT

Angesichts des kulturellen Wandels der sexuellen und geschlechtlichen Verhältnisse in den letzten sechs bis sieben Jahrzehnten unterstütze ich als ein Sexualwissenschaftler, Arzt und Soziologe, der seit beinahe fünf Jahrzehnten Menschen, die in geschlechtliche Not geraten sind, untersucht, berät, begutachtet und über Jahrzehnte begleitet (vgl. z. B. Sigusch 1975, 2007), die geschlechtlich Abweichenden, Neuartigen oder bereits als ein Neogeschlecht Anerkannten wie die Transsexuellen (vgl. z. B. Sigusch 1991, 1992) bei ihrem Kampf um Menschenrechte.

Die seit Jahrhunderten bei uns besonders schändlich Behandelten sind nach meiner Kenntnis die Doppel-, Zwischen-, Mitten- resp. Intergeschlechtlichen. Ihre Lage ist trotz einiger Erörterungen in jüngster Zeit nach wie vor sehr schwierig bis unerträglich. Erfreulich ist jedoch, das dieses große Problem gegenwärtig ohne Beschönigung in seiner Komplexität erörtert wird (vgl. z. B. Deutscher Ethikrat 2012, Schweizer und Richter-Appelt 2012). Das ist neu. Bis vor wenigen Jahren maßte sich die Medizin generell und ohne jede Reflexion an zu entscheiden, welche Klitoris zu groß und welcher Penis zu klein ist. Während es bei diesen »Patienten« um körperliche Eigenheiten ging, die nach heutigen Einsichten keiner Behandlung bedürfen und im Falle der Etikettierung der Betroffenen als »Zwitter« zu einer Traumatisierung und im Falle der Behandlung zu anhaltenden Schmerzen führen, gibt es andere zwischengeschlechtliche Formen, bei denen eine vertrauensvolle Zusammenarbeit mit Ärzten sinnvoll oder sogar notwendig ist, beispielsweise bei einer lebensbedrohlichen Salzverlustkrise einiger Formen des sogenannten Adrenogenitalen Syndroms (AGS).

Zum ersten Mal in unserer Geschichte organisieren sich Intergeschlechtliche resp. Intersexuelle seit den neunziger Jahren und vertreten ihre Interessen gemeinsam. Ihre Organisationen verfassen Erklärungen, besetzen Fachkongresse, befragen den Gesetzgeber und machen Torturen öffentlich, mit denen sie von der Medizin, oft die ganze Kindheit und Jugendzeit hindurch, einem und nur einem Geschlecht zugeordnet werden sollten. Sie plädieren dafür, die Geschlechtszugehörigkeit nicht durch frühzeitige körperliche Eingriffe und psychosoziale Weichenstellungen festlegen zu wollen, sondern die Entwicklung einer Geschlechtsidentität abzuwarten und die Entscheidung über Eingriffe den Betroffenen im Erwachsenenalter zu überlassen. In Deutschland erhielten die organisierten Zwischengeschlechtlichen im Jahr 2008 zum ersten Mal eine allgemeine Beachtung, als die Bundesregierung in einem offiziellen Bericht an die Vereinten Nationen auf ihre Lage einging und ein Gericht einen Arzt zur Rechenschaft zog, der eine Intergeschlechtliche ungefragt operiert hatte.

Im Vorwort zu dem erwähnten Buch von Schweizer und Richter-Appelt (2012: 9ff) habe ich geschrieben:

> »Während es in anderen Kulturen ein drittes Geschlecht neben dem männlichen und dem weiblichen gibt, bleibt es in unserer Kultur unvorstellbar, dass sich eine intersexuelle Person mit männlichem Körperbau einschließlich Penis, der in der Pubertät Brüste wachsen, selbst als einen Gewinn erlebt und als solcher von den Mitmenschen begrüßt wird, weil endlich wieder schönste Geschlechtsmerkmale in einer Person vereinigt sind – wie vor Jahrtausenden, als es der aristophanischen Legende zufolge nicht nur zwei, sondern wenigstens drei Geschlechter gab: Doppelmann, Doppelweib und Mannweib. In unserer ach so neoliberalen Gegenwartskultur aber gibt nach wie vor nicht nur die Heteronormativität den Ton an, sondern auch eine Zweigeschlechternormativität. Umso wichtiger ist es, dafür zu sorgen, dass die Zeiten zu Ende gehen, in denen intersexuelle Kinder und ihre Familien unaufgeklärt einer selbstherrlichen Maschinerie des körpermedizinischen Zurechtschneidens eines angeblich richtigen Geschlechtskörpers ausgeliefert werden. Heute wird erfreulicherweise dafür plädiert, die intersexuellen Menschen altersgemäß über ihre Situation aufzuklären, und zwar vollständig. Tabuisierung und Verheimlichung der Diagnose und der Behandlungen wie zu Zeiten des US-amerikanischen Forschers

Volkmar Sigusch

John Money sollen der Vergangenheit angehören. Letztlich müssen die betroffenen Personen bzw. ihre Familien selbst entscheiden, ob eine und, wenn ja, welche medizinische Behandlung indiziert ist.«

Heute kann bei uns ein Mensch unbehelligt und unbehandelt asexuell leben, nicht aber ungeschlechtlich, ohne eine äußerlich zugeordnete Geschlechtlichkeit. Damit ist die existenzielle Dramatik bezeichnet, der alle geschlechtlich Abweichende trotz merklicher Liberalisierungen durch mehrere sexuelle Revolutionen ausgesetzt sind. Gleichzeitig ist es eine überaus erfreuliche Tatsache, dass wir heute sechs bis sieben Geschlechtern mit Respekt und zunehmend auch freundlicher Gelassenheit begegnen: Neben Männern und Frauen mit ihren mehr oder weniger deutlichen geschlechtlichen Fraktalidentitäten und Fraktalerfahrungen sind das, wie bereits erwähnt, Transsexuelle, Transgender, Intergender resp. Intersexuelle, Liquid Gender sowie Agender. Bei allen theoretischen Debatten, politischen Auseinandersetzungen und rechtlichen Entscheidungen, sollte aber bedacht werden, dass es im Grunde in unserer Kultur so viele Geschlechter gibt, wie es Menschen gibt. Geschlecht ist in erster Linie kulturell und psychosozial produziert, nicht wie allgemein unterstellt biologisch. Keine Geschlechtlichkeit einer Person ist mit der einer anderen identisch. Daher meine Rede von einer Differentia generis specifica (Sigusch 2015: 111ff). Heinz-Jürgen Voß (2010, 2011) hat sogar Studien vorgelegt, die biologisch-prozessual viele Geschlechter und nicht zwei oder drei belegen. Offensichtlich ist die von US-Medizinern eingeführte Differenzierung Gender VS. Sex bereits erkenntnistheoretisch und kulturell überholt, weil sie Sex als das unhintergehbare biologische Fundament unterstellt.

GEGENWÄRTIGE MEHRGESCHLECHTLICHKEIT

Wir sehen, hören, arbeiten, wohnen, lieben, träumen, leiden und sterben heute anders als vor hundert Jahren. Doch obgleich inzwischen die Grenze zwischen dem Natur- und dem Gesellschaftsprozess geöffnet ist, wie allein das Klonen beweist, ist in unserer Kultur noch immer die geschlechtliche Zuordnung heftiger verlangt als die sexuelle. Umso behutsamer sollte mit der sich heute andeutenden kulturellen Mehrgeschlechtlichkeit umgegangen werden, die die Grenze zwischen den bisher biotisch basierten Geschlechtern im Sinne des »Inter« und »Trans« überwindet. Es ist keine Selbstverständlichkeit mehr, mit einem weiblichen Körper so zu fühlen und zu empfinden, wie es früher in unserer Kultur bei allen Frauen angeblich der Fall gewesen ist. Die Erosion der alten Zweigeschlechtlichkeit wird vor allem durch Liquid Gender und Agender bewirkt. Diese (Nicht-)Geschlechtlichkeiten irritieren immer noch die ehedem Normalen, für die ich die Bezeichnungen Zissexuelle und Cisgender erfinden musste (Sigusch 1991, 1992, 1995), um die geschlechtseuphorische Mehrheit, bei der Körpergeschlecht und Geschlechtsidentität fraglos und scheinbar natural zusammenfallen, in jenes falbe Licht zu setzen, in dem nosomorpher Blick und klinischer Jargon nach wie vor die geschlechtsdysphorische Minderheit, damals vor allem die Transsexuellen, erkennen zu können glaubt. Heute sind die Neogeschlechter ein einzigartiger kultureller Gewinn, der vor allem ein Mehr an Erfahrung beinhaltet. Schließlich leben heute Bio-Männer unter uns, die als Neo-Frauen eine Bio-Frau heiraten, die jetzt ein Neo-Mann ist. Und die alten Transsexuellen leben heute in hetero- und homosexuellen Beziehungen, Transmänner inzwischen auch mit Scheide und Transfrauen auch mit Penis. Sie sind inzwischen ein höchstrichterlich anerkanntes Neogeschlecht und ein psychosoziales Kunstwerk, das nur bewundert werden kann.

Vor 25 Jahren habe ich in Plädoyers für die »Entpathologisierung« und »Enttotalisierung« der Transsexuellen den seinerzeit ungewöhnlichen Wunsch geäußert, »daß der Gesetzgeber allen (volljährigen) Menschen freistellt, über die eigenen Vornamen und die eigene Geschlechtszugehörigkeit selbst zu entscheiden – ohne Genehmigungs- und Gerichtsverfahren und ohne medizinische Behandlungen« (Sigusch 1991: 337 und 1992: 135f). Äußerungen dieser Art brachten mir damals Ärger mit einigen ärztlichen Kollegen ein, die heute meine Anschauung weitgehend teilen. Nicht verschwiegen sei, dass ich zwischen 1973 und 1990 das Transsexuellengesetz im Vermittlungsausschuss zwischen Bundestag und Bundesrat als eine angesichts der damaligen kulturell-rechtlichen Verhältnisse für die Patienten hilfreiche Anerkennung verteidigt habe (Sigusch 1980) und dass ich andererseits, verantwortlich auch für eine Sexualmedizinische Ambulanz, aus Angst vor Fehldiagnosen und Rückumwandlungsbegehren zuvor ein penibles Untersuchungs- und Behandlungsprogramm aufgestellt habe (vgl. Sigusch u.a. 1978, 1979), das sich in Mitteleuropa durchsetzte. Zur grundsätzlichen Revision unseres peniblen Untersuchungs- und Behandlungsprogramms schrieb ich vor mehr als zwei Jahrzehnten:

> »Das Verrückte am Transsexualismus ist, daß die Transsexuellen nicht verrückt sind. Ihre seelische Verfaßtheit ist kein ›Irrtum‹ der Natur, sondern ein ›Kunstwerk‹ des Menschen« (Sigusch 1991: 331). Und ich fuhr fort: »Ist der Wunsch, aus welchen Gründen auch immer, fixiert, haben wir dem Menschen, der damit zu leben hat, jene Achtung und jenes Verständnis entgegenzubringen, die wir dem persönlichen Schicksal insbesondere dann nicht versagen möchten, wenn eine körperliche Erkrankung zu ertragen ist.«

Nach einer ausführlichen Kritik der damaligen Transsexualismus-Theorien hieß es abschließend:

> »Wenn wir ernsthaft entpathologisieren wollen, sollten wir unseren ordnenden Heilungswillen dämpfen, der dem genetischen Grundgesetz ›Mann oder Frau‹ und dem sexuellen Grundgesetz ›Mann und Frau‹ entsprungen, geschlechtliche und sexuelle Transgressionen so schwer ertragen kann (wie ich am Beispiel der Homosexualität angedeutet habe); sollten wir Andersartigkeiten, die wir nie ganz verstehen werden, als Lebensnotwendigkeiten respektieren; sollten wir die Illusion aufgeben, wir könnten eines Tages die ›Ursache‹ der ›Krankheit‹ Transsexualismus […] finden und damit eine ›kausale Therapie‹, gar eine ›ideale und endgültige Lösung des Problems‹ (wie ich gerade in einer Doktorarbeit las); sollten wir blinde Befürwortung der Geschlechtsumwandlungsoperation wie blinde Ablehnung als zwei Seiten einer gesplitteten Rationalisierung begreifen; sollten wir aufhören, einen unauffälligen Menschen schlechthin als ›gesund‹, einen befremdlichen aber als ›krank‹ einzusortieren, obgleich er seelisch kreativ ist und lebenstüchtig; […] sollten wir den Wunsch nach Geschlechtswechsel als transintelligibel begreifen und das subjektive Leiden der sogenannten Transsexuellen als einen Niederschlag objektiver Negativität, die jeder Therapie entzogen ist. Kurzum, wir sollten theoretisch noch einmal von vorne anfangen« (ebd. 332f).

Volkmar Sigusch

Von vorne anfangen, auch weil wir uns bisher mit Freud die Verknüpfung von Körpergeschlecht und Geschlechtsidentität als eine zu innige vorgestellt haben.

> »Es schien uns immer wieder, als bringe der Körper die Geschlechtsidentität mit wie eine Mitgift. Durch die Tatsache des Transsexualismus und durch die Zunahme kultureller Geschlechtsdysphorie sind wir gehalten, die Verknüpfung von Körpergeschlecht und Identität in unseren Gedanken noch stärker zu lockern« (ebd.; zu den Revisionen vgl. auch Sigusch 1992, 1994, 1995, 1997b).

Insgesamt sollten wir uns über die inzwischen erreichte Vielfalt der Geschlechter freuen. Facebook hat gerade 58 Optionen offiziös zugelassen. Da staatskulturell zur Zeit bei uns nicht zu erreichen sein wird, die rechtlich verbindliche Zuordnung entweder zum weiblichen oder zum männlichen Geschlecht abzuschaffen, plädiere ich für mindestens einen dritten Geschlechtseintrag, sofern er gewünscht wird. Er sollte auf keinen Fall erzwungen werden können, auch im Blick auf jene Länder, die Andersartige verfolgen und dadurch erkennen könnten. Liegt zum Zeitpunkt der Geburt der Verdacht auf Intergeschlechtlichkeit vor, sollte generell auf einen Eintrag verzichtet werden, um die Eltern nicht unter einen normopathischen Entscheidungszwang zu setzen. Auch sollte es Volljährigen erlaubt werden, einen bereits vorhandenen Eintrag ohne medizinische Begutachtungen zu revidieren. Die Bezeichnung der dritten Option sollte offen sein für die in dieser Stellungnahme genannten, kulturell bereits weitgehend anerkannten Neogeschlechter. Als mögliche Bezeichnungen wurden zum Beispiel bereits genannt: »neo«, »anderes« oder »inter/divers«. Als Alternative kommt aus meiner Sicht in Frage, dass für die große und präsente Gruppe der Intergeschlechtlichen der Eintrag »inter« vorgesehen wird und für die verbleibenden Neogeschlechter »neo« oder »divers«.

BIBLIOGRAFIE

Deutscher Ethikrat (Hg.): Intersexualität. Stellungnahme. Berlin: Deutscher Ethikrat 2012

Schmidt, G. (Hg.): Jugendsexualität. Sozialer Wandel, Gruppenunterschiede, Konfliktfelder. (Beiträge zur Sexualforschung, Bd. 69). Stuttgart: Enke 1993 (Neuausgabe: Gießen: Psychosozial-Verlag 2000)

Schmidt, G. und B. Strauß (Hg.): Sexualität und Spätmoderne. Über den kulturellen Wandel der Sexualität. (Beiträge zur Sexualforschung, Bd. 76). Stuttgart: Enke 1998

Schmidt, G. (Hg.) Kinder der sexuellen Revolution. Kontinuität und Wandel studentischer Sexualität 1966–1996. Eine empirische Untersuchung. (Beiträge zur Sexualforschung, Bd. 77). Gießen: Psychosozial-Verlag 2000

Schmidt, G., S. Matthiesen, A. Dekker und K. Starke: Spätmoderne Beziehungswelten. Report über Partnerschaft und Sexualität in drei Generationen. Wiesbaden: VS Verlag für Sozialwissenschaften 2006

Schneider, N. F.: Zur Lage und Zukunft der Familie in Deutschland. Ges. Wirtsch. Pol. (GWP) 2, 511–544, 2002

Schweizer, K. und H. Richter-Appelt (Hg.): Intersexualität kontrovers. Grundlagen, Erfahrungen, Positionen. Mit einem Vorwort von V. Sigusch. (Beiträge zur Sexualforschung, Bd. 96). Gießen: Psychosozial-Verlag 2012

Sigusch, V. (Hg.): Therapie sexueller Störungen. Stuttgart, New York: Thieme 1975

Sigusch, V., Meyenburg, B. und Reiche, R.: Transsexualität (I–III). Sexualmed. 7: 15–22, 107–116, 191–192, 244–246, 1978

Sigusch, V., Meyenburg, B. und Reiche, R.: Transsexualität. In: Sigusch, V.: Sexualität und Medizin. Köln: Kiepenheuer & Witsch 1979: 249–311

Sigusch, V.: Medizinischer Kommentar zum Transsexuellengesetz. Neue Juristische Wochenschrift (NJW) 33: 2740–2745, 1980

Sigusch, V.: Die Mystifikation des Sexuellen. Frankfurt/M., New York: Campus 1984

Sigusch, V.: Die Transsexuellen und unser nosomorpher Blick. I. Zur Enttotalisierung des Transsexualismus. II. Zur Entpathologisierung des Transsexualismus. Z. Sexualforsch. 4: 225–256 und 309–343, 1991

Sigusch, V.: Geschlechtswechsel. Hamburg: Klein 1992

Sigusch, V.: Leitsymptome transsexueller Entwicklungen. Wandel und Revision. Deutsches Ärzteblatt 91: Heft 20, A:1455–1458, 1994

Sigusch, V.: Transsexueller Wunsch und zissexuelle Abwehr. Psyche – Z. Psychonal. 49: 811–837, 1995

Sigusch, V.: »Die Zerstreuung des Eros. Über die neosexuelle Revolution«. Der Spiegel, 50. Jg., Nr. 23 vom 3. Juni 1996a, S. 126–130

Sigusch, V.: »Die Trümmer der sexuellen Revolution«. Die Zeit, 51. Jg., Nr. 41 vom 4. Oktober 1996b, S. 33–34

Sigusch, V.: Metamorphosen von Leben und Tod. Ausblick auf eine Theorie der Hylomatie. Psyche – Z. Psychoanal. 51, 835–874, 1997a

Sigusch, V.: Transsexualismus. Forschungsstand und klinische Praxis. Nervenarzt 1997b; 68: 870–877

Sigusch, V.: Die neosexuelle Revolution. Über gesellschaftliche Transformationen der Sexualität in den letzten Jahrzehnten. Psyche – Z. Psychoanal. 52, 1192–1234, 1998a

Sigusch, V.: The neosexual revolution. Arch. Sex. Behav. 27, 331–359, 1998b

Sigusch, V.: Lean sexuality. Sexuality & Culture 5, 23–56, 2001 (Nachdruck in: Z. Sexualforsch. 15, 120–141, 2002)

Sigusch, V.: On cultural transformations of sexuality and gender in recent decades. German Medical Science 2, 1–31, 2004 – http://www.egms.de/pdf/gms/2004–2/gms000017.pdfSigusch, V.: Neosexualitäten. Über den kulturellen Wandel von Liebe und Perversion. Frankfurt/M. und New York: Campus 2005

Sigusch, V. (Hg.): Sexuelle Störungen und ihre Behandlung. 4., überarbeitete und erweiterte Auflage. Stuttgart/New York: Thieme, 2007

Sigusch, V.: Liquid Gender. Z. Sexualforsch. 26, 185–187, 2013

Sigusch, V.: Sexualitäten. Eine kritische Theorie in 99 Fragmenten. 2. Aufl. Frankfurt/M., New York: Campus 2015 (zeitgleich Ausgabe der Wissenschaftlichen Buchgesellschaft)

Voß, H.-J.: Making Sex Revisited. Dekonstruktion des Geschlechts aus biologisch-medizinischer Perspektive. Bielefeld: transcript 2010

Voß, H.-J.: Geschlecht. Wider die Natürlichkeit. Stuttgart: Schmetterling 2011

Volkmar Sigusch

Fabian Vogler   HERR_CULES 16,5 x 7,5 x 7 cm ERIC_A 13 x 6 x 6 cm KIM 13 x 6,5 x 4,5 cm

GIORGIO 15,5 x 7,5 x 4,5 cm   HU_MAN 14,5 x 6,5 x 5 cm   ROBERT_A   2017. BRONZE. 14,5 x 7,5 x 5,5 cm.

Fabian Vogler

HERCULINE 2017. BRONZE. 14,5 x 6 x 4 cm

Michael Groneberg

DIE FLÜSSIGE SKULPTUR

Für Hegel fand die Skulptur ihre Antithese in der Musik. Skulptur ist statisch, materiell und schwer, sie ist draußen vor uns, in Distanz zu uns. Ihr fehlt der zeitliche Verlaufscharakter, die Innerlichkeit und damit die unmittelbare Empfindung, wie die Musik sie uns bietet, und die Besonderheit, die Individualität des Erlebens.[1] Die Skulptur ist damit geeignet, die klassische Kunstform im Griechenland des 5. und 4. Jahrhunderts vor unserer Zeitrechnung auf ihren Höhepunkt zu bringen. Da Kunst menschlichem Geist Ausdruck verleiht und der Mensch sich in der Kunst selbst erkennt, muss die Skulptur jedoch überwunden werden, da Geist wesentlich subjektiv ist – das heißt erstens zeitlich verlaufend und sich ändernd, zweitens innerlich und empfindend und drittens individuell besonders. Die klassische griechische Skulptur stellt Götter vor uns, die substantielle Prinzipien verkörpern, aber nur in der Innerlichkeit mit ihrem zeitlichen Wandel und ihrem individuellen Leben findet jeder Mensch seine Wahrheit. Insofern ist Musik ein Ausdrucksmittel, das dem Menschen näherkommt als die Skulptur, insofern ist Musik ihre Antithese. Die Synthese beider findet letztlich statt in der Literatur, vor allem im Drama.

Hegel ist nicht der einzige, der sich in diesen Diskurs einschreibt – nennen wir ihn antithetisch –, der die klassisch griechische Kunst und Mentalität insgesamt als statuarisch begreift und die plastische Kunst der temporalen und innerlichen entgegensetzt, die der Moderne eher entspricht. Die Elemente dieses Diskurses wirken bis heute nach, und seine Herkunft und genaue Komposition wären genauer zu untersuchen. Dieser Aufsatz kann dies nicht leisten, sondern will nur auf einige Spuren dieses Diskurses der statuarischen und objektivierenden Bildhauerei aufmerksam machen, um die besondere Spannung zu diskutieren, die zwischen der in schwerer Materie sich mitteilenden plastischen Kunst und einem fließenden Sujet wie dem Geschlecht besteht.

---

[1] Hegel hielt seine *Vorlesungen über die Aesthetik* mehrmals zwischen 1816 und 1829.

In anderer Sprache als Hegel, nicht philosophisch, sondern literarisch, nicht auf Deutsch, sondern auf Französisch, aber in zeitlicher Nähe, beschreibt Balzac in seiner Novelle *Sarrasine* von 1830 die tragische Begegnung zwischen dem Bildhauer Sarrasine und der Sängerin Zambinella, in die Sarrasine sich verliebt und von der inspiriert er eine Skulptur anfertigt, die sein ideales Frauenbild darstellt, aber an der Realität vorbeigeht. Denn Zambinella entpuppt sich als Kastrat. Die Antithese von Skulptur und Musik wird von Beginn an durchgespielt, als würde Balzac Hegel in narrative Form gießen. Der Bildhauer in seiner statuarischen Haltung muss der Realität weichen und stirbt, als er sich auf Zambinella stürzt, eines gewaltsamen Todes.[2] Zambinella, von Menschenhand zwischen die Geschlechter gestellt, überlebt und wird zwar nicht durch die Statue, aber in einer Momentaufnahme ihrer Jugend durch ein Gemälde und schließlich, in ihrer zeitlich verlaufenden Existenz, durch die Novelle selbst literarisch verewigt. In der Novelle, die etliche Oppositionen durchspielt, werden damit die Rollen der verschiedenen Künste in der Darstellung nicht nur der Zwischengeschlechtlichkeit, sondern zeitlicher Existenz überhaupt thematisiert.[3]

Weder Mann noch Frau zu sein oder beides, oder sein Geschlecht zu ändern, ist ein Thema, das immer schon fasziniert hat. Aber erst seit einigen Jahren artikuliert es nicht mehr nur sexuelle oder romantische Vereinigungsphantasmen, sondern zunehmend die nun bekannt gewordenen Probleme real existierender intersexueller Menschen. Die mediale und künstlerische Bearbeitung ist insofern hoch interessant zu analysieren, als sie immer noch von weit herkommende Vorstellungen, Worte und Assoziationen aus dem erotischen Bereich verwendet oder aufleben lässt – und dies nicht immer zum Besten –, um das, womit wir nun konfrontiert sind, darzustellen.[4]

PRÄSENZ MODERNER OPPOSITIONSARBEIT

Die Untersuchung einiger Intersex-Erzählungen der letzten Jahre zeigte erstens, wie verschieden die Artikulation dieser Elemente ausfallen kann, die typischerweise, wie die Ausdrücke Androgyn und Hermaphrodit, aus der Antike stammen (vgl. Groneberg, 2014; 2016). Sie förderte zweitens das typisch *moderne* Element der Bearbeitung

---

[2]   Dieses gewaltsame Ende steht in interessantem Gegensatz zu dem in Draesners *Mitgift*, wo die intersexuelle Schwester, die Geschlechtsverunsicherung verkörpernd, der Realität unterliegt: sie lebt zeitweise als Frau, kann allerdings nach der Geburt ihres Kindes nicht anders, als auch ihre männlichen Seiten zu leben, was ihren Ehemann zu ihrer Ermordung treibt.

[3]   Roland Barthes und Michel Serres haben zu dieser Novelle aufschlussreiche Deutungen vorgelegt. Vor allem Serres thematisiert das moderne Element des Umgangs mit Gegensätzen. Ihm zufolge wird in der Novelle der Gegensatz horizontalisiert, das dominanzgeladene Gefüge von oben und unten abgelöst durch eines von rechts und links, symmetrisch und im Prinzip gleichwertig, aber nicht identisch, sondern anders gedreht, wie rechte und linke Körperhälfte oder Hand.

[4]   Mit ›wir‹ sind wir alle gemeint, die betroffenen intersexuellen Personen und ihre Partner, Familien und Freunde, aber auch medizinisches Personal, Erzieher und Journalisten, ebenso wie diejenigen, die in ihrem persönlichen Umfeld noch nicht oder zum ersten Mal mit intersexuellen Personen zu tun haben.

Michael Groneberg

der Gegensätze zutage, wie sie bei Hegel oder Balzac maßgeblich sind. Beide Autoren lebten in nach-aufklärerischer Zeit, als die Überzeugung, dass wir in der besten aller möglichen Welten leben, in einer Welt, die von Gott geschaffen ist, ihre Autorität eingebüßt hatte. Sobald wir davon ausgehen, dass wir die soziale Ordnung, in der wir leben, selbst schaffen, sind wir mit dem Kernproblem konfrontiert, Konflikte zu lösen und mit den real existierenden Widersprüchen irgendwie umzugehen – indem wir sie überwinden, aufheben, auflösen oder sie einfach nur aushalten. Die Frage menschlichen Schaffens wird daher von zunehmender Bedeutung, vor allem die des Künstlers.

Das 20. Jahrhundert war in dieser Hinsicht nicht glorreich. Es spielte ›Lösungen‹ der schrecklichsten Sorte durch und ist dadurch charakterisiert, eine reduzierte ›Entweder-Oder‹-Einstellung auf die Konstruktion menschlichen Zusammenlebens anzuwenden: entweder Kapitalismus oder Sozialismus; entweder Egoismus oder Altruismus; entweder Biologismus oder sozialer Konstruktivismus usw.[5] Typisch für Entweder-Oder-Einstellungen ist, dass Lösungen, die ein Dazwischen oder Sowohl-als-auch suchen, von beiden Seiten unterdrückt werden.[6] Für den Respekt des Dazwischen ist daher erforderlich, sich generell mit der Entweder-Oder Logik auseinandersetzen – und zu vermeiden, sich ihr *entgegen*zusetzen, da dies wiederum bedeuten würde, dieser ausschließlichen Logik zu folgen. Es gilt vielmehr, das Entweder-Oder als menschliche Realität anzuerkennen, sich aber dagegen zu versichern, von dieser Logik absorbiert zu werden, denn für sich genommen bedeutet sie den Willen zur Unterwerfung des Anderen (Dominanz einer Seite), zur Auslöschung des Zwischen und zum Verbot des Überganges. Die bloße, ausschließliche Entweder-Oder-Einstellung ist eine Kriegslogik, sie ist *die* Kriegslogik. Gehen wir hingegen davon aus, das Andere nicht zu unterwerfen, sondern mit Gegensätzen und Widersprüchen zu leben – das Leben ist in sich angetrieben durch Antagonismen –, stehen wir nach wie vor, und werden wir immer vor der Aufgabe stehen, uns theoretisch, praktisch und künstlerisch den Widersprüchen auszusetzen – jedoch nicht mehr wie vor 200 Jahren in der evolutionären Hoffnung, sie letztendlich aufheben oder auflösen zu können. Das Entweder-Oder kann durch zweierlei moderiert oder ausbalanciert werden: durch das Sowohl-als-Auch (anzuwenden auf der Realebene: sowohl A als auch B) und durch das Weder-Noch (anzuwenden auf der symbolischen und theoretischen Ebene: Zurückweisung der Dominanz von A oder der Dominanz von B).

---

[5] Diese Entweder-Oder-Einstellung findet ihren perfekten Ausdruck in Ayn Rands *Atlas Shrugged* (1957), dessen Teil I betitelt ist mit *Non-contradiction* (Nicht-Widerspruch, also »nicht (p und nicht-p)«), Teil II mit *Either-Or* (Entweder-Oder), und Teil III mit *A is A*, dem Identitätsprinzip. Rand, die als Vordenkerin des anarchischen Neoliberalismus gilt, ist überzeugt davon, dass wir nicht das Eine und das Andere haben können: gute Unternehmen und den Staat, Egoismus und Altruismus usw. Mehr dazu in Groneberg 2016.

[6] Bezüglich Intersexualität ist dies deutlich: Sowohl biologistische als auch sozialkonstruktivistische Argumente begründen die (nach heutiger Erkenntnis verfehlte) Empfehlung einer Geschlechtsanpassung nach der Geburt (cf. Groneberg 2016).

Solches Denken reduziert die Skulptur lieber nicht auf das Fixe und Statuarische und sieht davon ab, der Literatur und speziell dem Drama den höchsten Stellenwert zuzuweisen. Hegels Denken ist paradigmatisch für den Versuch, Begriffe aus ihrer Starrheit zu lösen und zu verflüssigen. Wie seine Proklamation des Todes der Kunst zeigt, steckt in seinem System jedoch ein Fehler. Bei aller Dialektik und Temporalisierung bleibt sein Denken hierarchisch und evolutionär – er denkt Geschichte als Weiterentwicklung zu Höherem, das zurückgelassene Dinge dominiert. Doch was, wenn gerade dies die höchste Herausforderung wäre: dass die schwere Materie die innerste Menschlichkeit ausdrücke?

PRÄSENZ DER MUSIKALITÄT

Eine überraschende, nebensächlich scheinende Beobachtung war drittens (neben der Präsenz einer Vielzahl antiker Elemente und der modernen Bearbeitung der Widersprüche), dass narrative Werke, die zwischengeschlechtliche Existenz thematisieren, häufig[7] sehr musikalisch sind, und zwar in einem doppelten Sinne, indem einerseits die Auseinandersetzung mit der Problematik von den Protagonisten mit Hilfe der Musik versucht oder durch sie zum Ausdruck gebracht wird, und andererseits, indem die Erzählstruktur des Textes selbst gewissermaßen musikalisch angelegt ist.

Dieser Sachverhalt ließe sich nun gerade durch die antithetische Hypothese Hegels gut erklären: zwischengeschlechtliche Menschen sind in besonderer Weise mit dem Fließen des Geschlechts konfrontiert, was sowohl ihr Selbsterleben als auch die Beschreibung ihrer Geschicke eher in die Nähe musikalischer Verläufe rückt als in die Nähe statuarischer Beständigkeit. Dies würde die Affinität von Musikalität und Intersexerzählungen erklären und ebenso die Abwesenheit letzterer in der Antike.

DIE LÜGE DER ANTIKEN BILDKUNST

Denn die Analyse der antiken Darstellungen liefert ebenfalls einen überraschenden Befund. Hermaphroditos ist ein griechischer Gott, der von Ovid um die Zeitenwende in seinen *Metamorphosen* beschrieben wird. Dies ist die einzige noch erhaltene Erzählung, die den griechischen Gott zum Thema hat. Ovid überträgt darin Material aus der griechischen Mythologie ins Lateinische, aber nirgends in der griechischen Mythologie finden sich Erzählungen zu Hermaphroditos. Diodor Siculus erwähnt ihn einige Jahrzehnte zuvor (um 30 v.u.Z.; *Weltgeschichte*, IV, 6.5), sagt aber nur über ihn, er habe sowohl sein androgynes Geschlecht als auch seine Schönheit von seinen Eltern Hermes und Aphrodite geerbt.[8] Es ist ungewöhnlich, dass in der griechischen Mytho-

---

[7]   Diese Aussage ist natürlich widerlegbar. Sie basiert nicht auf einer quantitativen Recherche, sondern auf der Lektüre einer begrenzten Anzahl von Narrationen (des Genfer Daniel Odiers *Le clavecin*, 1992; der Pariserin Noëlle Chatelets *Mit dem Kopf zuerst*, 2004 (*La tête en bas*, 2002); John Cameron Mitchell's *Hedwig and the Angry Inch*, 2001). In selbstkritischer Absicht stellt sich natürlich die Frage, ob diese Beobachtung bereits vom vorhergehenden Diskurs der Skulptur als statisch fixierend getriggert war. In jedem Fall ist es wichtig, die Existenz dieses Diskurses zu vergegenwärtigen, um ihn hinterfragen zu können.

[8]   Ovid beschreibt in seinen Metamorphosen nicht nur Verwandlungen, sondern er verwandelt beste-

Michael Groneberg

logie Erzählungen über einen Gott fehlen (zu den raren Textquellen siehe Groneberg 2008, 88–9; 2009, 128–9), obwohl es reichlich bildliches Material gibt, das seine Existenz in der griechischen religiösen Welt belegt (vgl. Groneberg 2008, 89–92; 2009, 129–31; 2015, 95f, 99f). Auch wenn klar ist, dass der Gott existiert hat, stellt sich daher die Frage, wie es zu ihm kam und welche Rolle er spielte.

Um zusammenzufassen, was anderswo ausführlich dargelegt ist (vgl. Groneberg 2008, 2009, 2015), ist der Gott Hermaphroditos relativ jung und im 5. bis 4. Jh. v.u.Z. entstanden, und zwar als Amalgam, nicht nur *in nominem*, sondern auch *in rem*, der Götter Hermes und Aphrodite. Im 6. und 5. Jh. fungierten diese beiden als Schutzgottheiten in Hochzeitszeremonien, die die Vereinigung von Mann und Frau mit ihren sexuellen, prokreativen und Hausstand gründenden Aspekten vorbereiteten. Diese Zeremonien enthielten häufig Kleidertauschriten zwischen Frauen und Männern. Im Laufe der Zeit verschmolzen die beiden Götter in den Ritualen zu einem und der daraus entstehende Spross nahm in Attika, wo Hermes ein wichtiger und omnipräsenter Gott war, den Namen Hermaphroditos an, auf Zypern, der Insel Aphrodites, hingegen den Namen Aphroditos.[9] Der Gott Hermaphroditos bzw. Aphroditos repräsentiert also keineswegs zwischengeschlechtliche Personen, die zu jener Zeit getötet wurden.[10] Die imaginäre Vergöttlichung geht vielmehr Hand in Hand mit realer Auslöschung. Platon, der sein *Symposium* ca. 385 schreibt, also zu der Zeit, als Hermaphroditos entsteht, erwähnt diesen noch nicht, sondern verwendet den älteren Ausdruck ›Androgyn‹. Er legt Aristophanes die Aussage in den Mund, dass solche Wesen nicht mehr existieren und der Ausdruck nur noch als Schimpfwort verwendet wird (Platon, Symp.: 189e.).

Die Beziehung des Imaginären zur Realität ist nicht immer eine der Abbildung; was wir hier beobachten, kann auf den ersten Blick komplementär scheinen: Die in der Realität ausgelöschte Zwischengeschlechtlichkeit wird im Bereich des Imaginären vergöttlicht und durch anmutige Statuen dargestellt.[11] Doch sehen wir genauer hin.

---

hendes Material zu neuen Geschichten. Hier verschmilzt er die Abstammungslegende des Hermaphroditos mit einer Erzählung über den See Salmacis (cf. Ovid: 285–7) und schafft damit eine Erzählung, die komplementär ist zu Platons Mythos der Teilung des androgynen Urmenschen in Mann und Frau.

[9] Zum zypriotischen Aphroditos siehe Macrobius, *Saturnalien* 3.8.2. Hermaphroditos findet erstmals im 4. Jh. in Athen Erwähnung. Die Identifizierung von Hermaphroditos und Aphroditos nimmt Theophrast gegen 300 v.u.Z. vor.

[10] Für Details siehe Delcourt, 65–9; Groneberg 2008: 107–8 mit Verweis auf antike Quellen. Plinius d.Ä. schreibt »Ex feminis mutari in mares non est fabulosum« (*Naturalis Historia*, VII, 36). Dass diese Personen getötet wurden, ist für Athen und Rom belegt (Diodor, XXXII: 12).

[11] Als Beispiel mag der sog. Berliner Hermaphrodit dienen (cf. Groneberg 2014a: 163–7). Typisch daran sind der lächelnde, gelassene Ausdruck sowie die Mischung von sowohl körperlichen als auch vestimentären Geschlechtermerkmalen: weibliche Brüste und männliche Genitalien, weibliche Haartracht und männliches Kleidungsstück, alles harmonisch integriert. Der Eindruck der Betrachter schwankt zwischen ›beides‹ (*utrumque*) und ›keines‹ (*ne-utrum*), wie Ovid dies – in Bezug auf seinen Hermaphroditos nach der Verschmelzung – treffend beschrieb: »keine zwei sind es mehr, sondern zweifache Gestalt, nicht Frau noch Junge zu nennen, scheinbar keins von beiden und doch beides« (Ovid, Met.: 378–9).

Die Abbildungen stellen keine zwischengeschlechtliche Realität dar – die es ja kaum geben konnte, und wenn es sie gab, musste sie geheim bleiben – sondern ein Phantasieprodukt, eine phantasmatische Verschmelzung des Weiblichen und Männlichen, die wie in Ovids Erzählung mit der sexuellen Vereinigung von Mann und Frau assoziiert ist. Der androgyne Gott Hermaphroditos steht nicht für reale intersexuelle Menschen, sondern symbolisiert die Vereinigung von Mann und Frau in der Hochzeit – in heutiger Terminologie einer heterosexuellen Hochzeit. Weit davon entfernt, die Geschlechterdualität in Frage zu stellen, ist Hermaphroditos in ihr begründet und stützt letztendlich den heteronormativen Rahmen, aus dem er erwächst. Es ist nicht so, dass das in der Realität Vernichtete zumindest im Imaginären Existenzberechtigung erführe. Im Gegenteil: anstelle der Darstellung realer Zwischengeschlechtlichkeit durch die Kunst wird die Auslöschung im Imaginären wiederholt durch harmonisierende Bilder und Statuen, die die Realität verschleiern. Hermaphroditos ersetzt die zwischengeschlechtliche Realität, die so schwer zu begreifen und noch schwerer zu leben ist, mit einem Vereinigungsphantasma, das – in ›romantisierender‹ Weise – die Vereinigung der Gegensätze in Form ihrer Hochzeit symbolisiert; einer Hochzeit, die im griechischen und römischen patriarchalen Kontext die Unterwerfung der Frau unter ihren Mann bedeutet. Wie in der Realität wird das Zwischen auch im Imaginären ausgelöscht und durch eine Fantasiekonstruktion, einen Vereinigungstraum ersetzt, der den Geschlechterdualismus stabilisiert und die Dominanz eines Geschlechts fördert. Die antiken bildlichen Darstellungen des Hermaphroditen haben keine aufklärerische Funktion, wie wir sie von Kunst gerne erwarten – und erwarten dürfen und sollten –, sondern verschleiernde. Sie sind Lüge.

DIE ROLLE DER MODERNEN BILDKUNST

Auf diesem Hintergrund ist es nicht überraschend, wenn antike Narrative fehlen. Denn Erzählungen bringen uns die erzählten Personen nahe, vor allem dann, wenn wir uns in deren Subjektivität hineinlesen, wie dies in den erwähnten Intersexerzählungen der Fall ist. Dies war in der Antike nicht das Ziel, doch heute ist es das. Von daher stellt sich auch die Frage, was bildliche Kunst in diesem Zusammenhang vermag. Kunst steht wie Philosophie ständig in der Spannung zwischen Verschleierung und Enthüllung, dazwischen, staatstragend zu sein, Macht zu untermauern und Verhältnisse zu stabilisieren oder aber kritisch zu enthüllen, aufzuklären und in Frage zu stellen. Sollen wir hegelianisch der plastischen Kunst nur eine distanzierende Funktion unterstellen, wie sie auch in Draesners *Mitgift* wiederholt zum Ausdruck kommt (167, 195, 233–5, 243–4)?

> »Nur auf Statuenabbildungen schienen Aloe Zwitter weit genug weg, um sich in Ruhe ansehen zu lassen.« (Draesner: 229)

> »Die Hermaphroditen waren ideal für Kameras, geradezu dafür gebaut. […] Da lag es dann, entspannt, das androgyne Wesen, wie entworfen für die Körperindustrie […] der zu extremer Medialität gesteigerte Mensch.« (Draesner: 234)

Michael Groneberg

Denn Bildkunst lässt sichere Distanz zu, und sichere Distanz ist auch Teil dessen, was Voyeurismus definiert, und Pornografie. Heutzutage präsentieren Fotos, Videos und Internetauftritte dem neugierigen Auge die Auflösung der Geschlechtergrenzen in Form der *Shemale*. Oder welch andere Rolle kann Skulptur, oder allgemeine Bildkunst spielen? Angeregt durch die Fotografien von Del LaGrace Volcano (z.B. *Mo B Dick Half n Half*, 1998) habe ich die Vermutung formuliert, dass Bilder eher mit der Problematik des Zwischen konfrontieren können, während Narrationen durch die Bewältigungsversuche zu führen vermögen. Mir scheint inzwischen, dass wir einen Schritt weiterdenken sollten.

Folgt man der antithetischen Auffassung, dann kann die Erzählung, als Synthese von objektiv Vorgestelltem und Musikalität, mehr oder weniger zur einen oder anderen Seite neigen. So kontrastiert Draesners *Mitgift* mit dem musikalischen Ansatz etlicher Intersex-Narrationen, indem die intersexuelle Person Anita nur von außen dargestellt wird – die Erzählperspektive bleibt bei ihrer Schwester Aloë, die versucht, mit ihrer Existenz zurecht zu kommen, und zwar indem sie sie in Fotografien bannt, die alles zeitlich Fließende auf einen Moment reduzieren. Der Roman konfrontiert uns dramatisch mit harten Widerständen, sozialer und psychischer Art, die eine Verletzung der Normalität bestrafen. Seine Figuren probieren verschiedene Weisen aus, mit ihrem Geschlecht und ihrer Herkunft zurecht zu kommen: durch Neutralität, durch Beides-sein, durch Normalität, alles ohne Erfolg, ohne Auflösung, ohne Versöhnung. Die einzige Lösung ist negativ: Auslöschung, Tod. Die Positionen bleiben statuarisch, die Protagonisten lassen ihr Leben, wie in antiken Tragödien. Ihr Ehemann erschießt das intersexuelle ›Monster‹ Anita und dann sich selbst, da er nicht erträgt, dass sie nach der Geburt ihres gemeinsamen Kindes auch ihre männlichen Seiten leben will.

Wenn wir uns entschließen, angesichts eines unauflösbaren Gegensatzes die Entweder-Oder-Reduktion zu vermeiden, ist das Einzige, was wir tun können, den Gegensatz zu leben und auszuhalten. Wenn die Spannung zwischen der tickenden Innerlichkeit und der eigenwilligen Materie einen der Grundgegensätze darstellt, mit denen wir konfrontiert sind, wir alle und insbesondere intersexuelle Menschen, liegt dann hierin nicht eine besondere Herausforderung für plastische Kunst, diese gerade in der Materie zum Ausdruck zu bringen?

DIE FORMUNG DES MENSCHEN AUS MATERIE IN MYTHEN DER ANTHROPOGONIE

In dieser Hinsicht ist ein anderer Diskurs interessant, der seit der Antike Zweigeschlechtlichkeit artikuliert, und zwar in den Anthropogonien, den Erzählungen von der Entstehung des Menschengeschlechts, die zu Ovids Zeit gegenüber dem beschriebenen Vereinigungsdiskurs in den Vordergrund zu rücken beginnen. Mythen der Entstehung des Menschen werfen regelmäßig die Frage nach dem Geschlecht des oder der ersten Menschen auf. In unserer Kultur erlangte bei der Bibelauslegung die Frage eminente Bedeutung, ob der erste Mensch Adam vielleicht androgyn war.

Die beiden Schöpfungsgeschichten der Genesis lassen in dieser Hinsicht unterschiedliche Deutungen zu. In der ersten Erzählung (Gen 1.1–2.3) wird die Erschaffung der Menschheit wie folgt beschrieben:

»27 Gott [*Elohim*] schuf also den Menschen [*adam*] als sein Abbild; als Abbild Gottes schuf er ihn. Als Mann und Frau schuf er sie. 28 Gott segnete sie und Gott sprach zu ihnen: Seid fruchtbar und vermehrt euch.« (Gen 1.27–28, Einheitsübersetzung)

An späterer Stelle – die wie die vorstehende jüngeren Datums ist als die zweite Geschichte des Sündenfalls – heißt es noch einmal ganz ähnlich:

»Als Mann und Frau erschuf er sie, er segnete sie und nannte sie Mensch [*adam*] an dem Tag, da sie erschaffen wurden.« (Gen 5.2)

Der hebräische Ausdruck adam ist hier kein Eigenname, sondern ein Gattungsbegriff, in der Oxford-Bibel (Coogan 2001) auch mit Menschheit (*humankind*) übersetzt. Die zweite Schöpfungsgeschichte, die zwischen den gerade zitierten Teilen eingebettet ist (Gen 2.4–3.24), scheint die Erschaffung der Menschen zu wiederholen:

»7 Da formte Gott, der Herr [*YHWH Elohim*], den Menschen [*adam*] aus Erde vom Ackerboden [*adamah*] und blies in seine Nase den Lebensatem. So wurde der Mensch zu einem lebendigen Wesen. [...] 18 Dann sprach Gott, der Herr: Es ist nicht gut, dass der Mensch allein bleibt. Ich will ihm eine Hilfe machen, die ihm entspricht. [...] 21 Da ließ Gott, der Herr, einen tiefen Schlaf auf den Menschen fallen, sodass er einschlief, nahm eine seiner Rippen und verschloss ihre Stelle mit Fleisch. 22 Gott, der Herr, baute aus der Rippe, die er vom Menschen genommen hatte, eine Frau und führte sie dem Menschen zu. 23 Und der Mensch sprach: Das endlich ist Bein von meinem Bein /und Fleisch von meinem Fleisch. /Frau [*ishah*] soll sie heissen, /denn vom Mann [*ish*] ist sie genommen.« (Gen 2.7–2.23, Einheitsübersetzung)

Im letzten Satz wird über den Wortlaut der hebräischen Ausdrücke die Frau aus dem Mann abgeleitet, ähnlich wie vorher der Mensch Adam aus dem Ackerboden.[12]

Die erste Geschichte ist nicht vor dem babylonischen Exil im sechsten Jh. v.u.Z. entstanden, die zweite wurde vermutlich früher verfasst.[13] Ihre Deutung war Gegenstand intensiver philosophischer und theologischer Bemühungen. Auf dem Spiel steht das grundlegende Herrschaftsverhältnis menschlicher Gemeinschaft: Ist Adam männlich und zuerst von Gott erschaffen, kann damit über die größere Gottnähe mühelos die Dominanz des Mannes begründet werden. Jegliche Annäherung an Gott, die auch der Frau im Prinzip möglich bleibt, bedeutet dann umgekehrt eine Vermännlichung.

---

[12] Auch die Ausdrücke *human* und *Humus*, die auf lat. *humus*: Erde, Erdboden zurückgehen, haben dieselbe, letztlich indoeuropäische, Wurzel. Demnach wird der Mensch als »Erdenbewohner« bezeichnet (siehe Duden. Herkunftswörterbuch).

[13] Man unterscheidet die Priesterschriften, die mit Sicherheit frühestens aus der Zeit des Exils stammen, von den nichtpriesterlichen. Von diesen ist umstritten, wann sie entstanden und wie sie zusammengesetzt wurden. Die seit Johannes Wellhausen Ende des 19. Jh. verbreitete Annahme, dass sie aus dem 9. Jh. stammen und aus zwei Traditionen (Jahwe und Elohim) zusammengefügt sind, wird neuerdings bezweifelt. Das Material scheint jedenfalls vor-exilisch, also älter zu sein als die Priesterschriften (siehe Coogan 2001: Introduction to Genesis).

Michael Groneberg

Dadurch, dass er insgesamt Abbild Gottes ist und die Frau nur Abbild des Mannes, wird seine Dominanz verabsolutiert und bedingungslos (Agacinski 2005: 130f). Dies ist der Weg, den Paulus und die Kirchenväter einschlagen. Das weibliche Geschlecht wird in der christlichen Metaphysik zum zweiten und damit zweitrangigen Geschlecht.[14]

War die Menschheit hingegen von Anfang an sowohl männlich als auch weiblich, wie die erste Geschichte lautet, oder Adam von Anbeginn androgyn und wurde erst später in eine männliche und eine weibliche Hälfte geteilt – eine mögliche Deutung der zweiten Geschichte –, stützt dies eine egalitäre Position und erschwert die Rechtfertigung männlicher Dominanz.[15] Diese Diskussionen finden bis heute statt, und zwar nicht nur in der Theologie, sondern auch in der Sozialphilosophie, wenn es um die Frage geht, ob die Leitidee der Geschlechterdifferenz oder aber die der Androgynie besser für eine geschlechtergerechte Gesellschaft taugt (vgl. dazu Marcuse 1974: 409–421).

DIE JÜDISCHE TRADITION

Dem jüdischen Philosophen Philo (20 v.u.Z. – 50 u.Z.) zufolge besagt die erste Schöpfungsgeschichte, dass Adam erschaffen (*gegonotos*), die zweite, dass er gebildet oder geformt wird (*plasthentos*). Der erste Adam sei demnach kein leibliches Wesen, sondern ein rein geistiges, »Idee, Gattung oder Siegel«, körperlos und »weder männlich noch weiblich« (Philo, *De opificio mundi*: § 134). Erst in Genesis 2.7 werde er aus Erde zu einem Wesen der wahrnehmbaren Welt geformt. »Zusammengesetzt […] aus Leib und Seele, ist er Mann oder Frau und von Natur sterblich« (§ 134f). Sobald er in Materie existiert, ist er demnach männlich oder weiblich – seiner Idee nach ist er weder-noch (*ne-utrum*), also nicht androgyn beides (*utrumque*).

Androgyne Deutungen von Adam sind hingegen in der rabbinischen Tradition der mündlichen Schriftkommentare, dem *Midrasch*, nachweisbar. Der zweite der folgenden Midraschim, die aus der Zeit zwischen 260 und 330 u.Z. stammen (die Zahlen beziehen sich auf die Lebenszeit der genannten Rabbis), zeigt eine frappierende Ähnlichkeit mit dem Mythos aus Platons *Symposium*:[16]

> »Rabbi Yirmeya ben Eleazar sagte: Als der Heilige, gepriesen sei Er, Adam den ersten Menschen schuf, machte Er ihn androgyn, was gesagt wird mit ›Männlich und weiblich erschuf Er sie … und Er nannte sie Adam‹« (Gen 5:2)

> »Rabbi Chemouel bar Nahman sagte: Als der Heilige, gepriesen sei Er, Adam den ersten Menschen schuf, machte Er ihn mit zwei Gesichtern, dann teilte er ihn, Rücken an

---

[14] Dies ist der genau bedachte Titel von Simone de Beauvoirs Hauptwerk *Le deuxième sexe*, das auf Deutsch ungenau mit *Das andere Geschlecht* übersetzt ist (siehe de Beauvoir 1949; 2002).

[15] Die Tendenz zur Androgynie ist in jüdischen und gnostischen Lehren der Antike sowie in der mittelalterlichen jüdischen Mystik anzutreffen (Mopsik 2003).

[16] Die erste der beiden Stellen wurde später verfasst (Midrach Rabba I. Genèse Rabba: 633–39). Der Midrasch zur Genesis wurde in der zweiten Hälfte des fünften Jh.u.Z. niedergeschrieben. Er basiert auf einer Tradition mündlicher Kommentierung einzelner Stellen, die bis ins zweite vorchristliche Jh. zurück reicht. Eine Kanonisierung des alten Testaments, die einen festen Bezugspunkt für Kommentare lieferte, war erst gegen 200 v.u.Z. erfolgt (ebd. Introduction: 10–13).

Rücken, ein Rücken hier (für den Mann), ein Rücken da (für die Frau). Man wandte ein: Es steht aber geschrieben: ›YHWH nahm eine seiner Rippen‹ (Gen 2:21)! Rabbi Chemouel bar Nahman antwortete: ›Eine seiner Rippen‹ bedeutet ›eine seiner zwei Seiten‹, wie im Ausdruck ›und für die Rippe [*zela*] des Tabernakels‹ (Ex 26: 20), den der aramäische Übersetzer wiedergibt mit ›und für die Seite des Tabernakels‹.« (Midrach Rabba. Bd. I. Genesis: VIII.1; Übers. aus dem Hebr. ins Frz. Maruani/Cohen-Arazi; aus dem Frz. MG)

Der Schluss ist auf dem Hintergrund zu verstehen, dass das hebräische Wort zela sowohl Rippe als auch Seite heißen kann. Ebenso wie in »die zela eines Tabernakels« müsse es demnach auch bei der Erschaffung Evas bzw. der Teilung des ersten Menschen in Mann und Frau nicht als »Rippe«, sondern als »Seite« übersetzt werden.

Androgyne Interpretationen der heiligen Schriften wurden von der christlichen Lehre der Kirchenväter letztlich abgelehnt.[17] Dabei spielte auch eine Rolle, dass die christliche Theologie der ersten Jahrhunderte bestrebt war, sich gegen andere Geistesströmungen wie das Judentum oder die Gnosis abzugrenzen. So wurde betont, dass der Mensch von Anfang an leiblich erschaffen war und nicht zunächst als Geist oder Idee. Die Androgynie oder Geschlechtslosigkeit des ersten Menschen wurde ebenso verworfen wie geschlechtliche Neutralität oder die Aufhebung des Geschlechterunterschieds auf Erden. Die Existenz hermaphroditischer Menschen wird nun hingegen anerkannt: »Androgyne, die man auch Hermaphroditen nennt«, würden zwar selten vorkommen, aber zu keiner Zeit fehlen. Augustinus nennt die Androgyne als Spezialfall von monströser Nachkommenschaft bei den Menschen, die jedoch gerechtfertigt sei, da Gott sie geschaffen hat. Auch sie seien zweifellos Menschen, wie alle sterblichen vernunftbegabten Lebewesen, und stammen ergo von Adam ab (Augustinus, De civitate dei, XVI: 8.).

TYPEN VON ANTHROPOGONIEN

Generell können wir Schöpfungserzählungen in folgende Kategorien einteilen:

1. Die Egalitären: Mann und Frau sind gleichursprünglich: Gen.1; Edda – diese enthält den germanischen Schöpfungsmythos, wonach Mann und Frau, Ask und Embla, aus zwei Holzstämmen von Esche und Ulme geformt werden, die drei Götter am Strand finden (Lieder-Edda 1 (Völuspá) 11; Snorra Edda: Gylfaginning 9.);

2. die Hierarchisierenden: Der erste Mensch definiert das erste, dominante, gottnähere Geschlecht, das später erschaffene das zweitrangige (Hesiod, Theogonie: 590ff – die Frauen werden geschaffen zu der Männer Leidwesen; Gen. 2 – die Frau wird geschaffen als Hilfe Adams);

3. die Neutralen oder Geschlechtsblinden: Die Problematik fehlt (*Enuma Elish* – babylonischer Schöpfungsmythos, ca. 8. Jhd. v.u.Z.).[18]

---

[17] Entscheidend hierbei war Augustinus, 354–430 u.Z. Cf. *De Gen.* Buch III. Kap. 22.

[18] Von Soden (1991: 51; 1994: 615) unterscheidet nur zwei Typen, je nachdem, ob in der Zweigeschlechtlichkeit ein Problem gesehen wird (Atramchasis, Gen. 2) oder nicht (Enuma Elish, Gen. 1) und differenziert nicht die Reflexion des Übergangs von einem Urmenschen zu zwei Geschlechtern von der klaren Hierarchisierung. Dies erschwert die Verständlichkeit seiner Beurteilung des Atramchasis-

Michael Groneberg

Der erste Typ lässt zwei Varianten zu: a) die androgyne, wonach Mann und Frau aus einem zuvor erschaffenen hermaphroditischen Urmenschen durch Teilung erzeugt werden (androgyne Adam-Deutung von Gen. 2; Platons Kugelmenschenmythos im *Symposium*); b) die Doppelzeugung (Gen. 1: aus Nichts; *Edda*: aus Hölzern). Nach dem bisher Gesagten stammt die erste Quelle für einen androgynen Urmenschen aus der jüdischen Midrasch-Tradition (mündliche Bibelauslegung) und ist auf das 3. Jh. u.Z. zu datieren. Ob in früheren Mythologien, die unsere Kultur beeinflusst haben, ein androgyner Urmensch beschrieben wird, muss offenbleiben.

DER MENSCH: ERDE, MIT GEIST VERSEHEN

Ich gehe zum Abschluss kurz auf den altbabylonischen Atramchasis-Mythos ein, der uns nur bruchstückhaft vorliegt, aber Anlass zur Annahme gegeben hat, der darin erwähnte Urmensch Edimmu sei androgyn gewesen. Auch in diesem Mythos spielt die Formgebung in Materie eine zentrale Rolle (eine Übersetzung findet sich in von Soden 1994: 618–645). Grund für die Erschaffung des Menschen ist hier ein Zwist zwischen zwei Götterfamilien, den herrschenden Anunna mit ihrem König Enlil und den Igigu, die über Jahrtausende hinweg das zur Fruchtbarmachung Babyloniens nötige Kanalnetz anlegen müssen und sich schließlich bei Enlil beklagen. Dieser hat Einsicht – »es fließen seine Tränen« (Zeile 167) – und kommt zum Ratschluss, die Muttergöttin Mami ein neues Wesen erschaffen zu lassen, dem diese schwere Arbeit zufallen würde: den Menschen (170–197). Mami besteht darauf, dabei vom Gott Enki aufgrund seiner reinigenden Kraft unterstützt zu werden und von ihm den nötigen Lehm zu erhalten. Enki ist es auch, der später seinem Lieblingsmenschen Atramchasis den Götterbeschluss verrät, die Sintflut zu schicken und der damit für den Bau der Arche und das Überleben der Menschheit sorgen wird. Enki nun fordert zur Erschaffung der Menschen, dass im Rahmen eines reinigenden Baderituals ein Gott geschlachtet werde.

> »Mit seinem Fleisch und seinem Blut möge Nintu [ein anderer Name Mamis in ihrer Funktion als Menschenschöpferin] den Lehm überschütten […] Aus dem Fleisch des Gottes werde Edimmu!« (210–11; 215)

Die Wahl des zu Schlachtenden fällt auf »Geschtu'e, den Gott, dem Planungsfähigkeit eignet« (223), aber die Weisheit fehlt. »Mit seinem Fleisch und seinem Blut überschüttete Nintu den Lehm«. So schuf die Muttergöttin auf Geheiß des Götterkönigs Enlil unter Mithilfe von Enki den ersten Menschen Edimmu. Sogleich ist aber auch von den Menschen und der Menschheit die Rede, wenn Mami den auf den Lehm spuckenden Igigu verkündet: »Eure schwere Mühsal schaffte ich damit ab; euren Tragkorb legte ich *den* Menschen auf! Ihr habt darauf *der Menschheit* Geschrei beschert; ich habe den Halsring gelöst« (240–243). Daraufhin küssen die Igigu der Mami dankbar die Füße und betiteln sie als Herrin aller Götter. Ob der erste Mensch nach dieser

---

Mythos, den er mit Gen. 2 zusammenstellt, obwohl er für diesen babylonischen Mythos einen androgynen Urmenschen unterstellt und in den erhaltenen Textstücken keine Geschlechter-Hierarchie erkennbar ist.

Mythologie androgyn gewesen ist, lässt sich schwer sagen. Denn im Anschluss besteht eine Textlücke von ca. 20 Zeilen. Danach ist von Liebkosungen zwischen Frau und Mann (in dieser Reihenfolge) sowie von Fortpflanzung die Rede.[19]

Ähnlich wie in der zweiten Schöpfungsgeschichte der Bibel braucht es auch hier zur Erschaffung des Menschen zweierlei Prinzip: einerseits Materie, verkörpert durch Erde oder Lehm, und anderseits ein geistiges Element, das die bloße Materie sozusagen ›beseelt‹, in beiden Fällen noch in materieller Form vorliegend, wenn auch in der späteren Genesis mit dem göttlichen Atem bereits weniger stofflich als das Fleisch und Blut des Gottes, der zwar Verstand hat zu planen, dem es allerdings an Weisheit mangelt.

SCHLUSS

Die Aufklärung hat uns vor die Aufgabe gestellt, mit Widersprüchen und Gegensätzen umzugehen. Eine Variante davon ist, die Dominanz einer Seite eines Gegensatzes über die andere reflektierend aufzulösen oder zu verschieben: die des Mannes über die Frau, des Geists über den Körper, der Vernunft über das Begehren, der Kultur über die Natur usw. All dies wurde im 18. und 19. Jh. *ad nauseam* durchdiskutiert und häufig nur auf der Ebene von Reflektion und Sprache bewältigt. So fand die Rückbesinnung auf Körper, Natur und Triebhaftes beispielsweise im *Sturm und Drang* der 1770er Jahre zwar sprachlich Ausdruck, aber nicht in einer wirklichen Körperarbeit, wie sie im Theater erst im 20. Jahrhundert in Angriff genommen wurde. Es brauchte einen radikaleren Neubeginn, der das ›Untere‹, das Materielle, Natürliche oder dem Volk Eigene nicht nur im Geistigen und ›von oben aus‹ einforderte, sondern beanspruchte, dass das Obere aus dem Unteren emporwachse, in empirischer Wissenschaft, in demokratischen Prozessen und in der Kunst, z.B. auf der Bühne, indem Sprache und Musik den Darstellern nicht oktroyiert werden, sondern aus ihnen entspringe in einem Prozess, in dem sie mit ihrer Singularität vermitteln zwischen dem konkreten Bühnenboden unter ihren Füssen und dem allgemeingültigen Text. Denken wir die Skulptur auf solche Weise, könnte man ihr im konträren Gegensatz zur antithetischen Auffassung das Potential zutrauen, das Schwerste zu schaffen, nämlich der bloßen Materie ihr Recht zu verleihen und ihr das Geistigste einzuverleiben: Das Erleben des Lebens im Fluss – zum Beispiel anhand des so flüssigen Geschlechts.

---

[19] Die Stelle lautet in der Übersetzung von Sodens (1994: 625): »[272 …] ihrer Brust. [273 …] der Bart; [274 …] Wange des Mannes. [275 In den Gär]ten und den Strassen [276 frei]ten einander die Gattin und ihr Gatte. [277 Die Mutter]leiber sind versammelt, [278 es sit]zt da Nintu, [279 zäh]lt die Monate. [280 Im Haus] der Schicksale riefen sie aus den zehnten Monat.« Von Soden schliesst aus diesem Übergang, dass Edimmu geteilt worden sein muss, also zuvor androgyn war, doch seine Argumente sind nicht zwingend (siehe Groneberg 2009: 147f).

BIBLIOGRAFIE

ANTIKE QUELLEN

Alkiphron. Briefe: Schepers, Menno A. (Hg.): Alciphronis rhetoris epistularum libri IV. Leipzig: Teubner, 1905 (reprint 1969).

Diodor Siculus. Weltgeschichte. In: Booth, George: The Historical Library of Diodorus of Sicily in 15 books. London: M'Dowall, 1814.

Michael Groneberg

Hesiod: Theogonie. Werke und Tage/Theogonia. Erga kai hêmerai: Hg. und Übers. Albert von Schirnding. Zürich/Düsseldorf: Artemis & Winkler 2002.

Macrobius: Les Saturnales. Édition latine et trad. française par Bornecque, Henri/Richard, François. Paris: Classiques Garnier, 1937.

Ovid: P. Ovidi Nasonis Metamorphoseon libri quindecim/Metamorphosen in fünfzehn Büchern von P. Ovidius Naso. Hg. und Übers. von Albrecht, Michael. Stuttgart: Reclam, 1994.

Platon: Symposion, übers. und komm. von Michael Groneberg, in: Groneberg, Michael (Hg.), »Salut Socrate!«. Le Banquet de Platon. Lausanne: Centre de Traduction Littéraire, 2010.

Theophrast: Charaktere. Hg. Philologische Gesellschaft Leipzig. Leipzig, 1897. Hg. und Übers. Klose, Dietrich. Stuttgart: Reclam, 2004 (orig. 1970).

MODERNE QUELLEN

Balzac, Honoré de (1830): Sarrasine. In: Serres, Michel (1989).

Chatelet, Noëlle; dt. Wittmann, Uli (2004): Mit dem Kopf zuerst. Köln: Kiepenheuer & Witsch. Orig. 2002: La tête en bas. Paris: Seuil.

Draesner, Ulrike (2002): *Mitgift*. München: Luchterhand.

Genesis (1971): The Fountain of Salmacis; www.youtube.com/watch?v=KUiSZdA3w9Y   [23.08.2010]; Text von Mike Rutherford: www.lyricsdepot.com/genesis/the-fountain-of-salmacis.html [23. 08. 2010].

Mitchell, John Cameron (2001): Hedwig and the Angry Inch. USA: Fine Line Features/New Line Cinema.

Odier, Daniel Robert, alias Delacorta (1992): Le clavecin. Paris: Fayard.

WISSENSCHAFTLICHE UND PHILOSOPHISCHE LITERATUR

Barthes, Roland (1987): S/Z, dt. Jürgen Hoch, Frankfurt am Main: Suhrkamp. Orig. 1970: S/Z, Paris: Seuil.

Delcourt, Marie (1958): Hermaphrodite. Mythes et rites de la Bisexualité dans l'Antiquité classique. Paris: PUF.

Delcourt, Marie (1966): Hermaphroditea. Recherches sur l'être double promoteur de la fertilité dans le monde classique [Collection Latomus 86]. Bruxelles: Revue d'Études Latines.

Groneberg, Michael (2003): A propos du sexe de l'âme. In: Studia Philosophica, Bd. 62: Le corps dans la philosophie – Der Körper in der Philosophie. Bern: Haupt, S. 197–209.

Groneberg, Michael (2008): Mythen und Wissen zur Intersexualität. Eine Analyse relevanter Begriffe, Vorstellungen und Diskurse. In: Groneberg, Michael/

Zehnder, Kathrin (Hg.): »Intersex«: Geschlechtsanpassung zum Wohl des Kindes? Fribourg: Academic Press, S. 83–145.

Groneberg, Michael (2009): Das Geschlecht des ersten Menschen. Zur mythologischen Herkunft der Ausdrücke Androgynie und Hermaphrodit. In: Zeitschrift für Sexualforschung, Jahrgang 22, Heft 2, S. 121–150.

Groneberg, Michael (2014): Zum Beispiel Hedwig: Über die Aktualität der antiken Narrative von Hermaphrodit und Androgyn, in: Angelika Baier, Susanne Hochreiter (Hg.): Inter*geschlechtliche Körper. Diskurs/Begegnungen im literarischen Text, Wien: Zaglossus; 161–186.

Groneberg, Michael (2014b): Omar Porras und die Spitzbubentruppe: Gesamtkunstwerker des heiligen Feuers, in: Mimos 2014 – Omar Porras (Hg.), Joël Aguet, Anne Fournier, Paola Gilardi, Andreas Härter, Bern u.a.: Peter Lang.

Groneberg, Michael (2015): Les leçons de l'hermaphrodite. Le corps et le genre entre fantasme et réalité, in: Oliver Krüger, Nadine Weibel (Hg.): Körper, Zürich: Pano, 89–115.

Groneberg, Michael (2016): Hermaphrodite's voice. Modern art's challenge of the either-or attitude, in: Stefan Horlacher (ed.), Transgender and Intersex: Theoretical, Practical and Artistic Perspectives, New York: Palgrave Macmillan, 2016, 225–252.

Groneberg, Michael (2016b): Philosophie der Männlichkeit(en), in: Stefan Horlacher (Hg.), Männlichkeitsforschung. Ein interdisziplinäres Handbuch, Stuttgart/Weimar: Metzler Handbuch, 154–168.

Groneberg, Michael, Zehnder, Kathrin (Hg.) (2008): »Intersex«: Geschlechtsanpassung zum Wohl des Kindes? Fribourg: Academic Press.

Hegel, Georg Wilhelm Friedrich (1970): Vorlesungen über die Ästhetik, nach der zweiten Ausgabe von Hotho 1842, in: Theorie Werkausgabe Bd. 13–15, Frankfurt am Main: Suhrkamp.

Hirschfeld, Magnus (2001): Zur Homosexualität des Mannes und des Weibes [1914]. Berlin: de Gruyter.

Jessen, Peter (1912): Hermaphroditos. In: Pauly, August F., Wissowa, Georg (Hg.): Realenzyclopädie der klassischen Altertumswissenschaft. Stuttgart: Metzler.

RAC: Reallexikon für Antike und Christentum. Stuttgart: Hiersemann. Lieferung 108/109 (1988): s.v. Hermaphroditos, S. 650–82 (Verfasser: Delcourt, Marie, Hoheisel, Karl).

Reinach, Salomon (1922): Répertoire de peintures grecques et romaines. Paris: E. Leroux.

Serres, Michel; dt. Kaiser, Reinhard (1989): Der Hermaphrodit. Frankfurt am Main: Suhrkamp. Orig. 1987: L'hermaphrodite. Sarrasine sculpteur. Paris: Flammarion.

INTERED

2017
BRONZE
22 x 19,5 x 19,5 cm

Fabian Vogler

GENDERNAUT

2017
BRONZE
24 x 17,5 x 16,5 cm

Fabian Vogler

Abb. 1 HERMAPHRODIT Marmor
hellenistisch (1. Hälfte 2. Jh. v. Chr.)
Pergamon Museum Berlin

Uta Kuhl

LIQUID GENDER[1]
Intersex und Universelle Geschlechtlichkeit in der Kunst. Eine Annäherung.

Die griechische Antike kennt den Mythos von Hermaphroditos (griechisch Ἑρμαφρόδιτος), der beide Geschlechter, das männliche wie auch das weibliche, in sich vereint. In der mythologischen Ausformulierung ist Hermaphroditos ein Sohn des Hermes und der Aphrodite. Durch deren Wirken wird sein Körper mit dem der Nymphe Salmakis verschmolzen. Die ausführlichste Überlieferung des Hermaphroditos-Mythos findet sich im vierten Buch der Metamorphosen des Ovid. Danach vereinigt Hermaphroditos nicht nur den Namen seiner beiden Eltern in seinem eigenen, sondern auch die Gesichtszüge. Im Alter von fünfzehn Jahren begegnet er an einem Teich der Nymphe Salmakis, die sich in ihn verliebt. In der Liebe unerfahren widersetzt sich Hermaphroditos jedoch ihrem Drängen. Als er später badet, springt die Nymphe zu ihm ins Wasser, umarmt und umklammert ihn. Als er sich weiter gegen sie wehrt, bittet sie Hermes und Aphrodite, ihre verschlungenen Körper zu einem einzigen zu verschmelzen. Als Hermaphroditos bemerkt, dass ihn das Wasser des Teiches zum Zwitter gemacht hat, wünscht er, jeden, der in diesen Teich steigt, möge dasselbe Schicksal ereilen.

In der späteren Rezeption wurde diese Geschichte verschiedentlich gedeutet – oft auch als eine Art von Vergeltung. Doch legte Groneberg (2008) überzeugend dar, dass in Hermaphroditos eine vollendete Ganzheit aus Mann und Frau symbolisiert wird, der es an nichts mangelt und die in der Vereinigung Glückseligkeit erlangt.[2] Dem stand freilich die gesellschaftliche Wirklichkeit im alten Griechenland entgegen, in der

---

[1] »Liquid Gender« ist eine Wortschöpfung von Volkmar Sigusch [Anm. d. Hg.].

[2] Groneberg 2008: bes. 95ff; Vgl. auch Gregor 2015: bes. 36ff: Geschichte der Medikalisierung der Geschlechtszuweisung.

Zwitter als Vorboten von Unheil angesehen und meist getötet wurden (Gregor 2015: 38).

Der Mythos einer vollendeten, universellen Geschlechtlichkeit wird auch von Platon im *Symposion* überliefert: Hier wird dem berühmten Komödiendichter Aristophanes der Mythos der Kugelmenschen in den Mund gelegt. Danach gab es ur-

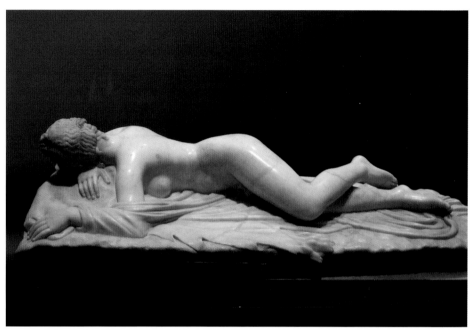

Abb. 2 SCHLAFENDER HERMAPHRODIT   Marmor. Uffizien Florenz

sprünglich drei menschliche Geschlechter, nicht nur männlich und weiblich, sondern »es gab noch ein drittes dazu, welches das gemeinschaftliche war von diesen beiden, dessen Name noch übrig ist, es selbst aber ist verschwunden«. Diese ursprünglichen kugelförmigen Menschen mit vier Armen und Beinen waren an Kraft und Stärke »gewaltig und hatten auch große Gedanken«. Als sie jedoch die Götter angreifen wollten, zerteilte Zeus sie in zwei Hälften; »so werden sie schwächer sein und doch zugleich uns nützlicher, weil ihrer mehr geworden sind«. Aristophanes sieht darin den Ursprung der Liebe und des Begehrens, deren Bestreben sei, »die ursprüngliche Natur wiederherzustellen und versucht aus zweien eins zu machen und die menschliche Natur zu heilen« (Platon, Symposion 190c–191d).

Die griechische Antike kennt auch die künstlerische Darstellung von Hermaphroditen. Überliefert sind neben Vasenbildern mehrere Skulpturen, u. a. die berühmten Hermaphroditen im Pergamon Museum Berlin (Abbildung 1), oder die Marmorfigur eines schlafenden Hermaphroditen im Louvre nach einer griechischen Bronze, von der mehrere antike Kopien existieren, u. a. in den Uffizien in Florenz (Abbildung 2). Das griechische Bronze-Original wird in Plinius' Naturgeschichte erwähnt (Plinius, Hist. Nat., XXXIV.80). Nach der Auffindung des *Schlafenden Hermaphroditen* (bzw. des nach dem ersten Besitzer *Borghese Hermaphroditus* genannten Werkes) um 1608 werden

Uta Kuhl

mehrere Kopien in Auftrag gegeben, u.a. in gleicher Größe im Auftrag von Velázquez für Philipp IV. von Spanien in Bronze (heute im Prado) oder auch für Versailles in Marmor, ausgeführt durch den Bildhauer Martin Carlier. Eine verkleinerte Bronze von Giovanni Francesco Susini befindet sich im Metropolitan Museum New York; eine Kleinplastik aus Elfenbein schuf um 1640 in Rom François Duquesnoy.[3]

Dagegen zeigen Darstellungen der Ovid'schen Erzählung seit der Renaissance in der Regel das Paar vor der Verschmelzung – der beide Geschlechter vereinigende Hermaphrodit ist bis zum ausgehenden 19. Jahrhundert praktisch kein Thema der Künste mehr. Eine Ausnahme bilden Darstellungen alchemischer Hermaphroditen des ausgehenden Mittelalters, die ideengeschichtlich auf den Gedanken des androgynen Adam zurückgehen. In diesen Darstellungen verbinden sich materielle und heilsgeschichtliche Bedeutungsebenen der Alchemie. »Beginnend im späten 14. Jahrhundert und im Laufe des 15. Jahrhunderts entsteht eine Reihe lateinischer und deutschsprachiger alchemischer Texte, zu denen jeweils ein Bildzyklus als integraler Bestandteil gehört. Diese Bildzyklen beinhalten jeweils einen oder mehrere Hermaphroditen-Darstellungen« (Limbeck 2016) – in der Regel sind die Figuren allerdings bekleidet.[4]

Abb. 3 SALMAKIS UND HERMAPHRODITOS
Mythologieatlas. 1885

Eine Darstellung von Salmakis und Hermaphroditos nach ihrer Vereinigung, mit beiden Geschlechtsmerkmalen, zeigt eine Buchillustration in einem Mythologieatlas von 1885 (Abbildung 3). Die antikisierende Formensprache verweist auf die Herkunft des Mythos, die Putti versetzen die Szene in eine unwirkliche Welt, ein Bezug zur realen Welt oder gar eigenen Gegenwart ist hier nicht intendiert.

Erst die Kunst des 20. Jahrhunderts entdeckt das Thema wieder – wenngleich in ganz anderer Formensprache. Eine gleichsam verhüllte, eher assoziative Anspielung auf androgyne Schönheit ist die berühmte Fotografie von Man Ray, »Érotique voilée« von 1930/33, die Meret Oppenheim als Akt hinter einer Druckerpresse zeigt, die Brust hinter dem Rad der Presse verborgen, der

Abb. 4 ÉROTIQUE VOILÉE
Man Ray. 1930/1933 Meret Oppenheim

---

[3] https://en.wikipedia.org/wiki/Sleeping_Hermaphroditus, Abruf 30.12.2016.

[4] Zur Idee des androgynen Adam vgl. auch Gregor 2015: 39f.

Handgriff des Rades dagegen so vor ihrem Schoß platziert, dass man unweigerlich an einen Phallus denkt (Abbildung 4). Meret Oppenheim selbst beschäftigte sich in ihrer Kunst mit den fließenden Grenzen zwischen den Geschlechtern, zwischen Natur und Kultur, Traum und Wirklichkeit. Von ihr stammt die Kleinplastik *Une parente eloignée – Eine entfernte Verwandte* von 1966, die zwischen zwei Brüsten eine schmal auslaufende phallische Form zeigt (Abbildung 5). Das Objekt wird meist als surrealistisch interpre-

Abb. 5   UNE PARENTE ELOIGNÉE
Meret Oppenheim. 1966. Mixed media

tiert und Oppenheim zielt wohl nicht auf das medizinische Phänomen als vielmehr auf das soziale Konstrukt von Intersexualität, das seit den 1960er Jahren im Zuge der Gender-Debatte (siehe unten) auch feministische Künstlerinnen beschäftigte.

Die aktuelle Debatte um Intersexualität sollte davon unterschieden werden. Werke der Kunst, vor allem der Filmkunst oder der Literatur, haben sich in den vergangenen Jahren explizit und engagiert mit dem Thema Intersexualität befasst; ihnen folgte zeitlich die Politik. In Deutschland gab 2012 der Ethikrat der Politik Empfehlungen an die Hand, die in eine Gesetzesänderung des Personenstandsgesetzes vom November 2013 mündeten. Danach kann, genaugenommen muss nun die Geschlechtsangabe im Geburtenregister offengelassen werden, wenn ein Kind weder dem männlichen noch dem weiblichen Geschlecht zugeordnet werden kann. Damit werden intergeschlecht-liche Menschen anerkannt, mit der Einschränkung, dass anstelle einer weiteren Ge-schlechtsoption kein Eintrag erfolgt. Bemerkenswert daran ist, dass dies nicht neu ist,

Uta Kuhl

sondern im Gegenteil schon in früheren Jahrhunderten, auf römischem Recht fußend, auch juristisch eine dritte Geschlechtsoption anerkannt wurde. Das Preußische Allgemeine Landrecht von 1794 sah die Möglichkeit vor, ein drittes Geschlecht (»Zwitter«) einzutragen. Damit wurde anerkannt, dass sich bei manchen Neugeborenen das Geschlecht nicht sofort nach der Geburt feststellen lässt, es Menschen gibt, die weder eindeutig männlich noch weiblich sind. Ihnen wurde das Recht zugestanden, im Alter von 18 Jahren selbst über ihre Geschlechtszugehörigkeit zu entscheiden. Insofern geht die jüngste Gesetzesänderung und auch der aktuelle Beschluss des Bundesverfassungsgerichts zum dritten Geschlecht kaum über einen historischen Stand hinaus.[5]

Dem steht die aktuelle medizinische Diskussion gegenüber, die inzwischen von einer Vielzahl verschiedener Formen der Intersexualitäten ausgeht. Danach kommt vermutlich eines von 2.000 bis 5.000 Neugeborenen mit einem nicht eindeutigen Geschlecht zur Welt. Diese medizinische Sicht freilich ist neu, vor allem in ihrer – bei weitem nicht einheitlich vertretenen – Schlussfolgerung, die Entwicklung einer betroffenen Person zumindest bis zur Pubertät abzuwarten. Über Jahrzehnte dagegen war die in den 1960er Jahren von dem Sexualwissenschaftler John Money vertretene These auch in Deutschland maßgeblich, dass zwischen sozialem Geschlecht (*gender*) und körperlichem Geschlecht (*sex*) zu unterscheiden sei und die Geschlechtsidentität lediglich erlernt sei; eine These, die viele Feministinnen begrüßten.

Dieser über Jahrzehnte wirkmächtigen These folgte die – teilweise bis heute gängige – Praxis, intersexuelle Kinder so früh wie möglich zu operieren. Ihnen wird ein soziales Geschlecht zugewiesen, dem ihr körperliches Geschlecht angepasst wird – meist das weibliche, lediglich weil es medizinisch als einfacher galt, eine Vagina zu formen als einen Penis. Diese Geschlechtszuweisung erfolgte häufig unabhängig vom chromosomalen Geschlecht und durch die frühe Operation auch, ohne die Entwicklung der geschlechtlichen Identität des Kindes abzuwarten. Erst in den 1990er Jahren wurde diese Praxis, die viel Leid verursacht, hat, vor allem durch die Kritik von erwachsenen Betroffenen in Frage gestellt.[6] Hier mögen auch Filme wie *Both* (2005) eine aufklärende, impulsgebende Rolle gespielt haben (siehe unten). Ein zentraler Punkt des aktuellen medizinischen und ethischen Diskurses, angestoßen zumeist von Betroffenen, ist das Recht auf körperliche Unversehrtheit. Dies impliziert die Forderung, zwangsweise Operationen an Kindern mit uneindeutigem Genitale oder Geschlecht zu verbieten. Der Deutsche Bundestag hat sich im Ausschuss für Familie, Senioren, Frauen und Jugend, die sich mit der Stellungnahme »Intersexualität« des Deutschen Ethikrates befasste, im Juni 2012 eindeutig positioniert: »Operationen zur Geschlechts-

---

[5]   Erst eine Gerichtsentscheidung aus dem Jahre 1931 formulierte, dass die Eintragung ›Zwitter‹ unzulässig sei, weil dieser Begriff dem deutschen Recht unbekannt sei; siehe Plett 2007. Grundlegend auch Klöppel 2010, bes. das Resümee Gender by design, ebd. 585–606.

[6]   Einen prägnanten Überblick zu dieser Entwicklung wie auch zur bedeutenden Rolle der Hamburger Forschergruppe um Hertha Richter-Appelt und Katinka Schweizer gibt Sigusch 2013.

festlegung bei intersexuellen Kindern stellen einen Verstoß gegen das Menschenrecht auf körperliche Unversehrtheit dar und sollen zukünftig unterbunden werden.«[7]

Dazu tritt der Wunsch nach gesellschaftlicher Akzeptanz des »anders Seins«. Wird auch Intersexualität heute von medizinischer Seite nicht mehr als behandlungsbedürftig oder krankhaft angesehen und wird heute – endlich – von frühen geschlechtsangleichenden Operationen abgeraten, damit die betroffenen Kinder und Jugendlichen in den Entscheidungsprozess einbezogen werden können, wird doch andererseits immer noch suggeriert, eine Entscheidung sei irgendwann notwendig. Offenkundig tun sich Medizin und wohl mehr noch die Gesellschaft immer noch schwer anzuerkennen, dass es Menschen gibt, die sich gar nicht zwischen männlich und weiblich entscheiden können oder wollen. Auf der anderen Seite stehen Mediziner, die bei Kindern und Jugendlichen, die sich im »falschen« Körper fühlen, sogar für eine frühere Behandlung mit Hormonen (in der Regel ab dem 14. Lebensjahr) bzw. eine Erlaubnis von Operationen vor dem vollendeten 18. Lebensjahr eintreten.[8] Auch hier ist letztlich geschlechtliche Eindeutigkeit das Ziel. Dagegen kann eingewandt werden, dass geschlechtliche Identität möglicherweise Veränderungen unterworfen sein und als wandelbar erlebt werden kann, während durch diese Behandlungen transsexueller Kinder und Jugendlicher umgekehrt Fakten zugunsten einer unveränderlichen Eindeutigkeit geschaffen werden, bevor die Jugendlichen im Laufe der Pubertät ihre Geschlechtsidentität zweifelsfrei bestimmen konnten. Immerhin ist es nach neuerer Rechtsprechung durch das Bundesverfassungsgericht in Deutschland auch ohne operative genitalkorrigierende Schritte möglich, den Personenstand zu wechseln. 2011 hat das Bundesverfassungsgericht entschieden, dass betroffene Patienten nicht zu operativen genitalkorrigierenden Eingriffen gezwungen werden könnten, entscheidend sei das erlebte psychische Geschlecht.[9]

Was hat dies mit Kunst zu tun? Was erhoffen, erwarten wir als Betrachter*innen von Kunst, soweit sich das heute überhaupt noch in einer breiter akzeptierten Formulierung sagen lässt? ›Sehen zu lernen‹ ist eine der Formeln, also über das bislang Gesehene und Gewusste hinaus Neues zu erkennen: schon oft Gesehenes neu zu sehen, Unbekanntes zu erfahren, Unverstandenes (neu) zu reflektieren, Unbeachtetes neu wahrzunehmen, berührt zu werden, geläutert zu werden, über die Identifikation mit dem künstlerisch Dargestellten einen emotionalen Zugang zu erhalten. Die Bildkünste einschließlich neuerer Formen wie Performance, Rauminstallation, kinetische Kunst im Besonderen vermögen zudem, Zusammenhänge aufzuzeigen, die sich Worten und

---

[7] Votum des Deutschen Bundestages der öffentlichen Anhörung im Ausschuss für Familie, Senioren, Frauen und Jugend am 25. Juni 2012. https://www.bundestag.de/dokumente/textarchiv/2012/39209706_kw26_pa_familie/208696. Vgl. auch Deutscher Bundestag Drucksache 17/9088 2012 und die Stellungnahme Deutscher Ethikrat 2012.

[8] Meyenburg u. Richter-Unruh 2012: Als Vorteil dieser zuerst von der holländischen Arbeitsgruppe um Cohen-Kettenis in den 1990er-Jahren eingeführte Behandlungsmethode wird angeführt, dass die oftmals als extrem belastend erlebten pubertären Veränderungen nicht eintreten. Das hormonelle Eingreifen vor der Pubertät soll irreversible Veränderungen wie das Brustwachstum verhindern.

[9] Az. 1 BvR 3295/07, Beschluss vom 11. Januar 2011.

Uta Kuhl

erst recht der intellektuellen Analyse entziehen. Vielfach wurde (wird) Kunst auch die besondere Eignung zugeschrieben, gesellschaftliche Strömungen wie ein Seismograf aufzuspüren und aufzuzeigen.

Weitet man die Perspektive über die Kunst hinaus auf die Bildmedien im Allgemeinen aus, wird offensichtlich, dass eine Gesellschaft Bilder braucht, um die Relevanz eines Themas wahrzunehmen. Nicht allein die Bildwelten, die wir heute der Kunst zurechnen, sondern viel mehr noch die Bilder, mit denen wir in den Medien, durch Presse und Journalismus, aber auch in der Werbung konfrontiert werden, spielen hier eine zentrale Rolle, von neuen Bild-Textformen, die im Internet verbreitet werden wie die Memes, ganz zu schweigen. Oft sind es gerade Bilder, die politisch wirksam werden: Im Bild des dreijährigen ertrunkenen Aylan Kurdi, das um die Welt ging, wurde die Flüchtlingskatastrophe in der Ägäis emotional fassbar. In Bildern, die in der heutigen Medienwelt umso schneller zu Ikonen geraten, wird die schwer zu bewältigende Komplexität und politisch kaum aufzulösende Schwierigkeit eines Themas darstellbar und emotional wirksam, das viele intellektuell überfordert. Die Benetton-Plakate der 1980er, die Aids-Kranke zeigten, erregten Aufmerksamkeit, ja Empörung bis hin zum Boykott, aber bahnten wohl auch einer neuen Toleranz den Weg. Diese alte Weisheit hinsichtlich der Macht der Bilder ist nicht erst unserer Zeit bekannt. Das wussten schon die Herrscher der Antike, das wussten die Reformatoren vor 500 Jahren, das wissen heute Politiker und Medienmacher – das wissen oder ahnen all die Millionen von Bloggern oder »Usern« der vielen Plattformen im Internet. Verständlich also, dass sich engagierte Ärzte und Juristen, die dem Thema der Selbstbestimmung und Unversehrtheit von Intersexuellen endlich das notwendige Gehör verschaffen wollen, sich den Beistand der Kunst suchen.

Auch auf Seiten der direkt Betroffenen kommt den Künsten ein hoher Stellenwert zu, gibt es doch eine Reihe von Beispielen, dass Betroffene überhaupt erst über Werke der Kunst, einschließlich Film und Literatur, auf das Phänomen Intersexualität aufmerksam wurden, zum Teil sogar dadurch erst ihr eigenes Schicksal überhaupt verstehen konnten. Das inspirierte sie selbst wiederum dazu, in ihrem künstlerischen Werk Worte oder Bilder für bislang nicht Wahrgenommenes, nicht Gesehenes und Ungehörtes zu finden. Die Intention, dem eigenen Schicksal und dem von Leidensgenoss*innen Gehör und Sichtbarkeit zu verschaffen, ist dabei sicherlich häufig verbunden mit der Hoffnung, aufklärerisch zu wirken und gesellschaftliche Prozesse in Gang zu setzen. Diese Künstler*innen offenbaren sich (spätestens dann) als Intersexuelle, in der – mehr oder weniger bewusst formulierten – Hoffnung, ihrem Anliegen damit auch eine größere Authentizität und künstlerische Autorität zu verleihen.

Dies ist beispielsweise das erklärte Ziel der Filmemacherin Lisset Barcellos, die ihren Film *Both* (2005) zunächst aus persönlicher Betroffenheit heraus begonnen hat, aber damit auch einen Appell und eine gesellschaftliche Hoffnung verbindet. Ihr ausdrückliches Anliegen ist es, mit dem Medium des Films aufzuklären und politisch zu wirken, »Zwangsoperationen zu illegalisieren« – aber auch, ein neues Bewusstsein entstehen zu lassen, dass Geschlechter als etwas »Fließendes« aufzufassen wären, also die alten Kategorien aufzubrechen seien. Lisset Barcellos schildert in *Both* das Leiden einer intersexuellen Stuntfrau, die im Alter von drei Jahren zwangsoperiert wurde, darüber aber nicht aufgeklärt wurde. Erst die Begegnung mit einem betroffenen, unversehrten Kind wurde ihr zum Katalysator der Erkenntnis über ihr eigenes Schicksal (Barcellos 2005).

Eine aufklärerische Absicht verfolgt auch der argentinische, mit dem großen Preis der Kritikerwoche in Cannes ausgezeichnete Film *XXY* von 2007. Er zeigt die Schwierigkeiten der 15jährigen Alex, deren Eltern sich bis dahin gegen eine Operation entschieden hatten und die Intersexualität ihres Kindes lange erfolgreich verheimlicht hatten. In der Pubertät wird Alex nun mit den Reaktionen der Umgebung konfrontiert.

Dies sind nur zwei Beispiele einer jüngeren Auseinandersetzung mit Intersexualität über die Grenzen der medizinischen Fachwelt hinaus und damit zugleich Symptom wie auch Beschleuniger einer breiteren gesellschaftlichen Aufmerksamkeit. In den letzten Jahren wird darüber hinaus eine öffentliche Auseinandersetzung über Internet-Foren der Betroffenen-Verbände und Communities hinaus wahrnehmbar, die über die Presse auch in die breitere Öffentlichkeit vordringt und sogar Thema von Kinderbüchern (Ursula Rosen, Jill ist anders, 2015) und entsprechenden Unterrichtsmaterialien für den Schulunterricht ist. Diese flankierten die politische Ebene bzw. bereiteten sie vor, etwa die Empfehlung des Deutschen Ethikrats von 2012 und die Gesetzesnovelle von 2013. Doch noch immer wird auch in Deutschland medizinisch eingegriffen; noch immer tut sich die Gesellschaft schwer damit, Intersexualität zu akzeptieren.

Daher noch einmal gefragt: Kann die Kunst hier einen Beitrag leisten?

Verständlicherweise sind bei diesem Thema Dokumentarfilm und Fotojournalismus Grenzen gesetzt – trotz der inzwischen zum Teil freizügigen Selbstdarstellung von Betroffenen im Internet – denn ebenso (selbst)verständlich ist, dass Betroffene sich nicht einem schnell als Voyeurismus verdächtigen Interesse aussetzen wollen, also nicht für Fotos zur Verfügung stehen. Und die Kunst? Die »Gender Studies« der angesehenen Fotokünstlerin Bettina Rheims (2014) stellen eine der seltenen Ausnahmen dar, wo sich Betroffene freiwillig vor die Kamera begeben haben und sich von Bettina Rheims haben fotografieren lassen – und zudem die Einwilligung gaben, diese Fotografien zu veröffentlichen. Dabei war sich die Künstlerin sehr wohl bewusst, welch hohes Vertrauen die von ihr Porträtierten damit bewiesen: »They came to be photographed, trusting me not to betray them, and gave me their souls« (Rheims 2014: Nachwort). Indem der/die Betrachter*in betroffenen Menschen in die Augen blicken, sie in ihrer Individualität und als Person wahrnehmen kann – Intersexualitäten also ein Gesicht erhalten – wird emotional nachvollziehbar, dass diese Menschen in ihrem Anders-Sein doch auch Menschen ›wie Du und ich‹ sind. Der individuelle Zugang erleichtert so die Akzeptanz ihres ›Anders‹-Seins.

Den Porträts von Bettina Rheims ging die Veröffentlichung von weitaus älteren Fotografien voraus, die aber erst im – quasi jedem Voyeurismus unverdächtigen – Kontext von Kunst öffentlich gemacht wurden: 1860 fotografierte der berühmte französische Fotograf Nadar (1820–1910, eig. Gaspard-Félix Tournachon) eine Serie

Uta Kuhl

von neun Aufnahmen einer*s jungen Intersexuellen, wohl als Auftragsarbeit, mit dem Ziel eine seltene »Krankheit« so wahrheitsgetreu wie möglich zu dokumentieren. Der/die Dargestellte, Nadar durch einen Arzt vorgestellt, war von eher männlicher Statur, empfand sich aber als weiblich. Die inzwischen auch im Netz zugänglichen Fotografien zeigen die Person in verschiedenen Posen und Blickwinkeln, inklusive ihrer Genitale.[10] Nadar selbst aber publizierte diese Fotos nicht, stattdessen sicherte er sich 1861 das Copyright und beschränkte ihren Gebrauch ausdrücklich auf die Wissenschaft, schloss aber die öffentliche Präsentation aus. In Fachkreisen gelten diese Fotos als die wahrscheinlich frühesten medizinischen Aufnahmen eines intersexuellen Patienten, ein »milestone in the history of sexual medicine« (Schultheiss, Herrmann,

Abb. 6 MANNFORM | FRAUFORM | EIFORM 2015. BRONZE.
226,5 x 46 x 42 | 46 x 91 x 60 | 177,5 x 64 x 51,5 cm

Jonas 2006). Veröffentlicht wurden zwei dieser Fotografien erst 1995, also 130 Jahre nach ihrem Entstehen: in einer Ausstellung des Metropolitan Museum of Art in New York, zusammen mit weiteren Werken Nadars – und damit als Kunst, nicht als wissenschaftliche Dokumentation.

Auch der Künstler Fabian Vogler ist auf das Thema Intersexualität aufmerksam geworden und widmet seine jüngeren Plastiken diesem Thema. Anregungen geben

---

10 https://en.wikipedia.org/wiki/Hermaphrodite_(Nadar), Abruf 30.12.16.

ihm Gespräche mit Betroffenen, u. a. mit Lucie Veith und Alex Jürgen. Voglers Anliegen ist es, auf die Situation medizinisch versehrter wie unversehrter Intersexueller mit den Mitteln seiner Kunst aufmerksam zu machen sowie Geschlechtlichkeit als etwas »Fließendes« wahrnehmbar werden zu lassen – *Liquid Gender*. Erklärtes Ziel der unter diesem Titel 2016 in Barcelona gezeigten Ausstellung war es, die Reflexion über die Diversität von Sexualitäten in unserer Gesellschaft zu ermutigen. [11]

Die ausgestellten Figuren Voglers – *Meninas*, *Inter*venus* oder auch *Dittmars Brüder* – entstehen zumeist aus Ballonabformungen, die wie Puppenglieder aneinander gefügt werden. Neben partiell polierten Oberflächen zeigen die Bronzen die Spuren ihrer Entstehung und verweisen so auf den künstlerischen Arbeitsprozess mit den in Gips getränkten Textilien, Kordeln und zerschnittenen Gummischläuchen aus Kraftfahrzeug- und Fahrradreifen, mit denen die Ballons deformiert wurden. Schwankend zwischen Abstraktion, der Konstruktion autonomer Formen und der Repräsentation menschlicher Leiber bzw. Gliedmaßen entstehen für die Betrachter*innen an Menschen erinnernde Körper; besonders deutlich bei den von Velázquez inspirierten *Las Meninas*. Mit den prall-runden Formen, die durch Kordel und Gummiband kaum zu bändigen sind, evozieren Werke wie *Inter*venus* oder auch *Mannform – Eiform – Frauform* (Abbildung 6) eine Ahnung von Erotik und provozieren zugleich sachte durch die unvermeidbare Assoziation an Bondage-Szenen, die dem Kunstliebhaber vielleicht aus Fotografien von Araki bekannt sein mögen.

Kleinere abgebundene Luftkammern ragen aus den geballten wie gequetschten Körpern hervor; die verknoteten Mündungen der Ballone, durch die sie einmal mit Luft gefüllt wurden, setzen als Rosetten Akzente; klein zwar, aber als faltenreiche Ausformungen lassen sie an Körperteile (Schließmuskel, Bauchnabel, Brustwarzen) denken (*Superform*). Doch bleibt die Darstellung uneindeutig, und wer in dem aufragenden Torso von *Menina | 3* (Abbildung 7) einen mächtig geschwollenen Penis oder in Rundformen Brüste erblickt, der ist zuletzt doch wieder mit seinen eigenen Assoziationen kurzgeschlossen. Werden sich die Betrachter*innen ihres subjektiven Anteils der Interpretation gewahr, fallen die Plastiken kurz zurück in ihre abstrakte Formgebung, um doch gleich darauf wieder wie in einem Vexierbild als subjektives Assoziationskonglomerat dem Auge unerbittlich figürlich entgegenzuspringen. Die einmal geknüpfte Assoziation lässt sich aus dem Kunstwerk nicht mehr tilgen.

Augenscheinlich sind das Körperhafte, das Geschlechtliche, aber auch gerade das Uneindeutige im Hinblick auf eine Zuordnung der Figuren zu einem der beiden normgebenden Geschlechter von Vogler gewollt; auch wenn die tatsächlichen Assoziationen doch immer dem/der Betrachter*in überlassen sind und die Objekte überwiegend abstrakte Formungen bleiben, die die Geschichte ihres Entstehens differenziert als Feinstruktur mitliefern. In dieser Uneindeutigkeit, die den Betrachter*innen offen ihren Anteil zuweist, unterscheiden sich Voglers Arbeiten von naturalistischen Darstellungen wie der lebensgroßen Alabasterskulptur eines Hermaphroditen des Bild-

---

[11] So der Titel seiner von Caterina Tomeo kuratieren Ausstellung in Barcelona 2016; Zitat aus dem Vorwort von Theodor Proffe vom Generalkonsulat Barcelona (unpag.).

Uta Kuhl

hauers Gerhard Stelzhammer, die unter dem Vorwand des Naturalismus sehr direkt die Phantasie des Voyeurs bedient.[12] Das unterscheidet Voglers Plastiken auch von den Pop-Up-Figuren eines Jeff Koons, der sich vermutlich rühmen kann, als erster den Luftballon als Vorbild und Werkstoff in das Kunst-System eingeführt zu haben. Während aber Koons mit seinen Ballon-Plastiken den ready-mades eines Duchamp nahesteht, finden wir Vogler eher in der Nähe von Künstlern wie Hans Bellmer oder

Abb. 7 MENINA | 3 2013–16. BRONZE. 140 x 92,5 x 48 cm

auch Wilhelm Loth, die in ihren Gebilden an geschlechtlicher Eindeutigkeit aller-dings nichts vermissen lassen. Wenn man im Bereich der Kunst von ›Verdiensten‹ sprechen kann, dann ist es vielleicht das Voglers, eine besondere Form plastisch-ero-tischer Vexierbilder geschaffen zu haben, die ihre Betrachter*innen, wie beschrieben, zwischen objektiver Abstraktion und subjektiver Konkretion hin- und herwerfen, sie dessen zugleich bewusst werden lassen und damit das »Fließende«, nicht eindeutig Zuzuordnende zum Thema machen. Andeutung und Uneindeutigkeit bei plastisch schwellender Körperlichkeit sind das tragende Prinzip. Die geschlechtliche Uneindeu-tigkeit der Figuren bzw. ihre »fließende« Geschlechtlichkeit ist dabei zum Teil zwang-lose Folge des Werkprozesses und lässt der Anschauung Spielraum. Zum Teil ist sie

---

[12] http://www.gerhard-stelzhammer.at/. Nach eigenen Aussagen wurde die Skulptur 2010 von einem Film über Intersexualität auf arte angeregt.

auch explizit formuliert, also intendiertes Attribut – wie bei der *Regentrude von Breklum*, die als Sinnbild der Fruchtbarkeit mit zwei Paar Brüsten ausgestattet ist, zugleich aber einen Mikropenis aufweist, der freilich in der rauen, im Modellieren aufgebrochenen Partie zwischen den Beinen nur einem/r aufmerksamen Betrachter*in ins Auge fällt. Kommt hier in der Märchengestalt der Regentrude, als Sinnbild einer zeitlosen »Vorstellung vom Leben« gedeutet (Haupenthal 2016: 36), das Ideal einer universellen Geschlechtlichkeit zum Ausdruck?

Leistet Vogler damit einen fruchtbaren Beitrag für den Intersex-Diskurs? Möglicherweise. Auf jeden Fall nimmt er mit seinen Plastiken an diesem Diskurs teil, schon weil er dies in seinen Titeln wie auch den Werken selbst postuliert. Welche Rolle dieser Beitrag in jenem Diskurs spielen wird, kann der Künstler jedoch kaum mehr kontrollieren. Seit Kunst nicht mehr – weder von den Künstler*innen selbst noch von den Kunstwissenschaftler*innen und Kunstkritiker*innen – unabhängig von den Diskursen gedacht und betrachtet werden kann, in die sie gestellt wird, unterliegt sie deren Eigendynamik und ist damit vom Einzelnen weitgehend abgekoppelt und kaum mehr beeinflussbar. Das gilt paradoxerweise unabhängig von der Tatsache, dass die Kunst zu allererst ihren eigenen Diskurs hat, der sich systematisch gegen alle anderen Diskurse funktional abschließt.[13] Transportiert wird freilich der hohe Status, den Kunst und Künstler*innen in der Gesellschaft genießen. Da ist also ein Bildhauer, der sich – endlich mal – mit dem Thema Intersex beschäftigt! Da bewegt sich endlich auch in der klassischen Bildenden Kunst mal was zum Thema Intersex, nachdem schon Film und Fotografie, Theater (Tanztheater MIXED_ME, Freiburg 2016) und Literatur, ja selbst Kinderbücher sich des Themas angenommen haben (Rosen 2015).[14]

Was der Film wie auch der Roman der Fotografie als einer Momentaufnahme und erst recht der ›statuarischen‹ Plastik voraushaben, ist allerdings die Schilderung einer Entwicklung, eines Erkenntnisprozesses und damit möglicherweise sogar einer (Er)Lösung. Vor allem die bewegten Bilder des Films implizieren schon per se das Wandelbare, das im Begriff des »Fließens« mitschwingt, wie es auch Lisset Barcellos formuliert.[15] Dagegen zeigt die Plastik einen Zustand und kann höchstens das Ende eines Prozesses zur Anschauung bringen – im Falle Voglers des künstlerischen Schaffensprozesses, der sichtbar in die Gestaltung eingegangen ist; in einer weiteren Ebene wohl auch den Wahrnehmungsprozess, der durch formale Uneindeutigkeit wie oben beschrieben ebenfalls zum Thema der Darstellung wird. Damit wird der scheinbar unabänderlich vor Augen gestellten Statue zwar in gewissem Sinne eine zeitliche

---

[13] Funktional abgeschlossen heißt dabei, dass sich das Kunst-System (in der Terminologie Luhmanns) mit keinem anderen System, etwa dem Medizin-System überschneidet. Es organisiert und reproduziert sich nach eigenen Gesetzen und kann kaum von außen gesteuert werden.

[14] Zu dem Kinderbuch von Ursula Rosen liegen auch Unterrichtsmaterialien vor: http://www.kinder buch-intersexualitaet.de/UE Aktualisierung 20.07.2016.pdf. Allgem. vgl. https://en.wikipedia.org/wiki/Intersex_characters_in_fiction

[15] Für sie sind Geschlechter etwas »Fließendes«, und jede Person und jeder Körper ist Teil dieses Flusses; vgl.. das Interview Barcellos 2005: 34. Zur Problematik des Statuarischen in der Skulptur siehe dazu auch den Beitrag von Michael Groneberg in diesem Band.

Uta Kuhl

Dimension zuteil, diese aber verweist vorrangig auf den Künstler und den künstlerischen Entstehungsprozess des Formens und Gießens, in zweiter Linie verweist sie die Betrachter*innen auf ihre Wahrnehmung und deren Bedeutung für das Kunstwerk. Eine gesellschaftliche »Wirklichkeit« ist damit aber noch keineswegs zum Ausdruck gebracht – vielleicht eine Utopie?

Auch bleibt die Frage offen, inwieweit sich Intersexuelle mit diesen Figuren identifizieren mögen – mit der zum Idol geronnenen Statuarik der Plastik, aber auch mit der Reduktion einer Person auf das Körperhafte, das der Plastik mehr als der Malerei und erst recht gegenüber Literatur oder Film zu eigen ist, aber auch mit der Sexualisierung, die sich aus der Darstellung von Geschlechtsorganen in Verbindung mit den Schnürungen und den sich daraus ergebenden Assoziationen ergibt – selbst wenn hier zugleich eine Metapher des Gefesselt-Seins in gesellschaftlichen Normen und Prägungen intendiert sein könnte.

Dabei ist die Bedeutung von Vorbildern, Rollenmodellen und Identifikationsmöglichkeiten auch für Intersexuelle wohl unbestreitbar. Dies zeigt nicht nur die zunehmend (im Internet) ermöglichte Kommunikation und Bildung von Communities, das wird auch in der medizinischen Literatur beobachtet: »Immer mehr Jugendliche erkennen und bekennen sich aufgrund von Vorbildern in der Öffentlichkeit zu ihrer Transsexualität. Eines dieser Vorbilder im Bereich der Transidentität ist beispielsweise der 1980 geborene Stabhochspringer Balian Buschbaum, der bis 2007 noch Yvonne hieß« (Meyenburg, Richter-Unruh 2012).[16] Vorbilder sind also für die meisten Betroffenen bzw. Erfahrungsexpert*innen andere Betroffene, die sich offenbart haben,[17] mehr wohl als die Protagonisten von Filmen und Romanen, sofern diese nicht auf Tatsachen beruhen. Erst langsam werden auch intergeschlechtliche Vorbilder sichtbar, z. B. das Model Odiele.[18]

Fragt man nach weiteren möglichen Vorbildern, fallen neue Trends der Modewelt ins Auge, die einer androgynen, geschlechtlich mehrdeutigen Schönheit huldigen – so zuletzt ein Model von Céline, u. a. veröffentlicht im Zeitmagazin vom Dezember 2016 (Nr. 52: 4). Schon im März 2011 titelte die Bild-Zeitung: »Androgyne Models erobern den Laufsteg«; ein Artikel in der »Welt« über die Debatte des Deutschen Ethikrates vom 27.11.2011 wurde mit den Bildern androgyner Models eingeleitet.[19] Inzwischen gibt es Facebook-Plattformen und weitere Seiten über bzw. für androgyne Models.[20] Und das Modelabel Closet verkauft mit seiner neuen Kollektion *Same same not different* Unisex-Mode. Wird hier in einer universellen Geschlechtlichkeit ein Gegenbild ge-

---

[16]   Betont sei, dass Intersexualität und Transsexualität verschiedene Phänomen sind, auch wenn es Parallelen gibt. Vgl. dazu den Beitrag von Becker, Brunner, Preuss in diesem Band.

[17]   Vgl. z.B. https://en.wikipedia.org/wiki/List_of_intersex_people

[18]   Die Amerikanische Initiative InterACt geht hier offensiv und affirmativ vor im Schaffen von Vorbildern. http://www.bbc.com/news/world-europe-38730291

[19]   Judith Luig, Männlich weiblich und bald auch intersexuell? https://www.welt.de/lifestyle/article13735225/Maennlich-weiblich-und-bald-auch-intersexuell.html

[20]   Vgl. u.a. https://de.pinterest.com/Loekapoes/androgyne-models/

sucht zu der Welt des Marktes und der Waren, in der Geschlechtsunterschiede wieder vehement, auf jeden Fall gewinnträchtig betont werden? In der nicht nur die Kindermode, sondern auch der Spielzeugmarkt beherrscht werden von akzentuiert geschlechtsspezifischen Produkten mit einer von Einhörnern bevölkerten, glitzernden, rosa Mädchen-Märchenwelt und einer dunkel-rauen Knabenwelt mit Piraten und Superhelden, die inzwischen sogar LEGO erreicht hat?

Nun ist der Spielzeugmarkt heute höchst kunstfern und selbst die Mode, soweit sie nicht Haute Couture ist, setzt sich selten einem Kunstverdacht aus. Gleichwohl lassen sich in beiden gesellschaftliche Trends, Normen und Leitbilder aufspüren – wie schon zuvor in der Geschichte, etwa in der Begeisterung für den Matrosenanzug unter Kaiser Wilhelm II. zur Zeit des Flottenausbaus. Blicken wir von hier zurück zur Kunst, so kann diese Beobachtung vielleicht zur Mahnung oder auch Demut dienen, zeigen diese Beobachtungen doch, dass auch die Kunst nur ein gesellschaftspolitischer Diskurs unter vielen ist, mit einer Eigendynamik, deren Ergebnisse noch nicht absehbar sind. Wird oder wurde der Kunst oft die Fähigkeit zugeschrieben, gesellschaftliche Trends und Strömungen ›seismographisch‹ besonders früh darzustellen, nicht nur künstlerische, sondern auch gesellschaftliche Avantgarde zu sein, muss heute gefragt werden, ob diese Rolle noch immer bei den traditionellen Künsten liegt oder nicht (auch) in die Welt von Film und Medien, vor allem aber in die unübersehbaren Weiten des Internet übergegangen ist. Auf der anderen Seite gab und gibt es das Bestreben, Kunst zu vereinnahmen und sich ihre Wirkmacht zur Verbreitung von Botschaften nutzbar zu machen. Eine zentrale Forderung der Kunst der Moderne war es, sich kunstfremden Interessen und Interessengruppen nicht anzudienen. Diese Haltung muss mitnichten ein Kriterium für Kunst sein, denn zweifellos kann es ihr gelingen, der Gesellschaft einen Spiegel vorzuhalten. Doch hüte sich die Kunst vor der Gefahr, »dass sich mit dem politischen Labeling sämtliche Fragen nach der Relevanz eines Kunstwerks, nach seiner Stellung in der Tradition und im Diskurs erübrigen«.[21]

---

[21] Christine Lemke-Matwey. *Verkauft uns nicht für dumm*. ZEIT vom 5.1.2017: 41.

BIBLIOGRAFIE

Barcellos, L. (2005), Interview mit Lisset Barcellos von Dagmar Trüpschuch auf den lesbisch schwulen Filmtagen, l'express Nov. 2005, S. 32–34.

Deutscher Bundestag (2012), Unterrichtung durch den Deutschen Ethikrat. Stellungnahme des Deutschen Ethikrates Intersexualität. Drucksache, 17/9088, 17. Wahlperiode 14. 02. 2012 (http://dip21.bundestag.de/dip21/btd/17/090/1709088.pdf)

Deutscher Ethikrat (2012), Hg., Intersexualität. Stellungnahme vom 23. Februar 2012, Hamburg 2012 (digital http://www.ethikrat.org/dateien/pdf/stellungnahme-intersexualitaet.pdf)

Gregor, A. (2015), Constructing Intersex. Intergeschlechtlichkeit als soziale Kategorie, Bielefeld.

Groneberg M. (2008), Mythen und Wissen zur Intersexualität. Eine Analyse relevanter Begriffe, Vorstellungen und Diskurse, in: Michael Groneberg u. Kathrin Zehnder, Hg., »Intersex«. Geschlechtsanpassung zum Wohl des Kindes? Erfahrungen und Analysen, Fribourg 2008, S. 83–145.

Hauptenthal, U. (2016), Mythischer Naturkreislauf. Anmerkungen zu Fabian Voglers Figur der Regentrude, in: Die Regentrude von Breklum, Husum-Halebüll.

Klöppel, U. (2010), XXOXY ungelöst. Hermaphrodismus, Sex und Gender in der deutschen Medizin. Eine historische Studie zur Intersexualität, Bielefeld.

Uta Kuhl

Limbeck, Sv. (2016), Bilder alchemistischer Hermaphroditen (15. Jahrhundert). Vortrag auf dem Symposion »Männlich – weiblich – zwischen«, Hannover 16.-19.9.2015, published 22/02/2016, updated 16/04/2016, https://intersex.hypotheses.org/2600, Abruf 30.12.16.

Meyenburg B. u. Richter-Unruh, A. (2012), Leben im falschen Körper. Transsexualität im Kindes- und Jugendalter, korasion Nr. 2, Mai 2012, http://www.kindergynaekologie.de/fachwissen/korasion/2012/transsexualitaet-im-kindes-und-jugendalter Abruf 30.12.16.

Platon, Symposion, in der Übersetzung von Friedrich Schleiermacher

Plett, K. (2007), Rechtliche Aspekte der Intersexualität. In: Zeitschrift für Sexualforschung 20, 2, 2007,162–175.

Rheims, B. (2014), Gender Studies, Göttingen.

Rosen, U. (2015). Jill ist anders. Salmo Verlag Lingen.

Schultheiss, D.; Herrmann, Th.; Jonas, U. (2006), »Early Photo-Illustration of a Hermaphrodite by the French Photographer and Artist Nadar in 1860«. The Journal of Sexual Medicine. 3 (2), 355–360.

Sigusch, V. (2013), Intergeschlechtliche und ihr Aufbruch, in: Ders., Sexualitäten. Eine kritische Theorie in 99 Fragmenten, Frankfurt/M.

ABBILDUNGEN

ad Abb. 2: Schlafender Hermaphrodit, römische Kopie nach dem griechischen Bronze-Original des jüngeren der beiden hellenistischen Bildhauer Polycles (um 155 v. Chr.); Foto Kuhl

ad Abb. 4: Man Ray, Érotique voilée, Courtesy Galerie Johannes Faber © Man Ray Trust, Paris/VG Bild-Kunst, Bonn 2018

ad Abb. 5: Meret Oppenheim, Une parente eloignée, Privatsammlung; Foto Kuhl; © VG Bild-Kunst, Bonn 2018

WHOMAN | 1

2017
BRONZE
64,5 x 24 x 26,5 cm

Fabian Vogler

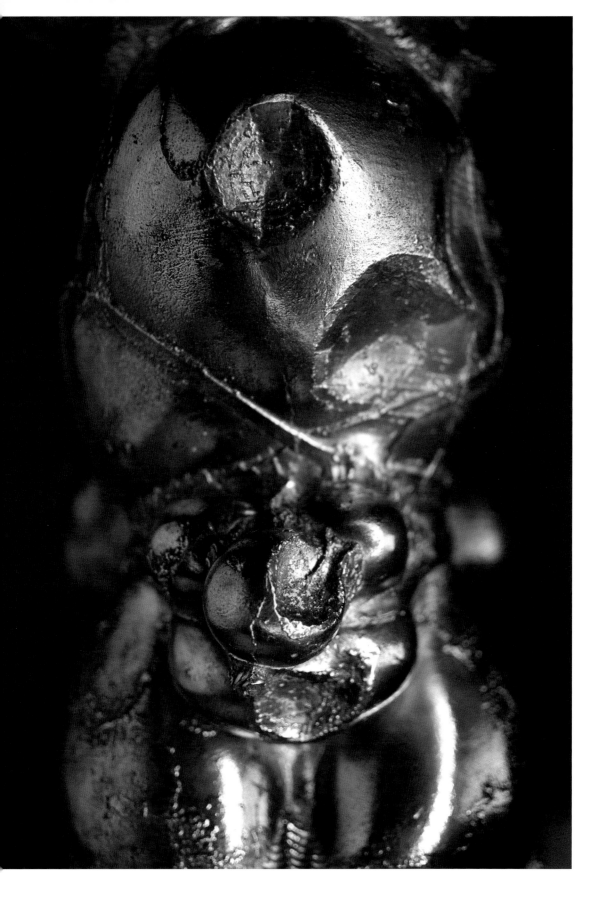

Fabian Vogler

WHOMAN | 2 BRONZE. 2017. 43 x 63 x 30,5 cm

Abb. 1 Fabian Vogler DITTMAR'S BROTHER MARIA in Paris – auf dem Weg zur Konferenz in Lausanne

Katinka Schweizer | Ute Lampalzer | Peer Briken | Fabian Vogler

DIE DIGITALE UNIVERSITÄT IM ATELIER
Von der HOOU und anderen Kooperationen

Dieser Beitrag ist eine Momentaufnahme und Zusammenschau verschiedener Projekte und Kooperationen, die im Kontext der »Schönheiten des Geschlechts« entstanden sind oder sich parallel dazu oder vernetzt entwickelten. In loser Reihenfolge geben wir Einblicke in verschiedene Formen der Interaktion zum Thema Intergeschlechtlichkeit – digitaler wie analoger Art. Wir wollen damit zeigen, wie viel »schon in Bewegung ist«, ohne dabei aus dem Auge zu verlieren, wie viel mehr in Zukunft noch bewegt werden muss.

DAS HOOU-PROJEKT INTERSEX-KONTROVERS: BLOG, SYMPOSIEN, BEGLEITFORSCHUNG

Eine der ersten und synergetischen Kooperationen entstand mit dem Hamburger Projekt *Intersex-Kontrovers*, das im Mai 2016 ins Leben gerufen wurde und von Katinka Schweizer und Peer Briken unter Mitarbeit von Ute Lampalzer am Institut für Sexualforschung des Universitätsklinikums Hamburg-Eppendorf (UKE) geleitet wird. Es handelt sich um eines von derzeit neun HOOU-Projekten am UKE und basiert auf den Vorarbeiten der von Hertha Richter-Appelt initiierten Hamburger Forschungsgruppe Intersex.

HOOU steht für *Hamburg Open Online University*. Als digitale Universität wurde die HOOU im Jahr 2015 von der Stadt Hamburg als Gemeinschaftsprojekt verschiedener Institutionen gegründet. Für die inhaltliche Ausrichtung sind die sechs daran beteiligten staatlichen Hochschulen der Stadt zuständig: Dies sind die Universität Hamburg mit dem Universitätsklinikum Hamburg-Eppendorf (UKE), die Hochschule für Angewandte Wissenschaften (HAW), die Hochschule der Bildenden Künste (HBK), die Hochschule für Musik und Theater (HfMT), die Hafencity Universität (HCU) und die Technische Universität Hamburg Harburg (TUHH). Ziel der HOOU ist es, sogenannte

Open Educational Ressources (OER) zu entwickeln, damit Lerninhalte möglichst offen zugänglich sind und zur Weiterentwicklung zur Verfügung stehen. Dies ist vor dem Hintergrund der Diskussion um Rechte, geistiges Eigentum und Autor_innenschaft eine besondere Herausforderung. Die HOOU will sich damit nicht nur an klassisch eingeschriebene Studierende ihrer teilnehmenden Hochschulen wenden, sondern an die interessierte Öffentlichkeit, d.h. alle Bürger_innen der Stadt und darüber hinaus. Leitend sind dabei die vier Kernmerkmale der HOOU *Wissenschaftlichkeit*, *Offenheit*, *Zivilgesellschaftliche Relevanz* und *Kooperation* (Lernenden-Orientierung).

Projekthintergrund bildet die Tatsache, dass die Geburt eines Kindes mit mehrdeutigem oder intergeschlechtlichem Körper nach wie vor eine Herausforderung für alle Beteiligten, vor allem für die Eltern, darstellt. Es entstehen Fragen, für die es in der Regel keine einfachen und schnellen Antworten gibt. Die allgemeine Unaufgeklärtheit des Umfeldes – Familie und Freunde, Kindergarten, Schule, Babysitter – ist für Eltern mit einer ständig wiederkehrenden Belastung verbunden. Vor diesem Hintergrund ist das primäre Ziel des Projekts, zur Aufklärung und Wissensvermittlung über Intergeschlechtlichkeit beizutragen. Eine inter- und transdisziplinäre Informationsplattform soll dafür entstehen. Entsprechend dem HOOU-Merkmal der *Offenheit* sollen verschiedene Zielgruppen angesprochen werden: Eltern, Studierende der Medizin und anderer Fächer, Erfahrungs- und Fachexpert_innen, die interessierte Öffentlichkeit. Als zentrale Zielgruppe fungieren Eltern. Deren Perspektive einzunehmen ist bereits ein Lernziel für andere Lernende, insbesondere für Studierende der Medizin und Psychologie (vgl. Schweizer und Lampalzer 2017).

Zur Umsetzung der Ziele ist ein Blog konzipiert worden, an dessen Mitgestaltung viele Kooperierende beteiligt sind, darunter auch Fabian Vogler. Der transdisziplinäre Intersex-Blog will verschiedene Blickwinkel verbinden, dabei möglichst gut verständlich sein und zugleich die Komplexität, Ungewissheit und Mehrdeutigkeit des Themas anerkennen. Der Blog ist offen zugänglich unter der URL: intersex-kontrovers.blogs. uni-hamburg.de. Der Blog bietet Möglichkeiten, wichtige und aktuelle Informationen zur Verfügung zu stellen und disparates Wissen zu verbinden (z.B. Schweizer 2017a).

Inzwischen fanden auch zwei interdisziplinäre Projektsymposien statt, das erste zum Thema »Die Schönheit des Geschlechts« im Atelier von Fabian Vogler Ende 2016 – siehe Abbildungen 2 und 3. Unter den Teilnehmenden waren u.a. Michael Groneberg, der den Hauptvortrag zu Intersex in den Künsten hielt und viele der an diesem Buch beteiligten Beiträger_innen. Dank der Digitalen Plattform können alle anderen Interessierten sich auf dem Blog informieren und anhand von Videos und Mitschnitten einen Eindruck der Veranstaltung erhalten. Neben den Vorträgen und Ateliergesprächen wurden auch Expert_inneninterviews mit Konstanze Plett, Michael Groneberg, Will Preuss, Fabian Vogler und Katinka Schweizer geführt und per Video aufgenommen, die seither auf dem Blog einsehbar sind (Lampalzer 2017).

Auch das zweite Symposium, das den Projektnamen »Intersex-Kontroversen« trug, und im November 2017 im Erikahaus am Universitätsklinikum Hamburg-Eppendorf stattfand, wurde von einem Video-Team begleitet. Im Fokus standen Fragen zum Umgang mit Intergeschlechtlichkeit und mit Variationen der körpergeschlechtlichen

Katinka Schweizer | Ute Lampalzer | Peer Briken | Fabian Vogler

Abb. 2 und 3   DR. UTE LAMPALZER BEIM INTERVIEW MIT PROF. DR. KONSTANZE PLETT
während   DIE HOOU ZU GAST IM ATELIER   von Fabian Vogler in Bargum ist

Entwicklung (diverse sex development, dsd), die neuen AWMF-Leitlinien von 2016, ethische und künstlerische Zugänge sowie die Situation von Eltern intergeschlechtlicher Kinder. Perspektiven aus Eltern- und Erfahrungsexpertise, Medizin, Psychologie, Ethik, Kunst und Sexualwissenschaft wollten wir zusammenführen. An der von Katinka Schweizer organisierten Veranstaltung wirkten Eltern intergeschlechtlicher Kinder sowie zahlreiche prominente Erfahrungs- und Fachexpert_innen mit, darunter Lucie Veith, Del LaGrace Volcano, Ursula Rosen, Hertha Richter-Appelt, Peter Hegarty, Margit Fisch, Esther Schulz und Fabian Vogler. Art Performance, Fachvorträge und eine transdisziplinäre Podiumsdiskussion zwischen Ärztinnen und Eltern brachten fruchtbare Auseinandersetzung. Die Resonanz und das Interesse waren sehr groß, nicht nur aus dem Fachpublikum, auch aus den Medien und der interessierten Öffentlichkeit, was die Relevanz des Themas und die Sinnhaftigkeit dieser Art von Veranstaltung unterstreicht. Im Norddeutschen Rundfunk und Nachrichtenmagazin *Der Spiegel* wurde über das Symposium berichtet. Auf dem Blog sind wichtige Inhalte zusammengefasst (Schweizer 2017b).

Neben Blog und Symposien ist die Begleitforschung ein wichtiger Bestandteil des Projekts. Hier geht es darum, zentrale Kontroversen im Umgang mit Intergeschlechtlichkeit zu untersuchen und zu präzisieren, und zwar mithilfe eines Mixed-Methods-Designs. In einem ersten Untersuchungsschritt wurden Erfahrungsexpert_innen, Eltern von Kindern mit Intergeschlechtlichkeit sowie Fachexpert_innen per Fragebogen befragt, welche Themen sie in Bezug auf Intergeschlechtlichkeit für am wichtigsten und für am stärksten kontrovers erachten. Erste Ergebnisse wurden bereits präsentiert (Lampalzer u.a. 2016; Lampalzer und Schweizer 2017, 2018), hier insbesondere die Feststellung, dass gesundheitliche Themen, die Frage der Notwendigkeit medizinischer Behandlungen, die Berücksichtigung des Willens Minderjähriger sowie der alltägliche Umgang mit Intergeschlechtlichkeit in der Familie im Fokus stehen müssen. Eine qualitative Interviewstudie folgt, um die Problembereiche näher identifizieren zu können. Insgesamt handelt es sich beim HOOU-Projekt *intersex-kontrovers* um einen lebendigen Lernprozess, der sehr von der Partizipation der Zielgruppen und der Synergie der Projektkooperationen profitiert.

Ergänzend zu der vielschichtigen Kooperation mit der HOOU kam es während der Erarbeitung dieses Buches zu einer Vielzahl von Begegnungen und Veranstaltungen, die auch Gelegenheit zur vertiefenden künstlerischen Auseinandersetzung mit den Schönheiten des Geschlechts boten. Die wichtigsten sollen hier kurz benannt werden.

An der Fakultät Bellas Artes der Universität Barcelona fand im Februar 2017 der einwöchige Workshop *Liquid Gender* mit Studierenden der dortigen Bildhauerklasse

Abb. 4   Andrea Martínez PLURALES
2017. Aluminium und Glas. 21 x 15 x 20 cm

sowie mit einigen interessierten Werkstattleitern und Professoren der Universität statt. Auftakt war eine Ausstellungseröffnung in der Gran Sala d'exposicions der Universität mit der Präsentation einer Auswahl von Arbeiten aus Voglers fünfwöchiger Arts Residence bei Espronceda vom Oktober 2016. Die Ausstellung bildete den Bezugsrahmen für die Beschäftigung der Teilnehmenden mit der Thematik eines fließenden Geschlechterbildes. Innerhalb dieser Projekt-Woche wurden aus Wachs und diversen Alltagsgegenständen kleinere Figuren und Formen gebaut, die dann in der hauseigenen

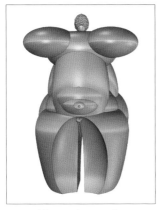

Metallgießerei direkt als »verlorene Form« in Aluminium oder Bronze gegossen werden konnten. Im Mittelpunkt des Workshops stand das Experimentieren mit anthropomorphen Formen, mit Fokus auf Facetten von Geschlechtlichkeit, was zu vielfältigen Ansätzen und Figuren im weitesten Sinne führte. Über 40 Aluminiumgüsse konnten abschließend – begleitet von einem Katalog – in der Gran Sala der Fakultät Bellas Artes unter dem Titel *Aluminii Alumni* präsentiert werden – siehe Abbildungen 4 und 12.

Dieser Workshop führte zudem zu einer plastischen Kooperation mit dem Bildhauer Rubén Campo, der an der Gießerei und im Bereich 3D-Druck der Universität unterrichtet. Nach der Beendigung des Kurses, in dem schon eine erste gemeinschaftliche Arbeit im Rechner entstanden war, die ausgedruckt in Kunststoff dann von Campo in Aluminium gegossen wurde, begann in den folgenden Monaten ein digital-plastisches Zwiegespräch. Ausgehend von 3D-Datensätzen der *Venus von Willendorf* entstand für die Ausstellung der Ergebnisse des Workshops die Installation *Die Digitale Venus* (siehe Abbildung 5 und 6). In Anlehnung an die über 25.000 Jahre alte Willendorfer Venus (siehe Uwe Haupenthal in diesem Band) wurden digital individuelle Antworten als zeitgeistige Interpretationen mit Hilfe eines 3D-Programmes gebaut, die dann, von Campo in Kunststoff gedruckt, mit einem Kanalsystem versehen und in Aluminium gegossen wurden – ein Auftakt zu weiteren Rede-Anwort-Versuchen.

Im Rahmen der jährlich durchgeführten Aktion *Kunst hoch Schule* der Muthesius Kunsthochschule, Kiel, wurde das Thema *Liquid Gender* als Teil der allgemeinen Pro-

Abb. 8, 9, 10 und 11 Fabian Vogler, Paul Louis Meier, Helmut Massenkeil und Christian Gammert
BILDHAUERSYMPOSIUM Schweiz

jektwoche der Theodor-Storm-Schule in Husum im September 2017 auch mit Gymnasialschüler_innen bearbeitet. Die Aktion ist seinerzeit ins Leben gerufen worden, um »Schülerinnen und Schülern und ihren Lehrkräften die Möglichkeit einer vertiefenden künstlerischen Arbeit im Schulalltag zu bieten« (www.kunst-hoch-schule.de). Künstler_innen verschiedenster Medien sind jedes Jahr aufgerufen, Projekte vorzuschlagen, für die Schulen sich dann bewerben können. Die Husumer Schule erhielt den Zuspruch für Voglers Kurskonzept für Schüler_innen der zehnten bis zwölften Klassen, und der Workshop fand während der allgemeinen Projektwoche statt, und zwar mit dem Arbeitstitel *Mann – Frau – Mensch*. Um bei dieser Gelegenheit das Wissen der Teilnehmer_innen zum Thema Intergeschlechtlichkeit zu vertiefen, hielt Katinka Schweizer zusätzlich einen kurzen Fachvortrag, an dem auch projektfremde Lehrkräfte teilnahmen. Abbildung 7 zeigt eines der Ergebnisse der Projektwoche – die poetische Kleinplastiken-Serie *Figuren der Zeit* von Johanna Dehn.

Des Weiteren wurde das Thema Gender Liquidity aus formalgestalterischer Sicht während eines einwöchigen Bildhauersymposiums im Oktober 2017 in Meggen (bei Luzern) im Atelier von Christian Gammert mit den Künstlern Helmut Massenkeil und Paul Louis Meier bearbeitet – siehe Abbildung 8, 9, 10 und 11. In vertiefendem Diskurs dieser langjährig figurativ arbeitenden Bildhauer entstanden eine Reihe von persönlichen Interpretationen des klassischen Bildhauerthemas Hermaphrodit. Das äußere Geschlecht hatte dabei eine untergeordnete Rolle in der bildhauerischen Gestaltung. Im Vordergrund der Ergebnisse dieses Symposiums steht der Mensch als plastisches Ereignis.

Schließlich gaben verschiedene Konferenzteilnahmen Anstoß für wichtige Beiträge zu den »Schönheiten des Geschlechts«; insbesondere die jährlichen Tagungen des European Network for Psychosocial Studies in Intersex (EuroPSI) am Allgemeinen Krankenhaus Wien 2015 (vgl. Lampalzer und Schweizer 2016) und an der Universität von Surrey in Guildford 2016, und sicherlich die Jahreskonferenz von EuroPSI 2017 an der Hebrew University Jerusalem.

Im Rahmen einer philosophischen Konferenz an der Universität von Lausanne im Mai 2017 (Gastgeber: Michael Groneberg) und bei einem Symposium an der Technischen Universität Dresden im November 2017 (Gastgeber: Stefan Horlacher) stellten wir *Die Schönheiten des Geschlechts* vor. Im Dezember 2017 fand an der Christian-Albrechts-Universität zu Kiel die erste Schleswig-Holstein Inter-Trans-Tagung (SHITT) statt. Zum Eröffnungspodium der dreitägigen Konferenz wurde der Stop-Motion-Kurzfilm *Limbo Weeks*, den Vogler in Kooperation mit der Videokünstlerin Bianka Kennedy gemacht hatte, gezeigt. Außerdem hielten Schweizer und Vogler gemeinsam einen Kurzworkshop zu den *Schönheiten des Geschlechts* ab.

ZUSAMMENFASSUNG UND AUSBLICK

Zusammenfassend ist zu bemerken, dass eine Perspektive auf ein divers angelegtes Geschlechterbild durchgängig auf Interesse stieß; kaum eine Begegnung, in der es nicht große Zustimmung für ein Überdenken und nachhaltiges Infragestellen des binären Frau|Mann-Systems gab; erschreckend vielfach die verbreitete Unwissenheit zum Thema Intergeschlechtlichkeit, was sich allerdings nach dem erheblichen medialen Echo zum Beschluss des Bundesverfassungsgerichts deutlich verbesserte. Die gedankliche wie auch künstlerische Auseinandersetzung mit alternativen Modellen zu dem bisher gesetzlich verankerten dichotomen Menschenbild hat viele produktive Ansätze geschaffen. Es hat sich klar gezeigt, dass nun ein Anfang gemacht worden ist, weil die Frage einer mehrpoligen Geschlechtlichkeit in ihrer Unmittelbarkeit Menschen und ihr Miteinander so vielfältig berührt.

Im Februar 2018 wird dieser Thematik in Barcelona ein internationales Fach- und Kunstsymposium unter dem Titel *Inter_we|An Arts Symposium on Gender Liquidity* gewidmet, veranstaltet von Vogler in Zusammenarbeit mit der italienischen Kuratorin Valentina Casacchia (unter der gemeinsamen Schirmherrschaft des Deutschen Generalkonsulates, des Goethe-Instituts und der Universität Barcelona). Die Eröffnungsveranstaltung bildet eine Vortragsreihe von Fachleuten aus Kunstgeschichte, Modewissenschaft, Anthropologie, Sprachwissenschaft, Sexualforschung und Biomedizin aus Spanien und Deutschland im Design Museum Barcelona. Im Anschluss arbeiten zehn internationale Künstler zwölf Tage im Kunst- und Kulturzentrum Espronceda, um die Ergebnisse schließlich mit Casacchia in eine gemeinsame Ausstellung umzusetzen. Die Idee zu dieser Kooperation ergab sich durch Silvia M. Ventosa, in diesem Band mit ihrem Beitrag *Liquifying Gender through Fashion* vertreten. Sie war als Sprecherin bei einer Art Debate vertreten, die – ebenfalls organisiert von Valentina Casacchia – unter dem Titel *Art Fashion Gender: Crossover in the Age of Fluid Thought* während der Einzelausstellung *Liquid Gender* von Fabian Vogler im Herbst 2016 bei Espronceda stattfand. Das Symposium ist als zukünftig jährlich wiederkehrendes Ereignis geplant.

BIBLIOGRAFIE

Becker, I.: Zeitschrift für Sexualforschung 2018; 31 (03).

Becker, I. (2018). Die schöne Vielseitigkeit von Geschlecht: Bericht über das Interdisziplinäre Symposium »Intersex Kontroversen« in Hamburg. Zeitschrift für Sexualforschung.

Lampalzer, U., Schweizer, K. (2016). *Sick of hiding!* Bericht über das 2. Jahrestagung des European Network for Psychosocial Studies in Intersex (EuroPSI). Zeitschrift für Sexualforschung 2016; 29(03): 250–254.

Lampalzer, U. & Schweizer, K. (2017). Identifying Controversies: Diverse Sex Development (dsd) within the HOOU (Hamburg Open Online University). Poster anlässlich des Internatinal DSD Symposiums 29.06.–01.07.2017 in Kopenhagen.

Lampalzer, U. & Schweizer, K. (2018). Identifizierung von Kontroversen: Varianten der Geschlechtsentwicklung (dsd) imRahmen der HOOU (Hamburg Open Online University). Poster anlässlich des Deutschen Kongresses fürPsychosomatischeMedizin und Psychotherapie 21.–24.03.2018 in Berlin.

Lampalzer, U. (2017). Interviews mit Fachexpert_innen: Michael Groneberg, KonstanzePlett, Wilhelm Preuss, Fabian Vogler, Katinka Schweizer. http://intersex-kontrovers.blogs.uni-hamburg.de/blickwinkelinterviews-mit-fachexpert_innen/, (abgerufen am 23.01.2018).

Lampalzer, U., Briken, P. & Schweizer, K. (2016). Questions and Controversies in Intersex Management. Creating an Online Information and Counseling Platform for Parents, Persons Concerned and Students within the HOOU (Hamburg Open Online University). Vortrag anlässlich des Symposiums »After the Recognition of Intersex Human Rights« 23.-24.09.2016 in Surrey.

Schweizer, K. & Lampalzer, U. (2017). Intersex-kontrovers. In: Mayrberger, K. (Hg.). HOOU Content Projekte der Vorprojektphase 2015/16 der Hamburg Open Online University. Sonderband zum Fachmagazin Synergie. 250–253.

Schweizer, K. (2017a). Geschlecht wird positiv. Zum wegweisendenBeschluss des Bundesverfassungsgerichts. http://intersex-kontrovers.blogs.uni-hamburg.de/geschlecht-wird-positiv-zum-wegweisenden-beschluss-des-bundesverfassungsgerichts/(abgerufen am 23.01.2018).

Schweizer, K. (2017b). Positive Resonanz und konstruktiver Streit in der HOOU: Erfolgreiches Intersex-Symposium am UKE. http://intersex-kontrovers.blogs.uni-hamburg.de/category/aktuelles/(abgerufen am 23.01.2018).

Vogler, F. (2017). Intersex aus der Perspektive eines Bildhauers. März 2017. http://intersex-kontrovers.blogs.uni-hamburg.de/intersex-aus-der-perspektive-eines-bildhauers-ein-beitrag-von-fabian-vogler/(abgerufen am 23.01.2018).

WEBLINKS

Espronceda: Center for Art and Culture, Barcelona: www.espronceda.net/

European Network for the Studies of Intersex (EuroPsi): www.europsi.org/

Hamburg Open Online University: www.hoou.de

HOOU-Projekt-Blog intersex-kontrovers: http://intersex-kontrovers.blogs.uni-hamburg.de

INTER_WE, ein Projekt von Espronceda: www.inter-we.com

Muthesius Kunsthochschule Kiel: www.kunst-hochschule.de

NDR Info Logo – Das Wissenschaftsmagazin vom 1.12.2017 zum HOOU-Symposium Intersex-Kontroversen: www.ndr.de/info/Das-dritte-Geschlecht-im-sozialen-und-psychologischen-Kontext,audio362472.html

Abb. 12   Juancho Pacheco Puig
HERMAFRODITO CÓSMICO
2017. Aluminium. 58,5 x 18 x 10 cm

BCN PRINCE_SS | 01 2017. BRONZE. 25 x 11 x 11 cm

BCN PRINCE_SS | 02 2017. ALUMINIUM. 28,5 x 11,5 x 10 cm

BCN PRINCE_SS| 03 2017. ALUMINIUM. 18 x 10,5 x 7 cm

BCN PRINCE_SS | 04 2017. BRONZE. 19 x 10 x 11,5 cm

Fabian Vogler

BARCELONA PRINCE_SS | 05   2017. ALUMINIUM. 20,5 x 10 x 10 cm

BARCELONA PRINCE_SS | 07

2017
ALUMINIUM
41 x 14,5 x 14,5 cm

Fabian Vogler

Abb. 1 HERMENPFEILER DES HERMAPHRODIT
Museum Delos

Karl Reber

»FOREVER TO BE JOINED AS ONE«
Das Bild des Hermaphroditen in der griechisch-römischen Kunst

In dem folgenden Beitrag geht es darum, die ambivalente Bedeutung des Hermaphroditen in der antiken Kunst und Literatur zu beleuchten. Ambivalent deshalb, weil einerseits die doppelgeschlechtlichen Menschen nach Ausweis der schriftlichen Quellen bereits in der Antike um ihre Anerkennung ringen mussten, andererseits aber eben in jener Zeit eine Gottheit geschaffen wurde, welche beide Geschlechter in sich vereinte und die als Symbol für die Fruchtbarkeit des Menschen verehrt wurde.

Wann genau der Mythos über die Genese des Hermaphroditen entstanden ist, wissen wir nicht. Die ausführlichste Version wird uns vom römischen Dichter Ovid in seinen um Christi Geburt verfassten *Metamorphosen* (Buch IV, 271–388) überliefert. Dort erfahren wir, dass Hermaphrodit als Sohn des Gottes Hermes und der Göttin Aphrodite auf die Welt kam. Er wächst zunächst als Knabe auf und beschließt im jugendlichen Alter auf Reisen zu gehen. Erst die Begegnung mit der Nymphe Salmakis, die der Legende nach an einer Quelle in Kleinasien in der Nähe von Halikarnass, heute Bodrum, stattgefunden hat, leitet dessen Transformation in ein zweigeschlechtliches Wesen ein. Salmakis verliebt sich sofort in den schönen Jüngling, der diese Liebe jedoch nicht erwidert. Ihre Bitte an die Götter, dass die beiden keinen Tag mehr getrennt sein sollen, wird erhört: Die Körper der beiden verschmelzen zu einer Gestalt, werden eins, forever to be joined as one, wie es im Song »The Fountain of Salmacis« der Gruppe Genesis heißt.

Die Folge dieser Vereinigung ist, dass Hermaphrodit seine Männlichkeit abgibt und zu einem femininen Wesen mutiert. Er bittet darauf hin seinerseits die Götter, die Quelle, in der dies geschehen ist, zu verzaubern, so dass jedes männliche Wesen, das in deren Wasser badet, ebenfalls seine Männlichkeit verlieren und weibliche Züge annehmen wird. In einer Gesellschaft, in der sich der Mann – wie es für die antike griechische Gesellschaft der Fall war – durch seine Kraft, durch seine Rolle als Krieger und Jäger, als Athlet oder als unangefochtener Chef des oikos, der häuslichen Gemeinschaft definierte, wurde ein solcher Verlust der Männlichkeit oft als Schwäche, als Schande empfunden. Einem intersexuellen Menschen, der in der Antike als androgyn bezeichnet wurde, haftete denn auch der Aspekt eines τέρας an. In seiner Schrift »Über die Entstehung der Tiere« (IV, 4) listet Aristoteles Tiere und Menschen, die mit zwei Geschlechtern geboren werden, unter diesem Begriff auf. Das altgriechische Wort teras heißt soviel wie Ungeheuer, Monster, kann aber auch Wunder oder göttliches Zeichen bedeuten. Dies geht auch aus dem Text des Historikers Diodor von Sizilien hervor, der den Hermaphrodit wie folgt definiert:

> »Dieser Gott wurde Hermaphrodit genannt, ein Name, der aus jenen des Vaters und der Mutter zusammengesetzt ist. Einige sagen, dass sich dieser Gott den Menschen zu bestimmten Zeiten offenbart und dass sein Körper eine Mischung zwischen Mann und Frau sei; in der Tat besitzt er die ganze Schönheit und Weichheit des weiblichen Körpers, andererseits haftet ihm aber auch ein männlicher, harter Zug an. Einige halten solche Wesen für seltene Monster/Wunder (τέρατα), welche die Gabe haben, manchmal Gutes, manchmal aber auch Schlechtes vorauszusagen.« (Diodorus Siculus, IV,6,5)

Der eher negative Aspekt des Zwitterwesens wird durch die Legende des Polykritos, des Anführers der Aetolier, illustriert, welche der Dichter Phlegon von Tralleis, ein Zeitgenosse des römischen Kaisers Hadrian, überliefert. Neun Monate nach dessen Tod bringt die Frau des Polykritos, die aus dem benachbarten Lokrien stammt, ein Kind zur Welt, das mit zwei Geschlechtern geboren wurde. Die Volksversammlung der Aetolier beschließt darauf hin, die Frau zusammen mit ihrem Kind über die Grenze nach Lokrien zu bringen und dort zu töten, um zu vermeiden, dass die beiden Unglück über die Aetolier bringen.

Eine andere Geschichte, diesmal im Buch 32 von Diodor aus Sizilien erzählt, nimmt ein besseres Ende. Eine Frau namens Herais entdeckt eines Tages während der Abwesenheit ihres Mannes, dass sich ein Tumor unterhalb ihres Bauches zu öffnen beginnt und ein männliches Glied erscheinen lässt. Ihr Mann Samias, zurückgekehrt von seiner Reise, weiß nichts von der Verwandlung seiner Frau und beginnt sich darüber zu beschweren, dass sie ihm jeglichen sexuellen Kontakt verweigert. Samias geht so weit, seine Rechte vor Gericht einzuklagen. Hier wird die Frau gezwungen, ihre Geschlechtstransformation offen zu legen. Nach Diodor ist Herais zu einem Hermaphroditen mutiert, was für Samias bedeutet, dass aus der Beziehung zu seiner Frau nun eine gleichgeschlechtliche Beziehung zwischen Mann und Mann geworden ist. Samias wird mit dieser Schmach nicht fertig und nimmt sich das Leben, während Herais beschließt, fortan nur noch Männerkleider zu tragen, den männlichen Namen Diophantis anzunehmen und in der Kavallerie des Heeres von Alexander dem Großen zu dienen. »So geschah es«, fasst Diodor zusammen, »dass das Individuum, das als Frau geboren wurde, durch seine Tapferkeit männlichen Ruhm erwarb, während jener, der tatsächlich ein Mann war, sich schwächer verhielt als eine Frau.«

Karl Reber

Diese und ähnliche Geschichten, welche von den antiken Autoren überliefert wurden, zeigen, dass man damals die Intersexualität einerseits als einen Fehler der Natur angesehen hatte, als ein Wunder, das teilweise mit Unglück verknüpft war, dass andererseits aber die Transformation von Frau zu Mann toleriert wurde, sofern sich die Frau mit ihrer neuen Rolle identifizieren und die Pflichten, welche die Gesellschaft von einem Mann verlangte, ausüben konnte. Die Transformation ging dabei immer nur von der Frau aus; der umgekehrte Fall, dass sich ein Mann in eine Frau umwandelte, ist aus der Antike nicht bekannt. Allerdings wurde diese Toleranz nicht immer und überall ausgeübt: noch zur Zeit des Diodor, d.h. im 1. Jh. v. Chr., wurde ein androgyner Mensch in Athen, ein anderer in Rom öffentlich auf dem Scheiterhaufen verbrannt.

DAS BILD DES HERMAPHRODITEN IN DER ANTIKEN KUNST

Finden wir diese überwiegend negativ geprägte Sicht und Ambivalenz gegenüber zweigeschlechtlichen Wesen, welche die schriftlichen Quellen vermitteln, auch in der Kunst wieder? Um eine Antwort auf diese Frage zu erhalten, müssen wir uns zuerst ein Bild von der Vielfalt der Repräsentationen des Hermaphroditen machen. Beim Versuch, einen corpus der antiken Darstellungen des Hermaphroditen zu erarbeiten, wird bald einmal deutlich, dass sich diese in zwei unterschiedliche Gruppen unterteilen lassen. Die erste Gruppe setzt sich aus Bildern zusammen, die eine Rolle in den kultischen und religiösen Handlungen zu Ehren dieses Gottes gespielt haben, die zweite Gruppe besteht aus Darstellungen, die der Gattung der Genreplastik zuzuordnen sind und deren genaue Rolle noch zu definieren sein wird.

DAS RELIGIÖSE BILD DES HERMAPHRODITEN

In der aktuellen Forschung stellt sich die Frage, ob ein Kult für den Gott Hermaphrodit in der Antike existiert hatte und ab welchem Zeitpunkt ein solcher eingeführt worden war. Ein erstes Indiz für die Existenz eines Kultes gibt uns der Philosoph und Naturforscher Theophrast, der in seinem gegen Ende des 4. Jh. v. Chr. verfassten Werk *Die Charaktere* behauptet, der Abergläubische würde jeden vierten und siebten Tag des Monats damit verbringen, Wein zu kochen, Myrtenzweige, Weihrauch und Kuchen zu besorgen, und den Hermaphroditen zu bekränzen. Das Bekränzen einer Statue des Hermaphroditen und die Darbringung von Opfergaben in Form von Myrten, Weihrauch und Kuchen fand wahrscheinlich im privaten Rahmen, das heißt im Innern des Hauses statt. Leider gibt uns Theophrast keine Beschreibung der Statue. Die archäologischen Zeugnisse lassen jedoch an zwei mögliche Bildtypen denken. Zum einen käme die Form eines Hermenpfeilers in Frage – siehe Abbildung 1. Hermen bestehen in der Regel aus dem Kopf des Gottes Hermes, der auf einen rechteckigen Pfeiler aufgesetzt ist. In der hellenistischen und römischen Zeit finden sich aber auch einige Beispiele mit weiblichem Kopf, bei denen der Pfeiler mit einem Gewand bedeckt ist. Das Gewand, unter dem sich die Brüste abzeichnen, ist angehoben und lässt ein in der Regel erigiertes männliches Glied sichtbar werden. Zweifellos ist hier der Gott Hermaphrodit in seiner zweigeschlechtlichen Form dargestellt.

Die Basis eines solchen Pfeilers wurde in Attika in der Nähe der Pansgrotte von Vari entdeckt. Auf dieser Basis ist eine Weihung einer gewissen Phano an Hermaphrodit eingeritzt ([Φ]ανὼ Ἑρμαφρω[δί]τωι εὐξαμένη). Die Form der Buchstaben datiert die Inschrift in den Anfang des 4. Jh. v. Chr. und bestätigt somit, dass solche Hermenpfeiler zur Zeit des Theophrast bereits bekannt waren. Dieser Bildtyp, der in der Fachwelt mit dem Begriff anasyromenos (Entblößen des Genitals) bezeichnet wird,

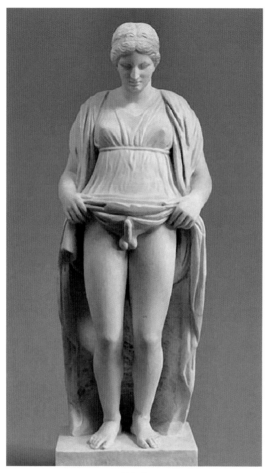

Abb. 2
HERMAPHRODIT ANASYROMENOS
Marmor. Paris. Louvre

kommt auch in einer rundplastischen Variante vor. Eine Tonstatuette aus Locri (Süditalien) und ein Model einer ähnlichen Tonstatuette von der Athener Agora zeigen, dass dieser Typ bereits im 4. Jh. v. Chr. existiert hatte. Wenn nun der Abergläubische in Theophrast's Charakteren einen Hermaphroditen bekränzt, so könnte dies einerseits ein Hermenpfeiler, andererseits aber auch eine kleine rundplastische Statue des Typs anasyromenos gewesen sein.

Karl Reber

Es scheint, dass dieses Bild des Hermaphroditen den Bewohnern eines Hauses Fruchtbarkeit bringen sollte. Die beiden in einem Körper vereinten Geschlechter verkörpern dabei wahrscheinlich die Eltern, welche sich reproduzieren müssen, um den Fortbestand der Familie zu sichern.

Es ist durchaus möglich, dass Statuen dieses Typs nicht nur im privaten Hauskult, sondern auch in größeren Heiligtümern verehrt wurden. Heiligtümer des Hermaphroditen sind archäologisch zwar nicht bekannt, in einem fiktiven Brief des griechischen Rhetors Alkiphron (II, 35) – der Brief wurde im 2. Jh. n. Chr. verfasst, sollte aber eine Situation aus dem 4. Jh. v. Chr. imitieren – wird ein solches Heiligtum im Ort Alopeke, einer kleinen Gemeinde in Attika, bezeugt. In diesem Brief geht es um ein Opfer, das in jenem Heiligtum wahrscheinlich für Hermaphrodit abgehalten wurde.

Mehr Informationen über die Statuen des Hermaphroditen in Heiligtümern besitzen wir aus der hellenistischen Zeit (3.-1. Jh. v. Chr.). Die klassische Epoche des 5. Jh. v. Chr., in der Bildhauer wie Phidias oder Polyklet nach der perfekten Darstellung, nach den idealen Proportionen des menschlichen Körpers suchten, war noch nicht reif für die Wiedergabe körperlicher Varianz. Erst in der hellenistischen Epoche entwickelten sich in der Kunst realistische oder veristische Tendenzen, wobei die Bildhauer versuchten, sich Themen wie der Darstellung des Alters oder der am Körper sichtbaren Konsequenzen eines harten, von körperlicher Arbeit geprägten Lebens anzunehmen. In dieser Gattung der Genreplastik finden wir beispielsweise Statuen von alten Frauen, welche sich nur mühsam vorwärts bewegen, Statuen von Fischern und Bauern, deren Körper vom Alter und von den Auswirkungen eines harten Lebens geprägt sind, oder auch Statuen von Frauen, welche vom vielen Alkoholkonsum gezeichnet sind, wie beispielsweise *Die Trunkene Alte* in der Münchner Glyptothek.

Angesichts solcher Statuen erstaunt es kaum, dass wir in dieser Epoche auch vermehrt Bilder von doppelgeschlechtigen Menschen finden. In Pergamon beispielsweise, einem der großen kulturellen Zentren der hellenistischen Welt am Ende des 3. und Beginn des 2. Jh., wurden mehrere Statuen des Hermaphroditen entdeckt, die den jungen Gott mit weiblichem Kopf entweder nackt oder mit einem Gewand darstellen, das nur den Rücken und die untere Partie der Beine verhüllt. Die weiblichen Brüste und das männliche Glied sind so deutlich zur Schau gestellt. Andere Statuen wie beispielsweise jene im Louvre zeigen wiederum den Typ anasyromenos.

Über den ursprünglichen Kontext, in dem diese Statuen aufgestellt waren, wissen wir leider nichts.

Die eine Statue, die sich heute im Museum von Istanbul befindet, wurde in einer Zisterne in der Nähe des Zeusaltars von Pergamon gefunden, was vielleicht den Schluss zulässt, dass sie ursprünglich in einem religiösen Kontext aufgestellt war. Der Bezug solcher Bilder zu einem religiösen Kontext wird bestätigt durch den Fund eines Marmoraltars auf der Insel Kos, auf welchem die Namen mehrerer, im Kult angerufener Gottheiten, darunter auch die des Hermaphroditen, des Pan, des Priap, der Nymphen und anderer figurieren. Alle diese Gottheiten scheinen an diesem Altar einen gemeinsamen Kult erhalten zu haben, der wohl, wie die Namen der Götter ahnen lassen, eng mit dem Fruchtbarkeitsaspekt verbunden war. Nach Marie Delcourt sollten diese Statuen des Hermaphroditen nicht ein natürliches Abbild eines zweigeschlechtlichen Wesens zeigen, sondern vielmehr eine ästhetisch konzipierte Idee, die sich generell auf die Hochzeitszeremonie und die Übergangszeit von der Pubertät zum Erwachsenenalter, die so genannten rites de passage bezog.

Eine Inschrift, die in der Nähe von Halikarnass/Bodrum gefunden wurde, an dem Ort also, an welchem nach Ovid die Verschmelzung des Hermaphroditen mit der Nymphe Salmakis stattgefunden hat, kann uns weitere Informationen geben. In dem poetisch verfassten Text erzählt die Göttin Aphrodite, wie die Nymphe dort dem Hermaphroditen begegnet sei. Dieser Text unterscheidet sich deutlich von der Sagenversion des Ovid. Die Attacke der Nymphe Salmakis auf Hermaphrodit wird hier nicht thematisiert – im Gegenteil, Salmakis empfängt Hermaphrodit »in ihren liebevollen Armen«. Laut der Inschrift hat das Wasser der Quelle hier auch nicht die Macht, den Männern ihre Virilität zu rauben, sondern macht aus ihnen zivilisierte Menschen. Und vor allem: Hermaphrodit habe laut der Inschrift die Ehe und deren Legitimation durch das Gesetz »erfunden«. Im Gegensatz zum zweigeschlechtlichen Menschen, der wie wir weiter oben gesehen haben, teilweise mit negativen Aspekten behaftet war, wurde der Gott Hermaphrodit seit dem 4. Jh. v. Chr. als Beschützer der Ehe sowohl im privaten Rahmen wie auch in größeren Heiligtümern verehrt.

DIE NICHT RELIGIÖSEN BILDER

Neben den Bildern des Hermaphroditen, die wir in einen religiösen Kontext situieren konnten, gibt es auch einige andere, die nicht dieser Kategorie entsprechen. Einer dieser Bildtypen, der wahrscheinlich im 2. Jh. v. Chr. geprägt wurde, ist der so genannte Typ kallipygos (griechisch: mit dem schönen Hintern).

Hermaphrodit ist in diesem Typ nackt dargestellt, sein Körper ist so gedreht, dass er mit Hilfe eines Spiegels seinen eigenen Hintern betrachten kann. Dieser Bildtyp bezieht sich auf die Statue der Aphrodite kallipygos, von der wir eine schöne Kopie im Nationalmuseum von Neapel kennen. Die Geschichte, die zur Ausführung dieses Typs geführt hatte, wird im *Gastmahl der Gelehrten* des Athenaios (XII, 554c-e) erzählt. Demzufolge hätten sich zwei Mädchen, die in der Region von Syrakus lebten, gestritten, welche von den beiden den schöneren Hintern hätte. Zwei Brüder aus Syrakus beendeten den Wettstreit, indem sich der eine für das ältere, der andere für das jüngere der beiden Mädchen entschied. Am Ende der Geschichte heiraten die beiden Paare, und die Schwestern gründen ein Heiligtum zu Ehren der Aphrodite mit dem schönen Hintern. Das Werk der Aphrodite kallipygos vermochte zweifellos die erotische Phantasie seiner Betrachter zu stimulieren. Der Hintern der Liebesgöttin war das Symbol par excellence für jede Art von sexuellen Träumereien. Von der berühmten Statue der Aphrodite von Knidos, ein Werk des Praxiteles aus der Mitte des 4. Jh. v. Chr., das zum ersten Mal in der Geschichte der griechischen Kunst die Liebesgöttin nackt darstellte, erzählte man sich, dass sie die Phantasien ihrer Betrachter dermaßen anregte, dass sich ein Besucher nachts in das Heiligtum schlich, um sich an der Statue zu vergehen; als Zeuge seiner Befriedigung hinterließ er einen Flecken auf deren Hintern.

Karl Reber

Ähnlich wie die Aphrodite vermochte wohl auch die Statue des Hermaphroditen kallipygos seine Betrachter zu erregen. Der Hermaphrodit betrachtet seinen Hintern, dessen weiche, weibliche Form in Kontrast zu dem männlichen Glied auf der anderen Seite des Körpers steht. Man kann sich sogar vorstellen, dass die männliche Seite in der Figur des Hermaphroditen während der Betrachtung seines eigenen, weiblichen Hinterteils sexuelle Lust verspürte.

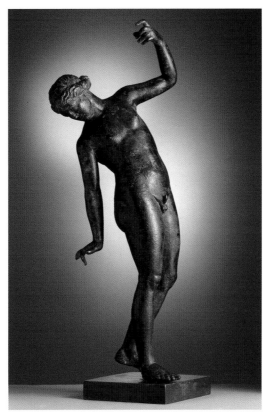

Abb. 3 HERMAPHRODIT
KALLIPYGOS Musée Epinal
2. Jh. ?. Gallo-römisch. Bronze.

Die Attraktivität des weiblichen Hinterteils hat auch das nächste Werk, das wir betrachten wollen, beeinflusst. Es handelt sich um die Statue des *Schlafenden Hermaphroditen*, die wohl ebenfalls im 2. Jh. v. Chr. entstanden ist und von der eine große Anzahl römischer Kopien zeugen. Der Künstler soll nach Meinung einiger Forscher Polykles gewesen sein, dem Plinius (NH 34, 80) die Erschaffung einer bekannten Hermaphrodit-Statue zuschreibt. Die wohl beste Kopie des Werkes, die sich heute im Louvre befindet, wurde im 17. Jh. in Rom in der Nähe der Diokletians-Thermen gefunden.

Ein Betrachter, der sich diesem Werk nähert, sieht zuerst den Rücken einer jungen Frau vor sich, den Kopf zurückgedreht, damit auch sofort klar wird, dass diese Frau schläft. Der Betrachter wird so in die Rolle eines Voyeurs versetzt, der sich ungeniert der Statue nähern, die Schlafende umrunden kann, um ihren nackten Körper von allen Seiten anzuschauen. Der Moment jedoch, an dem der Betrachter die andere Seite erblickt, gerät zur Überraschung, denn erst jetzt wird ihm gewahr, dass die junge Frau zu ihrem weiblichen Hintern und den Brüsten auch ein männliches Glied besitzt,

Abb. 4 SCHLAFENDER HERMAPHRODIT
von zwei Seiten. Marmor. Paris. Louvre

demnach ein zweigeschlechtliches Wesen ist. Dieser gewollte Effekt soll den Betrachter einerseits verwirren, ihn andererseits aber auch zwingen, seinen eigenen Voyeurismus zu hinterfragen. Dabei wird ihm die gelungene Überraschung sicher auch ein Lächeln auf die Lippen zaubern.

Karl Reber

Denselben Effekt evoziert auch ein anderes Werk, das dieses Mal aus zwei verschiedenen Figuren zusammengesetzt ist. Es handelt sich um die Statuengruppe des Satyrn und Hermaphroditen, deren ebenfalls im 2. Jh. v. Chr. entstandenes Original nur noch durch mehrere römische Kopien bekannt ist, wovon sich die bekannteste heute im Albertinum in Dresden befindet. Das Original des so genannten symplegma Typ Dresden war aus Bronze gefertigt, allerdings ist fraglich, ob es sich dabei tatsächlich, wie einige Forscher annehmen, um das von Plinius (NH 36,24) erwähnte symplegma von Pergamon handelt, das von Kephisodot, dem Sohn des Praxiteles, geschaffen wurde. Der originale Kontext, in dem dieses Werk aufgestellt war, ist leider nicht bekannt.

Beim Betrachten des Werkes erkennen wir einen teilweise bekleideten Satyrn, der auf einem Felsen sitzt. Dieser Satyr scheint eine junge Frau attackiert zu haben, sicher in der Absicht, sie zu vergewaltigen (bei einigen Kopien ist sein erigierter Penis noch erhalten). Was jedoch weder der Satyr selbst noch der Betrachter beim ersten Hinsehen bemerkt haben, ist die Tatsache, dass die Attackierte nicht eine junge Frau ist, sondern in Wahrheit ein Hermaphrodit. Diese Entdeckung macht der Betrachter erst, wenn er das Bild umrundet. Der Satyr hingegen kriegt dies direkt zu spüren, denn die angeblich zarte Frau entwickelt große Kräfte, um sich zu verteidigen: Sie stößt ihre rechte Hand mit Vehemenz in das Gesicht des Satyrs und versucht gleichzeitig, mit der linken Hand das Bein des Satyrs hochzuziehen, so dass diesem der Verlust des Gleichgewichtes droht. Um dies zu verhindern, umklammert der Satyr den rechten Arm des Hermaphroditen und versucht zugleich mit seinem linken Bein dessen rechtes Bein anzuheben, um den Hermaphroditen ebenfalls zu destabilisieren. In diesem Werk ist es dem Bildhauer gelungen, genau den Moment festzuhalten, in welchem sich die beiden Figuren noch im Gleichgewicht halten; dieses Gleichgewicht ist jedoch alles andere als stabil und man ahnt, was sogleich geschehen wird: Der Satyr wird zu Boden fallen, aber es wird ihm vielleicht gelingen, den Hermaphroditen mit sich zu ziehen. Jedenfalls ist klar, dass der Satyr von der Kraft der vermeintlichen Frau überrascht ist, und vielleicht hat er in diesem Moment auch noch gar nicht realisiert, dass sein(e) Gegner(in) gar keine Frau, sondern ein zweigeschlechtliches Wesen ist. Beim Betrachter dieser Gruppe stellt sich sicher die Frage nach dem wahren Charakter des Hermaphroditen. Der männliche Teil in seinem Körper gibt ihm eine gewisse Kraft, die es ihm erlaubt, sich des Angriffes seines Gegners zu erwehren. Aber der Rest des Körpers ist sehr feminin: der Hintern, die Brüste, der Kopf, und sogar die Frisur. Während sich eine Frau mit maskuliner Kraft in der damaligen Gesellschaft vielleicht behaupten konnte – man denkt etwa an die Amazonen in der Mythologie oder an die Geschichte der Herais, die wir weiter oben kennen gelernt haben –, war ein Mann mit femininen Zügen wohl eher der Belustigung und der Ächtung ausgesetzt. Dies mag vielleicht erklären, warum die Künstler einen weiblichen Körper als Basis für die Darstellung des Hermaphroditen gewählt haben. Es ist der weibliche Körper, der die Gelüste und sexuellen Begierden erweckt, Grund für die Attacke des Satyrs.

Das Thema des lüsternen Satyrs ist in der griechischen Kunst kein unbekanntes. Seit der archaischen Epoche repräsentiert die Figur des Satyrn das sexuelle Verlangen.

Zahlreich sind die Bilder, vor allem auf den Vasen mit dionysischen Themen, die Satyrn zeigen, welche mit erigierten Gliedern hinter den Mänaden, den weiblichen Begleitern des Dionysos, herrennen. Die Darstellung der Gruppe Satyr und Hermaphrodit ist zweifellos in der Tradition dieser Bildtypen entstanden.

Versuchen wir zum Schluss die Fragen zu beantworten, warum die Bildhauer der hellenistischen Epoche dieses Thema zur Darstellung ausgesucht haben, in welchen Kontext wir solche Bilder situieren müssen, und welche Reaktion diese bei den Betrachtern ausgelöst haben. Vom Typ symplegma Dresden kennen wir heute an die 30 Kopien, was die Beliebtheit dieses Bildes in der römischen Zeit bezeugt. In den meisten Fällen ist der Fundort beziehungsweise der Kontext, in welchem die Gruppe aufgestellt war, nicht bekannt. Eine Ausnahme bildet die so genannte Villa der Poppaea in Torre Annunziata, dem antiken Oplontis, die im 1. Jh. v. Chr. errichtet und in

Abb. 5 + 6 SATYR UND HERMAPHRODIT Symplegma Typ Dresden
Gipsabguss nach der Statue im Albertinum in Dresden

neronischer Zeit durch ein großes Wasserbecken im Osten erweitert wurde. Im Süden dieses Beckens stand eine der Kopien des Typs symplegma Dresden.

Diese Gruppe war von dem im Süden gelegenen Portikus sichtbar. Zweifellos fühlte sich der neugierige Besucher bereits von Weitem von dem erotischen Motiv angezogen, doch erst im letzten Moment, nachdem die Statue bereits umrundet war, realisierte er das Doppelgeschlecht der angeblichen Frau. Wir können uns sehr gut vorstellen, dass der Besitzer dieser Villa seine Gäste mit Vergnügen zu dem Werk hinführte, um deren Reaktion beim Erkennen der wahren Gestalt zu sehen. Diese Gruppe hat sicher auch das sexuelle Verlangen seiner Betrachter stimuliert, doch im Moment der Wahrheit werden die einen diese Gelüste wohl unterbunden haben, die anderen – ob Mann oder Frau – hingegen wurden vielleicht durch die Doppelgeschlechtigkeit noch mehr stimuliert.

Von der Statue des schlafenden Hermaphroditen wurden mehrere Kopien in Thermenanlagen oder Gymnasien gefunden. Ein Epigramm in den Anthologiae Graecae (IX, 783) liefert dazu die Erklärung. Es heißt dort:

Karl Reber

»Für die Männer bin ich Hermes, für die Frauen Aphrodite. Ich besitze in der Tat die Eigenheiten beider Geschlechter. Es ist kein Zufall, dass man mich in dieser Badeanlage aufgestellt hat, die sowohl Männern wie auch Frauen zugänglich ist, ich, Hermaphrodit, Kind mit doppeltem Geschlecht.«

Wir erinnern uns, dass Hermaphrodit in der Salmakis-Inschrift von Halikarnass als Beschützer der Ehe bezeichnet wurde. Der Anblick einer Statue wie die der schlafenden Hermaphroditen in einem öffentlichen Bad oder zuhause in privatem Rahmen vermochte die erotische Beziehung eines Paares sicher zu stimulieren. In der hellenistischen Zeit wurde die Institution der Ehe evaluiert und auf eine neue, rechtliche Basis gestellt, wie dies die Salmakis-Inschrift erwähnt. Die Figur des Hermaphroditen wird zum Symbol der Vereinigung zwischen Mann und Frau. Seine unglaubliche Schönheit, wie sie in den Metamorphosen des Ovid beschrieben wird, sowie seine

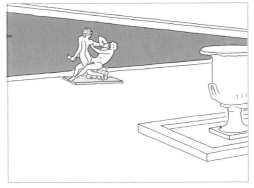

Abb. 7 REKONSTRUKTION DER GRUPPE
SATYR-HERMAPHRODIT in der Villa der Poppaea in Oplontis

geschlechtliche Dualität lassen ihn sowohl für Männer wie auch für Frauen attraktiv werden. Bei Ovid ist es nicht der Mann, sondern die Frau, die Nymphe, welche die Initiative ergreift, die zur Vereinigung der beiden führt. Die Geschlechterrollen sind somit vertauscht, was an gewisse kultische Aktivitäten im Rahmen von rites de passage-Zeremonien erinnert: bei diesen kam es vor, dass die Männer und Frauen ihre Kleider tauschten. Solche Riten waren im antiken Griechenland weit verbreitet, es wäre jedoch falsch, diese mit den Genre-Bildern des schlafenden Hermaphroditen, mit dem Typ Dresden oder mit dem Typ kallipygos in Verbindung zu bringen, da diese eher in privatem denn in religiösem Kontext Verwendung gefunden haben.

SCHLUSSBETRACHTUNG

Die Vereinigung des Männlichen mit dem Weiblichen, die Dualität des Hermaphroditen, hat in der antiken Gesellschaft zu verschiedenen Betrachtungen angeregt. Insbesondere interessant ist die Diskrepanz zwischen dem Menschlichen und dem Göttlichen. Einerseits wurden Menschen, welche mit zwei Geschlechtern geboren wurden, als Ungeheuer, als sonderbares Wunder der Natur angesehen, andererseits aber kreierte man ein göttliches Wesen mit denselben Eigenheiten, das als Beschützer der Ehe im privaten Rahmen wie auch in großen Heiligtümern verehrt wurde. Wie das zweigeschlechtliche Wesen selbst war auch der Umgang mit diesem ambivalent. Während die irdische Welt keine Fehler zuließ, konnte in der göttlichen Welt alles möglich sein. Anstatt diese angeborenen Besonderheiten des menschlichen Körpers im positiven Sinne als etwas Außergewöhnliches, Schönes, als Göttliches anzuerkennen, verband man diese mit negativen Zeichen, mit Unheil und Unglück.

Bei den verschiedenen Bildtypen die zur Darstellung des Gottes Hermaphrodit kreiert wurden, müssen wir unterscheiden zwischen solchen, die für einen religiösen Kontext vorgesehen waren, für Kulthandlungen, die sich im Verlauf des 4. Jh. zu entwickeln begannen, und anderen, welche die Schönheit und die erotische Attraktivität dieses besonderen, zweigeschlechtlichen Gottes zeigten. Die zweite Kategorie ist eine Erfindung der späteren hellenistischen Zeit und wurde wahrscheinlich geschaffen, um den Wunsch der Besitzer großer Villen nach exklusiven Kunstwerken, welche diese Villen schmücken sollten, zu befriedigen. Über den rein ästhetischen Wert hinaus sollten diese Figuren jedoch auch zu Fragen und Diskussionen über die Sexualität des Menschen anregen, eine Diskussion im Sinne Platons über Fragen wie: Was ist Liebe, was macht die Liebe mit mir, und wie kann ich am besten mit ihr leben? Gleichzeitig sollte sie die erotischen Phantasien anregen, und zwar von Männern und Frauen, von Homo- wie auch Heterosexuellen. Die raffiniert inszenierten Kunstwerke zwangen somit den Betrachter, das menschliche Gegenüber, zum Nachdenken über die eigene Sexualität und Geschlechtlichkeit.

BIBLIOGRAFIE

ANTIKE QUELLEN

Alkiphron, Briefe II, 35.

Anthologiae Graecae IX, 783.

Aristoteles, Über die Entstehung der Tiere IV,4.

Athenaios, Das Gastmahl der Gelehrten XII, 554c-e.

Diodorus Siculus, Bibliotheca historica IV,6,5 ; 32.

Ovid, Metamorphosen IV,4, Salmacis und Hermaphroditos Verse 271–388.

Plinius, Naturalis historia 34, 80 ; 36.24.

Theophrast, Charaktere 16: Der Abergläubische.

NEUE LITERATUR

Ajootian, A. (1997), The only happy couple. Hermaphrodites and gender, in: Lyons, C.L. – Koloski-Ostrow, A.O. (Hg.) Naked truths. Women, Sexuality, and Gender in Classical Art and Archaeology, London, 220–242.

Ajootian, A. (1995), Monstrum or Daimon. Hermaphrodites in Ancient Art and Culture, in: Berggreen, B. – Marinatos, N. (Hg.), Greece and Gender, Athens, 93–108.

Bignasca, A. (2004), Un nuovo Ermafrodita addormentato, NumAntCl 33, 319–339.

Brisson, L. (2008), Le sexe incertain: androgynie et hermaphrodisme dans l'antiquité gréco-romaine, Paris.

Caso, M. (2013), Ermafrodito dormiente, in: Gasparri, C. – Paris, R. (Hg.), Palazzo Massimo alle Terme, Milano, 260–261.

Croves, R. (2015–2016), From statue to story. Ovid's Metamorphosis of Hermaphroditos, Classical World 109, 321–356.

D'Ambra, E. – Tronchin, F. (2015), Spatial and Social Contexts. Gender, in: The Oxford Handbook of Roman Sculpture, Oxford, S. 451–467.

Karl Reber

Delcourt, M. (1966), Hermaphroditea. Recherches sur l'être double promoteur de la fertilité dans le monde classique, Bruxelles.

Delcourt, M. (1958), Hermaphrodite. Mythes et rites de la bisexualité dans l'antiquité classique, Paris, 136.

Graumann, L.A. (2013), Monstrous births and retrospective diagnosis. The case of Hermaphrodites in antiquity, in: Laes, C. – Goodey, C.F. – Rose, M.L. (Hg.), Disabilities in Roman antiquity. Disparate bodies « a Capite ad Calcem », Leiden, 181–209.

Hani, J. (1981–82), Le mythe de l'Androgyne dans le Banquet de Platon, Euphrosyne 11, 89–101.

Hornbostl, W. (1982), »Ein Bild hoher Schönheit« in: Metzler, D. (Hg.), Antidoron. Festschrift für Jürgen Thimme zum 65. Geburtstag am 26. September 1982, Karlsruhe, 101–110.

Koloski-Ostrow, A. und Lyons, C.L. (Hg.) (1997), Nacked Truths. Women, Sexuality, and Gender in Classical Art and Archaeology, London/New York.

Maderna-Lauter, C. (1992), Kleine Statue eines Hermaphroditen, in: Bol, P.C. (Hg.), Forschungen zur Villa Albani. Katalog der antiken Bildwerke 3, Berlin, 396–401.

Oehmke, S. (2006), Von Eros im Traum ergriffen, Antike Welt 37, 39–44.

Oehmke, S. (2004), Das Weib im Manne. Hermaphroditos in der griechisch-römischen Antike, Berlin.

Raehs, A. (1990), Zur Ikonografie des Hermaphroditen. Begriff und Problem von Hermaphroditismus und Androgynie in der Kunst, Frankfurt/M.

Romano, A.J. (2009), The invention of marriage. Hermaphroditus and Salmacis at Halicarnassus and in Ovid, The Classical Quarterly 59, 543–561.

Sebillotte-Cuchet, V. (2012), Androgyne, un mauvais genre ? Le choix de Plutarque (Ve siècle avant J.-C. – IIe siècle après J.-C., in: Azoulay, V. – Gherchanoc, F. – Lalanne, S. (Hg.), Le banquet de Pauline Schmitt Pantel. Genre, mœurs et politique dans l'antiquité grecque et romaine, Paris, 103–129.

Stackelberg, K.T. v. (2014), Garden hybris. Hermaphrodite images in the Roman house, Classical Antiquity 33, 395–426.

Stähli, A. (1999), Die Verweigerung der Lüste. Erotische Gruppen in der antiken Plastik, Berlin.

Sourvinou-Inwood, C. (2004), Hermaphroditos and Salmakis. The voice of Halicarnassos, in: Isager, S. – Pedersen, P. (Hg.), The Salmakis Inscription and Hellenistic Halikarnassos, Odense, 59–84.

Wrede, H. (1986), Zu Antinous, Hermaphrodit und Odysseus, Boreas 9, 130–135.

Zuchtriegel, G. (2013–2014), Das Begehren von dem Ovid nicht spricht. Hermaphroditos in der hellenistisch-römischen Kunst, Ostraka 22–23, 255–269.

ABBILDUNGEN

Abb. 1: A 3867/A 466 © Ecole Française d'Athènes

Abb. 2: Hermaphrodit aus Monte Porzio, MA 4866, photo © RMN-Grand Palais /Hervé Lewandowski

Abb. 3: Gallo-römisch, 2. Jh. ?, Hermaphrodit © MDAAC Épinal (France), cliché B. Prud'homme

Abb. 4a: Schlafender Hermaphrodit MA 231, photo © RMN-Grand Palais /Thierry Ollivier

Abb. 4b: Schlafender Hermaphrodit MA 231, photo © RMN-Grand Palais /Hervé Lewandowski

Abb. 5–6: aus: J.A. Dickmann – R. von den Hoff (Hg.), Ansichtssache. Antike Skulpturengruppen im Raum. Freiburg 2017, 123 Abb. 1; 126 Abb. 5 © Archäologische Sammlung der Universität Freiburg i. Brg., Inv.-Nr. G 13–805 /Foto: Janios Ruf, Klassische Archäologie Universität Freiburg i. Brg.

Abb. 7: aus: J.A. Dickmann – R. von den Hoff (Hg.), Ansichtssache. Antike Skulpturengruppen im Raum. Freiburg 2017, 128 Abb. 9 © Archäologische Sammlung der Universität Freiburg i. Brg. /Zeichnung: Elsbeth Raming, Klassische Universität Freiburg i. Brg.

Fabian Vogler

MINIATURE MENINA | 1 UND 2 BRONZE. 2016. 26,5 x 9,5 x 12 | 20,5 x 10 x 10 cm

Fabian Vogler

MINIATURE MENINA | 3 UND 4 BRONZE. 2016. 18 x 11 x 6,5 | 20 x 8,5 x 6,5 cm

Abb. 1 BODHISATTVA AVALOKITESVARA (GUNAYIN)
Holz mit polychromen Spuren. Ming-Dynastie (1368–1644). Musée Cernuschi

Lutz Goetzmann | Barbara Ruettner

WIE IST DAS GESCHLECHT DER SCHÖNHEIT?
Einige Anmerkungen zur Guanyin-Statue im Musée Cernuschi, Paris

> Wer, wenn ich schriee, hörte mich denn aus der Engel
> Ordnungen? und gesetzt selbst, es nähme
> einer mich plötzlich ans Herz: ich verginge von seinem
> stärkeren Dasein. Denn das Schöne ist nichts
> als des Schrecklichen Anfang, den wir noch grade ertragen,
> und wir bewundern es so, weil es gelassen verschmäht,
> uns zu zerstören. Ein jeder Engel ist schrecklich.
>
> Rilke, *Erste Duineser Elegie*, 1923

Die Frage nach dem Geschlecht der Schönheit wird anhand der Guanyin-Statue im Musée Cernuschi, Paris und der Bronzeplastik *Menina|8* des Bildhauers Fabian Vogler gestellt. Lacans Formel: »Es gibt kein Geschlechterverhältnis« wird zum Anlass genommen, die Intersexualität beider Skulpturen und insbesondere deren Wirkungsästhetik sowohl in sexueller wie ontologischer Hinsicht zu begreifen. Hierzu stellen die Autoren die These auf, dass die Kraft der Skulpturen auf der Unmöglichkeit des Geschlechterverhältnisses beruht. Sowohl die Pariser Guanyin-Statue wie Voglers Bronzeplastik, die auf ein Gemälde des spanischen Malers Velásquez anspielt, werden im abschließenden Teil der Arbeit auf der Linie zum zweiten Tod situiert, um deren ontologischen Status zu formulieren. Hier wird das intersexuelle Verhältnis in die Beziehung zwischen Seiendem (Leben) und Seiendem (Tod) bzw. zwischen Seiendem und Sein transformiert, und daraus die Geschlechtlichkeit der Schönheit bestimmt. Möglicherweise erklären diese Bezüge, weshalb in einigen Kulturen intersexuelle Menschen als Schamane oder Heiler tätig waren.

DIE GUANYIN-STATUE IM MUSÉE CERNUSCHI, PARIS

Die Bouquinisten der Pariser Seine-Quais führen tatsächlich noch Werke von Sigmund Freud und Jacques Lacan, auch Georg Groddeck und Melanie Klein in ihren Auslagen, und weder die Nähe des Flusses noch die Emissionen des Großstadtverkehrs scheinen diesen zwischenzeitlich ehrwürdigen Schriften zu schaden. Ganz im Gegenteil: Es scheint so, als ob die Zivilisation der Schrift sich mit der Stadtnatur verbünden würde, und es braucht darüber hinaus kaum eine weitere Stunde des Flanierens, erst durch die Gärten der Tuilerien, dann über die Boulevards des 8. Arrondissement, um zum Musée Cernuschi zu gelangen, das an der sehr privaten, etwas schattigen Avenue Velasquez liegt, und in dessen zweiter Etage eine Avalokiteśvara-Statue steht, die im folgenden Beitrag behandelt werden soll (siehe Abbildung 1).

Dargestellt ist eine buddhistische Gottheit, die im chinesischen Kulturkreis den Namen Guanyin trägt: diejenige, welche die Schreie der Menschheit hört. Die Göttin, so sagt die Legende, sitzt in königlicher Gelassenheit auf dem Gipfel des Inselberges Potalaka, der ihr als Residenz im südlichem Ozean dient. Nun ist es beim Betrachten der Statue unmöglich zu sagen, ob es sich um eine Frau oder einen Mann handelt, offenkundig ist lediglich die Eleganz sowohl der Körperhaltung, welche Stolz und eine gewisse Lässigkeit ausdrückt, einschließlich der elegant gestalteten Krone (mit der Flamme der Erleuchtung) und des Juwelenschmucks (vgl. Rolf 1985: 239). Eigentümlich und seltsam anziehend aber ist der Gesichtsausdruck dieser Skulptur, der nicht nur, wie es für die Darstellungen des Buddhas und der Boddhisattvas typisch ist, uns gelöst erscheint, sondern konzentriert, wie von oben herab. Ein unklarer, vieldeutiger, ambiger Schimmer prägt die Atmosphäre. Handelt es sich nicht um ein Männergesicht mit weiblichen Zügen? Um feminine oder maskuline Füße, um weibliche Brüste? Eindeutig ist dies gewiss nicht.

Der eigentümlich-attraktive, irgendwie abgründige Schimmer bildet den Ausgangspunkt für die folgenden Anmerkungen zu der Guanyin-Statue aus dem Pariser Musée Cernuschi. Zwischengeschlechtliche, d.h. hermaphroditische oder intersexuelle Gottheiten sind feste Bestandteile der buddhistischen Hochkultur. Intersexuelle Menschen, d.h. Angehörige eines dritten Geschlechts, waren in nordamerikanischen Indianer-Kulturen, aber auch in Indien als Schamanen und Heiler tätig gewesen, überwiegend in der Annahme, dass die Vereinigung der Geschlechter einen unmittelbaren Zugang zum Göttlichen ermöglicht (vgl. Roscoe 1994, Nanda 1994). Das Transgressive der Geschlechtergrenzen galt als spirituelle Überwindung der irdischen Dualität. Die Statue, die Ausgangspunkt unserer Gedanken ist, wurde nach Josette und Théo Schulmann als *Guanyin Schulmann* benannt, ist etwas jünger und entspricht dem ikonographisch-stilistischen Schema des 14.–15. Jahrhunderts, sie stammt also aus den Anfängen der Ming-Zeit (Béguin 2005).

Religionsgeschichtlich lässt sich die Entwicklung der Intersexualität dieser »Queer-Gottheit« durchaus nachverfolgen: Das weibliche Geschlecht entstand in Folge einer Reihe primär religiöser, teilweise auch politisch und sozial begründeter Transformationen. Ursprünglich handelte es sich um den männlichen Bodhisattva Avalokiteśvara (Bagyalakshmi 1998). Auf Sanskrit bedeutet Avalokita »gesehen werden«. Avalokitasvara meint: »Der Hörer der Stimmen leidender Wesen« (Bagyalakshmi 1998). Er gilt als Personifikation sowohl von karuna (Mitgefühl) wie von prajna (Weisheit) und ist im buddhistischen Asien hochpopulär. Karuna enthält Spuren des Fragments »ru«, was so viel wie »weinen« bedeutet; mit karuna ist also die Fähigkeit gemeint, sich in andere hineinzuversetzen und deren Gefühle zu übernehmen. Die tiefste Bedeutung ist jedoch: der Schrei aus Sorge und Einfühlung, der auf einer makellosen Einheit

Lutz Goetzmann | Barbara Ruettner

mit dem Andern beruht (Kumar 2005). Als sich der Avalokiteśvara-Kult in China verbreitet, wurde dessen Name mit Guanyin übersetzt: Guanyin ist die Abkürzung von Guanshiyin, welches soviel bedeutet wie: »die Stimme der Welt sehen« bzw. »die Töne der Welt wahrnehmen«. 觀/观 (guān) dient als Schriftzeichen für »betrachten, anschauen, einen Blick auf etwas werfen« oder »Anschauung, Ansicht«, 音, yīn meint »Ton, Laut, Schall«.

In China wurde diese männliche Gottheit allmählich in eine weibliche Figur transformiert, indem sich ursprüngliche Eigenschaften Avalokiteśvaras mit lokalen daoistischen Vorstellungen und Praktiken vermischten. Hier spielte die Xiwangmu, die Königin des Westens, eine wichtige Rolle: Die buddhistische, ihrem Ursprung nach fremde Figur absorbierte die Eigenschaften dieser weiblichen chinesischen Gottheit, zumal in China Versöhnung, Empathie und Mitgefühl als weibliche Charakteristika galten. So erfolgte diese Verschmelzungs-Transformation zunächst entlang lokaler kultischer Traditionen. Avalokiteśvara-Guanyin war insbesondere für die Frauen attraktiv, weil diese Gottheit die Macht besaß, die Frauen vor sexuellen Übergriffen und überhaupt vor physischem, sozialen und emotionalem Leid zu schützen (Bagyalakshmi 1998). In der buddhistischen Kunst erfolgte dieser Wandel wie nebenbei, jedenfalls nicht offen deklariert: Guanyin verfügte zunächst über eine männliche Körperstatur mit maskulinen Charakteristika wie Bart oder Schnurrbart, aber die Anmut des Körpers, die Subtilität und Eleganz ließ allmählich etwas, was als weiblich erlebt wurde, erahnen. Insofern finden sich Bilder, welche Guanyin zeigen, die einen Schnurrbart trägt. Die Betonung ihrer Männlichkeit wurde allmählich durch die Sanftheit ihrer Haltung konterkariert und in einer ambigen Schwebe gehalten, und dann wurden männliche Charakteristika nur noch angedeutet, etwa die Barthaare als stilisierte Linien, bis auch diese Spuren des männlichen Geschlechtes verschwanden (Kumar 2005). So gilt Guanyin heute als eine intersexuelle Gottheit, welche die Binarität des Geschlechtlichen transzendiert. Ihre Gestalt nutzt das Dritte, um die Macht und Schönheit des Übersinnlichen, Transzendentalen, und hier insbesondere eines spirituellen Mitgefühls zu symbolisieren (Bagyalakshmi 1998).

Heute wird die in Asien äußerst populäre Guanyin auch mit dem Vegetarismus assoziiert, gewissermaßen wegen ihres Mitgefühls gegenüber Tieren; chinesische vegetarische Restaurants werden oft mit ihrem Bild dekoriert. Die Gottheit ist nicht länger ausschließlich ein buddhistisches Symbol, sondern gilt über die Religionsgrenzen hinaus als eine Art populärer Held oder eben auch als eine populäre Heldin (Bagyalakshimi 1998).

Im Folgenden wollen wir vor dem Hintergrund einer lacan'schen Ästhetik anhand der Pariser Guanyin-Skulptur untersuchen, wie sich die Faszination und Schönheit dieser Gottheit verstehen lassen könnten. Wir gehen aus von Lacans[1] Formel, dass

---

[1] Jacques Lacan gilt als einer der bedeutendsten Psychoanalytiker, der von 1901 bis 1981 lebte und in Paris praktizierte. Ausgehend von Freud beschäftigte er sich zunächst intensiv mit linguistischen Fragen, indem er im Anschluss an die Semiotik von Ferdinand de Saussure eine psychoanalytische Signifikantentheorie entwarf. Aus dieser Phase stammt auch die bekannte lacan'sche Sentenz: »Das Unbewusste ist strukturiert wie eine Sprache« (vgl. Nemitz 2010). In seinem weiteren Denken beschäf-

es kein Verhältnis zwischen den Geschlechtern gibt, berücksichtigen philosophische Kommentare zu dieser These und wie diese in ontologischer Sicht verstanden werden könnten, und lokalisieren Guanyin dann auf der Linie des zweiten Todes, einer Trope, die Lacan der Apokalypse bzw. der sophokleischen Antigone-Tragödie entnahm. Aus dieser Position heraus versuchen wir die Wirkungsästhetik der zwiegeschlechtlichen Guanyin-Skulptur zu verstehen.

ZUM VERHÄLTNIS ZWISCHEN DEN GESCHLECHTERN

Wie ließe sich nun dieser eigentümliche Schimmer erklären, der im Gesicht, und überhaupt in der Aura der Pariser Guanyin vorhanden ist? Wie viele Herangehensweisen es auch immer geben mag, dieses eigentümlich Abgründig-Verwirrende, Uneindeutige, Schimmernde lässt sich auch mit Lacans These beschreiben, dass es kein Verhältnis zwischen den Geschlechtern gibt, also kein Geschlechtsverhältnis und auch keinen Geschlechtsverkehr: »Il n'y a pas de rapport sexuel« (Lacan 1988: 17). Nancy (2012: 7ff) sagt, Lacans Aussage habe etwas von einer Provokation, die auf einem Paradox beruht. »Ausgesagt wird, dass es etwas, das sich ständig ereignet, nicht gibt.« – Niemand bezweifelt, dass es zwischen Menschen Geschlechtsverkehr gibt; Lacan hebt dieses Gesetz jedoch auf, und dieser Spin ins Paradoxe beleuchtet die Abgründigkeit des sexuellen Verhältnisses ebenso wie diejenige des ontologischen Verhältnisses. Die Grundbedeutung der Aussage: »Es gibt kein Geschlechtsverhältnis«, und zwar in sexueller Hinsicht, wird von Evans (2002: 122) herausgestellt: »Es gibt keine direkte, unmittelbare Beziehung zwischen der männlichen und der weiblichen Geschlechtsposition, weil das Andere der Sprache als dritte Größe zwischen ihnen steht.« Dies bedeutet, dass das Geschlechtliche vom Signifikanten gekennzeichnet ist. Lacan (2015: 64) sagt im 20. Seminar (Encore), worauf Evans sich bezieht: »Das Objekt ist ein Verfehltes. Das Wesen des Objekts, das ist das Fehlgehen.« – »Das Fehlgehen, das ist das Objekt.« Der Andere der Sprache, das ist der Schimmer, der zwischen den beiden Positionen aufscheint, welche als binär bezeichnet werden. In dem es keine direkte Beziehung gibt, wird das Objekt verfehlt, d.h. der weibliche oder männliche Partner und damit deren Position. Ist Guanyin ein Mann oder eine Frau? Wenn dies nicht klar ist, wie sollte es dann eine Beziehung, ein Verhältnis zwischen den Positionen geben? Es gibt nur das Dritte, sei es die Sprache oder die Skulptur. Lacan spitzt diese These zu:

> »Also, was soll das heißen, wenn ich die Aussage mache, dass es kein sexuelles Verhältnis gibt? Das heißt, einen sehr begrenzten Punkt zu bezeichnen, die Relationenlogik in Anschlag zu bringen, nämlich herauszustellen, dass R – womit das Verhältnis bezeichnet wird –, dass R zwischen x und y zu setzen ist (was bereits heißt, in das Spiel des Geschrie-

---

tigte sich Lacan zunehmend mit Fragen des – u.a. auch sprachlich Nicht-Repräsentierten und entwickelte Konzepte über das Reale, über die Jouissance in Form eines traumatischen Genießens oder über das Sinthom, die heute sowohl in der Psychoanalyse wie in den Geisteswissenschaften zunehmend und intensiv, partiell sogar leidenschaftlich diskutiert werden (vgl. Morel 2017).

Lutz Goetzmann | Barbara Ruettner

benen eintreten) und dass es, was das sexuelle Verhältnis angeht, strikt unmöglich ist, auf irgendeine Weise xRy zu schreiben.« (Lacan, Seminar 22, zitiert nach Nemitz 2014)

Nach Rolf Nemitz (2014) ist der Ausdruck xRy eine Funktion mit zwei Leerstellen: (_) R(_). x und y sind als Variablen zu verstehen, die in die Leerstellen eingesetzt werden können. Dass diese Relation nicht geschrieben werden kann, besagt, dass es keine Variablen gibt, die an den Leerstellen eingesetzt werden können: »Die These lautet hier, dass ein solches Verhältnis mit den schriftgestützten Verfahren der Logik und der Mathematik nicht ausgearbeitet werden kann, dass es nicht ›geschrieben‹ werden kann. Für Lacan heißt das, dass dieses Verhältnis ›real‹ ist.« Nemitz (2014) erläutert weiter: »In der borromäischen Verschlingung von drei Ringen steht der Ring des Realen dafür, dass es kein sexuelles Verhältnis gibt. ›Es gibt kein sexuelles Verhältnis‹ ist eine Kurzfassung; gemeint ist: ›Es gibt kein sexuelles Verhältnis, das geschrieben werden kann‹.« Das Zwischengeschlechtliche, das also, was das Binäre, Widersprüchliche aufhebt, in dem es beide Positionen in sich trägt, radikalisiert die Unmöglichkeit, ein sexuelles Verhältnis zu symbolisieren: Lediglich diese Unmöglichkeit lässt sich symbolisieren, schriftlich oder mit den Mitteln der bildenden Kunst. Das Verhältnis zum Körper des anderen Geschlechts kann sprachlich nicht ausgedrückt werden, weder imaginär noch symbolisch, d.h. letztendlich durch den Signifikantenapparat des Unbewussten. So ließe sich einerseits sagen: »Es gibt nicht« meint einerseits: das Reale (des Verhältnisses) lässt sich nicht symbolisieren (repräsentieren): »Es gibt nicht« = das Verhältnis ist nicht repräsentiert; und andererseits verschwindet das Reale des Verhältnis in der Symbolisierung: »Es gibt nicht« = das Verhältnis ist repräsentiert; der Satz vom Widerspruch löst sich hier in der Parallaxe einer offenkundigen Unmöglichkeit auf. Diese schiere Unmöglichkeit wird in der Intersexuellen Figur ausgedrückt: Der Verkehr ihrer Geschlechter, d.h. das geschlechtliche Verhältnis ist im Grunde aufgehoben; die Skulptur der Guanyin ist in ihrer ästhetischen Wirkung deswegen ambige, unfassbar, es adelt sie der Schimmer des Unmöglichen, d.h. der Unmöglichkeit, das Verhältnis zwischen den Positionen der Geschlechter zu symbolisieren.

Jean-Luc Nancy stellt die Frage nach dem Geschlechtsverkehr in einer weiteren Dimension, nämlich als Frage nach dem Sein des Verhältnisses. Er setzt die Ontologie radikal der Frage der Sexualität aus: des Sexuellen des Seins wie des Seins des Sexuellen (vgl. Kasper 2012: 85). Wie Hegel und Heidegger sagt er, dass das Sein nicht ist. Aber diese Aussage kündet nicht die Inexistenz dessen an, was existiert. Vielmehr meint sie, dass das Sein »nicht in irgendeiner Sache bestehen kann (weder in einem Stein noch in Gott, auch nicht in einer Blume oder in einem Penis).« Sein bedeutet, dass es Sachen gibt: Aber diese Tatsache »Es gibt« ist selbst nichts Seiendes (Nancy 2012: 8ff). In dieser Hinsicht verhält sich der Geschlechtsverkehr wie das Sein gegenüber dem Seienden:

»Was paart und also ›ist‹, und zwar in dem transitiven Sinne, den Heidegger hier fordert, ist das, was das Seiende durchquert und bewegt, es entzückt und sich von ihm entzücken lässt; mit anderen Worten, es mit sich reißt, es zugleich und plötzlich übersteigt.« (Nancy 2012: 10)

Nancy (2012: 12ff) weist auf die Verblüffung hin, »dass das, was es nicht gibt, etwas anderes ist als das, von dem wir wissen, dass es wohl stattfindet.« Diese Verblüffung, die sich auf die Seinsfrage des Verhältnisses bezieht, lässt einen wirklich »sprachlos« werden. Nancy (2012: 15) referiert verschiedene Bedeutungen von rapport (Verhältnis): Einkommen, Erzählung, Zusammenfassung, Schicklichkeit. Er sagt: »Wenn man also sagt, dass es keinen Geschlechtsverkehr gibt, dann meint man vielleicht, dass es kein Einkommen, keine Zusammenfassung, keine Konvention oder irgendein determiniertes Verhältnis gibt für das, was passiert, wenn ein Paar sich paart.« (Nancy 2012: 18) Das Verhältnis ist die Distinktion (Nancy 2012: 22). Es ist das »Zwischen-Zwei«, auf Grund dessen es diese zwei erst geben kann. Das Verhältnis findet auf Grund der Distinktion statt: Das, was nicht seiend ist, unterscheidet das Seiende. Und er fährt fort: »Dabei ist das Zwischen-Zwei keines von beiden: Es ist die Leere – entweder der Raum oder die Zeit (einschließlich wiederum der simultanen Zeit) oder der Sinn, der sich verhält, ohne zu versammeln oder versammelt, ohne zu vereinen oder der vereint ohne zu vollenden oder der vollendet ohne zu beenden.« (Nancy 2012: 23) Das Dritte ist Lacans Relation, die den Schimmer, den Abgrund, den Schutz und den Schrecken beschwört. Nancy verweist darauf, dass die Scholastiker dem Verhältnis oder der relatio »ein minimales Wesen« an der Grenze des Seins als Seiendem zuerkannt hätten. Entsprechend ist bei Thomas von Aquin das Verhältnis nicht substantiell, sondern akzidentiell, d.h. auf eine Substanz oder ein Subjekt bezogen, das von ihm geschieden ist – jedoch mit einer wesentlichen Ausnahme, nämlich im Falle der göttlichen Substanz, die durch sich selbst relatio ist (Nancy 2012: 24).

Genau dieses Verhältnis findet in der Struktur des Avalokiteśvara/der Guanyin statt: »Das Sexuelle ist keine Art der Gattung ›Verhältnis‹, sondern das Verhältnis erfährt, im Sexuellen, seine integrale Ausweitung und Ausstellung.« (Nancy 2012: 26) Nancy ist der Ansicht, dass das Geschlecht bzw. die Geschlechtlichkeit das Verhältnis (r, relatio) ist, das Differenz und Distinktion schafft: »Der Geschlechterunterschied ist kein Unterschied zwischen zwei oder mehreren Dingen, von denen jedes für sich als ›eins‹ (ein Geschlecht) bestehen könnte.« (Nancy 2012: 31) Die Differenz wird geschaffen, indem das Geschlecht in unendlicher Weise die Singularitäten seiner »Repräsentanzen« (männlich/weiblich, aktiv/passiv, homosexuell/heterosexuell) hervorbringt. Insofern besteht in jedem Verhältnis, ob dieses nun sprachlich, sozial, oder ästhetisch ist, das Sexuelle in der Dimension seiner Unabschließbarkeit: »Geschlechtliches ist da, wo keine Produktion, kein Ergebnis, keine Setzung welchen Begriffs auch immer statthat« (Nancy 2012: 68). Der Körper/die Skulptur (denn es geht um den Körper der Skulptur) steht immer in einem Verhältnis, indem er sich ausstellt, wie Nancy sagt: »aushäutet«, nach außen wendet: »Das Geschlechtliche ist die Determination der Aus-Stellung als solcher, ohne anderes Ziel.« (Nancy 2012: 68)

Im Gegensatz zur Aristoteles, der seine Ontologie als Sprachregelung entwirft – es gibt keinen Widerspruch, Sinn ist Essenz, jedes Wort hat einen Sinn (und nicht mehrere) – beruht Lacans Sichtweise auf Homonymie und Doppelsinn: Die Psychoanalyse tritt auf als »Schwindelanfall« (étourdissement) (vgl. Cassin 2012: 22). In gewisser Hinsicht ist Lacans Sprachauffassung vollständig entontologisiert, weil die Äquivozität

Lutz Goetzmann | Barbara Ruettner

des Signifikanten und die Pluralität der Interpretationen diese (aristotelische) ontologische Eindeutigkeit auflösten (Badiou 2012: 91). Entsprechend besteht ein Drittes Geschlecht, Mann und Frau stehen in keinem Widerspruch zueinander, welcher auf den Prinzipien der Binarität beruhen würde. Genau diese Doppeldeutigkeit aber macht aus Lacans Sicht den Menschen aus, d.h. das Reale (Unfassliche, Nicht-Denkbare) ist durch einen eindeutigen sprachlichen (oder ästhetischen) Austausch nicht zu beseitigen (Cassin 2012: 24). Es ist das Doppelsinnige, Zwiegeschlechtliche des Hermaphroditischen, welches das Subjekt, das die Geschichte seiner Bisexualität unbewusst mit sich trägt, fasziniert: Das Dritte des Doppelsinns ist die Schönheit des Göttlichen. Homonymie, Amphibolie, Paradox sind die Bedingungen des Sinns, der keine Bedeutung beansprucht: »Das Reale bejaht sich, indem es in den Sackgassen der Logik bejaht wird.« (Cassin 2012: 39) Das Unbewusste ist dem Äquivoken unterworfen, es ist wie eine Sprache strukturiert (lalangue) (Cassin 2012: 42). Das Verhältnis der Geschlechter wird vor diesem Hintergrund auf einen Ort, am ehesten auf den Ort der Sprache, in unserem Fall auf die Guanyin-Statue, bezogen. Das Verhältnis ereignet sich an einer Art Gabelung, d.h. dem Auseinanderdriften des Einen innerhalb seiner Selbst zum Andern (vgl. Kasper 2012: 85ff). Alain Badiou (2012: 94) zitiert Lacan: Der Ab-Sinn bezeichnet das Geschlecht. Das Besondere daran ist, dass sich dieser Prozess hier nicht zwischen Subjekten ereignet, sondern innerhalb der zwiegeschlechtlichen Welt der Gottheit, welche damit den Weg in etwas Unabschließbares öffnet. Wir beobachten hier also Dreierlei, was die Struktur der Guanyin-Gottheit bestimmt: 1.) Ihr Geschlecht (die relatio, das Dritte, das Zwischen-Zwei) schafft differierend verschiedene, im Falle des Intersexuellen biologische Positionen: männlich/weiblich; 2.) Die Relatio ist das Sein, das es nicht gibt, also jene Leere zwischen dem Seienden; insofern ist der Schimmer der Guanyin eben dieser Leere zu verdanken, die nur – jedenfalls im Sinne der westlichen Scholastik – im Falle des Göttlichen substantiell ist. 3.) Das Verhältnis (r, relatio) ist die Beziehung zwischen dem Seienden; es ist die Linie des Seins, welche wir im folgenden Abschnitt, der das Abgründige der Schönheit beschreibt, als Linie des zweiten Todes bezeichnen werden: Da, wo Sein und Nichts das Gleiche sind.

MENINA | 8 – ZUR TRANSFORMATION EINER INFANTIN

Zwiegeschlechtliche Gottheiten finden sich natürlich auch in der zeitgenössischen Kunst. Es sei hier nur ein Beispiel herausgegriffen, wie sich das Motiv des Avalokiteśvara/der Guanyin-Skulpturen weiterverfolgen lässt, d.h. wie sich der intersexuelle und ontologische Status in der Kunst wiederholt. Fabian Vogler schuf 2013/2014 die Serie von acht Bronzeplastiken, welche er in offenkundiger Anspielung auf Velázquez »Die Meninas« nannte. So zeigt *Menina | 8* (2014) eine 123 Zentimeter hohe Bronzeplastik mit überbetonten Brüsten und einem Kopf, der auf einem phallisch anmutenden Hals sitzt, welcher gleichsam wie ein Szepter wirkt. Abbildung 2 zeigt *Menina | 8* (vgl. auch Lüth 2015: 178).

Las Meninas ist ein berühmtes Gemälde des spanischen Malers Diego Velázquez aus dem Jahre 1656, ursprünglich hieß das Gemälde: La familia de Felipe IV. Im

Katalog des Jahres 1843 führte das Museum erstmals den Titel *Las Meninas* auf, der bis heute verwendet wird. In diesem Gemälde, auf das Vogler mit seiner Bronzeplastik-Serie anspielt, umgeben zwei junge Hofdamen – man kennt ihre Namen: Isabel de

Abb. 2 Fabian Vogler MENINA | 8 BRONZE. 2014. 123 x 77 x 46 cm

Velasco und María Agustina Sarmiento de Sotomayor – die fünfjährige Prinzessin Margarita Teresa; die 1651 geborene Infantin war das erste und zum Zeitpunkt der Entstehung des Gemäldes einzige Kind von Felipe IV., hier eine kleine, bewunderte und gehegte Lichtgestalt. Rechts befindet sich eine weitere Dreiergruppe aus zwei Zwergen mit einem Hirtenhund: Die, wie man weiß, aus Deutschland stammende Maria Bárbola, die an einem Hydrozephalus litt, sowie der zwergwüchsige Italiener

Lutz Goetzmann | Barbara Ruettner

Nicolasito Pertusato. An den damaligen Herrscherhöfen verband man mit kleinwüchsigen Menschen mystische Fähigkeiten, sie wurden häufig als Glücksbringer gesehen. Links steht Velásquez, der an einer Leinwand arbeitet und seinen Blick irgendwie zum

Abb. 3 Diego Velásquez LAS MENINAS Öl auf Leinwand. 1656. 318 x 276 cm. Prado. Madrid

Betrachter richtet. In einem Spiegel im Hintergrund erscheinen König Philipp IV. und seine Frau Marianna. Philipps Hofmarschall José Nieto steht auf den Stufen einer Treppe, es ist nicht klar, ob der den Raum betreten möchte oder im Begriff ist, diesen zu verlassen. Rechts davon befinden sich zwei weitere Personen.

Lacan (2017) hatte sich übrigens mit *Las Meninas* über mehrere Vorlesungen beschäftigt, in welchen er die Idee des »skopischen Phantasmas«, das auf dem Blick beruht, entwickelte. Er bemerkte, dass keine Person auf dem Gemälde sich direkt anblickt:

Abb. 4   Diego Velásquez LAS MENINAS   Detail (Blick der Infantin)

»Sämtliche Blicke sind anderswo, und wohlgemerkt, der Blick desjenigen im Hintergrund, der geht, ist nicht mehr als ein Blick, der besagen will: ›Ich verlasse dich‹, weit entfernt davon, sich auf irgendetwas zu richten. [...] All diese Blicke verlieren sich in einem unsichtbaren Punkt. Als würde jemand sagen: ›ein Engel ist vorbeigegangen‹.« (Lacan 2017, unpaginiert)

Die Guanyin-Skulptur hält den Blick gesenkt: Die Lidspalte, welche ihren Blick verbirgt, lässt gleichermaßen den Einblick in die Leere, in den Abgrund zu, der durch keine Fixierung, auch keine symbolische, gefüllt und stabilisiert wird. Dieser unbekannte, dunkle Blick birgt und verbirgt dasjenige, was Lacan objet petit a nannte, ein unbekannter, nicht-repräsentierter Erinnerungsrest an den Andern, der sich im Blick oder der Stimme manifestiert, und im Moment des Auftauchens verschwindet. Abbildung 4 zeigt den Blick der Infantin im Detail. Die Lidspalte ist ein Fenster, der

Lutz Goetzmann | Barbara Ruettner

leere Blick, der irgendwohin schaut, das Objekt ist in die Kluft gestürzt, und insofern gibt es kein Verhältnis, weder im geschlechtlichen noch ontologischen Sinn:

> »Insofern in der Beziehung des Blicks zur gesehenen Welt das Fenster immer das ist, was ausgelassen wird, können wir uns die Funktion des Objekts a vorstellen: das Fenster, das heißt auch: der Spalt zwischen den Lidern, das heißt auch: der Eingang der Pupillen, das heißt auch: das, wodurch das ursprünglichste Objekt all dessen gebildet wird, worum es beim Sehen (vision) geht, die Camera obscura.« (Lacan 2017)

Wie in der Vorstellung über die Wahrnehmung des Avalokiteśvara fügt Lacan den Blick und den Schrei zusammen, in welchen das objet petit a, dessen Erhabenheit und Schrecken, verborgen und geborgen sind. Die Struktur des Bildes erlaubt es, weit über die Frage eines sozialen Relativismus hinauszugehen. Lacan nimmt die Infantin als Ausgangspunkt, die wie eine Lichtgestalt in der Mitte des Salons steht:

> »Von da aus erhält die Tatsache, dass Velásquez der Maler sich in ihre Mitte stellt, ihre ganze Bedeutung. Aber natürlich geht das sehr viel weiter als dieser einfache Anstrich, wenn man so sagen kann, von sozialem Relativismus. Die Struktur des Bildes erlaubt es, weit darüber hinaus zu gehen. Um darüber hinaus zu gehen, hätte man allerdings von einer Frage ausgehen müssen, nicht von einer Frage, sondern von einer ganz anderen Bewegung als dieser Bewegung der Frage, über die ich Ihnen gesagt habe, dass sie sich allein schon durch die Gegenwart des Werkes selbst annulliert, sondern ausgehend von dem, was durch das Werk, wie wir es da sehen, aufgenötigt wird, nämlich dass derselbe Kindheitsmund, der uns durch die zentrale Person nahegebracht wird, durch diese kleine Infantin, die die zweite Tochter des Königspaares ist, von Felipe IV. und Doña Mariana von Österreich, die kleine Doña Margarita, die, so kann ich sagen, von Velázquez fünfzig Mal gemalt worden ist, dass wir uns von dieser Person führen lassen, die sich gewissermaßen vor uns hinstellt, in diesem Raum, der für uns das Fragezeichen ist, und für all diejenigen, die dieses Bild gesehen haben, die über dieses Bild gesprochen haben, die über dieses Bild geschrieben haben. Das Fragezeichen, vor das er uns stellt, das sind die Schreie, die aus ihrem Mund ausgestoßen werden, möchte ich sagen, und von denen man ausgehen sollte, um das vollziehen zu können, was ich die zweite Runde des Bildes nennen möchte, und das ist etwas, scheint mir, was in der Analyse des Werks, von dem ich vorhin gesprochen habe, versäumt wird – ›Lass sehen!‹, das, was hinter der Leinwand ist, wie wir sie von der Rückseite aus sehen. Es ist ein ›Lass sehen‹, das es ausruft und das wir mehr oder weniger bereit sind auszusprechen.« (Lacan 2017, unpaginiert)

Was Lacan über die spanische Prinzessin sagt, gilt genauso für Guanyin-Skulptur: Es gibt kein Verhältnis, das ist im Dunkel des Lidspalts ebenso signifiziert wie in dem Blick der Infantin, der ins Leere geht, am Betrachter vorbei? Wohin? Den Blick des Andern suchend. Der bittere Mund der Göttin: Er schreit vor Mitgefühl. Das Elend der Welt: Signifiziert in diesem Mund, der geschlossen ist und – in der Identifizierung mit den leidenden Wesen, mit allen, aber vor allem mit den unterdrückten, missbrauchten, kinderlosen, geängstigten, verletzten Frauen schreit. – Es ist wohl die Prinzessin, welche Fabian Vogler in seine Bronze-Statuen transformiert: *Menina | 8* zeigt die kleine Prinzessin, die Infanta Margerita und vielleicht ihr eigentümliches Pendant, die »missgebildete« Zwergin Maria Bárbola. Es ist die Prinzessin, eher, als eine der Señoritas, der Hoffräulein und Gespielinnen, welche die Infantin bedienen. Der Bildhauer verwandelt den Kopf der Prinzessin (oder eben den Schädel der Kleinwüchsigen, je nachdem) einschließlich des Halses in eine überzogene, phallisch-asphodelische Struktur und platziert die Infantin/Hofzwergin als eine mächtige, fremde, archaische, göttergleiche Figur. Die Brüste und das Phallische transzendieren das Geschlecht in ein Drittes. Augen und Mund gibt es nicht. Blick und Schrei sind aus dem Programm gestrichen. Und dennoch ist ihre Gewalt, die Wucht des objet petit a ins Unsichtbare, Unhörbare gesteigert.

Lacan (2017) verweist nun darauf, dass die Velászques'sche Szenerie darin besteht, dass alle Personen vom Sehen erfasst sind, dass sie aufgrund ihrer Position aber nichts sehen – alle drehen sich gleichsam den Rücken zu, alle schauen irgendwie ins Leere: »In dieser Kluft liegt, streng gesagt, eine bestimmte Funktion des Anderen, nämlich die eines monarchischen Sehens in dem Moment, in dem es leer wird.« Man könnte fragen: Für wen ist die Repräsentation des Gemäldes gemacht? Er antwortet: im Grunde für das Königspaar. Aber von dort, wo die beiden sind, sehen sie nichts. Lacan spricht von einem »reinen Sehen«: Es gehe um das »Sehen eines Anderen, der dieser leere Andere ist.« Er sagt, dass der Maler »an die Stelle seines Objekts etwas platziert, das aus dem Anderen gemacht ist, aus diesem blinden Sehen, welches das Sehen des Anderen ist«. Das Sehen des Andern – das ist der Blick, der sich auf den Andern richtet: unser Blick auf das Sein oder das Seiende, und ebenso der Blick des Andern, der auf uns sich richtet: der Blick des Königs, der Blick des Gottes, der Blick des Objekts, das im Auftauchen schon wieder verloren geht: Lacans objet petit a. Der Blick des Andern, das ist das »monarchische Sehen«: Guanyin sieht die Schreie der Welt, und der Mensch, der leidet, sieht den Blick des Andern, der in der Lidspalte verborgen ist, im Vorbeischauen der kleinen, lichten Infantin. Monarchisches Sehen, das ist im blicklosen Blick der Guanyin ebenso wie im Blick der augenlosen *Menina | 8*, es sei denn, man würde ihre Brüste als blinde, pralle, demolierte Augäpfel auffassen.

Übrigens, Mena Marqués (2001: 264ff), welche die Restaurierung des Gemäldes leitete, hatte die These vertreten, unter dem heutigen Gemälde sei ein anderes verborgen, das später umgearbeitet wurde. Das ursprüngliche Bild, so Marques, sei eine Art politisches Manifest gewesen, nämlich die ästhetische Verkündigung der Absicht, die Thronfolge an eine Frau, sprich an die Infantin zu übergeben, nachdem Philipps einziger Sohn gestorben war. Mit der Geburt eines männlichen Thronerben sei diese ursprüngliche Repräsentation nutzlos geworden. Velázquez habe Stellen übermalt und seine eigene Person hinzugefügt. So verbirgt sich hinter dem Titel *Menina | 8* die Infantin, die König werden sollte. Vogler transformiert diese in eine mächtige, archaische Figur, die gleichermaßen weibliche wie männliche Charakteristika besitzt. Margarita Teresa heiratete später den österreichischen Kaiser, ihren Onkel, und starb mit 21 Jahren nach sechs Geburten.

ELEND UND GLANZ AUF DER LINIE DES ZWEITEN TODES

Im Grunde will der religiöse Buddhismus niemals Kunst schaffen, sondern vielmehr der religiösen Verehrung bildhafte Zeichen verleihen. Monumentalität und künstlerische Ästhetik dienen in erster Linie dazu, die Attraktivität dieser Zeichen, Bilder, Gebäude und Skulpturen zu erhöhen (Rolf 1985: 239). Wir wollen an dieser Stelle auf eine Lacan'sche Trope zu sprechen kommen, in welcher sich die transzendentale Sichtweise mit der Frage nach der Schönheit verbindet. Lacan (2016: 299) spricht über die Schönheit der Antigone, welche zum Tode verurteilt im Grabmal ihrer Familie eingeschlossen wurde: Erhobenen Hauptes betrat sie die labdakidische Grabkammer, und damit eine Zone zwischen den Toden: Das Tor der Grabkammer, das verschlossen wurde, bedeutete die Verbindung zum Seienden der irdischen Welt, in welcher Antigone gegen die Gesetze ihres Onkels Kreon verstieß. Es ist, als ob sich, topisch formuliert, die Hinterseite des Grabes zur Unterwelt eröffnen würde, in der die Totengötter mit ihren ungeschriebenen, ewigen oder eben sittlichen Gesetzen herrschen. Diese Hinterseite des Grabes bildet die Linie des zweiten Todes. Unsere Hypothese lautet, erstens dass diese Linie zur Struktur des Subjekts gehört, und zweitens dass die Guanyin-Statue diese Linie mit ihrer ästhetischen Präsenz markiert.

Vor dem ersten Tod, so Lacan (2016: 324) spielt sich das bekannte, übliche Leben ab: Uns ist bewusst, dass wir sterben müssen, aber diese Einsicht hat lange etwas Unwirkliches. Der erste Tod ist zunächst, in einer oberflächlichen, vorläufigen Lesart, der biologische Tod. Eine weitere Lesart besagt, dass es sich um einen Tod handelt, den wir bereits gestorben sind: Wir starben diesen Tod mit der Geburt, d.h. durch die Verstoßung aus dem Mutterleib und durch alle weiteren Verstoßungen, Verluste und seelischen Vernichtungen. So gesehen, ist der erste Tod ein Schon-gestorben-sein. Über den Zustand nach dem »zweiten Tod« lässt sich streiten: Ist er das Nichts, der Himmel, die Hölle oder eine antike Unterwelt, in welchen die Totengötter herrschen?

Nun lässt sich die Linie des zweiten Todes in zweierlei Weise interpretieren: Sie trennt das Seiende vom Sein, dem Nichts, dem Komplett-Unbekannten. Der zweite Tod eröffnet den Weg, den Sturz und Flug, das Erlöschen im Nichts. Zwei Seiende: das thebanische Licht und die Finsternis der Unterwelt; dazwischen liegt der Dämmer oder Halbschatten in der Grabkammer. Im Prinzip umrahmt die Linie des zweiten Todes alles Seiende, sofern dieses Seiende das Subjekt betrifft, das diese Zone zwischen den zwei Toden betritt und die Bürde des Bewusstseins von Verlust und Vernichtung, sei es aus Mut, Prinzipientreue, Tapferkeit oder Not auf sich nimmt. Nun spricht der sophokleische Chor von Antigones Schönheit, und diese Schönheit und ihr Glanz, so fasst Lacan das Chorlied auf, rührt exakt von dem Ort, den Antigone betreten hatte. Hinter dem Imaginären der Statue, die da steht, wo Antigone stirbt, erstreckt sich das Unbekannte, Abgründige, das Letztliche des Seienden. Guanyin steht am Ort der Verbindung/Differenz zwischen Seiendem und Sein, das, bedenkt man Lacans Formel des Geschlechterverhältnisses nicht repräsentiert (das Reale lässt sich nicht symbolisieren) bzw. repräsentiert ist (das Symbolische löscht das Reale aus). Die Zone zum zweiten Tod hin ist Lacan (2016: 134) zufolge durch zwei Merkmale charakterisiert: Sie ist durch Wesen bevölkert, die einerseits ewig leiden, ohne zu sterben: Das ist Guanyin in ihrer Empathie für die schmerzerfüllten Wesen. Und diese Gestalten erfüllen zweitens eine Abwehrfunktion gegenüber dem, was hinter der Grenze liegen könnte: gegenüber dem Ding, dem Nichts, dem Sein, dem zweiten Tod. Sie verweisen auf dieses Feld, wie die Abwehr eine Türe in eine andere, in der Regel furchterregende Welt darstellt. Der zweite Tod ist der absolute Endzustand. Das Subjekt blickt in der Zone zwischen den Toden auf die Gottheit, als würde es durch diese hindurch mit seinen Blicken, mit sich selbst ins Nichts hinübertreten wollen.

Die zweite Interpretation lautet: Auch dasjenige, was jenseits der Linie des zweiten Todes liegt, ist Seiendes: die Unterwelt der Götter, der Himmel, die Hölle, die Leere. Jenseits der Linie des zweiten Todes ist das unbekannte Seiende, das sich mit (_) notieren ließe. Die Linie des zweiten Todes ist das Sein: das Verhältnis zwischen den Seienden, das unmöglich ist, real, nicht symbolisierbar. Nur ihre Unmöglichkeit ist symbolisierbar. Insofern lässt sich auf der Linie des zweiten Todes nach ihrem Wesen, dem Sein fragen. Der Körper der Skulptur markiert exakt diese Linie – sie ist das Dritte zwischen dem Hier und Dort, dem Diesseits und Jenseits einer Linie, welche das unvorstellbare Sein ist. Diese Zone, in welcher Avalokiteśvara thront, ist das Lokale, das Detail, etwa auch der Genitalität, welche in diesem Fall dem Subjektiv-Binären verpflichtet ist (d.h. Guanyin ist Mann und Frau, je nachdem):

> »Die Wiederholung der Annäherung bewegt sich im Hin und Her zwischen dem unauffindbaren bzw. immer weiter zurückweichenden ›Einen‹ und der Zone, dem Lokalen, dem Detail. Man könte sie mit der Bewegung des Malers, des Photographen, vielleicht auch des Musikers bzw. des Künstlers im Allgemeinen vergleichen: Es geht dabei um die Annäherung an eine Einheit, die ausschließlich das Ereignis ihrer Teile bzw. Details ist […] Was macht die Kunst eines Bildes aus? Das Hin und Her seiner Details in Bezug zu seinem Ganzen.« (Nancy 2012: 65)

Hier, auf dieser Linie, begegnen wir der Abwesenheit des Sinns. Hier ereignet sich das Reale des »Es gibt nicht«, die Unmöglichkeit des Verhältnisses, das »reine Sein als entbundene Multiplizität«, als Leere (Badiou 2012: 104). Aus christlicher Sicht findet an der Grenze zum zweiten Tod die Schöpfung aus dem Nichts statt: Das, was aus dem Nichts geschaffen wird, ist die Sprache, der Signifikant, die Skulptur. Lacans Linie des zweiten Todes ist die Relation zwischen dem Nichts und dem Geschaffenen: der Sprache bzw. der Skulptur. Insofern hat auch diese creatio ex nihilo eine dreigliedrige Struktur: das Geschaffene, das Nichts und die Relation: XrY bzw. ( )r( ). Ohne hier auf den Begriff der Leere (sunyata) aus buddhistischer Sicht näher eingehen zu können, lässt sich sagen, dass dieses Nichts wohl die Leere ist, d.h. die Substanzlosigkeit. Nach Nagarjuna sind Samsara und Nirvana im Grunde dasselbe, lediglich geschieden von einer äußerst feinen Linie:

> »Es gibt nichts, was den Samsara vom Nirvana, und das Nirvana vom Samsara unterscheidet. Die Grenze des Nirvana ist zugleich die Grenze des Samsara. Zwischen diesen beiden wird auch nicht der feinste Unterschied gefunden.« (Weber-Brosamer & Back 2006: 100)

Hier verbindet sich die Idee, die Linie würde das Seiende vom Sein trennen, mit der Vorstellung, dass diese vielmehr Seiendes von Seiendem trennt. Wie die Linie des zweiten Todes auch begriffen wird – als Sein des Verhältnisses zwischen zwei Seienden

Lutz Goetzmann | Barbara Ruettner

oder als Trennlinie zwischen einem von Tode gezeichneten Seienden und dem Sein, welche mit Nichts äquivok ist – in beiden Fällen hat die Linie distinktive Eigenschaften. Auf dieser Linie steht die Statue der Guanyin, welche die spirituelle Erlösung im Jenseits, Kindersegen und Schutz im Diesseits verspricht.

Nur diejenigen, welche sich in der Zone zwischen den Toden bewegen, erblicken in ihr die Gottheit und genießen das Überirdische des Glanzes, der die Abgründigkeit des Realen, das Unfassbare verbirgt, der sich aus der unmöglichen Beziehung (relatio) zwischen zwei Variablen: so zwischen dem Seienden und dem Seienden, dem Seienden und dem Sein, zwischen Mann und Frau, zwischen Yin und Yang ergibt. Alle Schönheit speist sich aus diesem Glanz (Nemitz 2013). Schönheit ist also im Grenzbereich des zweiten Todes angesiedelt, auf der Linie, welche Leben und Tod, Sein und Nichts, Samsara und Nirwana in dem Sinne scheidet, dass diese Unterscheidung im selben Zug aufgehoben wird. Das Begehren, das sich auf das Jenseitig-der-Linie-Liegende richtet, wird wie zurückgeworfen, reflektiert (vgl. Lacan 2016: 300). Wovon? Vom Glanz (éclat) und der Herrlichkeit, welche im Dritten, in der Relatio, im Sein der Verhältnisse aufscheint. Hier steht der Betrachter, sich seiner Verlorenheit bewusst, der Buddhist wohl ebenso wie der Nicht-Buddhist. Lacan (2016: 337) beschreibt den Blendungseffekt der Schönheit, die uns sowohl sehen wie erblinden lässt. In dem Phantasma des »Zwischen-zwei-Toden« ist Guanyin ein ebenso schrecklicher wie schöner, ein ebenso kraftvoller wie leidender Engel, welcher in seiner/ihrer Zwischengeschlechtlichkeit den Widerspruch von Seiendem und Sein, von Schleier und Abgrund, Samsara und Nirwana aufhebt. Das ideale Erscheinen ist die göttliche Gestalt:

> »Sie bildet die Hülle für alle möglichen Phantasien menschlichen Begehrens. Die Blumen des Begehrens sind in diesem Gefäß, dessen Umgrenzung festzuhalten wir versuchen.« (Lacan 2016: 355)

Dies bedeutet, die göttliche Gestalt, in unserem Fall die Skulptur der Guanyin, ist wie eine Vase, in welcher die Blumen des Begehrens stehen. Das Schöne ist die Punkthaftigkeit des Übergangs vom Leben zum Tod (Lacan 2016: 351), wie es das Gedicht Abschiedsgrat von Paul Celan (1992: 275) zum Ausdruck bringt:

> Ich kann dich noch sehen
> ein Echo, ertastbar mit Fühlwörtern
> am Abschiedsgrat
> Dein Gesicht scheut leise
> wenn es auf einmal lampenhaft
> hell wird in mir an der
> Stelle, wo man
> am schmerzlichsten Nie sagt.

Um die Aufhebung, nämlich dass es kein Verhältnis zwischen x und y gibt, deutlich zu machen, lassen die Künstler Avalokiteśvara/Guanyin zwiegeschlechtlich erscheinen. Eine dem Leiden ausgesetzte Gestalt fungiert als Anziehungspunkt für das Begehren, der Körper ist eine Hülle für die Phantasmen des Subjekts, die wie eine Vase gewissermaßen die Blumen dieses Begehrens enthält. Der Körper, d.h. die Skulptur oder die Statue, die Gottheit verweisen auf den Platz dieses Begehrens und ebenso darauf, was den Menschen daran hindert, einen solchen Platz einzunehmen: Er kann das Begehrte nicht ergreifen. Das ist der Seinsmangel (manque-à-etrê), der für die menschliche Existenz typisch ist. Aus dieser Sicht ist es nicht die Masse der Leidenden, die schiere Menge an karitativer Arbeit, um diese zu erlösen, sondern die Unmöglichkeit des Realen, des Seinsmangels, an welchem der Mensch leidet, welche Guanyin den Kopf und die Hände zerspringen lässt (auch wenn der Schöpfergott, Amitabha, diese dann vervielfacht). Das Begehren, das ist die Beziehung zum Seinsmangel. Hier hilft kein Kinderreichtum, kein Schutz und keine Erlösung. Der einzige Moment des Genießens, den ein Mensch kennt, findet letztendlich an dem Ort statt, an dem sich die Phantasmen herstellen. Hier entsteht die Schönheit: Da, wo das Objekt im Auftauchen verschwindet, wo sich der Schleier über dem Abgrund ausspannt. Wenn sich Gott tatsächlich im Verhältnis, in der Beziehung realisiert, so umfasst die Schönheit – dank der ästhetischen Mittel, welche zu ihrer Herstellung beitragen – auch dessen Abgründigkeit: Es gibt – es gibt nicht.

Und wie ist nun das Geschlecht der Schönheit? Es ist das Geschlechtliche, das Geschlecht des Verhältnisses: Zwischen Sein und Seiendem, zwischen Leben und Tod, zwischen Mann und Frau, zwischen Seiendem und Seiendem. Es scheint auf der Linie des zweiten Todes auf, stets jenseits der Binarität, so wie in Celans Gedicht auch offen bleibt, wer mit dem Du gemeint ist: der (männliche) Gott oder die Geliebte. Sicher ist, das Gesicht scheut, wenn es auf einmal lampenhaft hell wird. Und an der Stelle, wo man am schmerzlichsten Nie sagt. Celan vereinigt hier, wie man unschwer erkennt, die beiden Sichtweisen, die ontologische und die sexuelle in diesen Versen, die in der Zone zwischen den Toden geschrieben stehen.

Verlässt man das Musée Cernuschi, empfiehlt es sich, noch den sommerlichen Park Monceau zu besuchen, das sind nur ein paar Schritte, den Louis-Philippe-Joseph, Herzog von Orléans im Jahre 1769 gründete, in welchem übrigens der erste Fallschirmsprung in Europa stattfand (dies im Jahre 1797). Der Park mit seinen Figuren und Figürchen, Säulen und Rotunden ist sehr hübsch, sehr erholsam, wie eine Art Geschwister der großen Skulptur, der Gottheit, die im Museum nebenan meditiert.

BIBLIOGRAFIE

Badiou, Alain (2012), Formeln des Etourdi, in: Alain Badiou & Barbara Cassin, Es gibt keinen Geschlechtsverkehr. Zwei Lacanlektüren, Zürich.

Bagyalakshmi (1998), The creation of goddess of mercy from Avalokitesvara, in Tan Chung (Hg.), Across the Himalayan Gap: An Indian Quest for Understanding China, New Dehli, S. 217–226.

Béguin, Gilles (2005), Art chinois, Musée Cernuschi, acquisitions 1993–2004, Paris.

Cassin, Barbara (2012), Der Ab-Sinn oder Lacan von A-D, in: Alain Badiou & Barbara Cassin, Es gibt keinen Geschlechtsverkehr. Zwei Lacanlektüren, Zürich.

Celan, Paul (1970), Lichtzwang, Frankfurt/M.

Evans, Dylan (2002), Wörterbuch der Lacanschen Psychoanalyse, Wien/Berlin.

Kumar, Nitin (2005), Kuan Yin. The Compassionate Rebel, http://www.exoticindiaart.com/article/kuanyin/

Lutz Goetzmann | Barbara Ruettner

Lacan, Jacques (1988), Radiophonie, in: Radiophonie. Television, Weinheim.

Lacan, Jacques (2005), La Troisiéme (Die Dritte), Lacaniana, https://lacan-entziffern.de/reales/jacques-lacan-die-dritte-uebersetzung/

Lacan, Jacques (2016), Die Ethik der Psychoanalyse. Seminar VII, Wien/Berlin.

Lacan, Jacques (2017), Vorlesungen über *Las Meninas* von Velázquez, Lacaniana, https://lacan-entziffern.de/phantasma/jacques-lacan-die-vorlesungen-zu-velazquez-las-meninas-i/

Lüth, Hans-Heinrich (2015), *Fabian Vogler. Vollkommene Unvollkommenheit. Plastiken und Reliefs*, Husum-Halebüll, pictus verlag.

Kasper, Judith (2012), Das Geschlechtliche schreiben, in: Jean-Luc Nancy (Hg.). Es gibt – Geschlechtsverkehr, Zürich.

Marqués, Menna (2001), Die Spitze am Ärmel der Zwergin Mari-Bárbola im Gemälde *Las Meninas* von Velázquez, in: Thierry Greub (Hg.), *Las Meninas* im Spiegel der Deutungen, Berlin, S. 247–280.

Morel, Geneviève (2017). Das Gesetz der Mutter. Versuch über das sexuelle Sinthom, Wien – Berlin.

Nancy, Jean-Luc (2012), Es gibt – Geschlechtsverkehr, Zürich.

Nanda, Serena (1994), Hijras: An alternative sex and gender role in India, in: Gilbert Herdt (Hg.), Third sex, third gender. Beyond sexual dimorphism in culture and history, New York, S. 373–417.

Nemitz, Rolf (2010), Lacans Sentenzen: ›Das Unbewusste ist strukturiert wie eine Sprache‹, Lacaniana, http://lacan-entziffern.de/unbewusstes/das-unbewusste-ist-strukturiert-wie-eine-sprache/.

Nemitz, Rolf (2013), ›Zweiter Tod‹ und ›Zwischen-zwei-Toden‹ in Jacques Lacans Seminar über die Ethik der Psychoanalyse, Lacaniana, http://lacan-entziffern.de/todestrieb/zweiter-tod-und-zwischen-zwei-toden-in-lacans-seminar-ueber-die-ethik-der-psychoanalyse/.

Nemitz, Rolf (2014), Es gibt kein sexuelles Verhältnis, Lacaniana, http://lacan-entziffern.de/reales/es-gibt-kein-sexuelles-verhaeltnis/.

Rilke, Rainer Maria (1955), Duineser Elegien, Sämtliche Werke, Bd 1, Leipzig.

Rolf, Anita (1988), Kleine Geschichte der chinesischen Kunst, Köln.

Roscoe, Will (1994), How to become a Berdache: Toward a unified analysis of gender diversity, in: Gilbert Herdt (Hg.), Third sex, third gender. Beyond sexual dimorphism in culture and history. New York, S. 329–372.

Weber-Brosamer, Bernhard & Back, Dieter M. (2006), Die Philosophie der Leere: Nagarjunas Mulamadhyamaka-Karikas. Wiesbaden.

ABBILDUNGEN

ad Abb. 1: Musée Cernuschi, Paris http://www.cernuschi.paris.fr/en/collections/bodhisattva-avalokitesvara-sitting-guanyin

ad Abb. 3: https://www.museodelprado.es/en/the-collection/art-work/las-meninas/9fdc7800-9ade-48b0-ab8b-edee94ea877f

ad Abb. 4.: https://www.museodelprado.es/en/the-collection/art-work/las-meninas/9fdc7800-9ade-48b0-ab8b-edee94ea877f

Fabian Vogler

MENINA | 7 2014. BRONZE. 114 x 77 x 46 cm in Nordfriesland. Schlüttsiel

ELIA SABATO CALEIDOSCOPI N.003 2010. EDELSTAHL. 190 x 235 cm
FABIAN VOGLER MENINA | 2 2013–16. BRONZE. 96 x 46,5 x 39,5 cm

Silvia Muñoz Ventosa

LIQUIFYING GENDER THROUGH FASHION

>»Now Jimmy looking sweet though he dresses like a queen.
>He can kick like a mule.«
>
>David Bowie, All the Young Dudes, 1972

Den Ausgangspunkt dieses Textes stellt ein Gespräch mit dem Bildhauer Fabian Vogler im Design-Museum von Barcelona dar, bei dem es um *Liquid Gender*[1] und Mode, aber natürlich auch um sein eigenes Werk ging. Denn Vogler geht davon aus, dass es, wie zwischen Weiß und Schwarz, auch zwischen Mann und Frau eine unendliche Vielfalt an Zwischentönen zu entdecken gibt. Just in diesem Raum der Zwischentöne kommt es zu einem Dialog zwischen unbestimmten Körpern, mehrdeutigen Erscheinungsbildern und den Trends der Mode.

Im Zentrum der Überlegungen steht die Frage, was es – vor dem Hintergrund der sozialen Konstruktion von Geschlecht in der Mode – bedeutet, feminin oder maskulin zu sein. Welche Rolle kommt Veränderungen dazu in der heutigen Gesellschaft den äußerlich sichtbaren Körpermerkmalen und dem Erscheinungsbild zu? Es wird dazu die These aufgestellt, dass in historischen Momenten des politischen Wandels oder der sozialen Umbrüche – etwa während der Französischen Revolution, in den 1910er und 1920er Jahren um den Ersten Weltkrieg herum, in den 1960er und 1970er Jahren und ebenso in der heutigen Krise – die Mode just diese Veränderungen widerspiegelt, sich den gängigen Gender-Stereotypen entzieht und andere Formen, sich zu kleiden, anbietet.

LIQUID SOCIETY – LEBEN IN EINER FLÜSSIGEN GESELLSCHAFT

Die Vorstellung von einer statischen Gegenwart hat sich überlebt. Sie unterliegt einem ständigen Wandel und befindet sich in einem unaufhörlichen dynamischen Verände-

---

[1]   *Liquid Gender* war auch der Titel einer Einzelausstellung von Fabian Vogler, die im Herbst 2016 bei Espronceda (Center for Art & Culture) in Barcelona stattfand. Sie war Anlass für eine Art Debate, die – organisiert von Valentina Casacchia – unter dem Titel *Art Fashion Gender: crossover in the age of fluid thought* stattfand, zu der die Autorin als Sprecherin eingeladen war. [Anm. d. Hg.]

rungsprozess. Sie ist flüchtig, verflüssigt sich. Diese Erkenntnis ist nicht neu. Sie findet sich bereits im Denken des Heraklit von Ephesos. Dieser griechische Philosoph des Altertums geht – in höchst modern anmutender Art und Weise – davon aus, dass die Natur einem steten Wandel unterliege, sich im Fluss befinde. Er veranschaulicht das mit dem Bild, dass niemand zweimal in denselben Fluss steigen könne, da sowohl die Person als auch der Fluss beim zweiten Mal andere seien. Berühmt ist sein Aphorismus »Alles fließt, nichts bleibt, wie es war«, oder, etwas abstrakter ausgedrückt, »Alles ist im Wandel begriffen, nichts existiert«.

Ende des 19. Jahrhunderts schreibt Thorstein Veblen zum Thema Mode, dass »[die sich] dauernd verändernden Moden […] der Ausdruck eines ruhelosen Versuchs [sind], unseren Schönheitssinn zu befriedigen […]« (Veblen 1981 [1899]). Der Soziologe Georg Simmel kommt 1904 zu dem Schluss, dass »[die Mode] durch dieses Spiel zwischen der Tendenz auf allgemeine Verbreitung und der Vernichtung ihres Sinnes, die diese Verbreitung gerade herbeiführt, den eigentümlichen Reiz der Grenze [hat], den Reiz gleichzeitigen Anfangs und Endes, den Reiz der Neuheit und gleichzeitig den der Vergänglichkeit« (Simmel 1995 [1904]: 16f). Simmel verbindet Mode mit Neuheit und Vergänglichkeit. Von ihm stammt auch der Gedanke, den er später weiterentwickelt, wonach der Mode zugleich ein individueller und ein sozialer Charakter innewohnt. Für die Beschreibung seines Ansatzes greift er wiederum zurück auf Heraklits Bild des Navigierens oder des sich Treibenlassens auf einem Fluss, von einer (sozialen) Strömung oder einer Welle:

> »[…] einerseits ein Gebiet allgemeiner Nachahmung, ein Schwimmen im breitesten sozialen Fahrwasser, eine Entlastung des Individuums von der Verantwortlichkeit für seinen Geschmack und sein Tun – andererseits doch eine Auszeichnung, eine Betonung, eine individuelle Geschmücktheit der Persönlichkeit« (ebd. 22).

Simmel war ein Visionär, der den enormen Einfluss der Mode auf das ästhetische Empfinden, die Herausbildung von Ideen und die moralischen Grundlagen des gesellschaftlichen Lebens voraussah.

In seinem »Passagen-Werk« schreibt Walter Benjamin: »Je kurzlebiger eine Zeit, desto mehr ist sie an der Mode ausgerichtet.« (Benjamin 1991 [1927]: 131) Der Philosoph Zygmunt Bauman führt schließlich die Gedanken von Heraklit, Simmel und Benjamin zusammen, wenn er bekräftigt, dass Mode sich niemals darauf beschränkt, einfach nur zu sein, sondern in einem permanenten Zustand des Wandels begriffen ist:

> »Das Perpetuum mobile der Mode vernichtet in der Tat jeden Stillstand, und dabei geht sie auf äußerst zielgerichtete, erprobte und effiziente Weise vor. Die Mode unterwirft jeden Lebensstil einem Zustand der permanenten und nicht enden wollenden Umwälzung. Da das Phänomen der Mode jedoch eng und auf unauflösliche Art und Weise mit den ewigen und universellen Merkmalen menschlicher Sitten in der Welt sowie mit ihrem ebenfalls unausweichlichen Konflikt verbunden ist, beschränkt sich ihre Erscheinung nicht auf einen oder wenige ausgewählte Lebensstile.« (Baumann 2011)

Silvia M. Ventosa

Und er fügt hinzu, dass »wenn wir nicht ertrinken möchten, wir weiter auf der Welle surfen müssen: Sprich, wir müssen uns immer weiter und in der größtmöglichen Frequenz wandeln, die Garderobe, die Möbel, die Tapete, die Erscheinung und die Gebräuche. In der Summe: uns selbst« (ebd.).

Der kurzlebige und unbeständige Charakter der Mode entspricht gewissermaßen der postmodernen Gesellschaft, die Bauman als »flüchtige Gesellschaft« [im Original: *sociedad líquida* bzw. *liquid society*, Anm. d. Ü.] bezeichnet. Bauman rekuriert dabei auf die Metapher des Dichters William Blake, dem Sandkörner, beim Versuch sie zu fassen, aus der Hand rieseln. Ursprünglich sollte Kultur ein Vehikel des Wandels sein und der Menschheit Denken und Kreativität in höchster Vollendung bescheren. Doch in der heutigen flüchtigen Welt ähnelt die Funktion der Kultur sehr viel stärker den Verlockungen der Mode, die stets neue Bedürfnisse erschafft, obwohl die bestehenden niemals vollends befriedigt wurden (Baumann 2011). In diesem Sinne lässt sich Mode als ein Modell für den stetigen Wandel der flüchtigen Welt begreifen, in der weder das Zuhause noch Partnerschaften oder der Arbeitsplatz für die Ewigkeit gedacht sind. Mode tritt an jenem Punkt in Beziehung zu Liquid Gender, wo sie sich dem bereits im Niedergang befindlichen binären System von Mann und Frau verweigert – in einer Zeit, in der ein kleiner, jedoch stetig wachsender Teil der Bevölkerung eine veränderliche oder undefinierte Identität zum Ausdruck bringt.

DAS ORNAMENT

> »In speech, mannerisms, and dress, the subject manifests a feminine gender identity and role, despite a contrary chromosomal status. It is clear by this that sex of rearing, rather than genetic determinants, plays a greater role in the establishment of gender identity.«
>
> Jeffrey Eugenides, *Middlesex*, 2002

Um den Körper zu verstehen, müssen wir ihn im Zusammenhang mit der Gesamterscheinung betrachten. Die Kleidung ist hierbei weniger bedeutsam, sie ist vielmehr die Verzierung bzw. die Ausschmückung des Körpers – das Ornament. Körpergestaltung ist ein Überbegriff, der beschreibt, wie wir unser Erscheinungsbild ausdrücken und modifizieren. Darunter fallen zum Beispiel Piercings, Körperbemalung, Tattoos, Schminke, Frisuren und sonstige Körpermodifikationen.

Es ist das äußere Erscheinungsbild einer Person, das darüber entscheidet, ob sie als maskulin oder feminin wahrgenommen wird. Mehr als jede biologische Realität geht es darum, wie sich die Person der Gesellschaft gegenüber präsentiert. Die Geschlechtsmerkmale sind für gewöhnlich unter der Kleidung versteckt. Dadurch wird ein Spiel mit der Uneindeutigkeit von Gender-Identitäten möglich, das je nach Epoche und Kultur Dinge verbietet oder erlaubt. Das Bild, das wir von uns selbst zeichnen möchten, wird im Zusammenspiel von Bekleidung, Kosmetik, Frisuren und anderen Accessoires, wie Schuhen, Taschen oder Hüten sowie Gesten zur sichtbaren Realität. Bereits bei Simmel war der »geschmückte Körper« ein Thema:

»An dem geschmückten Körper besitzen wir mehr, wir sind sozusagen Herr über Weiteres und Vornehmeres, wenn wir über den geschmückten Körper verfügen. So hat es einen tiefen Sinn, wenn vor allem der Schmuck zum Sondereigentum wird, weil er jenes erweiterte Ich bewirkt, jene ausgedehntere Sphäre um uns herum, die wir mit unserer Persönlichkeit erfüllen und die aus dem Gefallen und der Aufmerksamkeit unserer Umgebung besteht […].« (Simmel 1908)

Patricia Soley-Bertran, ehemaliges Model und Anthropologin, betont, dass »Bekleidung derart tiefgreifend unser Sein und das Erleben unseres Körpers bestimmt, dass sich sowohl sagen ließe, dass wir ein bestimmtes Kleidungsstück ›tragen‹, als auch, dass das Kleidungsstück uns ›trägt‹« (Soley-Bertran 2015). Models werden ob ihres entrückten und neutralen Blicks und ob ihrer undefinierten und extrem schlanken, nahezu transparenten Körper ausgewählt, einem Kleiderbügel gleich, an dem das zu präsentierende Kleidungsstück ausgestellt wird.

Kleidung ist ein universelles Phänomen, ein Merkmal des Soziallebens, das jeder Kultur immanent ist. Doch obgleich der Schutz des Körpers vor Schmutz und Witterungsbedingungen die grundlegende Funktion von Kleidung ist, ist diese praktische Funktion keineswegs die wichtigste. Im Fokus steht hingegen die Weitergabe von Informationen zu sozialer Klasse, Alter, Geschlecht bzw. Gender, ästhetischem Geschmack oder zur Glaubensrichtung. Des Weiteren werden auf diese Weise auch gesellschaftliche Beziehungen vermittelt, die auf Aggressivität, Unterwerfung, Übertretung, besonders jedoch, auf Macht beruhen. Körper und Kleidung bilden eine Einheit und sind zueinander komplementär. Inhalt und Umfassung gehen eine Symbiose ein, denn der Körper ist Inhalt der Bekleidung, verleiht ihr aber auch Halt. Kleidung hält sich nicht selbst, sie benötigt einen Körper, der sie trägt. Der Körper wiederum bedarf einer Umhüllung für das Sozialleben.

DER BEKLEIDETE KÖRPER

Die nachstehenden Überlegungen entwickelten Teresa Bastardes und die Autorin dieses Textes im Rahmen ihrer Tätigkeit als Kuratorinnen der Dauerausstellung *Dressing the Body, Silhouettes and Fashion, 1550–2015* für das Museu del Disseny de Barcelona. Als roter Faden dient hierbei der Ansatz, dass Menschen in jeder Epoche die Form und das Erscheinungsbild des Körpers mittels Kleidung oder Körpermodifikationen veränderten. Das belegen zum Beispiel die Studien von Rudolfsky (1971), Fukai (1999) und Koda (2001). Am häufigsten findet sich die Überzeichnung bestimmter Formen des biologischen Körpers: die Verlängerung der Silhouette, die Erschaffung des Eindrucks großer Körperfülle oder extremer Schlankheit, das Schmälern des Brustkorbs oder das Schmücken der Haut. Das Streben nach vollendeter Schönheit ist eine derart machtvolle Obsession, dass sie äußerst komplexe und künstliche Verfahren zur Modifizierung des Körpers hervorgebracht hat, die sogar eine Veränderung des Lebenswandels der Menschen bewirkt haben. Weit davon entfernt, einfach nur ein Produkt der Natur zu sein, ist der Körper eine soziale und kulturelle Konstruktion, das heißt: Er ist künstlich. Der Körper ist nicht neutral, und jede Epoche betrachtet ihn durch

Silvia M. Ventosa

die ihr eigene Linse von Moral und Sitten. Dadurch wird der Körper zu einem kulturellen Objekt, geformt im Zusammenspiel aus Stil, Haltung, Verhalten, Identität und Bekleidung.

Der bekleidete Körper ist Ausdruck einer dynamischen Beziehung, eines Dialogs zwischen dem Körper, der Kleidung und den moralischen, sozialen und ästhetischen Codes der jeweiligen Epoche oder Kultur. Er dient als Vehikel, mit dem individuelle Eigenheiten (hinsichtlich physischer und psychischer Merkmale), aber auch soziale Eigenschaften kommuniziert werden, denn am Erscheinungsbild lassen sich die Klassenzugehörigkeit sowie die wirtschaftliche Stellung ablesen. Kleidung verbindet den physischen und den sozialen Körper miteinander, macht sie sichtbar oder verdeckt sie. Am bekleideten Körper lassen sich auch die Veränderungen nachvollziehen, die Kleidung – unter dem Mandat der Mode – zwischen dem 16. und 21. Jahrhundert dem Körper aufgezwungen hat. Weiten, kürzen, verlängern, versetzen, konturieren, strukturieren, andeuten, zeigen, verdecken oder auch angleichen – mit diesen Mitteln wird das Erscheinungsbild von Mann oder Frau verändert und eine Geschlechtsidentität geschaffen (Bastardes und Ventosa 2017).

Die Modifikation der Körperform richtet sich nach dem jeweiligen Modekanon. Dabei kommen hauptsächlich die folgenden fünf Methoden zur Anwendung:

Weiten bedeutet, Volumen über verschiedenen Körperteilen zu erzeugen, etwa an den Schultern oder den Hüften. Hierfür werden steife Stoffe und Konfektionstechniken benötigt, die für Abstand zwischen Kleidung und Körper sorgen. Ein weiteres Mittel zum Erzeugen von Volumen sind Kleidungsstücke mit darunter sitzenden, festen Strukturen, etwa Reifröcken wie Krinolinen oder Tournüren, die der Figur von der Taille abwärts Fülle verleihen.

Reduzieren hingegen bedeutet, die natürlichen Formen des Körpers einzuengen, indem beispielsweise der Oberkörper oder die Hüfte mit künstlichen Hilfsmitteln wie Korsett, Wams, Büstenhalter oder Gürtel komprimiert werden. Eine schmale Hüfte ist seit jeher ein vorherrschendes Schönheitsideal gewesen. Das Korsett ist Mittel zur Verführung und Folterinstrument zugleich, denn, wie Valerie Steele (2000) betont, kann die im Korsett eingeschnürte Frau ihr Aussehen und ihre Erotik für den sozialen Aufstieg nutzen.

Durch *Verlängern* oder Strecken soll bewirkt werden, dass die Person größer und stilisierter erscheint. Dieser Effekt wird durch Hilfsmittel wie Absatz- oder Plateauschuhe, Hüte und Kleider mit Schleppe erreicht.

Beim *Konturieren* wiederum werden die natürlichen Körperformen betont, ohne sie zu verändern. Damit soll eine anatomische Silhouette geschaffen werden. Dafür kommen Strümpfe, Handschuhe, Bodys und Hemden, besonders aus Strickwaren und elastischen Stoffen, zum Einsatz.

Beim *Enthüllen* geht es schließlich darum, Teile des Körpers zu zeigen und die Figur mit transparenten Stoffen anzudeuten. So wurde in verschiedenen Epochen ein Ausschnitt von Brust oder Rücken offenbart bzw. Arme oder Beine.

Für das Anliegen dieses Textes ist neben diesen fünf wichtigsten Techniken insbesondere der Versuch von Interesse, die Figur von Männern und Frauen einander anzugleichen bzw. eine undefinierte Silhouette zu erschaffen, die Grundlage der androgynen Mode ist.

Körpern durch Kleidung eine undefinierbare Silhouette zu geben, gelingt durch drei verschiedene Mittel. An erster Stelle steht die Auswahl der Materialien. In der androgynen Mode entscheiden sich Frauen für Stoffe, die traditionell der männlichen Bekleidung zugedacht sind, wie Wollstoffe oder grobe Baumwollstoffe in Köperbindung, die bei Militäruniformen zu finden sind. Wenn Männer sich wie Frauen kleiden, greifen sie auf Stoffe mit kräftigen Farben, auf Seide und andere weich fließende Stoffe zurück.

Ebenso wichtig sind die Schnitt- und Konfektionstechniken. Je nach Vorgabe, nähert sich die Silhouette der Kleidung entweder dem Körper an oder entfernt sich von ihm. Volumen wird dabei durch Falze, Raffungen, einen Volant-Besatz, Plissees und Stoffüberlappungen erzeugt. Frauen, die Kleidung im Männerstil tragen möchten, entscheiden sich für Schultergurte und Schulterpolster im Militärstil, große Taschen, Anzüge im amerikanischen Schnitt sowie Hosen, die üblicherweise dem männlichen Geschlecht zugeordnet werden. Männer, die Kleidung im Frauenstil tragen möchten, wählen taillierte Kleider oder Röcke, die als feminin gelten.

Nicht zuletzt kommt den zwischen Körper und Kleidung verborgenen, innenliegenden Strukturen als drittes Mittel der Verwandlung eine besondere Rolle zu. Sie sorgen dafür, dass die gewünschte Silhouette entsteht, indem der Körper eingeengt wird oder mittels künstlicher Hinzufügungen von Material fülliger erscheint.

KLEIDUNG UND LIQUID GENDER

> »Jeder menschliche Körper vereint das männliche und das weibliche Prinzip.«
> Georg Simmel, *Fashion*, 1904

Geschlecht ist ein unverzichtbarer Aspekt für das Verständnis von Kleidung, Aussehen und Mode. Mehr noch, es ist der Mode eingeschrieben. Sowohl die Mode der Zukunft, die auf Laufstegen präsentiert und in Geschäften und Massenmedien angepriesen wird, als auch die Mode der Vergangenheit, die in Universitäten erforscht und sorgsam in Museen aufbewahrt wird, werden zuallererst anhand des Geschlechts klassifiziert. Mehr als nur ein Attribut, stellt Geschlecht das wesentliche kulturelle Merkmal für die Erforschung und Erschaffung von Mode dar, etwa bei Trachten, Uniformen, Kostümen, Verkleidungen oder der Bekleidung junger urbaner Subkulturen. Das Geschlecht dient auch als Mittel zur Bestimmung von Personen, etwa in künstlerischen Abbildungen oder in figurativen oder allegorischen Skulpturen, wie denen von Fabian Vogler, die wir später betrachten werden.

Doch obgleich die Unterscheidung zwischen den Geschlechtern traditionell stets binär gewesen ist, beginnt die postmoderne Gesellschaft darüber hinauszuwachsen. Wie Paoletti (2010) betont, ist das biologische Geschlecht ebenso wenig binär, wie dies auf die Kategorie Gender zutrifft. Seiner Ansicht nach haben Modefachleute – besonders durch Modenschauen, aber auch durch andere Formen der Kommunikation –

Silvia M. Ventosa

direkt oder indirekt den Gender-Studies zugearbeitet, indem sie dieses Thema einem allgemeineren Publikum nähergebracht haben.

Außerdem beschreibt Paoletti, wie Kleidung vor dem modernen Gender-Konzept von verschiedenen Disziplinen wie der Psychologie, der Anthropologie, der Soziologie und der Kunstgeschichte anhand von geschlechtsspezifischen Unterschieden betrachtet wurde. Diese Unterschiede wurden dann mit verschiedenen kulturellen Rollen von Männern und Frauen assoziiert, wobei gleichzeitig Kritik an den Geschlechterrollen geübt wurde. Viele Aufsätze zu Mode, Geschlecht und Bekleidung strukturieren ihre Forschung explizit in nach Geschlechtern getrennten Kapiteln, und in praktisch allen Studien zu Bekleidung und Mode ist das Thema Geschlecht eine Grundkonstante.

Abb. 1 »MASCULINO«
Fotografie von Maria Espeus, Barcelona, 1995

Ann Oackley argumentiert in *Sex, Gender and Society* (1976), zitiert in Entwistle (2000), dass »Mann oder Frau zu sein, Junge oder Mädchen, ebenso sehr von Bekleidung, Gesten, Beschäftigung und dem sozialen Umfeld abhängt wie vom Besitz spezifischer Genitalien« (Oackley 1976). Den Anthropologinnen Barnes und Eicher (1993) zufolge ist Kommunikation die wichtigste Funktion von Kleidung, während die Modifizierung oder Veränderung körperlicher Prozesse an zweiter Stelle steht. Doch das allerwichtigste ist die Unterscheidung nach Geschlecht. Die Forscherinnen zeigen dies anhand der Klassifizierung unterschiedlicher Kleidungsstücke gemäß soziokulturellen Kriterien. Für sie umfasst Kleidung gleichermaßen körperliche Modifikationen, wie dem Körper hinzugefügte Elemente. Dies entspricht der Kombination aus Veränderungen und/oder Accessoires, die von Personen genutzt werden, um mit anderen Menschen zu kommunizieren.

Barner und Eicher sind der Meinung, dass wir mit jeweils unterschiedlichen Modifikationen und körperlichen Accessoires die eigene Persönlichkeit zum Ausdruck bringen und damit auch die bedeutsame geschlechtliche Unterscheidung kommunizieren. Selbst bei Kleidungsstücken und Verzierungen/Accessoires, Ornamenten die von verschiedenen Geschlechtern gleichermaßen verwendet werden, lassen sich subtile Details entdecken, die das Geschlecht markieren.

Und es sind genau jene kleinen Details, die uns bereits vor der verbalen Kommunikation über die Identität unseres Gegenübers informieren, besonders über jene, die unser Gegenüber uns vermitteln möchte. Auf die Erziehung bezogen lässt sich feststellen, dass das Sprechen über geschlechtsspezifische Kleiderordnungen eine starke Motivation dabei darstellt, die Rechte und Pflichten weiterzugeben, die mit dem Tragen einer bestimmten Kleidung und der entsprechenden Erscheinungsform einhergehen. Sprich: Wir sorgen damit für eine Internalisierung von Geschlechterrollen, die mit einem komplexen System sozialer Erwartungen an unser Handeln einhergehen.

MODE UND DIE UNBESTIMMTHEIT DES ERSCHEINUNGSBILDES

Das Erscheinungsbild des bekleideten Körpers ist nicht immer gleich, es befindet sich aufgrund des Wandels der Mode ebenfalls in ständiger Veränderung. Mode wiederum stellt ein soziales Instrument dar, das gleichzeitig Differenzierung und Kohäsion ermöglicht, ebenso wie die Inklusion in eine Gruppe, deren Mitglieder durch Imitation agieren. Es handelt sich um eine gemeinsame Lebenseinstellung, die anhand der Kleidung sichtbar wird. Die Form, in der sich das Einwirken von Mode auf verschiedene Objekte zeigt, verändert sich stets, die Bedeutung von Mode als Indikator des sozialen Wandels ist jedoch eine Konstante.

Soziale Umbrüche gingen in der Geschichte stets mit einem radikalen Wandel der Mode einher. Frauen kleiden sich plötzlich schlichter und übernehmen zuweilen Kleidung, die aufgrund ihres bequemen Sitzes den Männern zugeschrieben ist. Männer wiederum nähern sich der Pracht der als weiblich gesehenen Kleidung an. Dieses Phänomen lässt sich anhand von vier klar umrissenen historischen Phasen belegen: der Französischen Revolution zum Ende des 18. und zu Beginn des 19. Jahrhunderts, dem Zeitraum zwischen den 1910er und 1920er Jahren, den Jahren 1960–1970 sowie dem Zeitraum zu Beginn des 21. Jahrhunderts.

Abb. 2 Die vier Phasen sozialer Umbrüche und des Wandels in der Mode

Im Folgenden sollen diese zentralen Momente der jüngeren Geschichte analysiert werden, die hinsichtlich der Perspektive auf Geschlecht wichtige Wendepunkte in der Entwicklung der Mode darstellen. Ungeachtet anderer, eher konservativer Etappen der Modegeschichte lassen sich diese Phasen als Spiegelbild gesellschaftlicher Umbrüche betrachten. Bei den Akteuren dieser Wandlungsphasen ist ein Spiel mit androgynen Erscheinungsbildern erkennbar, die sich von der konstruierten Darstellung unterscheiden, die den Geschlechtern jeweils zugewiesen wird. Darüber hinaus sind diese Kräfte ein entscheidender Antrieb für Modernität bzw. die heutige Post-Modernität.

Die erste Phase entspricht dem Zeitraum von der Französischen Revolution bis etwa 1820. Nach zwei Jahrhunderten, in denen das Korsett den Frauen eine bestimmte feminine Figur vorschrieb, führt die Machtübernahme des Bürgertums zu einem radikalen Wandel in der Mode. Inspiriert von griechischen und römischen Statuen, die Frauen wie Männer in einer geradlinigen Silhouette mit drapierten Gewändern zeigen, tragen Frauen Tuniken und Hemdkleider, während die Männer

Silvia M. Ventosa

vom Knie abwärts statt Strumpfhosen nun lange, eng anliegende Hosen tragen, die in hohen Stiefeln stecken.

Anschließend, etwa um 1830, taucht der *Dandy* auf: ein sehr um sein Erscheinungsbild besorgter Mann, dessen Bekleidung äußerst gepflegt und an seinen Körper angepasst ist, mit faltenfreien Hosen, die wie eine zweite Haut wirken, ohne schrille Farben und mit einer tadellos auf Taille geschnittenen Jacke und Schulter- und Wadenpolstern. George Bryan Beau Brummel (1778–1840) hat nach Ansicht von Christophe Breward (2003) den Lebensstil des Dandys durch seine Inspiration, Subversivität und Kritik an städtischen Lebensformen und traditioneller Männerbekleidung beinahe 200 Jahre lang entscheidend geprägt. Der Nachklang seines Einflusses auf die Ästhetik maskulinen Auftretens und maskuliner Erscheinungsbilder ist bis heute spürbar.

Schriftsteller jener Zeit beschreiben derartige Persönlichkeiten. So etwa Charles Dickens, der in seinem Roman *Bleak House* die Bedeutung der Männer am Hofe von König George IV. von England (1762–1830) überzeichnet:

> »Etwa Dandytum? Es ist kein König Georg IV. mehr da – wie schade –, um in der Dandymode den Ton anzugeben. Die steifgestärkten weißen Halsbinden, die Röcke mit kurzen Taillen, die falschen Waden, die Schnürleiber sind verschwunden. Es gibt keine Karikaturen solch weiblicher Exquisiten mehr, die in der Opernloge im Übermaß von Entzücken in Ohnmacht fallen und von anderen zeremoniösen Geschöpfen vermittels langhalsiger Riechfläschchen wieder zum Leben erweckt werden, kein Beau ist mehr da, der vier Männer braucht, die ihn in seine Buckskins schütteln, der zu allen Hinrichtungen hingeht, aber von Selbstvorwürfen gepeinigt wird, wenn er einmal eine ganze Erbse gegessen hat.« (2017 [1852])

Wenn wir an die Mitte des 19. Jahrhunderts zurückdenken, sehen wir Frauen vor uns, die beim Reiten – einer den Männern zugeschriebenen Aktivität – seitlich auf dem Pferd sitzen. Die Frauen tragen maskuline Jacken und Röcke, aber noch keine Hosen. Es sind jedoch Fotografien erhalten, auf denen Mädchen zu sehen sind, die Hose und Rock übereinander tragen, und Abbildungen von Frauen, die Unterwäsche mit zwei an der Hüfte zusammengeschnürten Hosenbeinen zeigen, sogenannten *Pantaloons*. Im Jahr 1851 bringt Amelia Bloomer die sogenannte Reformkleidung nach Europa, die aus einem langen Mieder, einem auf Knielänge verkürzten Rock und einer darunter getragenen, knöchellangen Pluderhose bestand. Dieser Kleidungsstil, der seiner Zeit weit voraus war, ruft heftige gesellschaftliche Kritik hervor und wird nur von wenigen Frauenrechtlerinnen getragen.

Ende des 19. Jahrhunderts wird diese Mode – angelehnt an ihren früheren Namen – in Form der sogenannten *Bloomers* erneut aufgegriffen, Pluderhosen, die von Frauen zum Radfahren genutzt werden. Auch die *Bloomers* werden zur Zielscheibe der Kritik, halten sich jedoch länger und werden kombiniert mit Männerhüten und dunklen Anzügen aus festen Wollstoffen getragen. Ab Ende des 19. Jahrhunderts und insbesondere während des Ersten Weltkrieges beginnen viele Frauen, einfarbige Anzüge aus Jacke, Weste und langer Hose zu tragen, insbesondere bei der Arbeit.

In den 1910er Jahren kommt es zu einem gesellschaftlichen Wandel, der besonders für Frauen tiefgreifende Veränderungen des Lebens- und Kleidungsstils mit sich bringt. In der Mode kommen hier verschiedenste soziale und politische Einflüsse zum Tragen, aber auch Impulse aus der Welt der Musik, des Theaters und Balletts fließen ein.

Wie Mendes und De la Haye (1999) ausführen, beginnen Frauen im Jahr 1915, inmitten des Ersten Weltkrieges, sich in grobe, in Köperbindung gewebte Wollstoffe zu kleiden, sie tragen Hemdkleider mit großen, flachen Taschen und Applikationen im Stile von militärischen Dienstgradabzeichen. Wie die Männer tragen sie Trenchcoats mit Kapuze und einem kurzen Gurt am Rücken, der die Jacke strafft, im Stile der damaligen Uniformen. Statt Männer zu imitieren, tragen Frauen Männerkleidung. Bequem und einfach zu tragen für die Frauen jenes Jahrzehnts sind Pullover und zweiteilige Strickkleider. Außerdem tragen sie Hosen: kurze Shorts für die Feldarbeit, Overalls, sehr breite oder eng am Knöchel anliegende Hosen, sowie grobe Lederjacken mit Gürtel und flache Schuhe.

In den 1910er Jahren revolutionieren die drei Schlüsselfiguren Mariano Fortuny, Paul Poiret und Gabrielle Chanel die Art, sich zu kleiden. Fortuny und Poiret nutzen Anleihen aus der griechisch-römischen und orientalischen Kultur und wandeln so die zuvor eng anliegende und unangenehm zu tragende Frauenkleidung in weite und bequeme Gewänder. Die im Zentrum der Modewelt agierende Chanel trägt mit Innovationen und Anleihen aus der Männermode dazu bei, dass schlichte und bequeme Frauenkleidung von guter Qualität entstehen kann.1913 adaptiert Chanel den Jerseystoff von Männerunterhemden für die Herstellung schlichter Frauenkleider in Blau oder Grau.

Inspiration für ihre neue Frauenbekleidung sind Chanel dabei verschiedenste Kleidungsstücke für Männer: hochkragige Matrosenhemden, der Flanellstoff von Arbeiterhosen, englische Schuluniformen sowie Sportbekleidung. Zu jener Zeit steht Sport für die neue Moderne. Jean Patou entwirft im Jahr 1918 die ersten gestrickten zweiteiligen Badeanzüge. Auch Jeanne Lanvin und Lucien Lelong stellen in Paris Sportbekleidung her. Diese Obsession für Outdoor-Aktivitäten veränderte gleichzeitig, auch unter dem Einfluss des Prinzen von Wales, die Männermode jener Zeit.

Mit *La garçonne* veröffentlicht Victor Margueritte 1920 einen Roman, der entscheidend die *mode à la garçonne* bzw. die *Flapper*-Mode der 1920er beeinflusst. Der Roman handelt von einer jungen Frau, die ihrem Zuhause entflieht, um ein eigenständiges Leben zu führen. Ihre jugendliche Silhouette changiert uneindeutig zwischen Mann und Frau hin und her. Die Protagonistin ist schlank, athletisch, lebensfroh und unbekümmert.

Die Flapperin mit flacher Brust zeigt Bein und trägt eine jungenhafte Kurzhaarfrisur. Ihre Kleider sind geradlinig geschnitten, mit tiefem Taillenansatz oder gar keiner Taille, wobei just dieses Element jahrhundertelang das wichtigste Symbol für Weiblichkeit überhaupt war. Die Unterwäsche hingegen ist paradoxerweise von großer Vielfalt geprägt. Sie reicht vom flachen Büstenhalter, oder einem die Brust zusammendrückenden Brustband aus Stoff, bis hin zum röhrenförmigen Hüftband.

Silvia M. Ventosa

Das Besondere der *mode à la garçonne* ist nicht, dass Frauen sich Männerbekleidung aneignen, sondern dass hier ein neuer, sich in Bewegung befindender Frauenkörper ohne Kurven gezeigt wird. Diese Mode wird ein enormer Erfolg. Sie erreicht alle Bevölkerungsschichten, da es relativ preisgünstig ist, gerade fallende Tuniken herzustellen, denn hierfür werden nur 2–3 Meter Stoff benötigt. Da keine komplexen Schnittmuster zu beachten sind, lässt sich ein solches Kleid leicht zu Hause oder in einer Fabrik herstellen. Damit erleben die Hemdkleider der Französischen Revolution, in diesem Fall mit zwei von den Schultern her abwärts fallenden Stoffstreifen, eine Renaissance.

Etwa zehn Jahre, bis 1932, hält dieser Modetrend an. Zurück bleibt jedoch eine grundlegende Umwälzung der Art und Weise, wie einige, nach Freiheit und Unabhängigkeit strebende Frauen sich kleiden und verhalten. Er hatte nicht nur einen starken Einfluss auf spätere Modetrends, sondern auch auf die Lebensart unabhängiger Frauen. Im Jahr 1923 gründet der US-amerikanische Schauspieler John Robert Powers die erste Model-Agentur für Frauen, die in Hollywood berühmt werden möchten. Im Folgejahr kreiert Chanel die Kostüme für das russische Ballett *Le Train Bleu*. Dabei lässt sie sich von der Sportbekleidung des Prinzen von Wales, mit ihren langen, einteiligen Unisex-Badeanzügen, sowie von der Tennisbekleidung von Suzanne Lenglen inspirieren.

Steht Ende des 19. Jahrhunderts das Modehaus Redfern mit seinen Sportkollektionen für Frauen für die erste Welle des Feminismus, so erlebt diese Bewegung in den 1920er Jahren, vor dem Hintergrund der Demokratisierung der Kleidung und der massiven Eingliederung von Frauen ins Arbeitsleben, ein erneutes Aufflammen.

In den 1920er Jahren unterscheiden sich die schlichten Kleider der High Society eher durch die Stoffqualität und die reichhaltige Verzierung mit Bordüren, Stickereien und Perlenbesatz denn durch Muster und Form von denen anderer Klassen. Die taillenlosen Tuniken (Englisch: *chemise dress*) können zu jeder Tageszeit getragen werden. Die wichtigsten Pariser Modeschöpfer dieses Stils sind Patou, Doucet, Lanvin, Paquin, Molyneux und Chanel. Letztere trägt zu einem modernen Frauenbild bei, indem sie Männer- und Frauenbekleidung, etwa Bekleidung aus dem Reitsport, Hosen, Strohhut oder Arbeitsbekleidung, miteinander kombiniert. Mit Jersey, Matrosenhemd, gestreifter Weste, Mütze, Hose oder Krawatte übernimmt sie Elemente der Männermode für Frauenkleidung und adaptiert sie auch für die Haut Couture.

In dieser Phase gilt ein androgynes Erscheinungsbild als chic. Die Begriffe androgyn und hermaphrodit werden dabei synonym verwendet, obgleich wir ›androgyn‹ üblicherweise für eine Form des bekleideten Körpers verwenden und mit ›Hermaphrodit‹ einen Mensch assoziieren, der sowohl über männliche als auch über weibliche Merkmale verfügt. Der Begriff ›Hermaphrodit‹ taucht in Platons *Symposium* auf. Dort spricht er über eine Person, die in ihrem Körper sowohl das weibliche als auch das männliche Geschlecht vereint, oder alternativ zwei Mal das weibliche oder zwei Mal das männliche Geschlecht. Enguix ist der Meinung, dass »es unzweifelhaft seine ›Nichteinordenbarkeit‹ war, die dem Hermaphroditen über Epochen hinweg eine solche Aufmerksamkeit bescherte und derentwegen das Thema noch immer ein Tabu darstellt« (Enguix, 2012). In den sogenannten Goldenen Zwanzigern experimentieren die Modeschöpfer mit völlig neuen Bekleidungscodes. Zuweilen handelt es sich dabei um einfache Elemente, die eigentlich dem anderen Geschlecht zugeschrieben werden. Zuweilen experimentieren sie mit einer Gesamterscheinung, bei der männliche und weibliche Kodierung miteinander vertauscht sind.

In den 1930ern schließlich tragen manche Männer extrem weit geschnittene Hosen, die sogenannten *Oxford Bags* (mit einem Umfang von 102 Zentimeter pro Hosenbein). In den 1960ern und 1970ern feiert eine Spielart dieser Hosen ein Revival. Von 1929 bis 1937 (ein Jahrhundert nach den Dandys) wird in England mit der Men's Dress Reform Party eine Partei gegründet, die sich gegen die klassische Männerbekleidung richtet.

Aufgrund von Materialmangel während des Zweiten Weltkrieges kommt es in den 1940er Jahren zu einer Rationierung von Stoffen und Bekleidung. Geradlinige Schnitte und Elemente von Militäruniformen kommen in Mode, mit großen Schulter-Applikationen wie Kordeln und Schulterklappen, angenähten Taschen und breiten Hosen für Frauen. Selbst die Hutmode orientiert sich am Militärstil. Ende der 1940er Jahre kehrt die Mode angesichts des durch den Krieg verursachten Bevölkerungsrückgangs zu einem betont weiblichen Stil zurück, besonders hinsichtlich ausladender Hüften, als Symbol der Fruchtbarkeit.

Frauen tragen in jenen Jahren beim Radfahren kurze Hosen und Blazer mit Schulterpolstern, die ihnen in Kombination mit der Betonung der Hüften ein kantiges Aussehen verleihen. Im Jahr 1947 führt Christian Dior den *New Look* ein, einen konservativen und geschichtsrelativistischen Stil, der das Bild der Frau als Verführerin und Mutter, die von ihrem Ehemann abhängig ist, wieder in den Fokus rückt.

In den 1950er Jahren beginnt dann die Rebellion der Jugend, die 1968 ihren Höhepunkt erreicht. Kurioserweise kehren Motive aus den 1910er und 1920er Jahren zurück: kurze Röcke, breite Hosen, Tuniken. Im Jahr 1958 ist die Subkultur der sogenannten *Mods* besessen von klassischen Schnittmustern und einem gepflegten und ordentlichen persönlichen Aussehen, das dem der aristokratischen Dandys ebenbürtig ist, obgleich die *Mods* einer gänzlich anderen sozialen Schicht entstammen.

Im Gegensatz zu den 1920er Jahren, als Frauen die Haare kurzgeschnitten wie kleine Jungen trugen, sind die Haare in den 1960 und 1970er Jahren bei Frauen wie Männern lang. Ebenso wie die androgyne Mode lässt der damals (in der Mode bis 1975) vorherrschende Unisex-Stil auf den ersten Blick im Unklaren, welches Geschlecht eine bestimmte Person hat. In dieser Zeit übernehmen eher die Männer die Kleidungsformen der Frauen, wie Röcke oder lange, weite Gewänder. Es ist ein Verdienst des »Second Wave«-Feminismus, dass der Wunsch aufkommt, nicht nur Gleichheit im Erscheinungsbild, sondern auch eine rechtliche Gleichstellung der Geschlechter anzustreben.

Die egalitäre Mode ist Ausdruck der Rebellion der Jugend jener Zeit, die sich gegen die konservativen Vorstellungen ihrer Eltern stellt. Frauen, die lange und kurze Hosen tragen, sowie Männer mit Röcken rebellieren gegen den Status Quo. Bis Mitte der

Silvia M. Ventosa

1970er Jahre sind enganliegende Hemden mit schmaler Taille, die den femininen Stil nachahmen, charakteristisch für die Männermode jener Zeit. Ebenfalls beliebt sind Schlaghosen, Hemden mit Blumenmuster und kurze Jacken. Der »Babydoll«-Look der 1960er Jahre verschwindet völlig. Der Feminismus jener Zeit verteidigt hingegen die Vorstellungen einer autarken Lebensweise (Mendes und De La Haye, 1999).

Manche Jugendgruppen wie die Punks nutzen Militäraccessoires, um gegen die Gesellschaft zu rebellieren und einen geschlechtslosen Look mit kaputten Kleidungsstücken und unübersehbaren, hohen und spitz zulaufenden Frisuren, die ebenfalls Geschlechtsstereotype in Frage stellen. Uniformen bzw. am Stil von militärischer Kleidung angelehnte Mode unterstreicht das androgyne Erscheinungsbild von Frauen, die mit traditionellen Rollenbildern brechen wollen. Auch diese Mode ist Ausdruck eines

Abb. 3   Marielena Roqué. Kostüm für das Werk EL COMPOSITOR, LA CANTANTE, EL COCINERO Y LA PECADORA VON CARLES SANTOS, basierend auf den Opern von Gioachino Rossini, 2003. Darin tragen Männer und Frauen Korsetts.

Kampfes um die Gleichberechtigung der Geschlechter (Buxbaum 2007).

Ein Meister des *Liquid Gender* und des Spiels um Unbestimmtheit war zweifellos David Bowie; seine Auftritte waren von unglaublicher Aktualität. Vor allem in seiner Form sich zu kleiden und bei der Charakterisierung seiner Figuren spielte er mit einer Identität als Hermaphrodit. Bowies Auftritte waren chamäleonartig, im Wandel befindlich. Beständig erfand er sich neu, präsentierte seine Person in anderen Bildern. Inspiration fand er dabei in historischen Figuren wie Lord Byron, Oscar Wilde, Vaslav Nijinsky und Rudolph Valentino. Gemeinsam mit bedeutsamen Modeschöpfern arbeitete Bowie an Kreationen, die den Status Quo in Frage stellen.

Dabei wird dank eng anliegender Kleidungsstücke sowohl für Frauen als auch für Männer, durch hohe Stiefel, blumenbestückte Jacken, lange Haare und Schminke ebenso wie durch den Einsatz entsprechender Gesten und Körpersprache ein androgynes Erscheinungsbild hervorgerufen (Paglia, 2013). Zur selben Zeit stellen Musiker von Bands, wie Roxy Music, den Rolling Stones oder Einzelkünstler, wie Leigh Bowery oder Boy George, durch die Verwendung von Kostümen, Make-up oder Frisuren, die mit dem weiblichen Geschlecht assoziiert werden, gängige Konventionen für Männerbekleidung in Frage. Das Showbiz und die Welt der Londoner Nachtclubs erlangen so einen erheblichen Einfluss auf Mode und Gesellschaft.

In den 1980er Jahren betonen übergroße Kleidungsstücke mit der Intention, geometrische Formen zu schaffen, die weiblichen konnotierten Rundungen des Körpers: große Schulterpolster werden kombiniert mit sehr schmalen Taillen, um eine dreieckige Silhouette zu kreieren, hinzu kommen einhüllende Textilien wie Mäntel oder Umhänge. In dieser Zeit wird die Vorstellung populär, dass Frauen Kostüm tragen müssen, um geschäftlich erfolgreich zu sein. Beschrieben wird das als eine Form des Empowerments: *Dress for Success*. Das damit projizierte Erscheinungsbild muss weiblich und männlich zugleich sein. Obgleich das Jackett einem Männeranzug ähnelt, ist es an der Taille enger und hat einen Frauenschnitt.

Kombiniert wird es mit einem kurzen, eng anliegenden Bleistiftrock und Absatzschuhen mit High Heels, die diese Kombination feminin und sexy wirken lassen und gleichzeitig eine kämpferische Weiblichkeit transportieren sollen. Einen völlig anderen Weg schlägt Jean Paul Gaultier ein. Er würfelt die den Geschlechtern zugeordnete Kleidung durcheinander und lässt damit die Grenzen zwischen dem Männlichen und dem Weiblichen verschwimmen. Der Einzug der japanischen Mode nimmt ebenfalls Einfluss auf die Form der Kleidung. Es kommt zu einer gewissen Angleichung der Geschlechter durch die Verwendung nicht eng anliegender Kleidung mit geometrischen Formen wie dem Kimono. Beispielsweise ist Comme des Garçons eine japanische Modemarke, die eine Kritik an der mit Kleidern assoziierten Weiblichkeit ebenso wie am wandelhaften Charakter der Mode im Allgemeinen vornimmt (Breward, 2002). Wir wagen einen Sprung in der Zeit und erkennen, dass die Verwirrung bzw. die Unbestimmtheit der Geschlechter in den 2010er Jahren mit großer Macht zurückgekehrt ist. Verschiedene Gender-Identitäten genießen dank einer kraftvollen sozialen Bewegung, die sich für das Recht auf sexuelle Diversität einsetzt und das persönliche genderbezogene Erscheinungsbild flexibler gestalten will, eine viel größere gesellschaftliche Akzeptanz. Diese Entwicklung steht im Einklang mit der *Queer*-Theorie, einer dritten Welle des Feminismus. Eine *agender* Person wäre wörtlich eine Person ohne Gender, mit einer non-binären Identität oder gänzlich ohne Gender-Identität: männlich, weiblich, beides oder ein drittes Geschlecht.

Ab 2010 möchte die als *agender* definierte Mode ein identisches Erscheinungsbild für die Geschlechter kreieren – nicht nur hinsichtlich der Bekleidung, sondern auch bezüglich des Auftritts der Models auf den Laufstegen und unter den Jugendlichen auf der Straße. Deren subtile Ansätze führen uns schließlich zum *Liquid Gender*, der unbestimmten oder fluiden Geschlechtsidentität. Außergewöhnlich an diesem derart radikalen Wandel ist nicht nur die vorhandene ge-

Abb. 4 Guillem Rodríguez. Ensemble LA NUIT Herbst/Winter-Saison 2015/2016, Barcelona. Dem Designer zufolge »sind die neuen männlichen Attitüden auf dem schmalen Grat zwischen Männer- und Frauenmode zu finden. Das neue Feld der Männlichkeit erforschen wir als etwas Weiches und Zartes«.

Silvia M. Ventosa

sellschaftliche Akzeptanz, sondern auch das Vorhandensein eines politischen Ansatzes zur Infragestellung von Stereotypen und Geschlechterrollen sowie des binären Geschlechtermodells. Agender-Personen verzichten auf weibliche oder männliche Pronomen. Jenseits akademischer oder politischer Kreise ist die Ästhetik des Agender zu einem Modetrend geworden. Modeschöpfer greifen nun auf dasselbe Model zurück, um verschiedene Schnitte für Frauen und Männer und womöglich sogar für weitere Geschlechter zu zeigen.

Laut Luis Aras ist die Unisex-Mode zurückgekehrt, die in den 1960ern begann und sich mit dem allmählichen Einzug männlich gelesener Kleidungselemente in die Frauenmode fortsetzte. In der Gegenrichtung gab es, sowohl in den Jahren des Pop als auch heute, eine ähnliche Übertragung von Elementen: Tuniken und Röcke für Männer, mit Spitze durchbrochene Hemden oder Hemden mit Blumenmustern. Die Unisex-Mode der 1960er Jahre und die *Agender*-Mode der 2010er sind zwei Seiten derselben Medaille (Arias, 2016). Doch während es bei der Unisex-Mode ein und dieselben Gewänder und Kleidungsstücke für Männer und Frauen gab, greift die *Agender*-Mode auf ganz unterschiedliche Merkmale und Muster zu, die sich an der Form des jeweiligen Körpers ausrichten.

DIE FLÜSSIGE MODE IN DEN MUSEEN

Bislang thematisierte dieser Aufsatz Mode und Gesellschaft. Doch *Liquid Gender* ist mittlerweile zur Realität geworden, weshalb sich künftig unser manischer Zwang zur Klassifizierung ändern muss. Das gilt auch für Institutionen und andere Systeme kultureller Repräsentanz, wo nun mit einigen Ausstellungsstücken anders umgegangen werden muss. Das auf Descartes und die Aufklärung zurückgehende Denken, wonach Personen und Ereignisse einer Klassifizierung bedürfen, passt nicht mehr zu den neuen Paradigmen unserer Zeit. Es müsste sich den sozialen Bewegungen wie dem Transfeminismus anpassen, der für eine Überwindung des überkommenen binären Geschlechtersystems kämpft.

Das nicht fassbare und flüchtige Phänomen Mode in einem institutionellen Rahmen präsentieren zu wollen, wie es in Museen der Fall ist, erscheint als enorm widersprüchlich und paradox. Ähnlich wie in den Studien zu Mode wurden Ausstellungsstücke auch im Museum üblicherweise binär geordnet, in männlich oder weiblich, als Männer- oder Frauenbekleidung. Es ist an der Zeit über eine neue Klassifizierung nachzudenken, mit der die Geschlechterzweiteilung überwunden wird. Denn heute stehen wir unbestimmten Körpern gegenüber, die unbestimmte Kleidung tragen – und dieses Phänomen greift derart um sich, dass es als Leitmotiv für die Mode des Jahres 2018 wahrscheinlich wird.

Wenn wir der Ansicht sind, dass Museen mehr sind als nur Warenlager für die Zukunft, sondern Orte des gesellschaftlichen und kulturellen Handelns, so muss sich die Darstellung von Mode im Museum verändern und den Wandel der Gesellschaft widerspiegeln. In seiner Untersuchung zur sozialen Rolle von Museen stellt Michael Ames (1993) fest, dass es deren Aufgabe sei, Menschen dabei zu unterstützen, neue soziale Realitäten zu verstehen. Museen sollten sich nicht länger als Autorität begreifen, sondern als eine Stimme unter vielen. Museen könnten gar zu einem Lautsprecher für neue Identitäten werden, zu einer kritischen Stimme unter vielen. Museen sind daher kein Spiegel der Vergangenheit, sondern ein Instrument zum Verständnis künftiger Phänomene, die sich bereits in der Gegenwart beobachten lassen.

LIQUID GENDER – FORMEN UND BEKLEIDETE KÖRPER IM WERK VON FABIAN VOGLER

»Ich bin auf der Suche nach aktuellen Menschbildern.«

Fabian Vogler (2015)

Ein gutes Beispiel für eine konstruktive Auseinandersetzung mit der flüchtigen Gesellschaft, fluiden Geschlechtern und bekleideten Körpern stellt das Werk des Bildhauers Fabian Vogler dar. Der Künstler untersucht menschliche Formen und erforscht die geschlechtsbezogene Unbestimmtheit, ihre Kennzeichen und Ornamentierung. Er arbeitet mit verformten Körpern oder Gliedmaßen, um die Unschärfe jeglicher Grenzziehung zu illustrieren. Im Jahr 2016 beginnt Vogler als *Artist in Residence* bei Espronceda (Center for Art & Culture) in Barcelona mit der Erforschung von *Liquid Gender* und organisiert schließlich eine Ausstellung unter diesem Titel. Seine Skulpturen betonen abstrakte Formen und Volumina, die mit nichteinordenbaren sexuellen Attributen assoziiert werden können. Gleichzeitig unterzieht er die Geschichte von Kunst und Mode, insbesondere die Zeit der Renaissance und des Barock, einer Überprüfung.

Ausgangspunkt seiner Arbeit ist das Gemälde *Las Meninas* [dt. etwa: Die Hoffräulein, Anm. d. Ü.] von Diego Velázquez, auf dem Persönlichkeiten des spanischen Hofs von 1656 dargestellt sind, darunter auch Mitglieder der Königsfamilie. Die abgebildeten Personen zeichnen sich durch große horizontale Fülle aus, sie tragen reich ornamentierte Kleider aus steifem Brokat, als wären sie gemalt, sowie voluminöse Frisuren in äußerst künstlichen Formen. Im Zentrum steht die Infantin Margarita Theresa, die Vogler zu seinen Skulpturen inspiriert.

Am Oberkörper trägt sie ein Wams mit ausladenden Schürzen. Die Ärmel weisen Schlitze auf, durch die der Hemdstoff zu sehen ist. Dieser steht in Wirklichkeit für die darunterliegende Haut bzw. für das, was sich unter dem Kleid befindet. Der überdimensionierte Rock, die sogenannte *vasquiña*, liegt auf dem *guardainfante* oder *tontillo* (Englisch: *hoops*, bzw. Französisch: *panier*), einem sehr großen Gestell aus Schilf oder Holz, das auf der Hüfte aufliegt und einen immensen Zwischenraum zwischen Beinen und Kleid erschafft, so als ob es sich um einen großen Korb handeln würde (Bernis, 2001).

Unter dem Wams komprimiert und versteift eine Art Korsett ihren Oberkörper. Im Alter von fünf Jahren trägt sie bereits dieselbe Bekleidung und präsentiert so dieselbe geometrische und rigide Figur wie die Erwachsenen. Tatsächlich sind speziell für Kinder entworfene Kleidungsstücke eine Erfindung des 19. Jahrhunderts – und die nach Geschlechtern getrennte Kindermode trägt ein noch jüngeres Datum.

Silvia M. Ventosa

Die *Meninas* von Vogler bilden eine Serie von acht großen, beunruhigend wirkenden Standskulpturen, die auf der Silhouette der Infantin Margarita beruhen. Ihre Erscheinungen sind geprägt von den Grundelementen der Bekleidung am spanischen Hof des 17. Jahrhunderts. Es sind statische Wesen in der Form eines umgekehrten T, steif und geometrisch. An den unbestimmten, flüssigen Silhouetten dieser Figuren

Abb. 5 Fabian Vogler LAS MENINAS IN NORDFRIESLAND
mit MENINA | 7 2014. BRONZE. 114 x 77 x 46 cm

lassen sich Elemente der damaligen Bekleidung der Hofdamen erkennen, wie etwa die Korsage bei den *Miniatur Meninas* | *3* und *4* oder der breite *vasquiña*-Rock bei der *Miniatur Menina* | *2*. Zwei Ballonformen am Oberteil der Meninas stellen stilisierte Ärmel, Brüste oder reduzierte Köpfe dar, mit einer außen getragenen Korsage. Der Unterteil hingegen ähnelt in seiner Form den überdimensionierten Röcken des 17. Jahrhunderts und bildet eine Ellipse (*Menina* | *8*, *7* und *8*). Ihre Wämser werden von einem Volant abgeschlossen, der wesentlich zum Eindruck von Horizontalität im unteren Bereich des bekleideten Körpers beiträgt. Im Kontrast dazu steht der reduzierte Kopf. Aufschlussreich ist die Betrachtung von acht Zeichnungen, die die Entwicklung von der Infantin von Velázquez zur Menina von Vogler (Lüth 2015) darstellen: Der menschliche Kopf verschwindet zusehends und wird zu einer kleinen Kugel, die sich schließlich verformt und zweiteilt. Die Arme hingegen erfahren eine Metamorphose zu einer Kugel, die sich schließlich mit dem Kopf vereint. Voglers Themen, so Schweizer (Vogler 2016), sind »[h]uman shapes, figures and genders/sexes«. Er erschafft Kreaturen, die in sexueller Hinsicht Hybriden oder Hermaphroditen sind – so auch die Skulpturen, die Vogler im Jahr 2016 unter dem Titel *Liquid Gender* bei Espronceda präsentierte.

Die jüngst geschaffene Serie der *Prince_sses* umfasst noch weit abstraktere Figuren, die sich aus einer Kombination von Mensch und Tier, Roboter und Maschine zusammensetzen. Manche Bestandteile der Plastiken verweisen auf die historische Damenbekleidung, wie plissierte Röcke oder etwa mittelalterliche Halskrausen, die ein Merkmal der spanischen Mode des 16. Jahrhunderts sind – hier nun in Bronze gegossen –, andere Teile verweisen auf mit Männlichkeit assoziierte Formen. Wieder andere hingegen bleiben unbestimmt. Voglers plissierte Röcke ahmen die Falze der weiß gehaltenen Halskrausen der Renaissance nach, die dem Hals beim Mann des 16. und bei der Frau des 16. und 17. Jahrhunderts enorme Fülle bescherten.

Das Fehlen von Gesichtern und sexuellen Attributen verleiht den Figuren von Vogler eine Unbestimmtheit, die sich nur als Ornamentierung, im Sinne der Erläuterung zu Beginn des Textes, verstehen lässt. Seine Skulpturen zeichnen sich durch einen starken Kontrast aus, changierend zwischen einem feinen Detailreichtum und der Brutalität und der Eindringlichkeit des Metalls. Auf ironische und surreale Weise führt uns die Gestaltung und Kleidungsweise der Figuren die Absenz von identitärer Definiertheit vor, die für die flüchtige, sich im Fluss befindliche Gesellschaft so typisch ist.

ANSTELLE EINES SCHLUSSWORTS

Mit dieser Abhandlung sollten verschiedene neue Konzepte des 21. Jahrhunderts – wie etwa *Liquid Gender* – beleuchtet und in Beziehung zur Mode unterschiedlicher Zeitepochen gesetzt werden. Es lässt sich beobachten, dass während Zeiten sozialer Umbrüche und Veränderungen eine Unbestimmtheit in der Mode Einzug erhält, die das bisherige binäre Mann-Frau-Modell bzw. die Binarität männlich/weiblich in Frage stellt – das bislang entscheidende System zur Konstruktion von Geschlecht im Laufe der Geschichte. Gerade die revolutionären Phasen, die der intensivsten Suche nach gesellschaftlicher Freiheit, bringen auch jene Mode hervor, bei der die Geschlechterrollen verschwimmen und undefinierbar werden. Aktuell spiegelt sich das androgyne Erscheinungsbild in Form der *Agender*-Mode als gesellschaftliche Strömung wider.

Diese Betrachtungen führen uns schließlich zum Werk von Fabian Vogler, der, wie bereits andere Künstler, Soziologen oder Philosophen vor ihm, als Bildhauer das sich wandelnde Paradigma der heutigen Gesellschaft kritisch kommentiert. Dieser Wandel transformiert unsere Art zu leben, wie wir zueinander in Beziehung treten und wie wir unsere eigene Identität reflektieren. Das Definieren oder Nicht-Definieren erhält in diesem Prozess eine zentrale Rolle im Gefüge der postmodernen bzw. flüssigen Gesellschaft.

Silvia M. Ventosa

BIBLIOGRAFIE

Ames, Michael M. (1993), Cannibal Tours and Glass Boxes. The Anthropology of Museums, UCL Press, Vancouver.

Arias, Luis (März 2016), Cambio constante, El País.

Barnes, Ruth, Eicher, Joanne B. (1993), Dress and Gender, Berg, Oxford.

Bastardes, Teresa, Ventosa, Silvia (2017), Dressing the Body, Silhouettes and Fashion 1550–2015, Design Museum of Barcelona, Barcelona.

Baudelaire, Charles, «El dandi» en El pintor de la vida moderna (1863), in: Solana, Guillermo (Hg.) (1999), Salones y otros escritos sobre arte, Visor, Madrid.

Bauman, Zygmunt (2011), *Culture in a Liquid Modern World*, Polity Press, Cambridge.

Buxbaum, Gerda (2011), Icons of Fashion; the 20th Century, Prestel Pub., Munich, New York.

Benjamin, Walter (1991 [1927]), *Das Passagen-Werk*, GS Band V1, Frankfurt am Man, S. 131.

Bernis, Carmen (2001), *El traje y los tipos sociales en El Quijote*, Ediciones el Viso, Madrid.

Bourdieu, Pierre (2015), Distinction: a social critique of the judgement of taste, Routledge, New York and London.

Breward, Christopher (2002), Fashion, Oxford University Press, Oxford.

Breward, Christopher (2003), 21st Century Dandy, catalogue, British Council, London.

Camille Paglia (2013), Theatre of Gender: David Bowie at the Climax of the Sexual Revolution, in: Broackes, Victoria, Marsh, Geoffrey (2013), David Bowie is, Victoria and Albert Museum, London.

Enguix, Begoña (2012), Cultivating Bodies, Modelling Masculinities, in: Josep Martí (Hg.), The Social Presentation of the Body in the Globalization and Multiculturality Context, in: *Revista de Dialectología y Tradiciones Populares*, Bd. LXVII, Nr. 1, S. 147–180.

Dickens, Charles (2017 [1852]), *Bleakhouse*, BookRix.

Entwistle, Joanne (2000), The Fashioned Body: Fashion, Dress and Social Theory, Polity, Cambridge.

Entwistle, Joanne und Wilson, Elizabeth (2001), Body Dressing, Berg, Oxford.

Eugenides, Jeffrey (2003), Middlesex, Reinbek, S. 608.

Lüth, Hans-Heinrich (2015), *Fabian Vogler. Vollkommene Unvollkommenheit. Plastiken und Reliefs*, Husum-Halebüll, pictus verlag.

Fukai, Akiko (Hg.) (1999), Visions of the Body. Fashion or Invisible Corset, The National Museum of Modern. Art, The Kyoto Costume Institute, Kyoto.

Kawamura, Yuniya (2005), Fashion-ology. An introduction to Fashion Studies, Berg, Oxford.

Koda, Harold (2001), Extreme Beauty, The Body Transformed, The Metropolitan Museum of Art, New York.

Mendes, Valerie, De la Haye, Amy (1999), 20th Century Fashion, Thames & Hudson Ltd., London.

Paleotti, Jo B. (2010), Fashion, Dress and Gender, The Berg *Encyclopedia* of World *Dress* and *Fashion, Berg,* Oxford.

Rudolfsky, Bernard (1971), The Unfashionable Human Body, Anchor Press/Doubleday, New York.

Simmel, Georg (1908), Psychologie des Schmuckes, in: Der Morgen. Wochenschrift für deutsche Kultur, 2. Jg., Nr. 15 vom 10. April 1908, Berlin, S. 454–459.

Simmel, Georg (1995 [1904]), Gesamtausgabe, Band 10: Die Philosophie der Mode, Suhrkamp.

Schweizer, Katinka (2016), Form, Figure, Ambiguity in Tomeo, Caterina (Kur.) Liquid gender. Fabian Vogler, catalogue of the exhibition in Barcelona at Espronceda. Center for Art & Culture.

Soley-Beltran, patrícia (2015), ¡Divinas! Modelos, poder y mentiras, Anagrama, Barcelona.

Steele, Valerie (2000), The Corset, Yale University Press, New Haven & London.

Veblen, Thorstein (1981 [1899]), Theorie der feinen Leute, München.

WEBLINK

http://www.guillemrodriguez.net

ABBILDUNGEN

ad Abb. 1: MTIB 3.788/12, Schenkung von Maria Espeus an das Museu del Disseny de Barcelona. © Maria Espeus. Zur Verfügung gestellt von Maria Espeus.

ad Abb. 2: Roqué/CCS. © MER/CCCP (CCS 2002). Foto © Josep Aznar. Zur Verfügung gestellt von Marielena Roqué.

ad Abb. 3: © Stephen Maycock. Styling: Juan Camilo Rodríguez. Model: Matteo Cortellaro von Uno Models. Bild zur Verfügung gestellt von Guillem Rodríguez.

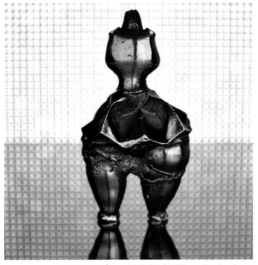

PRINCE_SS | 01 2017. BRONZE. 16,5 x 8 x 7 cm

PRINCE_SS | 02 2017. BRONZE. 15,5 x 7 x 7,5 cm

PRINCE_SS | 03 2017. BRONZE. 17 x 8,5 x 7,5 cm

PRINCE_SS | 04 2017. BRONZE. 17 x 7,5 x 6 cm

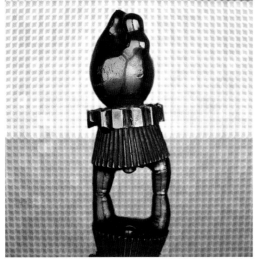

PRINCE_SS | 05 2017. BRONZE. 16,5 x 8 x 7 cm

PRINCE_SS | 12 2017. BRONZE. 14 x 9 x 9 cm

Fabian Vogler

PRINCE_SS | 07   2017. BRONZE. 13 x 6,5 x 6,5 cm

PRINCE_SS | 08   2017. BRONZE 20,5 x 10,5 x 10,5 cm

PRINCE_SS | 10   2017. BRONZE. 21,5 x 7 x 4,5 cm

PRINCE_SS | 06   2017. BRONZE. 21,5 x 7 x 4,5 cm

PRINCE_SS | 13   2017. BRONZE. 19 x 8,5 x 7,5 cm

PRINCE_SS | 16   2017. BRONZE. 9,5 x 7 x 7 cm

PRINCE_SS | 14   2017. BRONZE. 21,5 x 9 x 9 cm

Fabian Vogler

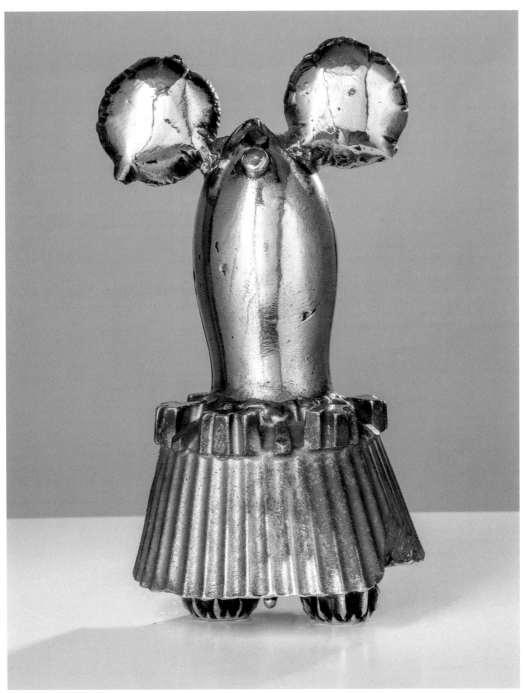

PRINCE_SS | 15   2017. BRONZE. 17 x 10 x 9 cm

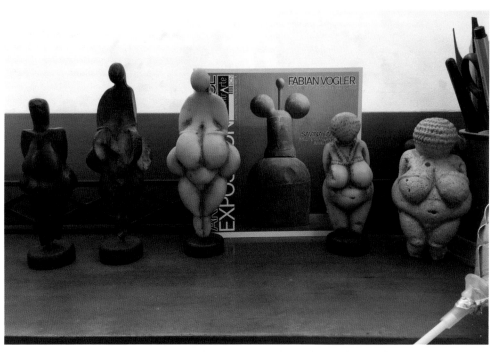

Abb. 1 Ateliersituation bei Vogler mit Venusrepliken und Ausstellungseinladung
VENUS VON DOLNI VESTONICE, VENUS VON LESPUGUE mit Rekonstruktion, VENUS DE KOSTIENKI
und VENUS VON WILLENDORF

Uwe Haupenthal

IKONOGRAFIE UND GESCHLECHT
Seit 40.000 Jahren bis ins Jetzt

Die sich seit den 1970er Jahren verdichtende Kritik an der tradierten, männlich domi-
nierten erkenntnistheoretischen Kategorisierung der »Geschlechter« ermöglichte erstmals eine differenzierende thematische Analyse auf der Grundlage dekonstruktiver
Kriterien und stellte überkommene Denk- und Anschauungsweisen nachhaltig in
Frage. Mag die Philosophin und Frauenrechtlerin Simone de Beauvoir im Jahre 1949
mit ihrem Opus magnum *Das andere Geschlecht* respektive mit dem bis heute immer wieder zitierten, schlagwortartigen Satz »Man wird nicht als Frau geboren, man wird es«
(Beauvoir 1949: 265; zit nach Babka/Posselt 2016: 13) auch den damit einhergehenden
Paradigmenwechsel nicht allein begründet haben, so hat sie diesem doch nachhaltig
zum Durchbruch verholfen. Danach entfachte der Feminismus und schließlich die
amerikanische Philosophin und Begründerin der Gender- und Queer Studies Judith
Butler mit ihrem 1990 erschienen Buch *Das Unbehagen der Geschlechter* und ihrer These,
nach der, trotz unbestreitbarer Gegensätze, das biologische Geschlecht (*sex*) ebenso
konstruiert sei wie das soziale Geschlecht (*gender*) abermals eine kontroverse, bis auf
den heutigen Tag anhaltende Diskussion. Nach Butler wird nicht nur die Trennung
zwischen einem biologischen und einem sozialen Geschlecht, sondern die gesamte
normative Ordnung, die wesentlich auf den binären Oppositionen *Mann/Frau* und
Heterosexualität/Homosexualität beruht, in Frage gestellt. Das wiederum hatte zur Folge,
dass die bis dahin gesellschaftlich kaum angezweifelte Definition der Geschlechter
ebenso einer Dekonstruktion unterzogen werden musste wie die binäre Geschlechterdifferenz und die heterosexuellen Orientierungen.

Judith Butler schreibt:

»Wenn der Begriff ›Geschlechtsidentität‹ die kulturellen Bedeutungen bezeichnet, die der
sexuell bestimmte Körper (*sexed body*) annimmt, dann kann man von keiner Geschlechtsidentität behaupten, daß sie aus dem biologischen Geschlecht folgt. Treiben wir die Un-

terscheidung anatomisches Geschlecht/Geschlechtsidentität bis an ihre logische Grenze, so deutet sie vielmehr auf eine grundlegende Diskontinuität zwischen den sexuell bestimmten Körpern und den kulturell bedingten Geschlechtsidentitäten hin. Setzen wir für einen Augenblick die Stabilität der sexuellen Binarität (*binary sex*) voraus, so folgt daraus weder, daß das Konstrukt ›Männer‹ ausschließlich dem männlichen Körper zukommt, noch daß die Kategorie ›Frauen‹ nur weibliche Körper meint. Ferner: Selbst wenn die anatomischen Geschlechter (*sexes*) in ihrer Morphologie und biologischen Konstitution unproblematisch als binär erscheinen […], gibt es keinen Grund für die Annahme, daß es ebenfalls bei zwei Geschlechtsidentitäten bleiben muß. Die Annahme einer Binarität der Geschlechtsidentitäten wird implizit darüber hinaus von dem Glauben an ein mimetisches Verhältnis zwischen Geschlechtsidentität und Geschlecht geprägt, wobei jene dieses wiederspiegelt oder anderweitig von ihm eingeschränkt wird. Wenn wir jedoch den kulturell bedingten Status der Geschlechtsidentität als radikal unabhängig vom anatomischen Geschlecht denken, wird die Geschlechtsidentität selbst zu einem freischwebenden Artefakt. Die Begriffe *Mann* und *männlich* können dann ebenso einfach einen männlichen und einen weiblichen Körper bezeichnen wie umgekehrt die Kategorie *Frau* und *weiblich*.« (Butler 2016 [1991]: 22f)

Die aus diesen Sätzen ableitbaren ästhetischen Konsequenzen erweisen sich als tiefgreifend, indem sie den performativen, das heißt den Handlungs-Charakter der Geschlechtsidentitäten anzweifeln und das Erscheinungsmuster der biologischen bzw. körperlich bedingten Geschlechter als ebenso kulturell konstruiert beschreiben wie das soziale Geschlecht. Butler fährt fort: »Ja, möglicherweise ist das Geschlecht (*sex*) immer schon Geschlechtsidentität (*gender*) gewesen, sodass sich herausstellt, dass die Unterscheidung zwischen Geschlecht und Geschlechtsidentität letztlich gar keine Unterscheidung ist.« (Butler 2016: 24)

KUNSTGESCHICHTLICHE PERSPEKTIVE

Auch in der Kunstgeschichte überschneiden sich die Wahrnehmungsebenen der geschlechtlichen Erscheinungsbilder und der damit einhergehenden sozialen Ausgestaltung, wobei immer wieder aufs Neue eine kaum hinterfragte Faktizität generiert wurde. Dies ist eine Verengung, wenn nicht gar ein fehlerbehafteter interpretatorischer Ansatz, der zwar in der Vergangenheit punktuell durchaus in Frage gestellt worden ist, freilich ohne, dass bislang eine übergreifende Diskurs-Verknüpfung vorgelegt wurde. Wie selbstverständlich und ohne einen qualitativ-künstlerischen Einbruch reicht der Bogen der Betrachtung von der Altsteinzeit bis in die Gegenwart.

Mit Blick auf den an dieser Stelle vorgegebenen Rahmen erscheint es ratsam, sich im Folgenden auf die Plastik zu beschränken, wobei der kunsthistorischen Chronologie aus Gründen einer übergeordneten Transparenz keine allzu große Bedeutung zugestanden werden soll.

STEINZEITLICHE PLASTIKEN

Die steinzeitlichen Idole wie die *Venus von Willendorf*, die *Venus von Laussel* oder die *Venus von Lespugue* (Abbildung 1) zeigen bereits in der Frühphase der Menschheit (ca. 25.000–20.000 vor Chr.) eine ebenso überwältigende plastisch-körperliche Präsenz

Uwe Haupenthal

wie die zeitgleich entstandenen, in ihrer Dimensionierung oft beträchtlichen Höhlenmalereien. Während diese das Jagdglück imaginieren, wobei nicht selten, bei aller angestrebten Naturtreue, gewisse Übertreibungen zur Steigerung des Ausdrucks und vor allem zur Verherrlichung der Zeugungskraft beitragen sollten, bezeichnen die auf die Wiedergabe von Brüsten und Beckenzone konzentrierten, in Teilpartien überaus differenziert gearbeiteten Figuren Erd- und Fruchtbarkeitsgöttinnen. In der betonten körperlichen Präsenz verbinden sie metaphysische Erfahrung, Umgang und Bewältigung von Geschlechtlichkeit, Geburt und Tod. Somit ist es der auch in seinen primären Geschlechtsteilen (Brüste, Vagina) wiedergegebene Körper, der die Grundlage für das Selbst- und Weltverständnis der frühen Menschen beiderlei Geschlechts (!) bildete (Schmitz 1998: 11f).

Als solche haben die steinzeitlichen Höhlenbilder und Plastiken »Idolcharakter« (Lexikon der Kunst 1981, Bd. II: 363f), das heißt sie bezeugen das von Realismus getragene, kultisch genutzte Gottesbild des Magna-Mater-Kultes (ebd. Bd. III: 468), in dem die Frau eine herausgehobene gesellschaftliche Stellung einnahm, und in dem den sexuellen Beziehungen eine offenbar magische Bedeutung zukam.

Ob die steinzeitliche Plastik wie etwa die sich anschließende, sicherlich entwickeltere und ausdifferenziertere mesopotamische und kykladische Kunst indes aus einer, wie die Schweizer Kunsthistorikerin Carola Giedion-Welcker bemerkte, »unbelasteten Kraft des Sehens und Bildens mit poetischer Unmittelbarkeit« (Giedion-Welcker 1973 [1938]: 13) hervorgegangen war, oder ob diese Sichtweise letztendlich doch eher einer antiakademisch-expressionistischen Forderung entsprach, erscheint vor dem Hintergrund der Gender-Studies zunächst von eher nachgeordneter Bedeutung. Ob deren strikte Trennung zwischen biologischem und sozialem und daher identitätsbildendem Geschlecht in gleicher Weise auf die Ästhetik der frühen Menschheitskultur und deren Ausformulierung übertragen werden kann, muss ohne verbindliche Antwort bleiben. Es sei denn, man erkennt in der gesellschaftlich offenbar herausgehobenen Stellung der Frau lediglich einen rhetorisch vorgetragenen Gleichheitsstatus und blendet die kultische Bedeutung von vornherein aus, was allerdings der mythisch-religiösen Zweckbindung zuwiderlaufen würde.

Eine mögliche Trennung gelingt gleichwohl unter der von Siegfried Giedion formulierten ästhetischen Prämisse, nach der der steinzeitliche Mensch, einerlei, ob Mann oder Frau (!), »weit entfernt vom Narzismus eines Geschöpfes [war], das in seine eigene Schönheit verliebt ist, wie später die Griechen es lehrten, uns selbst zu sehen. Der urzeitliche Mensch erscheint in seinen Abbildern keineswegs selbstsicher, selbstvertrauend und überlegen. Während der ganzen prähistorischen Zeit erscheint der Mensch als ein Wesen, das von einem ewigen Minderwertigkeitskomplex gegenüber dem Tier bedrängt wird. Über die Gestalt, die ihm die Natur verlieh, scheint er beschämt zu sein.« (Giedion 1964/65, Bd. I: 18f)

Giedions existenzielle Beschreibung hebt die überkommene Konstruktion primärer Binarität auf, indem er den Fokus auf die Vorstellung einer gleichsam existenzialistischen Geworfenheit richtet und, mit Blick auf die daraus abgeleitete Ästhetik, jedwede kanonisierte Begrifflichkeit von Schönheit zugunsten einer als übermächtig erlebten und daher keineswegs beherrschbaren Realitätserfahrung ausschließt. Vor diesem Hintergrund erscheint der steinzeitliche Mann in den Frauenbildern zuvorderst gespiegelt, noch bevor er in ihnen ein existenziell kompensierbares, sprich metaphysisches Potenzial erkannte.

Das daraus ableitbare und für die Kunst der Moderne nutzbare ästhetische Konzentrat, auf das im Übrigen auch Giedions Frau Carola hingewiesen hat, ist ein bereinigter Realismusbegriff, in dem sich die Möglichkeit einer konzeptuellen Setzung herauskristallisiert. Und diese ist nach Judith Butler rein weiblich. In diesem Zusammenhang zitiert sie Monique Wittig: »Es gibt in der Tat nur eines [grammatisches Geschlecht, U.H.]: das weibliche, da das ›männliche‹ keine Geschlechtsidentität (*gender*) ist. Das männliche ist nämlich nicht das männliche, sondern das universelle.« (Zit. nach Butler 1991: 42) Danach kann das Männliche keine Identität ausbilden, da es in der kulturellen Praxis des Phallogozentrismus »als monolithische Ursache der Geschlechter-Unterdrückung« (ebd. 1991: 39) gilt und damit mit einer normativ naturalisierten Vorstellung von Zwangsheterosexualität gleichzusetzen ist. In dieser definiert sich die Geschlechteridentität als binäre Beziehung, »in der sich«, so Butler, »der männliche Term vom weiblichen unterscheidet. Diese Differenzierung vollendet sich durch die Praktiken des heterosexuellen Begehrens.« Aus der damit einhergehenden Binarität erfolgt eine Verfestigung der Terme bzw. »jeweils eine innere Kohärenz von anatomischem Geschlecht (*sex*), Geschlechtsidentität (*gender*) und Begehren« (ebd. 1991: 46). Die Dekonstruktion dieser Relation ermöglicht indes nicht nur deren Neubewertung, sondern hebt zuvorderst die seit Descartes und der Aufklärung allgemein als verbindlich erachtete grammatikalische Subjekt-Objekt-Struktur auf (ebd. 1991: 42f).

FRAGMENTIERUNG DES WEIBLICHEN KÖRPERS IM WERK VON WILHELM LOTH

Es ist dies eine feministische These, die ihren Anfang in der prähistorischen Kunst haben kann und deren ästhetische Konsequenz sich exemplarisch im Werk des Bildhauers Wilhelm Loth (1920–1993) niederschlägt (Schmoll gen. Eisenwerth 1976; Haupenthal 1989; Loth 1995; 2001), wenn auch die damit einhergehende Infragestellung der normativen Ordnung hinsichtlich präjudizierter Herrschaftsstrukturen im Folgenden keinesfalls unkommentiert bleiben darf. Wie nur wenige Künstler nach dem Zweiten Weltkrieg konzentrierte sich Loth beinahe ausschließlich auf die im Torso fragmentierte Wiedergabe des weiblichen Körpers, wobei er in seinem Frühwerk u.a. auch die prähistorische Kunst studierte. Ein Momentum, das sich nicht zuletzt in der Titelgebung Idol in etlichen Plastiken seines Spätwerkes niederschlug. Exemplarisch sei in diesem Zusammenhang auf Loths Plastik 2/66 *Exotisches Kopffragment* hingewiesen (Abbildung 2). In dieser Arbeit projizierte er eine überdimensioniert wirkende vertikale Lippenform auf eine von dünnen Stützen getragene, an den Kanten abgerundete und dergestalt dem Raum ausgesetzte Form, wobei er Elemente der primären, sexuell bestimmten Körperlichkeit so mit dem Typus eines durch den Mund definierten Kopfes verband, dass beide Themen unmittelbar berührt und zu

Uwe Haupenthal

Abb. 2　Wilhelm Loth EXOTISCHES KOPFFRAGMENT
1966/67. Bronze. 42 x 49 x 29 cm.

einer neuen plastisch-körperlichen Einheit verbunden werden. Vergleichbar den steinzeitlichen weiblichen Idolen entsteht eine unmittelbare und für den Betrachter unausweichlich anmutende, weil objekthaft begründete, ebenso »reale« wie Verletzlichkeit ausstrahlende Nähe. Unumwunden besitzt die demonstrativ inszenierte Vaginalform einen alles relativierenden Signalcharakter. Jedwede anthropomorph-strukturale Begrifflichkeit scheint überwunden. Diese determinierte hingegen die zumeist rituell konzipierte afrikanische Plastik (Rubin 1984: 66) und faszinierte zeitlebens etwa den expressionistischen Maler-Bildhauer Ernst Ludwig Kirchner 1880–1937) und seine Freunde in der Dresdner Künstlergruppe Brücke. Vor diesem Hintergrund demonstriert Kirchners farbig gefasster Stehender weiblicher Akt aus dem Jahre 1917 auf exemplarische Weise eine formal stark vereinfachte, innovative und in der demonstrativen Betonung der Vaginalform antibürgerliche figurale Auffassung, die in ihrer Anlage die Nähe zur sogenannten Primitiven Kunst Afrikas suchte und deren Kanon antikisch-klassische figurale Konzeptionen von vorn herein ablehnte (Henze 2002 und von Maur 2003).

AUGUSTE RODIN'S PLASTISCH-AUTONOME KÖRPERPOSITIONIERUNG

Der Bildhauer Auguste Rodin (1840–1917) modifizierte die seit der Renaissance gültige figurale Anlage Jahrzehnte zuvor zwar weit bruchloser, wenngleich auch er sich längst von der Statik der damit einhergehenden Inhalte gelöst hatte (Sommer 2002/2003: 230ff; Rodin 2007). In seiner 1891 entstandenen Plastik *Iris, die Götterbotin* (Abbildung 3) schuf er einen Torso mit geöffneten Schenkeln, in Teilen durchmodelliert, in Teilen lediglich im Modelé angelegt, sich gänzlich ungebunden im Raum positionierend, beinahe schwebend, die Schwerkraft in der Körperhaltung scheinbar aufgehoben. Was sich auf den ersten Blick beinahe pornografisch ausnimmt, ist jedoch weniger einem aufdringlichen Voyeurismus geschuldet als vielmehr der Vorstellung einer allansichtigen, plastisch autonomen Körperpositionierung, die den möglichen Inhalt nachgeordnet erscheinen ließ. »Physische Bewegungen und Schwebezustände«, so Anne-Marie Bonnet, »verkörpern seelische, emotionale Bewegtheit« (Bonnet 2007: 35). In diesem Sinne äußerte sich auch

Abb. 3 Auguste Rodin IRIS, DIE GÖTTERBOTIN
1891. Bronze. 82 x92 x 39 cm

Rodin selbst: »[…] ich habe niemals Skulpturen allein der Erotik wegen gemacht […]. Ich habe menschliche Körper in Umarmung, in Erregung dargestellt, Leiber, die sich aneinander schmiegen, die sich wild umschlingen oder sich voneinander losreißen […] Das sind erregte Naturformen. Die Natur ist immer schön.« (Ebd.) Körperhaltung und Muskelbewegungen mutierten auf diese Weise zum unmittelbaren Ausdruck eines seelischen Seinszustandes.

Mit anderen Worten: Rodin löste sich gegenüber der klassischen Bildkonzeption aus einer allgemeinen, jegliche illustrativ-abbildliche Gebundenheit überwindenden, konzeptuell offenen Naturvorstellung, die ihm allenfalls im Nachgang eine assoziativ begründbare Titelgebung gestattete. Die physische Präsenz des Männlichen und vor allem diejenige des in seinem künstlerischen Schaffen numerisch überwiegenden Weiblichen wurde auf diesem Wege auch im Sinne des Gender, einer autonom veranlagten Identitätsbildung unterzogen. Dezidiert hervorzuheben ist, dass dies gleichermaßen auf der Grundlage realen Modellstudiums wie einer objektivierenden Montagetechnik mit gefundenen figuralen Lösungen erfolgte, die selbst vor Geschlechterumwandlung nicht zurückschreckte (vgl. Kopp-Schmidt 2007: 37ff).

Darauf aufbauend löste sich Wilhelm Loth nicht nur von einer ganzheitlichen figuralen Vorstellung, wobei ihm deren Fragmentierung zwar zunächst wertvolle Dienste leistete, die er jedoch spätestens seit dem Jahre 1956 mit dem felsig-schrundigen, kastenartig konzipierten *Eisentorso* im Sinne einer plastischen Objektivierung überwunden hatte. Das Atemraubend-Neue und sicherlich für manchen Betrachter noch immer Irritierende war jedoch die drastische und in ihrer Isolierung unverstellte Art der Körperlichkeit, die, in Folge der Aufgabe eines figuralen Gesamtzusammenhangs, von der Vorstellung eines Signalcharakters ausgeht, wenngleich sie, entgegen der feministischen Gender-Theorie Judith Butlers, noch immer auf der Konstruktion von Sex und Sexualität als vordiskursiven Determinanten basiert. Triften doch an diesem Punkt theoretisch verfasste philosophische Stringenz, womöglich auch literarische Analyse und plastische Arbeit auseinander. Loth selbst antwortete in den Butzbacher Künstler-Interviews auf die Frage nach dem Stellenwert der Vaginalformen in seinem Oeuvre:

»Zunächst einmal ist es für mich ein gewisses Synonym für die Freiheit unserer Zeit gewesen. Männliche Genitalien hat man immer schon dargestellt. Nun sollte es genauso selbstverständlich sein, auch weibliche darzustellen. ›Abbau sexueller Tabus …‹ ja auch. […] Sexualität ist ein ganz gewaltiger Lebensantrieb, ein Motor. Was ich aber darstellen möchte, ist eine umfassende, übergreifende Sache. Erotik ist mir zu eng. Der Begriff des Humanen erfasst das eher, was Sie meinen. Ein radikaler Humanismus, zu den Wurzeln gehend« (Müller 1980: 108 bzw. 112).

Uwe Haupenthal

Gleichwohl scheint man sich jedoch, nicht zuletzt mit Blick auf die Philosophie Friedrich Nietzsches, in der Zurückweisung eines metaphysischen Grundes näher zu kommen. Während etwa Judith Butler in diesem Zusammenhang auf Nietzsches 1873 verfasste Schrift *Über Wahrheit und Lüge im außermoralischen Sinne* rekurriert und dessen kritische Sprachtheorie, nach der sich die Vorstellung von Wahrheit aus einer konventionalisierten Metaphorik herleitet, eine wesentliche Konstituante in der Unterscheidung von Geschlecht und Geschlechtsidentität, leitete Loth beispielsweise in Nietzsches Satz »Der Glaube an den Leib ist fundamentaler, als der Glaube an die Seele: letztere ist entstanden aus der unwissenschaftlichen Betrachtung der Agonie des Leibes (etwas, das ihn verlässt. Glaube an die Wahrheit des Traumes« (Haupenthal 1989: 229) aus der nachgelassenen Schrift *Der Wille zur Macht* einen vitalistisch-existenzialistisch-humanistischen Freiheitsbegriff ab. Die ontologische Trennung zwischen biologischem Geschlecht (*sex*) und sozialem Geschlecht (*gender*), die den Frauen eine eigene Geschlechtsidentität zugesteht, mag in diesem Zusammenhang mit Blick auf Loths künstlerisches Schaffen eine konzeptuell-argumentative Zweckdienlichkeit haben, wenngleich seine Plastiken letztendlich jedweder ideologischen Vereinnahmung per definitionem entgegenstehen.[1]

SURREALISMUS UND GESCHLECHTERIDENTITÄT

Alberto Giacomettis (1901–1966) surrealistische Plastik einer segmentierten *Schwebenden Kugel* aus dem Jahre 1932 (Abbildung 4), die, in einem offenen Raumkasten an einem Seil aufgehängt über einer mondsichelartigen Form schwebt und wie ein Pendel die physikalische Gravitation mit einem automatischen, allerdings begrenzten Bewegungsablauf verbindet (Salzmann 1977: 56ff bes. 62), definiert sich als Formspiel mit diffizilen Bewegungsreizen, das eine Assoziationskette zwischen romantisch-kosmischen, womöglich landschaftlichen Bezügen und der Heterosexualität und deren Mechanismen auslöst. Momente des unmittelbar Abbildlichen wurden durch eine psychologisch motivierte Ausgangslage ersetzt, wenngleich diese selbst einen realen, sprich *surrealen* (!) Anspruch erhebt. Wie intensiv Giacometti indes den menschlichen Paarkonflikt thematisierte, mag der Blick auf die 1931 entstandene Plastik *Objet désagréable* (Unangenehmer Gegenstand) (Abbildung 5) verdeutlichen, die zwar die Form eines Penis wie diejenige eines Bumerangs hat, der jedoch, aufgrund von kleinen spitzen Formen, auf haptischer und demnach auch auf emotionaler Distanz besteht: Die

Abb. 4 Alberto Giacometti
SCHWEBENDE KUGEL
1932. Gips und Metall
61 x 36 x 33,5 cm

---

[1] Ich habe in den Jahren 1983 bis 1989 mehrfach mit Wilhelm Loth über diese Frage gesprochen. Loth äußerte sich zwar gegenüber der emanzipatorischen Frauenbewegung sehr positiv, bestand aber dennoch auf einer allgemeinen, nicht-instrumentierbaren, nicht-illustrativ ausdeutbaren existenzialistischen Position.

unabdingbare Voraussetzung einer Rezeption unter dem Gender-Vorzeichen, da sie das biologische Moment gleichermaßen potenziert wie sie sich mit Vehemenz gegen die biologisch begründete Vereinnahmung vorgegebener und nicht hinterfragbarer Identität wendet. Auf den Surrealismus im Allgemeinen bezogen bemerkte Werner Spieß mit Blick auf André Bretons Diktum vom »Urzustand des Auges«:

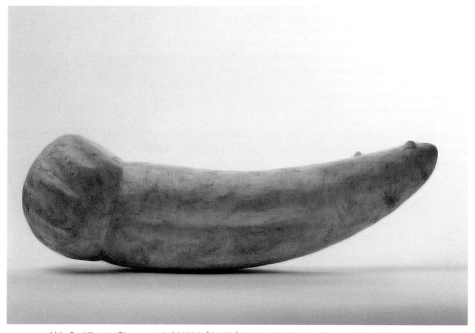

Abb. 5   Alberto Giacometti OBJET DÉSAGRÉABLE   1931. Originalgips. 10,4 x 49,3 x 15 cm

»Etwas Isolierendes muss die Bilder und die Prozeduren umgeben. Allein im Bild, das eine möglichst scharfe Grenze bis zum Gesehenen zu ziehen vermag, kann sich das surrealistische Lustprinzip, das Spiel mit Überraschung und Schock, verwirklichen. [...] Dies äußert sich in der Suche nach der Rückkehr in das Stadium der Kindheit und in immer neuen Rollenspielen, die psychische Defekte und Ausnahmezustände simulieren. Wir begegnen ständig dem Versuch, Konventionen zu zerschlagen. Blasphemie, Antiklerikalismus, antiautoritäre Verhaltensweisen, freie Sexualität gewinnen eine unübersehbare Präsenz. Die Liste der Namen von Menschen, die außerhalb der Gesetze der Gesellschaft stehen und die der Surrealismus rehabilitiert und kanonisiert, ist lang.« (Spies 2002: 24)

Vor diesem Hintergrund bietet der Surrealismus auch den Butlerschen Ideen nicht nur ein breit angelegtes Reservoir an argumentativen Steilvorlagen, sondern er sorgt im Besonderen für deren ästhetische Ausformulierung, die einmal mehr dem von der Literaturwissenschaftlerin Judith Butler eingebrachten Begriff des »Performativen« (Butler 1991: 190ff) und der damit einhergehenden, nach eigener Aussage, jedoch lediglich angehängten und daher keineswegs echten Geschlechtsidentität unverhofft zu wirklichem Leben verhilft, gerade weil er sowohl eine gleichermaßen gesellschaft-

Uwe Haupenthal

liche wie geschlechtliche Dekonstruktion vornimmt und dennoch in seiner künstlerischen Ausformulierungen die Ebene der Theorie überschreitet.

Wie kein Zweiter öffnete Hans Bellmer (1902–1975), der manieristisch-altmeisterlich angehauchte Meister der erotischen Zeichnung, in einem Foto aus der in den 1930er Jahren entstandenen Serie mit Puppenobjekten (Abbildung 6) den Blick in eine sich schier endlos auftuende existenzielle Leere. Gleichsam die Kehrseite der körperlich-surrealen Konvulsivität und, um im Thema zu bleiben, das Spiegelbild eines zwischen den Geschlechtern respektive ihren Rollen sich auftuenden Abgrundes, freilich ohne diesen unmittelbar anzusprechen oder gar zu illustrieren.

Abb. 6 Hans Bellmer
LA POUPÉE (Die Puppe)
1936/38. Fotografie. 76 x 50 cm.

Hans Arp (1887–1966) hingegen schuf seit den frühen 1930er Jahren eine plastische Serie von *Menschlichen Konkretionen* (Abbildung 7), in denen er, jenseits eindeutiger geschlechtlicher Festlegung, eine metamorph begründete Leichtigkeit initiierte, die den tradiert-gepanzerten Konflikt zwischen den Geschlechtern gänzlich aufzuheben vermag (Arp 1986). Wie in seinen vorangegangenen, während und nach dem Ersten Weltkrieg entstandenen Dada-Reliefs, in denen er mit spielerisch vorgetragener Weise menschliche Eitelkeiten persiflierte und gegen jedwedes überkommenes humanistisches Rollenverhalten Demut einforderte, schuf er nunmehr eine lange Reihe ageometrischer, konvulsiv-moluskenartiger Plastiken, in denen sich Sinnlichkeit ungehindert ausleben muss, um sie als solche überhaupt zu erfahren. Körperlichkeit wird zu einem positiven Wert an sich. In ihr manifestiert sich das Seelische, und sie steht im unmittelbaren Wissen um das Grauen auf den Schlachtfeldern beider Weltkriege für eine geschlechtsneutral konzipierte Vorstellung von Weisheit. Arp bereits im Jahre 1915: »Die Weisheit war

Abb. 7 Hans Arp
MENSCHLICHE KONKRETION
AUF OVALER SCHALE
1947. Bronze. 58 x 60 x 43 cm.

das Gefühl für hoch, groß, weit, spitz, eben, schwer, tief, hell, licht, farbig.« (Poley 1986: 148)

Der Plastiker, Grafiker, Maler und Soldat im Ersten Weltkrieg Richard Haizmann (1895–1963), in den späten 1920er und frühen 1930er Jahren sicherlich einer der formal-innovativsten Künstler in Deutschland, kannte offenbar das plastische Werk Hans Arps und schuf im Jahre 1929 seinerseits in weißem Marmor eine S-förmig geschwungene und den plastischen Schwerpunkt über die stabilisierende Mitte hinaus verlagernde *Figur* (Abbildung 8). In ihr hob Haizmann das statuarisch-figurale Schema zugunsten einer freien figuralen Konzeption auf und setzte die angestammten und scheinbar unveräußerlichen Gesetze der Tektonik außer Kraft. Dabei hatte er, ähnlich wie Arp in seinen *Konkreationen*, den Antagonismus der Geschlechter offensichtlich nicht nur überwunden, sondern diesen in einem glückhaften Moment als nicht mehr existent erlebt (Haupenthal 2009: 72, 89ff; 2012: 183ff).

DER MYTHOS VON APOLLON UND DAPHNE

Die mythische Präfigurierung einer solchen geschlechtsübergreifend-überwundenen Befindlichkeit sensibilisierte die bildende Kunst seit der Antike, wobei sie freilich im Barock noch einmal an Bedeutung gewann: Der Mythos von Apollon und der Nymphe Daphne, die vor dem Gott flieht, um ihre Jungfräulichkeit zu wahren und sich auf ihr Gebet hin in einen Lorbeerbaum verwandelt, von Ovid in seinen *Metamorphosen*

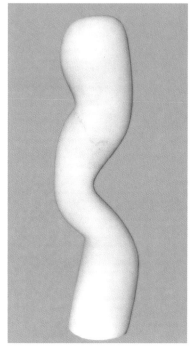

Abb. 8   Richard Haizmann FIGUR
1929. Marmor. 73,5 cm hoch

Abb. 9   Gian Lorenzo Bernini
APOLLON UND DAPHNE
1625. Marmor. 243 cm hoch

beschrieben und u.a. von Gian Lorenzo Bernini zwischen 1623 und 1625 in einer großen und weltberühmten Figurengruppe (Abbildung 9) gestaltet, beschreibt nicht nur in der verweigerten haptischen Vereinnahmung einen zentralen Bildhauer-Mythos, sondern bezeichnet zugleich das Ziel einer unberührten, geschlechtlich neutralisierten, weil zwischen männlichem Begehren und weiblicher Verweigerung angesiedelten existenziellen Befindlichkeit. Plastiker wie Hans Arp oder Richard Haizmann haben in ihren Werken die mit dem Sexus verbundenen Machtstrukturen überwunden,

Uwe Haupenthal

wobei diese, wie Michel Foucault gezeigt hat, dezentral organisiert sind und keineswegs mit einfachen Herrschaftsmechanismen gleichzusetzen sind. Foucault schreibt:

>Die Möglichkeitsbedingungen der Macht oder zumindest der Gesichtspunkt, der ihr Wirken bis in die ›periphersten‹ Verzweigungen erkennbar macht und in ihren Mechanismen einen Erkenntnisraster für das gesellschaftliche Feld liefert, liegt nicht in der ursprünglichen Existenz eines Mittelpunktes, nicht in einer Sonne der Souveränität, von der abgeleitete oder niedere Formen ausstrahlen, sondern in dem bebenden Sockel der Kräfteverhältnisse, die durch ihre Ungleichheit unablässig Machtzustände erzeugen, die immer lokal und instabil sind.« (Foucault 2008: 1098)

Es ist das Moment des Transitorischen, das der Metamorphose als Gestaltungsprinzip (Lichtenstern 1992: 150) in den Plastiken von Arp und Haizmann eine breite rezeptive Schneise schlägt, das auf emotionalisierende Weise den status nascendi, einen unbekannten Ausgangspunkt, und damit einen kreativen, begrifflich unbesetzten Freiraum berührt, der von sich aus sowohl das Figürliche im Allgemeinen als auch das Sinnliche im Besonderen erfahrbar macht und unabdingbar prinzipielle Offenheit voraussetzt. Um mit Umberto Eco zu sprechen:

>[…] der Begriff der Möglichkeit ist ein philosophischer Terminus, der eine ganze Tendenz der zeitgenössischen Wissenschaft wiederspiegelt: das Abgehen von einer statischen und syllogistischen Auffassung der Ordnung, die Offenheit für eine Plastizität persönlicher Entscheidungen und eine Situations- und Geschichtsgebundenheit der Werte« (Eco 1977: 48).

Dies will heißen: In konzeptuell reflektierten Kunstwerken erschließt sich die Möglichkeit einer kritischen Reflexion der Gender-Thematik, freilich ohne dass es deshalb zum Bruch mit anderen interpretatorischen Ansätzen kommen muss. Das Moment des Sinnlich-Haptischen etwa vermag, ganz im Gegenteil, in diesem Zusammenhang als eine Art neutralisiertem Ausgangspunkt die eingangs konstatierte und als unüberwindbar beschriebene Differenz zwischen den Gender-Polen des Männlichen und Weiblichen und deren kritisch reflektierten Konnotationen zu überwinden, und beiden »Polen« eine gleichberechtigt offene Nähe zu einer universalistischen Disposition erschließen.

Was in der Moderne schließlich selbstverständlich erscheinen mag, war in der Renaissance nur durch einen Tabubruch zu erreichen. So schuf etwa Luca Penni (1500–1556) einen erotischen Kupferstich mit vier Nymphen in inniger Umarmung, die von einem Satyr beobachtet werden. Die verbotene, weil subversive Liebe avancierte ikonografisch nicht nur zu einem besonders starken Argument für die Macht der (triebgesteuerten) Imagination wie der lustvollen Kreativität im Allgemeinen, sondern sie richtete sich auch, indem sie sich eines Schocks bediente, gegen vorherrschende Denktraditionen und Kunstdiktate wie sie etwa Platon, Petrarca oder Michelangelo vorgegeben hatten (Pfisterer 2014: 125ff).

Der Keim der Geschlechtsidentität ließ erstmals eine lesbisch-libidinöse Pflanze wachsen, die bis dato gültige Normen im Verhältnis der Geschlechter in der bildenden Kunst nachhaltig und mit gebotener Wucht außer Kraft gesetzt wurden. Das heutige

Abb. 10 Niki de Saint Phalle BEGEHBARE LIEGEFIGUR für das Moderna Museet Stockholm
1966. Stoff über Stahlgerüst. 6 x 23,5 x 10 m

Publikum hat diese Kraft auf selbstverständliche Weise aufgenommen und auf einer Metaebene angesiedelt wie der Blick auf die populären und öffentlich aufgestellten, mit poppigen Motiven versehenen voluminösen *Nana*-Plastiken der Bildhauerin Niki de Saint Phalle (1930–2002) (Becker 2005; Schulz-Hoffmann 1987) stets aufs Neue belegen (Abbildung 10). In den ausladenden, mitunter begehbaren Körperformen, die nicht zuletzt einen großen Bogen zu den steinzeitlichen Idol-Figuren schlagen, behaupten die Gender-Fragen zwar eine konstitutive Bedeutung, wenngleich ihnen auf rezeptiv-spielerische Weise von beiden Geschlechtern ihre Schärfe genommen und das beklagte »Unbehagen der Geschlechter« in eine demokratisch legitimierte, im Idealfall in eine von Zwängen weithin befreite Sexualität der Zukunft entlassen wird.

FABIAN VOGLERS PLASTISCH-AUTONOME ÜBERWINDUNG DER GESCHLECHTSIDENTITÄT

Besetzen Gender-Fragen in der Plastik der Moderne eine sich sukzessiv ausbildende konzeptuelle Ebene, wobei die gegenüber der in der Renaissance aus dem Geist der Antike wiedergeborenen und über 400 Jahre allgemein gültigen Auffassungen durch neue, elementare und nachhaltig von formaler Kanonik befreite Formkonzeptionen dieses veränderte Menschenbild überhaupt erst möglich machte, so vermag der Plastiker Fabian Vogler (geb. 1977) nunmehr in einer Reihe von Plastiken eine von überkommenen Zwängen weithin befreite Quintessenz zu ziehen (Vgl. im Folgenden vor allem Lüth 2015). Voglers *Inter*Torso* aus dem Jahre 2017 (Abbildung 12) zeigt eine überraschende Nähe zu altsteinzeitlicher Plastik wie der *Venus von Hohle Fels* (Conrad/ Kölbl 2010; Hiller/Kölbl 2016: 38f) (Abbildung 11). Doch was auf den ersten Blick

Uwe Haupenthal

Abb. 11 Urgeschichtliches Museum. Blaubeuren
VENUS VON HOHLE FELS Elfenbein. 6 x 3,5 x 3 cm

Abb. 12 Fabian Vogler INTER*TORSO
2017. Bronze. 20,5 x 12 x 14 cm

beinahe wie eine Kopie anmutet, erweist sich bei näherem Hinsehen als das Resultat einer besonderen, neuerlich plastisch autonomen Konzeption: Im Gegensatz zu dem_ der vor etwa 40.000 Jahren lebenden Steinzeitkünstler_in entwickelt Vogler seine Figuren nicht länger aus einer mythisch aufgeladenen Naturanschauung, sondern vielmehr aus sichtbar eingeschnürten Luftballons.

So entstand eine autonom begründete und zugleich figural ausgedeutete Anhäufung von an sich freien konvulsiven Formen. Die Thorax-Form mit zwei ausgeprägten Brüsten lastet auf einer qualitativ-plastisch angeglichenen und folglich gleichwertigen Becken-Bein-Formation. Zudem drückt sich unter den mächtigen Brüsten eine Form heraus, die an einen Penis erinnert. Auf plastisch-strukturale Weise bilden weibliche und männliche Geschlechtsmerkmale gleichermaßen und unauflöslich eine natürliche wie eine emotional anrührende Einheit. Die Definition figuraler Körperlichkeit vereint beide Geschlechter und ruht zugleich unauflöslich und auf selbstverständliche Weise in sich. Sie gleicht den Geschlechterkonflikt aus, indem sie ihn auf eine neutrale Ebene transformiert.

Mit Blick auf Voglers Plastik erfährt der mythische Konflikt, demzufolge Dionysos, der Gott schwellender Manneskraft, als Fötus nach dem Tode seiner Mutter Semele seinem Vater Zeus nicht in den Schenkel eingepflanzt und nach seiner zweiten Geburt von den Ammen als Mädchen erzogen wurde, in der Art und plastischen Herleitung seine Auflösung. Von deren vormaliger Potenzierung berichtet Ovid in seinen *Metamorphosen*: Der Göttervater behauptete danach gegenüber Juno, der Göttin der geschlechtsreifen Frau, dass die weibliche Lust größer sei als die des Mannes. Eine Verkehrung jedweder patriarchalischen Denkmuster. Man befragte daraufhin den weisen Tiresias, denn

>»der kannte die Venus auf beiderlei Seiten. /Nämlich, er hatte zwei mächtige Schlangen, die einstmals im /grünen /Walde sich paarten, verletzt mit dem Schlag eines Stockes; da /ward er /Plötzlich – der Mann! – zum Weib – erstaunliches Wunder! – /Und lebte /Sieben der Herbste als Frau. Im achten erblickt er dieselben /Tiere aufs neue und spricht: ›Wenn ein Schlag auf euch eine /solche /Wirkung erzielt, daß des Täters Geschlecht sich ins Gegenteil wandelt, /Kriegt ihr auch jetzt einen Streich!‹ Er haut auf die nämlichen Schlangen /Und verwandelt sich wieder und wird, was er früher gewesen. / Der ward also zum Richter bestimmt in dem heiteren Streitfall /Und bestätigte Jupiters Worte.« (Ovid 1988: Drittes Buch, Vers 310ff)

Eine mythische Deutung des Geschlechterkonflikts unter dem Vorzeichen existenzieller Lust, in der die Frau körperliche Vormacht behauptet, für deren Bezeugung Tiresias jedoch von dem über alle Maßen erzürnten Saturn mit ewiger Blindheit bestraft wurde. Zwar konnte Zeus dieses Urteil nicht aufheben, wohl aber abmildern, indem er dem Weisen nicht nur die Kenntnis der Zukunft schenkte, sondern die existenzielle Perspektive konkretisierte. Es ist die Dunkelheit des Nicht-Sehens, aus der heraus die Identität als normatives Ideal und das sinnlich deskriptive Erleben im Tastsinn ihren Antagonismus überwinden und sich, wie in Fabian Voglers Plastik, sozusagen aus gleicher konvulsiv-lebendiger, sinnlich potenzierter Wurzel, zusammenfinden.

BIBLIOGRAFIE

Arp, Hans (1986), Ausstellungskatalog Arp.1886–1966, Württembergischer Kunstverein Stuttgart

Becker, Monika (2005), Niki de Saint Phalle – Starke Weiblichkeit entfesseln. Die Biografie, München

Bonnet, Anne-Marie (2007), Das Thema ›Paare‹ bei Rodin. In: Ausstellungskatalog Auguste Rodin. Der Kuss. Die Paare, Kunsthalle der Hypo-Kulturstiftung und Folkwang Museum Essen

Butler, Judith (1991), Das Unbehagen der Geschlechter. Gender Studies, Frankfurt/M.

Conrad, Nicholas J. und Kölbl, Stefanie (Hg.) (2010), Die Venus vom Hohle Feld. Fundstück 1 (Museumsheft 9), Urgeschichtliches Museum Blaubeuren

Eco, Umberto (1977), Das offene Kunstwerk, Frankfurt/M.

Foucault, Michel (2008), Die Hauptwerke, Frankfurt/M.

Giedion, Siegfried (1964/65), Ewige Gegenwart. Ein Beitrag zu Konstanz und Wechsel, Bd. I, Köln

Giedion-Welcker (1973), Prähistorie, Vico und die Moderne [1938]. In: Schriften 1926–1971. Stationen zu einem Zeitbild, hg. von Hohl, Reinhard, Köln

Haupenthal, Uwe (1989), Das plastische Menschenbild bei Wilhelm Loth (Diss.), Darmstadt

Lexikon der Kunst (1981), Berlin

Haupenthal, Uwe (2009), Richard Haizmann. Plastik. Grafik. Malerei, Dresden

Haupenthal, Uwe (2013), Richard Haizmann. Figur 1929. In: Museum für Vor- und Frühgeschchte Berlin (Hg.), Der Berliner Skulpturenfund. »Entartete Kunst« im Bombenschutt, Berlin

Henze, Wolfgang (2002), Die Plastik Ernst Ludwig Kirchners. Monografie und Werkverzeichnis, Bern

Hiller, Georg und Stefanie Kölbl (2016), Welt-Kult-Ur-Sprung, Ulm

Kopp-Schmidt (2007), »Man muss den Themen, die man behandelt, nicht allzu viel Bedeutung beilegen«. Das offene Kunstwerk vor seiner Erfindung. In: Ausstellungskatalog Auguste Rodin. Der Kuss. Die Paare, Kunsthalle der Hypo-Kulturstiftung und Folkwang Museum Essen

Lichtenstern, Christa (1992), Metamorphose. Vom Mythos zum Prozessdenken, Weinheim

Loth, Wilhelm (1995), Ausstellungskatalog Loth zu Ehren. Retrospektive, Mathildenhöhe Darmstadt

Loth, Wilhelm (2001), Ausstellungskatalog Wilhelm Loth. Torso der Frau, Städtische Galerie Karlsruhe

Uwe Haupenthal

Lüth, Hans-Heinrich (2015), Fabian Vogler. Voll-kommene Unvollkommenheit. Plastiken und Reliefs, Husum-Halebüll, pictus verlag

Maur, Karin von (2003), Ernst Ludwig Kirchner. Der Maler als Bildhauer, Stuttgart

Müller, Hans Joachim (1980), Butzbacher Künstler-Interviews, Darmstadt

Ovid (1988), Metamorphosen. Epos in 15 Büchern, Stuttgart

Pfisterer, Ulrich (2014), Kunst-Geburten. Kreativität, Erotik, Körper in der frühen Neuzeit, Berlin

Poley, Stefanie (1986), »Menschliche Konkretionen«. In: Ausstellungskatalog Arp.1886–1966, Württem-bergischer Kunstverein Stuttgart

Rubin, William (1984), Der Primitivismus in der Mo-derne. Eine Einführung. In: Rubin, William, Primiti-vismus in der Kunst des zwanzigsten Jahrhunderts, München

Salzmann, Siegfried (1977), Käfig und Kasten im Werk von Alberto Giacometti. *In:* Ausstellungskatalog *Alberto Giacometti. Plastiken. Gemälde. Zeichnungen*, Wil-helm-Lehmbruck-Museum der Stadt Duisburg

Schmitz, Hermann (1998), *Der Leib, der Raum und das Gefühl*, Stuttgart

Schmoll gen. Eisenwerth, J.A. (1976), *Wilhelm Loth. Bildwerke in Metall 1947–1972*, Darmstadt

Schulz-Hoffmann, Carla (1987), *Niki de Saint Phalle – Bilder, Figuren, Phantastische Gärten*, München

Sommer, Achim (2002/2003), *Der Akt zwischen Symbol und Vitalität. Zu Auguste Rodins Plastik ›Iris‹ und späten aquarellierten Aktzeichnungen.* In: Ausstellungskatalog *Der Akt in der Kunst des 20. Jahrhunderts*, Kunsthalle in Emden 2002/2003, S. 230–241

Spies, Werner (2002), *Einführung in den Ausstellungs-katalog Surrealismus 1919–1944*, K 20 Kunstsammlung Nordrhein-Westfalen Düsseldorf

ABBILDUNGEN

ad Abb. 1: Fabian Vogler © VG Bildrecht Bonn

ad Abb. 2: © Loth-Stiftung Karlsruhe

ad Abb. 3: Staatsgalerie Stuttgart

ad Abb. 4: Alberto-Giacometti-Stiftung Zürich

ad Abb. 5: Centre Pompidou Paris Musée national d'art moderne

ad Abb. 6: Stiftung Sammlung Dieter Scharf zur Er-innerung © VG Bild-Kunst, Bonn 2018

ad Abb. 7: Stiftung Hans Arp und Sophie Täuber-Arp e.V., Rolandseck © VG Bild-Kunst, Bonn 2018

ad Abb. 8: Als Fragment im sogenannten Berliner Mu-seumsfund erhalten. © Haizmann Museum Niebüll

ad Abb. 9: Galleria Borghese

ad Abb. 10: © Niki Charitable Art Foundation/VG Bild-Kunst, Bonn 2018

ad Abb. 11: © Urgeschichtliches Museum Blaubeuren

ad Abb. 12: Fabian Vogler © VG Bildrecht Bonn

Fabian Vogler

INTER_IDOLA UND INTER_IDOL IM KALKSTEINBRUCH FAXE | DÄNEMARK. BRONZE. 2017. 13 x 9 x 6 | 13,5 x 9 x 6 cm

Fabian Vogler

INTER_IDOLA UND INTER_IDOL DETAIL

Abb. 1 RELIQUIENSTATUE DER HEILIGEN FIDES VON CONQUES Frankreich
spätes 9./frühes 10. Jahrhundert mit zahlreichen späteren Veränderungen
Goldblech auf Holzkern, spätantike Herrschermaske, diverse Edelsteine,
antike Gemmen. Höhe 85 cm

Jochen Hermann Vennebusch

DIE JUNGFRAU MIT DER HERRSCHERMASKE
Das Reliquiar der Fides von Conques und der verklärte Leib der Heiligen

Im Schatz der ehemaligen Benediktiner-Klosterkirche in der südfranzösischen Klein-
stadt Conques wird eine am Ende des 9. Jahrhunderts entstandene und mehrfach
veränderte Skulptur gezeigt, die zu den frühesten vollplastischen Bildwerken der
Christenheit gehört (Gaborit-Chopin/Taburet-Delahaye 2001: 18). Dieses Reliquiar
birgt das Haupt der heiligen Fides, einer jugendlichen Christin, die zwischen 286 und
288 unter Kaiser Maximian den Märtyrertod erlitten haben soll. Vor diesem Hintergrund überrascht die Gestaltung der dargestellten Heiligen umso mehr, denn ihr
Gesicht ist nicht das einer Frau, schon gar nicht das einer Jugendlichen. Stattdessen
besitzt Fides starre, beinahe derbe Gesichtszüge, die darauf zurückzuführen sind, dass
bei der Fertigung dieser Skulptur eine spätantike Herrschermaske, eine Spolie (lat.
spoliare = plündern), aus ihrem Ursprungskontext herausgelöst und in einem neuen
Zusammenhang geradezu »zweitverwendet« wurde. In diesem Beitrag wird der Frage
nachgegangen, worauf die doch sehr ungewöhnliche Gestaltung des Reliquiars für
die jugendliche Heilige zurückzuführen sein könnte und was diese Konzeption der
Skulptur für die Fides-Verehrung bedeutet haben könnte. Hierbei spielt die an einigen
Berichten im *Liber miraculorum Sancte Fidis*, einem mittelalterlichen Mirakelbuch, ables-
bare Wahrnehmung des Reliquiars durch die mittelalterlichen Gläubigen eine wichtige Rolle. An diesen Erzählungen wird deutlich, dass die heilige Fides beispielsweise
in Visionen als Ehrfurcht einflößende Gebieterin in Erscheinung trat, was auch in der
herben, erhabenen und prachtvollen »Schönheit« ihres Reliquiars Ausdruck fand.
    Die *Acta Sanctorum*, eine frühneuzeitliche, auf frühmittelalterliche Lebensbeschrei-
bungen von Heiligen zurückgehende Legendensammlung, beschreiben die heilige
Fides von Conques als *Virgo placens Christo*, als »Mädchen, das Christus gefällt« (Hecke
u.a. 1866: 826). Da sie sich der Legende nach weigerte, heidnischen Göttern zu op-

fern, sollte sie auf Geheiß des Proconsuls von Aquitania, Dacius, zunächst auf einem glühenden Rost gefoltert werden, der jedoch durch einen wundersam herniederprasselnden Gewitterschauer wieder abgekühlt wurde. Nachdem die Heilige – nomen est omen – in ihrem Glauben standhaft blieb, wurde Fides schließlich enthauptet. Am Grab der bald als Heilige verehrten Fides im rund 200 Kilometer entfernten Benediktinerkloster von Agen ereigneten sich zahlreiche Wunder, und es entstand eine rege Wallfahrt. Um auch für die Abtei von Conques und ihre Angehörigen den besonderen Schutz eines Heiligen zu erlangen und um sich ebenfalls damit für Pilger attraktiver präsentieren zu können, plante der Konvent in Conques zunächst, die Reliquien des heiligen Vinzenz von Valencia, eines Märtyrers aus dem 3. oder 4. Jahrhundert, zu erlangen. Dies scheiterte ebenso wie die Übernahme der Reliquien des heiligen Vinzenz von Pompéjac, eines mittlerweile kaum mehr bekannten Heiligen (Bernoulli 1956: 16f; Fricke 2007: 60). Dem mittelalterlichen Translationsbericht zufolge wurden die Mönche von Conques schließlich auf die heilige Fides aufmerksam, und sie fassten den Plan, Ariviscus, einen Angehörigen ihres Konvents, in das Kloster in Agen einzuschleusen, um die Reliquien zu rauben (Sauerländer 1980: 35). Nachdem sich der Mönch das Vertrauen des Konvents erschlichen hatte und schließlich zum Hüter der Reliquien der heiligen Fides ernannt worden war, glückte der spektakuläre »Coup«, und die Reliquien konnten vermutlich 866 von Agen nach Conques überführt werden (Bernoulli 1956: 17). Vermutlich spielten sich allerdings bei der Translation der Reliquien keine solch dramatischen Szenen ab, die neuere Forschungsliteratur nimmt vielmehr an, dass die sterblichen Überreste der heiligen Fides aus Agen nach Conques verbracht wurden, um sie vor einem drohenden Überfall der Sarazenen in Sicherheit zu bringen (Droste 1989: 126). Dennoch wäre auch ein Reliquienraub ein für das Mittelalter nicht völlig ungewöhnliches Ereignis gewesen (Angenendt 2007: 162–166; Legner 1995: 45–48). Das Fides-Patrozinium der Abteikirche Conques ist nach dieser – sei es durch Raub oder Rettung erfolgten – Übertragung der Reliquien erstmals für das Jahr 883 bezeugt (Bernoulli 1956: 17). Auch an ihrer neuen Ruhestätte wirkte Fides unzählige Wunder, die von Bernhard von Angers zwischen seinem Besuch in Conques 1010 und seinem Tod 1020 im *Liber miraculorum Sancte Fidis* festgehalten wurden. Der Abtei bescherten die Ereignisse große Einnahmen, ein Umstand, der noch durch die Lage des Heiligtums begünstigt wurde, denn es liegt nach wie vor an einer Nebenroute des französischen Jakobswegs, des Pilgerweges nach Santiago de Compostela. Vermutlich im Zuge der *translatio* der Reliquien wurde ein Reliquiar für die sterblichen Überreste der Heiligen geschaffen, das heute als das älteste erhaltene vollplastische anthropomorphe Reliquiar überhaupt gilt. Was zunächst nur als eine Reliquienbüste angelegt war, wurde im Laufe der Zeit wieder und wieder umgestaltet und zur *Majesté de sainte Foy*, zur Statue der majestätisch thronenden Heiligen, erweitert (Fricke 2007: 53–56).

Schaut man sich diese golden glänzende und mit Edelsteinen reich besetzte, 85 cm hohe Skulptur an, so fällt auf, dass sie dem in den *Acta Sanctorum* beschriebenen Mädchen nicht gerade ähnlich sieht (Fricke 2007: 261). Die Heilige sitzt mit in Brusthöhe steif angewinkelten Armen dem Betrachter frontal zugewandt auf einem monumen-

Jochen Herrmann Vennebusch

talen Thron (Fricke 2007: 45f; Gaborit-Chopin 2001: 18–24; Taralon/Taralon-Carlini 1997: 18–42). Ihre Gesichtszüge wirken starr, beinahe derb und teigig, und ihre Augen fokussieren nicht die Gläubigen, sondern sie sind leicht nach oben gerichtet, so dass sie vielmehr über die frommen Verehrer hinwegzuschauen scheinen. Auf ihrem Haupt trägt Fides eine schwere Bügelkrone und in den durchbohrten Ohrläppchen klobig wirkenden Ohrschmuck, durch die das hieratisch-statuarische Erscheinungsbild der Heiligen noch unterstrichen wird. Zwischen Daumen und Zeigefinger beider Hände hält sie kleine Röhrchen, die möglicherweise ehemals Taubenfiguren trugen, die auf das Wunder unmittelbar nach ihrem Martyrium verwiesen, als Tauben ihr abgeschlagenes Haupt in den Himmel getragen haben sollen. Die Details ihres langen und bis zu den Fußknöcheln reichenden Gewandes sind angesichts der Applikationen, bestehend aus Gemmen, Emails und Edelsteinen, sowie der Borten aus Goldfiligran kaum erkennbar. Spitz ragen unter dem Gewandsaum die beiden in Schuhe gehüllten Füße hervor, die den Eindruck vermitteln, als seien sie bei aller Erhabenheit und Distanziertheit der Skulptur der einzige – auch haptische – Berührungspunkt für die Gläubigen. Fast schon bizarr mutet die architektonische Zutat auf der Brust der Fides an: Hier findet sich eine gotische Miniaturarchitektur, die aus einem auf Spiralsäulchen aufliegenden Dreiecksgiebel mit Krabbenbesatz und seitlichen Fialen sowie den Spitzbögen und der vierpassförmigen Schauöffnung gebildet wird. Diese Ädikula lässt die Grenzen von Skulptur und Architektur verschwimmen, so dass unweigerlich die Frage aufkommt, ob es sich bei der *Majesté de sainte Foy* überhaupt noch um eine Reliquienstatue oder schon um einen Schrein handelt.

An der Ausschmückung und der teilweise recht unbeholfen wirkenden Gesamtkonzeption wird deutlich, dass diese Skulptur gleichsam aus mehreren »Entstehungsschichten« besteht. Wie Beate Fricke in ihrer Dissertation zum Fides-Reliquiar darlegte, wurde es ursprünglich als Heiligenbüste geschaffen und im Laufe der Zeit immer wieder verändert und weiterentwickelt: Zunächst erhielt sie Arme, dann wurde sie zur thronenden Skulptur vervollständigt, um schließlich der spätmittelalterlichen Sitte, Reliquien sichtbar in ihrem Behältnis zu präsentieren, mit der Einfügung der architektonischen Schauöffnung zu entsprechen (vgl. zur Rekonstruktion des Ursprungszustandes und zu den späteren Veränderungen an der Skulptur Fricke 2007: 45–56). Schon zur Zeit ihrer Entstehung als Büstenreliquiar besaß die Skulptur das merkwürdig derbe und wenig feminine Gesicht. Dieser Umstand lässt sich darauf zurückführen, dass bei der Herstellung der Büste eine spätantike Herrschermaske – also ein männliches Bildnis – wiederverwendet wurde (Taralon und Taralon-Carlini 1997: 23–26).

An sich ist die Applikation antiker Artefakte als Spolien auf mittelalterliche Schatzobjekte sehr geläufig. So ist beispielsweise der berühmte Kölner Dreikönigenschrein mit zahlreichen Schmucksteinen versehen, die Gestalten der heidnischen Götterwelt zeigen, und auch das Fides-Reliquiar besitzt neben geschliffenen Edelsteinen auch einen solchen Steinbesatz (vgl. zum Steinbesatz des Kölner Dreikönigenschreines Zwierlein-Diehl 1998). Generell dienen diese Spolien der Authentifizierung der Reliquie: Indem die Konzepteure solcher Reliquiare aus einer weit zurückliegenden Zeit oder aus entfernten Gegenden stammende Spolien in das Reliquiar einfügten, deuteten sie einerseits das hohe Alter und andererseits die ferne Herkunft der Reliquie an (Reudenbach 2001: 141f). Während diese geschnittenen Schmucksteine jedoch in der Regel nur wenige Zentimeter groß und nur aus der Nähe erkennbar sind, so prägt die Kaisermaske im Falle der Fides die Gestalt der Heiligen ganz wesentlich, indem sie der Skulptur ihr Gesicht gibt. Doch die Tatsache, dass die Skulptur der Märtyrerin anstelle eines jugendlichen, weiblichen Erscheinungsbildes eher grob und maskulin wirkt, tat der Verehrung und der Begeisterung, die sie auslöste, keinen Abbruch. Ganz im Gegenteil: Bernhard von Angers nutzt den von ihm zusammengestellten *Liber miraculorum Sancte Fidis* nicht nur, um die Wundertaten der Heiligen zu rühmen, sondern fügt auch einen bildtheologischen Traktat hinzu, um eine solche Skulptur überhaupt erst zu legitimieren. Dies geschieht vor dem Hintergrund des Zweiten Gebotes, das die Herstellung eines Kultbildes verbietet (Ex 20,4) und das in der Spätantike und im Frühmittelalter zahlreiche Konflikte heraufbeschworen hat (vgl. zur alttestamentlichen Bildkritik und zur Bilderfrage in der Spätantike und im Frühmittelalter Hoeps 1999: 13–42).

DIE SKULPTUR ALS KUNSTWERK UND HÜLLE FÜR DIE RELIQUIE

Bernhard beschreibt seine innere Wandlung vom Skeptiker dieser Heiligenverehrung, die sich der mit dem reinsten Gold und den prächtigsten Edelsteinen ausgezeichneten Skulpturen bedient (*statuam super altare positam* […] *auro purissimo ac lapidibus preciosissimis insignem*), hin zum glühenden und überzeugten Verfechter (Bouillet 1897: 47 [I,13]; vgl. zur bildtheologischen Relevanz dieser Schilderung Hoeps 1999: 46–55). Interessanterweise spricht Bernhard am Beispiel der (leider nicht mehr erhaltenen) Statue des heiligen Gerald von Aurillac (um 855–909) von der Gestalt und der Wirkung eines solchen Bildwerks. Er betont, dass diese Statue so sehr einem menschlichen Antlitz nachgebildet gewesen sei, dass es dem Großteil der Landbevölkerung schien, als würde sie der Heilige mit durchdringendem Blick ansehen, wenn sie das Reliquiar betrachteten, und als sei Gerald mit zurückwerfenden Augen den Gebeten der Gläubigen einst freundlich gewogen gewesen (*statuam* […] *ita ad humanę figurę vultum expresse effigiatam, ut plerisque rusticis videntes se perspiciati intuitu videatur videre, oculisque reverberantibus precantum votis aliquando placidius favere*) (Bouillet 1897: 47 [I,13]). Während Bernhard die Landbevölkerung wegen ihrer Vorstellungen zu belächeln scheint, zieht er für sich einen etwas vorsichtigeren Schluss, da er sich als Intellektueller begreift: Er meint, dass es sich bei der Skulptur vielmehr um ein Reliquienbehältnis handle, das auf Wunsch eines Künstlers in der Art und Weise einer beliebigen Gestalt gefertigt worden sei (*Vel quod prudentissimum est intelligi, sanctorum pignerum potius hęc capsa est ad votum artificis cujusvis figurę modo fabricata*) (Bouillet 1897: 49 [I,13]). Möglicherweise rechtfertigt Bernhard hiermit auch das Aussehen des Reliquiars, das nicht als getreues Abbild der Heiligen gilt, deren Reliquien in der Skulptur geborgen sind, sondern das eben auf die Invention eines Künstlers zurückgeht.

Jochen Herrmann Vennebusch

Außerdem verschweigt Bernhard nicht, dass es auch Kritik am Fides-Reliquiar gab: Ein Kleriker namens Odalric predigte offenbar bei einer Überführung der Skulptur oder bei einer Prozession gegen diese Kultpraxis. Zudem hinderte er das Volk daran, Opfergaben zu geben, und erzählte darüber hinaus »dummes Zeug« über das Bild der heiligen Fides (*ridiculas ineptias de ejusdem imagine delatrans*) (Bouillet 1897: 48 [I,13]). Leider überliefert Bernhard nicht, was Odalric genau über die Skulptur sagte, so dass entweder der Kult um das Bildnisreliquiar an sich oder die äußere Gestalt der Statue mit ihrem Männerkopf gemeint sein kann. Allerdings schildert Bernhard die Konsequenzen, die nach der Kritik auf den Spötter warteten: Die ohnehin im *Liber miraculorum Sancte Fidis* äußerst resolut auftretende und bei mangelnder Verehrung handgreiflich werdende Heilige erschien Odalric im Traum nicht als jugendliches Mädchen, sondern als »Frau erschreckender Macht« (*terrentis auctoritatis* [...] *hera*) (Bouillet 1897: 48 [I,13]). Nachdem sie ihn ordentlich beschimpft und auch gefragt hatte, warum er das Bildnis kritisiert hätte, schlug sie ihn dermaßen kräftig mit einer Rute, dass er am folgenden Tag gerade noch von dieser Begebenheit erzählen konnte, dann aber sogleich verschied (*His dictis, virga quam dextera gestare videbatur percussum reliquit inimicum. Qui tamdiu postea supervixit, quandiu hęc in crastinum refferre potuit.*) (Bouillet 1897: 48 [I,13]).

DIE VERKLÄRUNG DES HEILIGENLEIBES

Die Frage also bleibt, wie mittelalterliche Betrachter mit der Diskrepanz zwischen Gehalt und Gestalt des Fides-Reliquiars umgegangen sind. Da zahlreiche Reliquiare entweder als Büsten oder in Form von Körperteilen – zumeist Armen – gestaltet sind, liegt es nahe, diese Objekte entweder als Wiederherstellung des irdischen Körpers oder als Abbild des oder der Heiligen zu deuten. Zudem prägte Joseph Braun angesichts dieser Kultobjekte den Begriff des »redenden Reliquiars«, denn er ging davon aus, dass sie »durch ihre Sonderform auf die Art der Reliquien, zu deren Aufnahme sie geschaffen wurden, oder auf den Heiligen, von dem dieselben herrührten, hinweisen sollten« (Braun 1940: 380). Cynthia Hahn wies darauf hin, dass diese Annahme angesichts des erhaltenen Bestandes unter anderem schon deswegen zu kurz gegriffen sei, weil zahlreiche Körperteilreliquiare Knochensplitter mehrerer Heiliger und mitunter sogar Fragmente von besonders verehrungswürdigen Objekten wie dem Grabtuch Christi enthalten (Hahn 1997: 20–31). Darüber hinaus wurden schon zu ihrer Entstehungszeit in einigen Behältnissen Reliquien von Körperteilen eingeschlossen, die dem Reliquiar gerade nicht die Form gegeben haben: So enthält der sogenannte Stephanusarm des Halberstädter Domschatzes gut sichtbar unter Bergkristall oberhalb eines Teils von einem Armknochen ein großes Stück der Schädeldecke des Heiligen. Dieser sterbliche Überrest ist zudem deutlich durch eine mittelalterliche Authentik mit der Aufschrift *de capite sancti stephani* als Fragment des Schädelknochens gekennzeichnet (Junghans 2008: 102). Ganz offensichtlich hat dieser Umstand, dass der faktische Gehalt und die Körperteil-mimetische Gestalt der Reliquiare nicht zwangsläufig übereinstimmten, der Verehrung der Reliquien keinen Abbruch getan (Fricke 2007: 261).

Daher scheint bei diesen mittelalterlichen Schatzobjekten eine andere Bedeutungsebene ausschlaggebend zu sein: In der kunsthistorischen Forschung wurde besonders von Bruno Reudenbach herausgestellt, dass die Reliquiare als Ausdeutung des verklärten Auferstehungsleibes der Heiligen zu verstehen seien (Reudenbach 2010: 19–27). Diese Beobachtung lässt sich auch auf die Skulptur der Märtyrerin Fides übertragen. Die kostbaren Edelsteine und die Goldhülle der Reliquienstatue tragen zur verklärten Wirkung des Bildwerks bei, denn sie reflektieren das auf die Skulptur fallende Licht und transzendieren geradezu das Reliquiar. Außerdem wurde die Interdependenz von Lichtreflexen und der Materialität von Reliquiaren, so auch von der *Majesté de sainte Foy*, noch mit weiteren semantischen Ebenen aufgeladen: Zum einen verdeutlicht der Steinbesatz die strahlende Tugendreinheit, zum anderen lassen die funkelnden Edelmetallbeschläge die Skulptur wie eine übernatürliche Lichterscheinung wirken (Ferrari 2011: 67f). Eine solche Interpretation ist nicht aus der Luft gegriffen, sondern spiegelt sich vielmehr in der Hagiographie, in den verschiedenen Heiligenviten und Berichten über Graböffnungen, wider: Zahlreiche Heiligenviten beschreiben die zum Himmel aufsteigenden Seelen dieser gottgefälligen Männer und Frauen als einen Feuerball, zudem erscheinen sie Betern in Lichtgloriolen und auch bei der Verehrung von Reliquien wird die *virtus*, die Wirkmacht der Heiligen durch ihre sterblichen Überreste auf Erden, oftmals durch vom Himmel herabfallende Lichter angezeigt. Darüber hinaus ging laut diesen Legenden kaum eine Öffnung eines Heiligengrabes im Rahmen der *elevatio*, der feierlichen Erhebung der Gebeine, vonstatten, ohne dass dem Grab ein himmlischer Wohlgeruch entströmte und sich Lichtphänomene zeigten, beispielsweise indem die Leichname regelrecht zu strahlen begannen (Angenendt 2010: 195–201; Angenendt 2007: 115–122).

Diese Wunderberichte greifen recht offensichtlich Motive der Verklärung Jesu auf, die in den drei synoptischen Evangelien (Matthäus, Markus und Lukas) geschildert wird. Alle Evangelisten erwähnen, dass sich bei diesem Ereignis das Antlitz Jesu verändert und sein Gewand weiß gestrahlt hätte (Mt 17,1; Mk 9,1–2; Lk 9,29). Matthäus berichtet sogar explizit davon, dass das Gesicht Jesu selbst nicht nur verändert erschien, sondern wie die Sonne erstrahlte (*et resplenduit facies eius sicut sol*). Eine Dimension der Verklärung wird von den Evangelisten Matthäus und Markus direkt angesprochen, denn Jesus verbietet den Jüngern, von dieser Begebenheit zu reden, bis er von den Toten auferstanden sei (Mt 17,9; Mk 9,9). Hierdurch werden diese heilsgeschichtlich relevanten Ereignisse miteinander verknüpft und die Verklärung wird als eine Vorausdeutung der Auferstehung begriffen. Schon in den Werken der Kirchenväter finden sich Verweise darauf, dass in der Verklärung die himmlische Herrlichkeit des auferstandenen Christus für einen Moment lang erfahrbar gewesen sei (Andreopoulos 2005: 67–75). In diesem Zusammenhang deuten diese Lichterscheinungen die Göttlichkeit Jesu aus, zumal in allen drei Evangelien auf die eigentliche Verklärung – im Sinne der Verwandlung der äußeren Erscheinung Jesu – ein weiteres Ereignis folgt: Aus einer Wolke heraus spricht eine Stimme zu den Jüngern, die mit ihm auf den Berg Tabor gestiegen waren und Zeugen dieser Verwandlung wurden. Gott offenbart Jesus als seinen Sohn und gebietet den Jüngern, auf den Verklärten zu hören.

Jochen Herrmann Vennebusch

Außerdem ist schon im Alten Testament das Leuchten des Gesichtes ein Erweis der Göttlichkeit: Nachdem Mose vierzig Tage auf dem Berg Horeb weilte, wo ihm von Gott die Zehn Gebote geoffenbart wurden, strahlte sein Gesicht aufgrund der Gottesbegegnung derart, dass er es bei seiner Rückkehr zu den Israeliten verhüllen musste (Ex 34,29–30). Im Angesicht Gottes »färbte« demnach dessen Strahlen auf Mose ab, was gleichermaßen als ein Zeichen seines Auserwähltseins und seiner Teilhabe an der Göttlichkeit zu deuten ist.

Der metallische Glanz der Skulptur und ihr strahlendes, makellos glattes Antlitz, das neben Armen und Händen als einzige Partie des Körpers nicht mit Edelsteinen oder Goldfiligran überzogen ist, kennzeichnen Fides als übernatürliche Erscheinung. Diese Gestalt erhält ihren Gehalt durch die darin geborgene Reliquie und die so erfolgende Aufladung des Bildwerks mit der *virtus* der Heiligen. Der Goldglanz scheint das Reliquiar beinahe zu entmaterialisieren, ohne jedoch seine Gegenwart auf Erden zu negieren. Diese Anmutung muss im Mittelalter zu einem regelrechten Spektakel geworden sein, schließlich erhellten nur flackernde Kerzen die Kirche, wodurch die Skulptur geradezu verlebendigt wurde. Somit wird durch diese Gestaltung der Fides eine Art Doppelexistenz verliehen: Sie gehört sowohl durch die im Reliquiar auf Erden geborgene Reliquie der Sphäre der Gläubigen als auch der des Himmels an (Reudenbach 2001: 136; Angenendt 2007: 102–115). In dieser himmlischen Sphäre befindet sich Fides bereits, da sich die Heilige durch ein tugendhaftes Leben ausgezeichnet und ihren christlichen Glauben mit dem Leben bezahlt hat, so dass sie direkt nach dem Tod im Zustand der Erlösung in den Himmel gelangte. Von dort aus kann sie sich in den Augen der Gläubigen für die fürbittenden Beter auf Erden durch Wunder als wirkmächtig erweisen und aufgrund ihrer Nähe zu Gott selbst bei ihm Fürbitte für sie einlegen (Reudenbach 2001: 136). Dieses Phänomen beschrieb Peter Dinzelbacher mit dem Begriff der »Realpräsenz« der Heiligen in ihren Reliquien und Reliquiaren (Dinzelbacher 1990: 115–174). Zwar ist dieser Terminus problematisch, da er an sich für die Gegenwart Jesu Christi in der Eucharistie gebräuchlich ist, doch verdeutlicht er, dass die Heiligen personal in ihren Reliquien gegenwärtig sind und nach wie vor handeln können (Dinzelbacher 1990: 124). Anhand zahlreicher Beispiele aus der Hagiographie illustriert Dinzelbacher, dass sich die in den Schreinen geborgenen Heiligen oftmals verlebendigen, ihr Reliquiar wie eine Wohnung verlassen, und dass selbst die Leichname imstande sind, sich zu bewegen, um Wunder zu vollbringen. Diese Auffassung wurde auch am Grab des berühmten heiligen Bischofs Martin von Tours deutlich, das ursprünglich folgende Inschrift zierte: »Hier ist Bischof Martin heiligen Andenkens geborgen, dessen Seele in der Hand Gottes ist, aber er ist ganz hier, gegenwärtig, offenbar in jedem Gunsterweis der Wundertaten« (*Hic conditus est sanctae memoriae Martinus episcopus – Cuius anima in manu Dei est, sed hic totus est – Praesens manifestus omni gratia virtutum.*) (zitiert nach Brown 2015: 4). Somit waren die Reliquien in mittelalterlicher Anschauung kein totes Gebein, sondern von der *virtus* der Diener Gottes beseelt. Die zahlreichen Erzählungen der Wunder der heiligen Fides belegen dies: Als sei sie nach wie vor auch unter irdischen Maßstäben lebendig, straft die Heilige Spötter, belohnt Fromme und fordert recht resolut die ihr zustehende Verehrung – auch durch materielle Gunsterweise – ein (Fricke 2007: 250–253). Neben dieser wirkmächtigen Doppelexistenz, die in der visuellen Ausdeutung des Auferstehungsleibes mündet, impliziert die Tatsache, dass das Antlitz der Fidesskulptur golden strahlt, einen weiteren Aspekt, der eng mit der Verklärung der Heiligen zusammenhängt: Da Fides der himmlischen Sphäre angehört, kann der von ihrem Gesicht ausgehende Lichtglanz ausdrücken, dass der Heiligen die *visio beatifica*, die unmittelbare Anschauung Gottes, zuteil wird. Zwar muss das Gesicht der Skulptur nicht wie bei Mose nach seinen Gottesbegegnungen verhüllt werden, doch leuchtet es im Glanze der göttlichen Herrlichkeit. Somit kommt dieses Leuchten nicht aus der Heiligen selbst, vielmehr strahlt Gott durch die Heilige.

Diese verschiedenen Aspekte, nämlich die durch das Reliquiar bildlich ausgedeutete himmlische Verklärung und die Wirkmacht der Fides allein können noch nicht vollends erklären, was es für die Statue der Heiligen bedeutet, dass sie anstelle des Gesichtes einer Jugendlichen oder einer anmutigen Frau das eines männlichen Herrschers trägt. Im Folgenden werden zwei Vergleichsbeispiele vorgestellt, bei denen ebenfalls Spolien die Gesichter bilden. Darüber hinaus wurden bei diesen Skulpturen, der Davidstatuette aus dem Basler Münsterschatz und dem »Herimann-Kreuz« aus dem Kölner Diözesanmuseum, Artefakte eingesetzt, die weibliche Personen darstellen. Wie im Falle der Fides wird demnach eine gegengeschlechtliche Spolie in das Bildwerk integriert.

DIE VERWENDUNG VON SPOLIEN ALS AUTHENTIFIZIERUNGSSTRATEGIE

Generell erscheint, wie bereits erwähnt, die Verwendung von Applikationen, die wie Gemmen und Kameen aus der (paganen) Antike stammen, nicht ungewöhnlich für die mittelalterliche Schatzkunst. Diese Spolien können zum einen das Alter der Reliquie anzeigen, aber auch zum anderen die Herkunft authentifizieren (Reudenbach 2001: 141f). In ihrer Gesamtheit prägen sie das Erscheinungsbild von Reliquiaren oftmals entscheidend, doch treten sie nur selten derart prominent ins Auge wie bei der Statue der heiligen Fides im Kirchenschatz der Abtei Conques. Ein außergewöhnliches Beispiel dafür, wie Gesichter von Objekten der Schatzkunst durch Spolien gebildet werden, findet sich im Basler Münsterschatz: Bei der im späten 13. oder frühen 14. Jahrhundert entstandenen und vermutlich später zu einem Reliquiar umgearbeiteten David-Statuette umschließt die hochgezogene Kapuze anstelle des Gesichtes einen großen Kameo, einen gravierten Schmuckstein (vgl. zur Statuette Eggenberger 2001; Ackermann 1981). Da auch der – ursprünglich nicht zugehörige – Maßwerksockel und der turmartige Unterbau sowie die Hände, die Gewandung und die vor der Brust angebrachte, auf einem (vermutlich normannischen) Löwenkameo stehende Statue der Madonna mit Kind vollständig mit Goldblech überzogen sind, heben sich die intensiv farbigen mittelalterlichen Propheten-Emails und vor allem aber die beiden Spolien deutlich vom Edelmetallüberzug ab. Geradezu exzeptionell erscheint der Sardonyx-Kameo, der das Gesicht der Statuette bildet. Hierbei handelt es sich um

Jochen Herrmann Vennebusch

einen äußerst filigranen, möglicherweise aus dem 2./3. Jahrhundert stammenden Steinschnitt, der das weiße Haupt der Medusa auf dunkelblauem Grund zeigt (Eggenberger 2001: 40; Ackermann 1981: 10). In diesem Fall liegen die Gründe für die Integration dieser Spolie völlig im Dunkeln. Da die Statue aus zahlreichen, ursprünglich nicht zusammengehörigen Teilen zusammengesetzt ist, erscheint es denkbar, dass sie erst in späterer Zeit zu einer Davidstatue und einem Reliquiar umgearbeitet wurde, so dass sich erst dann diese singuläre Komposition ergeben hat.

Noch erstaunlicher und fast noch befremdlicher erscheint die Einbeziehung einer antiken Spolie bei dem offenbar aus St. Maria im Kapitol stammenden und im Kunstmuseum des Erzbistums Köln *Kolumba* aufbewahrten »Herimann-Kreuz« (vgl. zum Kreuz besonders Surmann 1999; Stracke 1989: 126–332). Dieses vermutlich anlässlich der Weihe des Kreuzaltars 1049 von Erzbischof Herimann gestiftete und mehrfach umgearbeitete Kreuz weist eine durch das plastische Christuscorpus besonders ausgezeichnete Vorderseite und eine etwas weniger aufwändige, aber dennoch mit feinen Gravuren geschmückte Rückseite auf (vgl. zur Stiftung besonders Surmann 1999: 18f). Während das Kreuz an sich recht einheitlich wirkt, fällt ein Detail umso mehr ins Auge: In das gegossene und vergoldete Bronzecorpus des Gekreuzigten ist ebenfalls eine Spolie, ein nur 2,55 cm hohes und 2,20 cm breites, ultramarinblaues Köpfchen aus Lapislazuli, eingesetzt (Zwierlein-Diehl 1992: 386). Der Umstand, dass das Corpus gegossen und von Anfang an die Vertiefung für die Spolie vorgesehen war, bezeugt die Ursprünglichkeit dieser spektakulären Komposition (Stracke 1989: 132; vgl. zu den Maßen Zwierlein-Diehl 1992: 386). Die Deutungen, wen dieser antike Schmuckstein darstellen soll, gehen auseinander, einig ist sich die Forschung jedoch in dem Punkt, dass es sich um einen Frauenkopf handelt, der zum Zweck der christlichen Wiederverwendung leicht abgearbeitet wurde (Surmann 1999: 13f). In der Forschung wird das Lapislazuliköpfchen unterschiedlich identifiziert, beispielsweise werden als dargestellte Personen die Kaiserin Livia oder die Göttin Venus genannt. Wenngleich eine letztgültige Zuordnung aufgrund des fragmentarischen Zustandes der Spolie kaum möglich ist, so steht der römische Kontext außer Frage (vgl. zu den Deutungsversuchen des Lapislazuliköpfchens Bracker-Wester 1973: 177–180; Zwierlein-Diehl 1992: 386–393). Ulrike Surmann (1999) nimmt an, dass den mittelalterlichen Betrachtern durchaus bewusst war, dass das Haupt Christi am »Herimann-Kreuz« von einem Frauenkopf gebildet wird (ebd. 14). Zwar ist die Verwendung antiker Spolien an ottonischen Kruzifixen nicht ungewöhnlich; dass jedoch eine Spolie, dazu noch eine weibliche Darstellung, die Stelle des Hauptes des Gekreuzigten einnimmt, ist absolut singulär. Erika Zwierlein-Diehl (1992) sieht in der Integration des Lapislazuliköpfchens einen »Ausdruck der Himmelsnähe des Sterbenden« und »ein Zeichen der himmlischen, also der göttlichen Natur Christi, gemäß dem zweiten Artikel des Credo« (ebd. 393). Hiermit ließe sich zwar der künstlerische Impetus für die unterschiedliche Farbigkeit von Bronzecorpus und blauem Köpfchen erklären, das »Problem«, dass Jesus Christus mit einem Frauenkopf dargestellt wird, ist dadurch nicht gelöst.

Einen Lösungsansatz könnte die Betrachtung des ursprünglichen Nutzungskontextes des Kreuzes liefern: Sollte dieses Kreuz tatsächlich aus der ehemaligen Kanonissen-

Stiftskirche St. Maria im Kapitol stammen, so würde sich die antike Spolie bruchlos in die Vielzahl der künstlerischen und liturgischen Anspielungen auf die *romanitas*, die Verbindung dieser Kirche zu Rom, einreihen: Schon der Vorgängerbau der heutigen Kirche St. Maria im Kapitol wurde an der Stelle des ehemaligen Tempels der Kapitolinischen Götter Jupiter, Juno und Minerva errichtet, wodurch ein herausgehobener heidnischer Kultort christlich besetzt wurde. Darüber hinaus feierte der Kölner Erzbischof die erste Weihnachtsmesse in dieser Kirche, wodurch ein deutlicher Anklang an die römische Stationsliturgie gegeben war, schließlich feierte der Papst diesen Gottesdienst in Rom in der Basilika Santa Maria Maggiore. Somit wurde St. Maria im Kapitol zum Äquivalent dieser römischen Kirche in Köln, zumal sie möglicherweise im Mittelalter eine Reliquie der Krippe Jesu besessen haben könnte, die ebenfalls in Santa Maria Maggiore verehrt wurde. Die besondere Bezugnahme auf die Krippe Jesu zeigt sich auch darin, dass der Grundriss der Geburtskirche in Bethlehem an St. Maria im Kapitol in einer erstaunlichen Detailtreue aufgegriffen wurde. Darüber hinaus zählen auch die noch heute erhaltenen hölzernen Türflügel mit Szenen aus dem Leben Jesu, die klar in der Tradition der um 432 entstandenen Holztüren von Santa Sabina auf dem Aventin stehen, zu den Verweisen auf die *romanitas* (Surmann 1999: 11f; Beuckers 1999: 125–191; Neu 1984: 331–344; Krings 1984: 345–380). Somit könnte die Integration des Lapislazuliköpfchens auf die christliche Ortsbesetzung des ehemaligen römischen Kultortes und auf das Alter der Stiftskirche anspielen. In diesem Zusammenhang mutmaßt Wolfgang Stracke, dass die Spolie möglicherweise als spätantike Darstellung des bartlosen Christus gedeutet und deswegen bedenkenlos mit dem Bronzecorpus vereint werden konnte (Stracke 1989: 132). Aufgrund des deutlichen Rombezugs in der Ausstattung und Liturgie der Stiftskirche erscheint diese Interpretation, die das Lapislazuliköpfchen als römisch-frühchristliches Christusportrait deutet, durchaus bedenkenswert. Letztlich können diese beiden Parallelen aus der mittelalterlichen Schatzkunst aus Basel und Köln zwar weitere Bedeutungsschichten in die Betrachtung bringen, die Frage, wieso dem Reliquiar der jugendlichen Fides durch die Spolie der Herrschermaske ein herbes Männergesicht verliehen wurde, lässt sich hierdurch jedoch noch nicht beantworten. Auch in diesem Fall stellt sich zunächst die Frage, ob es überhaupt ersichtlich war, dass es sich bei dem Kopf der Fidesskulptur um ein männliches Antlitz handelt. Vermutlich war dies den Gläubigen nicht unmittelbar bewusst; dass ihr Gesicht jedoch eine gewisse Härte ausstrahlt, lag auf der Hand. Schon Bernhard von Angers weist im *Liber miraculorum sancte Fidis* darauf hin, dass die Heilige dem Kleriker Odalric in Form ihres Reliquiars, nämlich als Gebieterin und als »Frau erschreckender Macht« erschien. Fides straft den Sünder also nicht in ihrer irdisch-historischen Gestalt als ein junges Mädchen, sondern als verklärte, wirkmächtige Heilige.

Durch die von Bernhard von Angers überlieferte Legende wird das Reliquiar zunächst gegenüber Odalric, der ja über die Skulptur spottete, sowie schließlich gegenüber dem Leser des Wunderbuches und dem Betrachter der Skulptur authentifiziert. Einen solchen Weg der Authentifizierung bestreitet nun die Herrschermaske bei dem

Jochen Herrmann Vennebusch

Reliquiar, indem sie das Alter der Reliquie und ihre Echtheit ausdrückt (Reudenbach 2001: 141). Darüber hinaus distanziert die Gestaltung des Reliquiars das Bildwerk von den Gläubigen: Der frontale, starre und leicht nach oben gerichtete Blick fokussiert nicht die Betenden, sondern drückt die Zugehörigkeit der Heiligen zur himmlischen Sphäre aus (Reudenbach 2001: 136). Demnach ist Fides zwar nach irdischen Kategorien tot, kann jedoch durch ihr Dasein und ihre Fürbitte im Himmel am Thron Gottes auf Erden Wunder vollbringen. Diesen Transformationsprozess von der jugendlichen Märtyrerin zur erhabenen, wirkmächtigen und verklärten Heiligen visualisieren das Reliquiar und besonders die Herrschermaske. So wird gleichermaßen eine Abstra-

Abb. 2 RELIQUIENSTATUE DER HEILIGEN FIDES VON CONQUES Detail

hierung erkennbar, denn nicht das junge Mädchen Fides erscheint als Handelnde, sondern Gott handelt durch die verklärte Heilige. Im Folgenden wird mithilfe neutestamentlicher Bezugnahmen und Auslegungen dieser Passagen durch die Kirchenväter erläutert, wie Heilige von Jesus Christus regelrecht eingenommen werden können, was sich schließlich auch in der Gestaltung von Reliquiaren niederschlägt.

Schon in den Schriften des Neuen Testamentes finden sich Anhaltspunkte für eine
»Theologie der Reliquiare«, die von den Theologen des Frühen Christentums weiterentwickelt wurde. Der Galaterbrief des Apostels Paulus spielt in diesem Zusammenhang möglicherweise eine Schlüsselrolle: Dieser Brief an die christlichen Gemeinden
in Galatien stellt zwar in erster Linie eine scharfe Reaktion des Paulus auf Verwir-
rungen in den Gemeinden dar, weil judenchristliche Missionare die Einhaltung des
mosaischen Beschneidungsgebotes und der jüdischen Speisegesetze verlangten und
somit den Glauben von diesen »Werken« abhängig machten. Doch auch für eine
Theologie der Reliquiare ergeben sich Anknüpfungspunkte. Paulus erklärt zunächst,
dass die Anhänger Jesu Christi durch den Glauben und den Tod Jesu am Kreuz, aber
nicht durch verschiedene Werke gerechtfertigt würden, und führt dann aus, dass er mit
Christus gekreuzigt worden sei, was dazu führe, dass nicht mehr er, sondern Christus
in ihm lebe (Gal 2,19f: *Christo confixus sum cruci. Vivo autem iam non ego, vivit vero in me Christus.*). Diese Passage interpretierte der Kirchenvater Origines so, dass, wenn Christus in
Paulus sei, er auch in Petrus und Johannes sowie in allen Heiligen sowohl auf der Erde
als auch im Himmel sei (De principiis, IV,29: *Tunc ergo cum esset in Paulo, quis dubitavit,
quod similiter erat in Petro, et in Joanne, et in singulis quibusque sanctorum, et non solum in his,
qui in terris sunt, verum et in his, qui in coelis sunt?*) (Migne 1857: Sp. 403 [190]; Edwards
1999: 31). Im weiteren Verlauf des Galaterbriefes erläutert Paulus, dass alle Getauften
Christus als Gewand angelegt hätten, wodurch die bisher gültigen Kategorien und
Dichotomien Juden und Griechen, Sklaven und Freie, Mann und Frau aufgehoben
worden seien (Gal 3,27f: *Quicumque enim in Christo baptizati estis, Christum induistis. Non est
Iudaeus neque Graecus, non est servus neque liber, non est masculus neque femina, omnes enim vos
unum estis in Christo Iesu.*). Der Kirchenvater Hieronymus legte diese Stelle des Galaterbriefes in einer Art und Weise aus, die fast unweigerlich an Reliquiare denken lässt:

> »Wenn aber jemand ein für alle Mal Christus angezogen hat und, nachdem er in das
> Feuer geschickt worden ist und durch die Glut des Heiligen Geistes selbst zu glühen be-
> gonnen hat, ist nicht erkennbar, ob er Gold ist oder Silber. Solange die Glut dermaßen
> Kraft besitzt, existiert eine feurige Farbe, und jeder Unterschied des Geschlechtes, des
> Standes und des Körpers wird derart durch dieses Gewand vernichtet.« (Kommentar
> zum Galaterbrief, II,27–28: *Cum autem quis semel Christum indutus fuerit, et missus in flammam,
> Spiritus sancti ardore canduerit, non intelligitur aurum sit an argentum. Quamdiu calor massam sic
> possidet, unus igneus color est, et omnis diversitas generis, conditionis et corporum aufertur istiusmodi
> vestimento.*) (Migne 1845: Sp. 369 [445]; Edwards 1999: 49).

Durch diese Metapher, dass bei denen, die vom Feuer des Heiligen Geistes ergriffen
sind, – genau wie bei glühendem Edelmetall – keinerlei Unterschiede mehr erkennbar seien, lässt sich ein Bogen von der Theologie des Galaterbriefes zu Reliquiaren
schlagen: In erster Linie wirkt Gott durch seine Heiligen, seien es die Gläubigen auf
Erden oder die verklärten Heiligen im Himmel. Ihr eigenes Handeln scheint hierbei
zurückzutreten, sie dienen gleichsam als Medium des Göttlichen. Indem die Statue

der heiligen Fides glänzt und durch das Gold und die Edelsteine schimmert, vermittelt sie den Betern einen Abglanz des Strahlens Gottes. Diese irdischen Lichtreflexe deuten eine lebendige Kraft an und erstrahlen in irdischer Form in dem Maße, wie Fides im übertragenen Sinn selbst von der Liebe Gottes entbrannt war. Diese Hingabe an Gott und die sich als Konsequenz daran anschließende Verklärung der Heiligen heben jegliche Unterschiede und Kategorien wie den sozialen Status, das Geschlecht, die Abstammung und die Herkunft auf, weil schließlich alle Heiligen im Himmel und auf Erden durch die Taufe in den einen einzigen Leib Christi aufgenommen sind (1 Kor 12,13). Im späten 4. Jahrhundert interpretierte ein als Ambrosiaster bezeichneter und unter dem Namen des Ambrosius von Mailand schreibender Kommentator die Briefe des Apostels Paulus, darunter auch den Ersten Korintherbrief: Im Hinblick auf die Metapher der Kirche als von den Gläubigen gebildeter Leib Christi mahnte Ambrosiaster, dass die Christen niemanden mit Verachtung behandeln oder als perfekt ansehen sollten, da alle eins seien und derselbe glorreiche Gott aufgrund der Taufe in allen sei (Ad Corinthios prima, 12,3: *per heac docet nullius personam quasi despecti contemnendam neque alicuius, quasi perfecta sit, praeferendam nec gloriam, quae soli deo debetur, hominibus tribuendam, quando in omnibus unus atque idem deus sit gloriosus, quippe cum omnes et unum baptisma habeamus et unum atque eundem spiritum sanctum* (Vogels 1968: 135f; Bray 1999: 122).

Die Unterschiede, so freilich auch die Zuordnungen zu Geschlechtern, treten somit zurück, ausschlaggebend ist einzig und allein das Tauf-Charisma, das in allen Christen gleich sei. Hierdurch wird die Ebenbürtigkeit aller Getauften vor Gott von Ambrosiaster besonders betont. Ganz eng hiermit verbunden ist die mittelalterliche Anschauung der *communio sanctorum*: Diese Lehre lässt sich anhand des Traktates *De pignoribus sanctorum* des Benediktiners Guibert von Nogent († um 1125) exemplarisch verdeutlichen: Guibert setzt sich angesichts zahlreicher früh- und hochmittelalterlicher Reliquienfälschungen mit der Frage auseinander, ob es für die Gläubigen Konsequenzen hätte, wenn sie unwissentlich die Reliquien eines Heiligen als die eines anderen Heiligen verehren. Dieses Problem löst er, indem er auf den Gedanken der Gemeinschaft der Heiligen (*communio sanctorum*) verweist. Da Jesus Christus selbst gesagt habe, dass alle eins seien (Joh 17,11), ist die Universalität der Heiligen als eine Einheit des Körpers unter dem Haupt Jesu Christi zu verstehen (De pignoribus sanctorum 1,4,2: *cum enim Dominus de eis dicat, ut sint, inquit, unum sicut et nos unum sumus, cum ipsorum universitas sub Christo capite sit quasi identitas corporis*). (Migne 1853: Sp. 628)

Die Behauptung, dass eine solche, theologisch durchdrungene Interpretation der Fidesskulptur den mittelalterlichen Gläubigen geläufig gewesen sei und sich ihnen unmittelbar erschlossen habe, würde freilich zu weit führen. Auch kann anhand der erhaltenen Schriftquellen nur implizit darauf geschlossen werden, dass eine Art Legitimierungsstrategie für das herbe »Männergesicht« gegeben habe. Zu dieser Problematisierung trägt auch bei, dass eine derartige Hybridität im Hinblick auf die geschlechtliche Identität wie im Falle der Fides bei anderen mittelalterlichen Reliquienstatuen nur äußerst selten zu finden ist. Eine solche theologische Interpretation der entsprechenden neutestamentlichen Passagen öffnete demnach nicht uneingeschränkt Tür und Tor für die sprichwörtliche künstlerische Freiheit. Dennoch weist Bernhard von Angers im *Liber miraculorum Sancte Fidis* selbst darauf hin, dass die Gestalt des Reliquiars letztendlich auf den Willen des jeweiligen Künstlers zurückgehen würde (Bouillet 1897: 49 [I,13]).

Wenngleich sich die Besonderheiten der zwischen femininen und maskulinen Details changierenden Gestaltung der Fidesskulptur nicht vollends ergründen lassen, so kann sicherlich doch zumindest davon ausgegangen werden, dass die Integration der Spolie der Herrschermaske ein künstlerisches Ausdrucksmittel war, um Fides als wirkmächtige Heilige mit entschiedenen Gesichtszügen und in einer entrückten und erhabenen Form zu inszenieren. Die Skulptur flößte Ehrfurcht ein, zum einen durch die Gestaltung mit den das Reliquiar verlebendigenden Lichtreflexe und durch den distanzierten Blick der Heiligen, zum anderen aber auch besonders durch die literarische Allianz mit *Liber miraculorum Sancte Fidis*. Was die Skulptur nicht leisten, sondern nur bildlich andeuten konnte, die Narration der Wirkmacht in den verschiedenen Wunderberichten, das vermochte das Mirakelbuch, das Fides fast als eine Art Chamäleon in allen Persönlichkeitsfacetten skizziert, von der rachsüchtigen Gekränkten, über die fordernde Gebieterin bis zur milden Helferin (Fricke 2007: 255). In Conques, am Ort ihrer Verehrung, wurde Fides mit Gaben und Votiven überhäuft. Recht resolut forderte die Heilige in Visionen bestimmte Schmuckstücke, an denen sie Gefallen gefunden hatte, und gab auch erst dann Ruhe, wenn ihre Wünsche erfüllt worden waren. Andernfalls plagte sie die noch zu überzeugenden Gläubigen mit körperlichen Gebrechen, um ihrem Ansinnen Nachdruck zu verleihen (Fricke 2007: 272f). Hieraus wird ersichtlich, dass Fides, repräsentiert durch ihr Reliquiar, als personales Gegenüber erfahren wurde. Sie erhielt Votivgaben und revanchierte sich mit der Erfüllung von Bitten, die durch das Glänzen ihres Reliquiars und durch ihren Blick angezeigt wurde, oder sie erschien in Visionen, um ihre Verehrung einzufordern (Fricke 2007: 250).

Letztlich darf man darüber hinaus einen weiteren Aspekt nicht außer Acht lassen: Gerade im Falle der Fidesreliquien waren die im Reliquiar geborgenen Knochenpartikel selbst Spolien, zum einen sind es aus dem ursprünglichen Zusammenhang »gerissene« Fragmente, zum anderen stellen sie laut der mittelalterlichen Legende Raubgut im wahrsten Sinne des Wortes dar (vgl. zur mittelalterlichen Praxis der Gebeinteilung bei Heiligen Angenendt 2007: 152–155). Gleichermaßen wie die Spolien antiker Edelsteine, Kameen und Gemmen die darin verwahrten Reliquien authentifizieren, so statteten die Reliquien das Bildwerk erst mit einer *virtus* aus und »beseelten« die aus nicht lebendigen Materialien gebildete Statue in gewisser Weise (Fricke 2007: 254). Allerdings bedeutet dies nicht, dass die Reliquien zur theologischen Legitimierung von Skulpturen unbedingt notwendig gewesen wären, wie einst Harald Keller (1951: 71–91) annahm. In Auseinandersetzung mit dem erhaltenen Bestand an mittelalterlichen Bildwerken konnte Anna Pawlik schließlich nachweisen, dass in zahlreichen Skulpturen keine Reliquien enthalten sind und auch niemals enthalten waren (Pawlik 2013: 159). Demnach muss der Grund für die *reconditio*, die Bergung von Reliquien, in dem Surplus gesucht werden, das in der Aufladung der Skulptur mit der *virtus* der Heiligen besteht: Durch die im Reliquiar eingeschlossenen Knochenpartikel der Fides

Jochen Herrmann Vennebusch

ist sichergestellt, dass die Heilige leibhaft gegenwärtig und aufgrund dieser personalen Präsenz auch besonders wirkmächtig ist. Diese Form der Vergegenwärtigung geht über die der reinen bildlichen Vergegenwärtigung oder Repräsentation hinaus, da es sich bei der Skulptur um ein beseeltes Gegenüber für die Gläubigen handelte.

Im Falle des Reliquiars der heiligen Fides diente die Herrschermaske als kommunikative Nahtstelle zwischen dem heilbringenden Inhalt der Statue, der Reliquie, und der Sphäre der Gläubigen. Das streng und erhaben schauende Gesicht schürte die Ehrfurcht der Gläubigen vor der auf Erden sowohl nachtragend, jähzornig und fordernd als auch mild, freigiebig und wohlwollend auftretenden Fides. Die männlichen Gesichtszüge wurden somit instrumentalisiert, um den erhabenen Eindruck der heiligen Herrscherin zu inszenieren. Gleichermaßen wurde die Männlichkeit der Maske aufgehoben, indem die Spolie zum einen von einem geflochten wirkenden Haarkranz und von schweren, prächtigen Ohrgehängen – in dem Maße klar weiblich konnotierte Attribute – umgeben wurde (Fricke 2007: 262). Daher vereinten sich am Reliquiar bildliche Ausdeutungen von Macht, Erhabenheit, Strenge, aber auch dezidiert von Weiblichkeit und Anmut. So werden sämtliche menschliche Charaktereigenschaften und Attribuierungen auf die alle irdischen Kategorien überschreitende Heilige als göttliches Medium bezogen. Zudem wurde möglicherweise das – in der mittelalterlichen Sakralkunst äußerst seltene, doch an einigen Objekten dennoch feststellbare – Überschreiten »geschlechtlicher Grenzen« im Falle der Fidesskulptur zur Durchsetzung eines regelrecht religionspädagogischen Anspruchs genutzt: Sie lehrte durch die Ehrfurcht einflößende Gestaltung das rechte Verhalten vor dem Reliquiar, das sich aufgrund des Grundsatzes, dass die Art des Betens die des Glaubens widerspiegeln würde (*lex orandi = lex credendi*), eben auch auf die innere Haltung der Gläubigen gegenüber der Fides auswirkte. Die inmitten der Abteikirche von Conques aufgestellte und oftmals durch liturgische Handlungen wie Prozessionen aktivierte Skulptur empfing die Beter wie in einer Audienz. Bei dieser Begegnung konnten die Gläubigen dem eigentlichen und hinter der Maske verborgenen »Mädchen, das Christus gefällt« (Hecke u.a. 1866: 826) ihre Bitten vortragen. Hier vertrauten sie nicht nur auf die Hartnäckigkeit der Fides, was die eigenen Interessen der Heiligen anging, sondern auch auf ihre Durchsetzungsfähigkeit bei Gott in den persönlichen Anliegen der Beter.

BIBLIOGRAFIE

Ackermann, Hans Christoph (1981), Das goldene Davidsbild, Basel.

Andreopoulos, Andreas (2005), Metamorphosis. The Transfiguration in Byzantine Theology and Iconography, Crestwood.

Angenendt, Arnold (2007), Heilige und Reliquien. Die Geschichte ihres Kultes vom frühen Christentum bis zur Gegenwart, 2. Aufl., Hamburg.

Angenendt, Arnold (2010), »Der Leib ist klar, klar wie ein Kristall«, in: Hubertus Lutterbach (Hg.), *Arnold Angenendt. Die Gegenwart von Heiligen und Reliquien*, Münster, S. 193–207.

Bernoulli, C. (1956), Die Skulpturen der Abtei Conques-en-Rouergue, Basel.

Beuckers, Klaus Gereon (1999), Rex iubet – Christus imperat. Studien zu den Holztüren von St. Maria im Kapitol und zu Herodesdarstellungen vor dem Investiturstreit, Köln.

Bouillet, Auguste (Hg.) (1897), Liber miraculorum Sancte Fidis publié d'après le manuscrit de la Bibliothèque de Schlettstadt, Paris.

Bracker-Wester, Ursula (1973), Der Christuskopf vom Herimannkreuz. Ein Bildnis der Kaiserin Livia, in: Anton Legner (Hg.), *Rhein und Maas. Kunst und Kultur 800–1400, Bd. 2*, Köln, S. 177–180.

Braun, Joseph (1940), *Die Reliquien des christlichen Kultes und ihre Entwicklung*, Freiburg im Breisgau.

Bray, Gerald Lewis (Hg.) (1999), 1–2 Corinthians (Ancient Christian Commentary on Scripture. New Testament, Bd. 7), Downers Groove.

Brown, Peter (2015): The Cult of the Saints. Its Rise and Function in Latin Christianity, 2. erw. Aufl., Chicago.

Dinzelbacher, Peter (1990), Die »Realpräsenz« der Heiligen in ihren Reliquiaren und Gräbern nach mittelalterlichen Quellen, in: Peter Dinzelbacher/Dieter R. Bauer (Hg.), *Heiligenverehrung in Geschichte und Gegenwart*, Ostfildern, S. 115–174.

Droste, Thorsten (1989), Romanische Kunst in Frankreich. Ein Reisebegleiter zu allen bedeutenden romanischen Kirchen und Klöstern, Köln.

Edwards, Mark J. (Hg.) (1999), Galatians, Ephesians, Philippians (Ancient Christian Commentary on Scripture. New Testament, Bd. 8), Downers Groove.

Eggenberger, Dorothee (2001), Goldene König David-Figur, in: Historisches Museum Basel (Hg.), *Der Basler Münsterschatz*, Basel, S. 37–42.

Ferrari, Michele C. (2011), Gold und Asche. Reliquie und Reliquiare als Medien in Thiofrid von Echternachs *Flores epytaphii sanctorum*, in: Bruno Reudenbach/Gia Toussaint (Hg.), *Reliquiare im Mittelalter*, 2. Aufl., Berlin, S. 61–74.

Fricke, Beate (2007), Ecce fides. Die Statue von Conques. Götzendienst und Bildkultur im Westen, München.

Gaborit-Chopin, Danielle/Taburet-Delahaye, Élisabeth (Hg.) (2001), *Le trésor de Conques*, Paris.

Hahn, Cynthia (1997), The Voices of the Saints. Speaking Reliquaries, *Gesta*, Jg. 36, H. 1, S. 20–31.

Hecke, Joseph van/Bossue, Benjamin/Buck, Victor de/Tinnenbroek, Anton (Hg.) (1866), *Acta Sanctorum Octobris, Bd. 8*, Paris/Rom.

Hoeps, Reinhard (1999), Aus dem Schatten des Goldenen Kalbes. Skulptur in theologischer Perspektive, Paderborn.

Junghans, Martina (2008), Armreliquiar des hl. Stephanus, in: Harald Meller/Ingo Mundt/Boje E. Hans Schmuhl (Hg.), *Der heilige Schatz im Dom zu Halberstadt*, Regensburg, S. 102.

Keller, Harald (1951), Zur Entstehung der sakralen Vollskulptur in der ottonischen Zeit, in: Kurt Bauch (Hg.), *Festschrift für Hans Jantzen*, Berlin, S. 71–91.

Krings, Ulrich (1984), St. Maria im Kapitol. Die Bautätigkeit des Mittelalters und der Neuzeit bis zum Zweiten Weltkrieg, in: Hiltrud Kier/Ulrich Krings (Hg.), Köln: *Die Romanischen Kirchen. Von den Anfängen bis zum Zweiten Weltkrieg (Stadtspuren, Bd. 1)*, Köln.

Legner, Anton (1995), Reliquien in Kunst und Kult zwische Antike und Aufklärung, Darmstadt.

Migne, Jean-Paul (Hg.) (1845), Patrologiae cursus completus. Patrologia Latina, Bd. 26: S. Eusebii Hieronymi Stridonensis Presbyteri Opera Omnia, Paris.

Migne, Jean-Paul (Hg.) (1853), Patrologiae cursus completus. Patrologia Latina, Bd. 156: Venerabilis Guiberti Abbatis S. Mariæ de Novigento Opera Omnia, Paris.

Migne, Jean-Paul (Hg.) (1857), Patrologiae cursus completus. Patrologia Graeca, Bd. 11: Origines, Paris.

Neu, Stefan (1984), St. Maria im Kapitol. Die Ausgrabungen, in: Hiltrud Kier/Ulrich Krings (Hg.), *Köln: Die Romanischen Kirchen. Von den Anfängen bis zum Zweiten Weltkrieg (Stadtspuren, Bd. 1)*, Köln, S. 331–344.

Pawlik, Anna (2013), *Das Bildwerk als Reliquiar? Funktionen früher Großplastik im 9. bis 11. Jahrhundert*, Petersberg.

Reudenbach, Bruno (2001), Heil durch Sehen. Mittelalterliche Reliquiare und die visuelle Konstruktion von Heiligkeit, in: Markus Mayr (Hg.), *Von goldenen Gebeinen. Wirtschaft und Reliquie im Mittelalter*, Innsbruck, S. 135–147.

Reudenbach, Bruno (2010), Körperteil-Reliquiare. Die Wirklichkeit der Reliquie, der Verismus der Anatomie und die Transzendenz des Heiligenleibes, in: Hartmut Bleumer/Hans-Werner Goetz/Steffen Patzold/Bruno Reudenbach (Hg.), *Zwischen Wort und Bild. Wahrnehmungen und Deutungen im Mittelalter*, Köln/Weimar/Wien, S. 11–31.

Sauerländer, Willibald (1979), Omnes perversi sic sunt in Tartara Mersi. Skulptur als Bildpredigt. Das Weltgerichtstympanon von Sainte-Foy in Conques, in: *Jahrbuch der Akademie der Wissenschaften in Göttingen für das Jahr 1979*, Göttingen.

Stracke, Wolfgang (1989), Untersuchungen zur frühen Ausstattung von St. Maria im Kapitol in Köln, Bonn.

Surmann, Ulrike (1999), Das Kreuz Herimanns und Idas (Kolumba, Bd. 4), Köln.

Taralon, Jean/Taralon-Carlini, Dominique (1997), La majesté d'or de sainte Foy de Conques, in: *Bulletin Monumental*, Jg. 151, H. 1, S. 1–73.

Vogels, Heinrich Joseph (Hg.) (1968), Corpus Scriptorum Ecclesiasticorum Latinorum, Bd. 81: Ambrosiastri qui dicitur commentarius in epistulas Paulinas, Teil 2, Wien.

Wesenberg, Rudolf (1973), Das Herimannkreuz, in: Anton Legner (Hg.), *Rhein und Maas. Kunst und Kultur 800–1400, Bd. 2*, Köln, S. 167–176.

Zwierlein-Diehl, Erika (1998), *Die Gemmen und Kameen des Dreikönigenschreines*, Köln.

Jochen Herrmann Vennebusch

Zwierlein-Diehl, Erika (1992), Das Lapislazuli-Köpfchen am Herimannkreuz, in: Heide Froning/Tonio Hölscher/Harald Mielsch (Hg.), *Kotinos. Festschrift für Erika Simon*, Mainz, S. 386–393.

FLUFFY MENINA

2018
GIPS
43 x 24,5 x 17 cm

Fabian Vogler

FLUFFY MENINA
DETAIL

Fabian Vogler

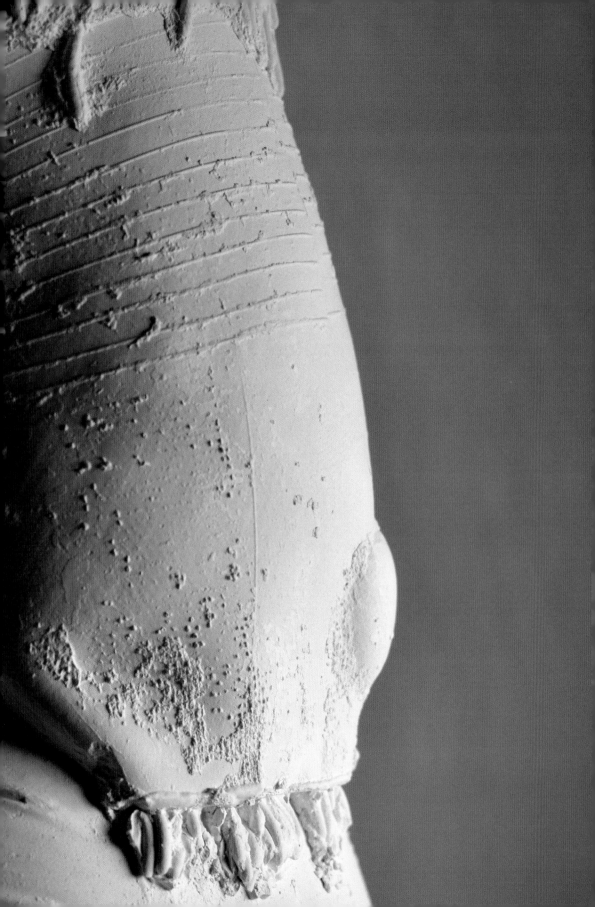

Abb. 1 François de Rivoyre and Fabian Vogler DITTMAR'S BROTHER MAIBERT in Leipzig

Katinka Schweizer | Fabian Vogler | Viktoria Märker

KÖRPERLICHE PHANTASIEN
Erkundungen

Der Phantasieraum spielt eine zentrale Rolle in der psychodynamischen Psychotherapie, ebenso wie das Spielen. Gleiches gilt für künstlerische Tätigkeiten. Im Zuge der Erforschung körperlicher Phantasien vor dem Hintergrund unserer unterschiedlichen Tätigkeiten als Künstler und Psychotherapeutinnen, gehen wir der These nach, dass körperliche Phantasien in beiden Feldern zum Tragen kommen und ein wertvolles Verbindungskonzept darstellen: Die Beschäftigung mit Körperphantasien kann eine Brücke schlagen zwischen psychotherapeutischer und künstlerischer Arbeit, doch wurden solche Phantasien bisher wenig systematisch untersucht.

In diesem Beitrag wollen wir einen Einblick in die begonnene Vertiefung geben. Beispiele teils paradox geäußerter Körperphantasien von Foucault zeigen, dass das Phantasieren auch außerhalb von Kunst, Psychoanalyse und Psychotherapie als Wissensform existiert. Gerade für die Beschäftigung mit Mehrdeutigkeiten und Vielfalt im Bereich menschlicher Geschlechtlichkeit und zum besseren Verständnis für unerwartete Prozesse der Selbstverortung scheint uns die Vorstellung von körperlichen Phantasien ein hilfreiches Konzept zu sein.

PHANTASIE – FANTASIE – IMAGO – PHANTASMA

Etymologisch betrachtet lässt sich der Begriff *Phantasie* aus dem griechischen Wort *Phaos* herleiten, was *Licht* bedeutet. Als *Erscheinung*, *Aussehen* oder *Vorstellung* leitet sich Phantasie im Deutschen direkt vom Griechischen *Phantasía* (φαντασία) ab. Als Vorstellungsvermögen, Einbildungskraft und Erfindungsgabe bilden Phantasie und Kreativität als Wortpaar eine allgemein angenommene Grundvoraussetzung für das künstlerische Schaffen. Dagegen sind Phantasien in der Medizin oft eher negativ mit Symptomen wie Fieberträumen oder Wahnvorstellungen assoziiert.

Reichhaltig ist die psychoanalytische Literatur zur Phantasietätigkeit. Hier erscheint Phantasie im Kontext unbewusster Wünsche, im Tagtraum und der Reverie (vgl. Guistino 2006). Ausgehend von einer triebtheoretischen Sichtweise betont Bürgin (2006) die körperliche Verankerung der *Phantasie*, die er als »psychische Repräsentanz des Triebes« (ebd. 595) beschreibt. Die Phantasie sei »der Versuch, somatische Abläufe in eine psychische Form zu bringen« (ebd. 595). Zugleich verweist er darauf, dass die Triebe »einiges an Umgestaltung erfahren« müssten, »um mentale Analoge, das heißt Phantasien, zu erzeugen« (ebd. 595). Damit ist eine unmittelbare Verbindung zwischen Körper, Trieb und Phantasie gegeben. Entsprechend scheint die Phantasietätigkeit wie der Trieb nach psychoanalytischer Vorstellung an der Grenze von Soma und Psyche angesiedelt zu sein.

In ihrem *Vokabular der Psychoanalyse* verweisen Laplanche und Pontalis (1972) auf die verschiedenen Erscheinungsformen und Ebenen der Phantasie: Sie kann bewusst, unterschwellig und unbewusst sein. Interessanterweise unterschied Freud nicht streng zwischen unbewussten und bewussten Phantasien wie seine Nachfolger_innen es taten. Ihm schien es eher darum zu gehen, die »Übergänge zwischen ihnen zu kennzeichnen« (Laplanche und Pontalis 1972: 391). Freud habe Phantasien ursprünglich im Sinne von Tagträumen, dem Traum ähnlich und damit als »Wiederholungen und Umarbeitungen infantiler Szenen« verstanden (ebd. 391). Auf Freuds Ausführungen *Das Unbewusste* (1915) verweisend, sehen Laplanche und Pontalis (1972) in der Phantasie bildlich gesprochen einen Übergangsort zwischen dem bewussten und unbewussten Bereich der Seele, nämlich einen »bevorzugten Punkt, an dem der Übergang von einem psychischen System zum anderen unmittelbar zu greifen ist: Verdrängung oder Wiederkehr des Verdrängten« (ebd. 391). Laplanche und Pontalis (1972) definieren Phantasie als »Imaginäres Szenarium, in dem das Subjekt anwesend ist und das in einer durch die Abwehrvorgänge mehr oder weniger entstellten Form die Erfüllung eines Wunsches, eines letztlich unbewußten Wunsches, darstellt« (ebd. 388). Insgesamt falle weniger die Fähigkeit zum Phantasieren als die »imaginäre Welt, ihre Inhalte, die schöpferische Aktivität, die sie belebt« (ebd. 388) unter den Begriff der Phantasie.

So lassen sich auch Verbindungen zu Jungs Konzept der *Imago* ziehen, das ebenfalls eine unbewusste Vorstellung meint, aber noch stärker konturiert und auf innere Bilder, Vorbilder von Personen bezogen ist. Laplanche und Pontalis (1972) beschreiben Imago als ein »erworbenes imaginäres Schema« und als »unbewusstes Vorbild von Personen, das elektiv die Art und Weise bestimmt, wie das Subjekt den anderen erfasst, es wird von den ersten intersubjektiven, realen und phantasierten Beziehungen aus gebildet, die sich in der familiären Umgebung herstellen« (ebd. 229).

Von besonderem Interesse ist die in der psychoanalytischen Literatur zu findende unterschiedliche Verwendung der Schreibweise Phantasie/Fantasie. Die Schreibweise mit *f* entspringt der amerikanischen Tradition, die von einem bewusstseinsnäheren Phantasiekonzept ausgeht, während Phantasie mit *ph* auf die Britische Kleinianische Tradition zurückzuführen ist. Sie geht von unbewussten, dem Bewusstsein kaum zugänglichen Prozessen aus (Isaacs 1948).

Das *Phantasma/Fantasma* ist vor allem in der Lacanianischen Tradition zentral, im Zusammenhang mit dem Begehren und der symbolischen Ordnung. Fink (2009) zufolge ging Lacan von einem fundamentalen Phantasma aus; fundamental sei es deshalb, weil es nur ein einziges Phantasma gebe, »ein unbewusstes Phantasma für die meisten von uns« (Fink 2009: 86). Das fundamentale Phantasma beziehe sich auf die sogenannte Urszene, die erste kindliche Vorstellung und Entdeckung des elterlichen Geschlechtsverkehrs, die wesentlich und grundlegend für die Ausgestaltung der eigenen Sexualität und des eigenen Lebens im Ganzen sei. Das fundamentale Phantasma inszeniere sich nach Fink (2009) in der Begegnung mit dem Anderen und in wichtigen Beziehungen stets neu. So entstünden ständig neue und veränderte phantasmatische Situationen, deren Entschlüsselung Aufgabe der psychoanalytischen Begegnung sei. Danach *gibt* es kein essentielles fundamentales Phantasma, es werde vielmehr konstruiert und gleichzeitig rekonstruiert, so wie es auch die Urszene nicht »gibt« und wie alle inneren Vorgänge eine Konstruktion seien. Lacanianische Psychoanalytiker_innen wie Fink (2009) konzipieren das fundamentale Phantasma als etwas, das erst im Lauf der Analyse entstehe und hier erkennbar und umgestaltet werde. Widmer (2015) dagegen sieht das Fantasma als persistierend und dauerhaft: Es übernehme »als subjektlose Instanz die Funktion einer Orientierung in der Realität« (ebd. 50) und stehe in enger Nähe zum Affekt und der Jouissance (dem Genießen), einem weiteren Schlüsselbegriff von Lacan. Widmer (2015) sieht im Genießen und in dessen Erwartung, also in der phantasierten Jouissance, den »Urheber des Fantasmas« (ebd. 56). Das Lacanianische Vokabular und Theorieverständnis kann hier leider nicht näher ausgeführt werden; es entzieht sich häufig einer allgemein verständlichen Sprache. Doch finden wir für die weitere Beschäftigung mit Körperphantasien bei Lacan anregende Hinweise. Eine interdisziplinäre Brücke zu seiner Auseinandersetzung mit dem Körperlichen baut Butler (1997) mit ihrem Buch *Körper von Gewicht*, in dem sie sich u.a. mit Körper-Imago, idealisierter Ganzheit und phantasmatischen Geschlechter-Identifizierungen beschäftigt. Entlang der Lacan'schen Unterscheidung zwischen Phallus und Penis erörtert sie die «Instabilität der imaginären Grenzen des biologischen Geschlechts« (ebd. 128). Dabei beschreibt sie die Mehrdeutigkeit von Organen und deren mächtige Wirkung, hinterfragt aber auch Lacans Setzung des Phallus zum symbolischen Strukturprinzip (ebd. 115–118).

Schließlich ist auch die politische Dimension und Bedeutung des Phantasierens zu beachten. Die junge und populäre Feministin Laurie Penny (2014) sieht, dass das Zusammenwirken von Geschlecht, Geld, Sexualität und Macht die Freiheit der Fantasie begrenzt, ja sogar »Mauern um unsere Fantasie« errichtet (ebd. 9). Gleichzeitig betont sie die Möglichkeiten der Verwendung des Imaginären: «Die wichtigsten politischen Schlachten der Menschheitsgeschichte wurden auf dem Gebiet der Fantasie geschlagen, und welche Geschichten wir uns zu erzählen erlauben, hängt davon ab, was wir uns vorstellen können« (ebd. 9). Sowohl Butler als auch Penny zählen zu den Vordenkerinnen, die uns, wenn wir ihre Analysen ernst nehmen, den Rückzug ins Private schwer machen. Auch Kunst und Psychotherapie und die hier zutage tretenden Körper-Phantasien finden in einem Kontext politischer und gesellschaftlicher Kräftespiele statt, auch wenn beide Bereiche darum ringen, einen von außen möglichst unabhängigen und unbeeinflussten Raum und Rahmen zu haben und diesen immer wieder herzustellen. Dadurch entsteht ein dialektisches Wechselspiel von Innen und Außen, Öffnen und Schließen, privat und politisch und den Rollen zuschauender Betrachter_innen und verantwortlich Mitwirkender. Das Erhalten des Binnen-Raumes scheint eine wichtige Voraussetzung zu sein, um Phantasien auslösen und bewusst machen zu können und, um auch außerhalb Freiheit zu erwirken und für ihren Schutz einzutreten.

KÖRPERLICHE PHANTASIEN – DER KÖRPER ALS UTOPIE

In der Beschäftigung mit Körperphantasien werden der Körper und das Körperliche zum vordergründigen Projektionsraum; alles andere erscheint unwichtig. Auch die in der deutschen Philosophie beheimatete Unterscheidung zwischen dem Körper, den wir haben, und dem Leib, der wir sind, löst sich in der Vorstellung körperlicher Phantasien auf. Der Körper »verkörpert« und transportiert die Spannungen zwischen den elementaren Konflikten und Dualismen Natur und Kultur, Subjekt und Objekt, Körper und Geist, männlich und weiblich, gesund und krank. So wird der eigene, bekannte Körper mehr zu einem fremden Unbekannten, der sich kennenlernen, entdecken, positiv wie negativ besetzen, annehmen und ablehnen lässt. Zum Körper als Objekt und Gegenüber können unterschiedlichste Beziehungsqualitäten entstehen. In Zeiten von Ungewissheit wird er zum Austragungsort von Identifizierung und Zugehörigkeit. Diesen psychologischen Annahmen lässt sich sozialwissenschaftlich entgegnen: Körper und Geschlechtskörper lassen sich nicht auf eine Essenz fixieren, wie die Soziologin Paula-Irene Villa (2011) betont. In ihren sozialkonstruktivistischen Körperstudien kommt sie zu dem Schluss, dass der Körper »Natur und Kultur zugleich ist« (ebd. 27): Der Geschlechtskörper sei naturhaft, »seine Natürlichkeit ist sozial gemacht« (ebd. 27).

In seinem Radiovortrag *Der utopische Körper (Le Corps utopique)* vom 21. Dezember 1966 stellte Foucault (2013) wuchtige und zugleich zarte Sätze in den Raum, die sich auch als Körperphantasien lesen lassen: Phantasiereich und assoziativ durchwandert Foucault verschiedenste Vorstellungen ausgehend von der These, sein eigener Körper sei »das genaue Gegenteil einer Utopie« (ebd. 25), um wenig später bei dessen Gegenteil anzukommen: »Eines ist jedenfalls sicher: Der Menschliche Körper ist der Hauptakteur aller Utopien« (ebd. 31). Der Körper wird zum subjektiven Zentrum und Ausgangspunkt, »um ihn herum sind die Dinge angeordnet. […] Er ist der kleine utopische Kern im Mittelpunkt der Welt, von dem ich ausgehe, von dem aus ich träume, spreche, fantasiere, die Dinge an ihrem Ort wahrnehme und auch durch die grenzenlose Macht der von mir erdachten Utopien negiere« (ebd. 34).

Foucault (2013) geht auch auf kollektive, archetypische Körperphantasien wie die des Riesen ein: »Schließlich ist eine der ältesten Utopien, welche die Menschen einander erzählen, der Traum von einem riesigen, überdimensionalen Körper, der den Raum verschlingt und die Welt beherrscht. Das ist die alte Utopie der Riesen, die

Katinka Schweizer | Fabian Vogler | Viktoria Märker

sich in so vielen Legenden Europas, Afrikas, Ozeaniens und Asiens findet« (ebd. 31). Gerade für Afrika und Ozeanien haben diese alten Utopien zu einem exzeptionellen bildhauerischen Gestaltungsreichtum geführt, in dem proportionale Verschiebungen zur Übersteigerung bestimmter menschlicher Grundcharakteristika geführt und mutige Formenkanons begründet haben, die bis heute im Kunsthandwerk befolgt werden. Eine solche Freiheit ist in Europa höchstens noch in Skulpturen des Mittelalter zu spüren.

In der Afrikanischen Holzskulptur hat auch das Bemalen und Besetzen mit Schmuck eine lange Tradition, was sich besonders extrem im Nagel-Fetisch zeigt. Afrika und Ozeanien haben auch eine besondere Tradition im Ornament der Haut durch Narben und Tätowierungen, die je nach Kultur auch eine übergeordnete Verwandlung des Körpers in ein anderes Wesen bedeuteten. Das Hinüberschwappen dieses Phänomens nach Europa und in die »westliche Kultur« kann dieser Bedeutung natürlich kaum noch entsprechen. Dennoch tauchen sie als Körperphantasien auf. Dazu äußert Foucault: »Der Körper ist auch ein großer utopischer Akteur, wenn es um Maskieren, Schminken und Tätowieren geht. Wer sich maskiert, schminkt oder tätowiert, erlangt damit nicht, wie man meinen könnte, einen anderen Körper, nur schöner, reicher geschmückt und leichter wiederzuerkennen« (ebd. 31).

Schließlich resümiert Foucault (2013): Der Körper sei der Ort, »von dem es kein Entrinnen gibt, an den ich verdammt bin« (ebd. 26). Foucault scheint kein sonderlich positives Körperbild von sich zu haben, umso lebendiger erscheinen seine bewussten Körperphantasien:

> »Und in dieser hässlichen Schale meines Kopfes, in diesem Käfig, den ich nicht mag, muss ich mich nun zeigen. Durch diese Gitter muss ich reden, blicken und mich ansehen lassen. […] Ich glaube, alle Utopien sind letztlich gegen ihn geschaffen worden, um ihn zum Verschwinden zu bringen. Worauf beruht denn das Ansehen, die Schönheit, die Faszination der Utopie? Die Utopie ist ein Ort jenseits aller Orte, aber ein Ort, an dem ich einen körperlosen Körper hätte, einen Körper, der schön, rein, durchsichtig, leuchtend, gewandt, unendlich kraftvoll, von grenzenloser Dauer, von allen Fesseln frei, unsichtbar, geschützt und in ständiger Umwandlung begriffen wäre« (ebd. 26).

Diese Phantasie eröffnet interessante Einsichten auf Foucaults Sichtweise eines perfekten Behältnisses für seine Seele. Zum Verhältnis zwischen Körper und Seele, oder möchte man übertragen zwischen Körper und Phantasie, schreibt Foucault (2012): »Die Seele funktioniert in meinem Körper auf wundersame Weise. Sie wohnt zwar darin, kann ihm aber auch entfliehen. Sie entflieht ihm, um die Dinge durch die Fenster meiner Augen zu betrachten. Sie entflieht ihm, um zu träumen, während ich schlafe. Sie entflieht ihm, um weiterzuleben, wenn ich sterbe« (ebd. 27f). Auch diese alte Menschheitsphantasie und Vorstellung der weiterlebenden Seele formt Foucault zu einer Körperphantasie, in der ein idealisiertes, asexuelles Körperbild aufrecht erhalten bleibt und Sexualität transzendiert scheint. In der Vergänglichkeit von Körperlichkeit und Sexualität verschmilzt die Seele mit einer idealtypischen Körperimago: »Es lebe meine Seele! Sie ist mein leuchtender, gereinigter, tugendhafter, lebendiger, beweglicher, warmer frischer Körper. Mein glatter, kastrierter Körper, rund wie ein Stück Seife« (ebd. 28).

Für einen Moment entwickelt Foucault einen Dualismus von der guten, reinen Seele und dem schlechten Körper. Foucault träumt wiederkehrend von der Auflösung des Körpers, um dann zu einer Vorstellung zurückzukehren, die in der unmittelbaren körperlichen Existenz und Präsenz fußt: »Doch in Wirklichkeit lässt sich mein Körper nicht so leicht reduzieren. Schließlich besitzt auch er seine eigenen Quellen des Fantastischen. Auch er besitzt ortlose Orte. Solche, die noch tiefer verborgen und noch unzugänglicher sind als die Seele« (ebd. 28). Der Körper ist durch und durch ambivalent und bleibt un_sichtbar: »Unverständlicher, leicht zu durchdringender und opaker Körper, offener und geschlossener Körper« (ebd. 29).

Für die psychosexuelle Entwicklung hat das Körpererleben bereits in der Freudschen Konzeption eine grundlegende Bedeutung. Sexualität wird ganzheitlich als lustvolles Körpererleben beschrieben, das schon in der Kindheit vielgestaltig sein kann. Seinen Ausgangspunkt nimmt das lustvolle Erleben an jeweils unterschiedlichen Organen wie dem Mund im Saugen (vgl. Freud 1905). Doch nicht nur das orale Saugen oder anale Ausscheiden, die gesamte Oberfläche der Körperhaut ist als erregbare Zone beschrieben worden. Der Lust und dem Genießen steht der Schmerz gegenüber, um den sich ebenfalls Körperphantasien ranken können.

Der Begriff der *Körperphantasie* ist in der psychoanalytischen Literatur auf Gaddini (1998) zurückzuführen. Er unterschied zwei Formen, »fantasies in and on the body«. *Body Fantasies* spielten sich demnach, auf vorsprachlichem Niveau, im Körper ab, *visual fantasies* dagegen bezogen sich auf bildliche Vorstellungen über den Körper (on the body). Letztere würden dabei – wie einem universellen Muster folgend – meist rundliche Form haben. Foucaults eben erwähnte rundliche Seifen-Fantasie seines Körpers könnte als Ausdruck einer solchen bewussteren, visuellen Fantasie entsprechen.

Wie fast jedes Erleben einen intrapsychischen und interaktionellen Aspekt hat, lässt sich auch das Körpererleben in seiner Beziehungsfunktion und autoerotischen Komponente betrachten. Entsprechend können Körperphantasien Selbst-und Objekt-bezogen bzw. subjektiv wie intersubjektiv sein. Ausgehend von den bisherigen Ausführungen und einem psychodynamischen Verständnis des Zusammenspiels von Körperlichkeit und Phantasietätigkeit verstehen wir unter körperlichen Phantasien Vorstellungen und mentale Vorgänge, die zunächst meist unbewusst sind und sich sowohl auf den eigenen Körper als auch auf interaktionelle Körpervorstellungen beziehen können. Um Körperphantasien darüber auch in ihrer affektiven Qualität zu untersuchen und konzeptualisieren, bieten die Arbeiten von Thomas Fuchs (2014) zu Embodiment und verkörperten Emotionen Zugänge für eine Weiterentwicklung des Konzepts.

In die sexualtherapeutische Sprechstunde kommen Menschen mit Anliegen oder Beschwerden, die sich oft im Grenzbereich des Körperlich-Sexuell-Geschlechtlichen bewegen. Sie bringen unbewusste, aber auch ausformulierte, bewusste Körperphantasien mit. Diese ernst zu nehmen und systematisch zu explorieren, ist in der Regel

Katinka Schweizer | Fabian Vogler | Viktoria Märker

bedeutsam für den therapeutischen Prozess. Bei intergeschlechtlichen Menschen sind dies oft die Phantasien über die eigene körperliche Ursprünglichkeit, darüber, wie der Körper vor geschlechtsangleichenden Eingriffen geformt gewesen sein mag. So beschrieb ein_e Teilnehmer_in der Hamburger Intersex Studie sich in ihrem Selbsterleben als »zusammengeflickt aus Hormonen und Operationen«. Ein_e andere_r war damit beschäftigt, eine Körperphantasie darüber zu entwickeln, wie das eigene Genitale ohne operativen Eingriff in der frühen Kindheit ausgesehen hätte, wie es heute aussehen und sich anfühlen würde und welchen Einfluss es auf die sexuelle Empfindungsfähigkeit und Beziehungserfahrungen hätte (vgl. Schweizer u.a. 2009).

In der Befragung von Menschen mit transgeschlechtlicher Entwicklung nach ihren Assoziationen zum Begriff der Körperphantasie erhielten wir Hinweise auf Vorstellungen zum eigenen »Wunschkörper«, erotische und sexuelle Wünsche, Beziehungsphantasien und zur Bedeutung von Gesundheit und Krankheit. Exemplarisch berichtete eine Transfrau, dass es ihr gelang, ihr männliches Genitale zu tolerieren und der erlebten weiblichen Identität unterzuordnen. Anders als viele Transfrauen war ihr – vor dem Hintergrund früherer Erkrankungen und Krankenhausaufenthalte – die körperliche Integrität und der Erhalt der ganzheitlichen Gesundheit wichtiger als die Entfernung des störenden Genitales.

Ausgelassen ist in diesem knappen Einstieg die Thematik der affektiven Wucht, mit der Körperphantasien und -wünsche, aber auch Schmerz und Trauer um den eigenen Körper in der Arbeit mit inter- und transgeschlechtlichen Menschen verbunden sein können.

Auch Foucault kennt krankheitsbezogene Körperphantasien. Er beschreibt die Fragilität des Körpers, dessen Zustand sich schnell ändern kann:

> »Dieser Körper ist leicht, durchsichtig, unwägbar. Nichts ist weniger Ding als er. Der Körper läuft, handelt, lebt, begehrt, lässt sich widerstandslos von all meinen Absichten durchdringen. Aber das auch nur, bis es mir schlecht geht, bis mein Magen sich umdreht, bis der Schleim meine Brust verstopft und mich in der Kehle würgt, bis Zahnschmerzen sich in meinem Mund ausbreiten. Dann bin ich nicht mehr leicht, unwägbar und dergleichen. Ich werde zum Ding, zur Architektur, fantastisch und in Trümmern« (ebd. 30).

Intergeschlechtliche und transsexuelle Körper haben schon immer das Interesse geweckt und Phantasien entfacht. Dabei werden sie im Alltagsverständnis häufig verwechselt, möglicherweise aufgrund einer kollektiven Körperphantasie, die sie bei Außenstehenden auslösen. Es könnte auf die Wirkmacht des allgemeinen Geschlechtertabus zurückgeführt werden, dass Trans- und Inter-Phänomene in der Phantasie so häufig, leicht und schnell verschmelzen (vgl. Becker u.a. in diesem Band). Im Bereich der Mythologie und als Fabelwesen sind Hermaphrodit und Androgyn leichter zu konzeptualisieren als als reale Möglichkeiten des Seins. So wird auch die Medizin immer wieder von unbewussten, hartnäckigen Körperphantasien in ihrem Handeln geleitet worden sein, anders lässt sich der Umgang mit Intergeschlechtlichkeit in Form des operativen Unsichtbar-Machens und zum Verschwinden-Bringens intersexueller Körper nur schwer erklären.

Körperphantasien sind vermutlich in allen Kunstformen zu finden oder verborgen. Archäologische Funde zeigen, dass der Körper als Imaginationsraum in der Bildhauerei eine ebenso lange Geschichte wie der Mensch selbst hat. Dies zeigt sich deutlich in den archaischen Venusfiguren im eurasischen Raum, wie auch vor allem in der afrikanischen Plastik. In kaum einem anderen Medium kann so gut die Bedeutungsperspektive zum Ausdruck gebracht werden. Durch physische Eingriffe in die natur-

Abb. 2 Fabian Vogler VENUS | 4
BRONZE. 2015–16. 54,5 x 31,5 x 19,5 cm

gegebenen Proportionen und Masseanlagen, kann ein dem individuellen Ausdruck übergeordneter Charakter herausgearbeitet und abgebildet werden, als ein Kondensat einer menschlichen Facette. Das Material bietet der Bildhauerei – sei es als Skulptur subtraktiv beispielsweise in Stein, Holz oder Knochen gehauen bzw. geschnitzt, oder als Plastik additiv zum Beispiel in Ton oder Gips aufgebaut und dann in Bronze gegossen – einen unerreicht vielfältigen Spielraum.

Über die Kunst erhalten Körper einen intensiveren und deutlicheren Ausdruck. Das Unsichtbare wird sichtbar, das Nicht-Spürbare wird spürbar; durch Phantasie und Ausdrucksweise des_der Künstler_in werden die Körperteile existent, seien sie vollkommen oder auch bewusst unvollkommen. Die Kunst oder der_die Künstler_in

Katinka Schweizer | Fabian Vogler | Viktoria Märker

besitzen die Kraft der Vorstellungen oder der Phantasie und bringen diese zum Ausdruck. Sie_er produziert, bringt die eigenen Phantasien ins Bild oder Kunstobjekt; und der_die Betrachter_in kann sie reflektieren. Damit kann sie dem_der Betrachter_in in der Gegenüberstellung als Akt der Konfrontation wieder neue Phantasien ermöglichen oder bestehende verstärken. Angesichts des künstlerischen Ausdrucks hat die_der Betrachtende die Möglichkeit, in verschiedene Richtungen zu fühlen und zu denken.

Der_die Kunstschaffende macht den ersten Zug in einem Actio-Reactio-Spiel. Ähnliches geschieht auch in gelingender Psychotherapie – durch Körperphantasien entwickeln sich therapeutische Perspektiven und Anliegen weiter. Vorausgesetzt ist, dass es einen Raum gibt, in dem solche Phantasien entstehen, gehalten und betrachtet werden können. Hier können Fremdheit und Eigenheiten erfahren werden. Fremde Körperphantasien ermöglichen das Ausphantasieren eigener Körperlichkeit in einem anderen, veränderten oder aufgelösten Körper wie in einem neuen Land.

In der Suche nach Gemeinsamkeiten und Unterschieden zwischen Kunst, Spiel und Traum sieht Segal (1991) die Kunst dem Spiel näher als dem Traum. Kunst und Spiel teilen die »Realität des Materials« (Segal 1991: 146). Gemeinsam ist ihnen die Bedeutung der Vorstellungskraft. Die Kunst jedoch hebt sich ab durch die bewusste und unbewusste Arbeit, die sie erfordert: »Der Künstler benötigt eine sehr spezielle Fähigkeit, sich den tiefsten Konflikten zu stellen, Ausdrucksformen für sie zu finden und Träume in Realität zu übersetzen. Er erreicht dabei zugleich eine Wiedergutmachung in der Realität wie in der Phantasie, die Bestand hat. Das Kunstwerk ist eine Gabe an die Welt, die Bestand hat und die Künstler überlebt« (ebd. 146).

Die Reflexion des Körpers über Phantasien oder Kunsterfahrung verändert den ursprünglichen Affekt, wie jede andere Reflexion. Wobei die Körperphantasie und -reflexion eben schneller zu essentieller Körpererfahrung zurückführt. Das Beispiel des Selfies verdeutlicht eine besondere und häufige Alltagsform von Körperphantasien. Im »Selfie« ist das Selbst, das Ich im Prozess, sich selbst zuzusehen: Ich bin dabei zu sehen, wie ich mich anschaue und angeschaut werde, wie ich aussehe, aus mir heraus sehe und in mich hineinsehe, auf mich sehe.

Diese Art der Körperphantasie lässt durch die schlichte Perspektivverschiebung einen veränderten Blick auf das Selbst zu. Auf diese Weise hat die fortgesetzte Selfie-Erfahrung Einfluss auf die eigene Identität, durch eine genaue und spontane Inszenierung des Körperlichen. Das Selfie ähnelt der Ballettprobe am Spiegel, in dem die_der Tänzer_in sich selbst beobachtet, wie er_sie einzelne Körperbewegungen einstudiert, wiederholt und reflektiert bekommt. Selfie und Balletprobe lassen sich als Erweiterung des von Lacan beschriebenen Spiegelstadiums betrachten. In der frühkindlichen Entwicklung des Selbst-Gewahr-Werdens stellt die Entdeckung des eigenen Spiegelbilds einen zentralen Entwicklungsschritt dar. Intrapsychisch und interaktionell bedeutsam ist dabei die Rolle des Anderen, des Dritten, der hinter dem Kind steht und von ihm im Spiegel gesehen wird, wie es sich selbst und den Anderen sieht und entdeckt. Durch die Anwesenheit des Anderen entsteht eine Alterität und ein triangulärer Raum, der Anerkennung durch Differenzierung ermöglicht. Auch das Selfie entsteht in einem solchen Dreieck, meist im Rahmen von Beziehungsphantasien, entweder als gemeinsames Selfie, auf dem das Ich sich gemeinsam mit Anderen abbildet, oder als klassisches Selfie an einem denkwürdigen Ort, das mit Freunden in der Ferne digital verschickt und geteilt wird.

Welche Körperphantasien entfacht das Erblicken des Selbst im Spiegel oder im Selfie? Welche Imaginationen können wir uns selber über unseren eigenen Körper erdenken?

Der Begriff der Körperphantasie soll dazu anregen, das statische Selbstbild in Frage zu stellen. Er kann helfen, das menschliche Geschlecht jenseits einer rigiden Frau-Mann-Dichotomie zu begreifen. Körperimaginationen verdeutlichen, dass auch in anderen Zusammenhängen als mit dem Geschlecht ein unendliches Spektrum an Varianzen denkbar ist – eine gute Übung, um jeden Menschen als einzigartig zu begreifen.

BIBLIOGRAFIE

Becker, I., Brunner, F., Preuss, W. (2019). Intersex und Transgender im Vergleich. In diesem Band.

Bürgin, D. (2006). Phantasie. Phantasy – fantasme. In: Mertens, W. & Waldvogel, B. (Hg.). Handbuch psychoanalytischer Grundbegriffe. Stuttgart, Kohlhammer.

Butler, J. (1997). Körper von Gewicht. Frankfurt/M., Suhrkamp.

Emcke, C. (2011). Begehren. Fischer Verlag.

Fink, B. (2009). Eine klinische Einführung in die Lacan'sche Psychoanalyse. Theorie und Technik. Wien, Turia + Kant.

Foucault, M. (2013). Die Heterotopien. Der Utopische Körper. Berlin, Suhrkamp.

Freud, S. (1915/1999). Das Unbewusste. Gesammelt Werke X, 264–303.

Freud, S. (1923/1999). Das Ich und das Es. Gesammelte Werke XIII, 237–292.

Fuchs, T. (2014). Verkörperte Emotionen – wie Gefühl und Leib zusammenhängen. Psychologische Medizin, 25, 1, 13–20.

Gaddini, E. (1998). Das Ich ist vor allem ein Körperliches. In: Jappe, G., Strelow, B. Beiträge zur Psychoanalyse der ersten Strukturen. Tübingen, edition diskord.

Giustino, G. (2016). Further developments of the concept of fantasy. The International Journal of Psychoanalysis, doi 10.1111/1745–8315.12585.

Isaacs, S. (1948). On the nature and function of phantasy. International Journal of Psychoanalysis. 29, 73–97.

Laplanche, J., Pontalis, J.-B. (1972). Das Vokabular der Psychoanalyse. Frankfurt /M., Suhrkamp.

Penny, L. (2014). Unsagbare Dinge. Sex, Lügen und Revolution. Hamburg, Nautilus.

Schweizer, K., Brunner, F., Schützmann, K., Schönbucher, V., & Richte-Appelt, H. (2009). Gender identity and coping in female 46, XY adults with androgen biosynthesis deficiency (intersexuality/DSD). *Journal of Counseling Psychology, 56*(1), 189–201

Segal, H. (1991). Traum, Phantasie und Kunst. Stuttgart, Klett-Cotta.

Villa, P.-I. (2011). Sexy Bodies. Eine soziologische Reise durch den Geschlechtskörper. Wiesbaden, Verlag für Sozialwissenschaften.

Widmer, P. (2015). Affekt und Fantasma. Riss. Zeitschrift für Psychoanalyse. Freud – Lacan. Nr. 81, 2015/1, 41–587.

Katinka Schweizer | Fabian Vogler | Viktoria Märker

Abb. 3 Fabian Vogler DITTMAR'S BROTHER HEINA in Würzburg

Fabian Vogler

PRINCE_SS | 01 UND 21 2017. BRONZE. 16,5 x 8 x 7 cm | 17 x 9,5 x 9,5 cm

Fabian Vogler

PRINCE_SS | 19 AUF DEM SET VON »LIMBO WEEKS« 2017. BRONZE. 20 x 7,5 x 8,5 cm

Lucie Veith

INTER ANERKENNEN

Erwiderung im Rahmen der Verleihung des Preises gegen Diskriminierung der Bundesrepublik Deutschland durch Dr. Katarina Barley und Christine Lüders, Antidiskriminierungsstelle (ADS) an Lucie Veith am 16. Oktober 2017 im Museum für Kommunikation in Berlin

Sehr geehrte Bundesministerin, sehr geehrte Abgeordnete des Bundestages, sehr geehrte Christine Lüders, sehr geehrte Anwesende,

Sie alle hier begrüßen zu dürfen ist mir eine große Ehre und ich danke von ganzem Herzen für den großen Bahnhof, den Sie mir bereiten. Ihnen, sehr geehrte Frau Bundesministerin, danke ich tief bewegt für Ihre Laudatio, Ihnen, sehr geehrte Christine Lüders, für den liebenswürdigen Empfang, Ihrem Team für die Ausgestaltung dieser großartigen Veranstaltung, die ich sicher nie vergessen werde.

Dem Beirat der ADS Bund danke ich für die Wahl, die mich mit Freude erfüllt, und ich nehme diesen Preis gerne entgegen für all das, was bisher mit vielen anderen aufrechten intergeschlechtlichen Menschen, Verbündeten und Förderern erreicht wurde. Ohne diese Verbündeten, Mitstreiter_innen und Freund_innen stände ich sicher nicht hier. Und ich teile gerne, vor allem die Freude heute über diesen Preis. Stellvertretend bedanke ich mich namentlich bei Elisabeth Müller, Michel Reiter, Anjo Kumst, bei Steffi Klement und Petra, bei Frances und Claudia Jürgen Kreuzer, bei Sarah-Luzia Hassel-Reusing, bei den Müttern EA und Gerda, bei Tina, Julia und Ursel, bei Ins A Krominga, bei Nella in der Schweiz und Alex in Österreich. An diesem Preis habt Ihr einen großen Anteil.

Viele Menschen haben sich solidarisch gezeigt, mich mit Rat und Tat in der Sache unterstützt. Ein paar Menschen möchte ich hier besonders nennen und ihnen persönlich danken: Dr. Michael Wunder aus Hamburg, der die Arbeitsgruppe am Deutschen Ethikrat leitet, Prof. Dr. Heinz-Jürgen Voss, Prof. Dr. Katja Sabisch, Prof. Dr. Hertha-Richter-Appelt sowie Dr. Katinka Schweizer, Dr. Jörg Woweries, Prof. Dr. Beate Rudolf, Prof. Dr. Konstanze Plett, Dr. Petra Follmar-Otto, die mich immer großartig unterstützt haben und mich teilhaben haben lassen an deren Wissen.

Weiter möchte ich mich heute bedanken bei den wunderbaren Menschen, die mir über die vielen Jahre zu Freunden geworden sind: Stellvertretend aus dem Kreis der Menschen die sich immer solidarisch gezeigt haben, geht mein Dank an Hans Hengelein vom niedersächsischen Sozialministerium, Thomas Wilde vom Queeren Netzwerk Niedersachsen, an Henny Engels, ehemals Geschäftsführer_in des Deutschen Frauenrates, nun beim LSVD und meinem guten Freund Ben Reichel von Amnesty International. Ein gutes Netzwerk zu haben ist wichtig und sinnvoll, denn alleine steht mensch auf verlorenem Posten.

Es ist nicht einfach Tabus zu brechen – und schon gar nicht, wenn es um einen sehr persönlichen Bereich, den der geschlechtlichen Diskriminierung geht, einer Diskriminierung, deren Wurzeln in einer tabuisierten Zeit, der Zeit des Nationalsozialismus, zu vermuten sind. Seit einer Verordnung von 1937 ist der Eintrag »zwittrig« aus dem Personenstandsregister verbannt.

Intersexuelle Menschen, intergeschlechtliche Menschen, Hermaphroditen, Zwitter oder Menschen mit einer Varianz der geschlechtlichen Differenzierung waren bis vor wenigen Jahren aus dem Bewusstsein ausgelöscht. Dieses Verschwinden-Lassen derjenigen Menschen, die in keine geschlechtliche Norm und kein Ordnungssystem zu passen scheinen, in eine Tabuzone, ermöglichte in den nachfolgenden Jahrzehnten, dass eine menschenunwürdige Behandlungspraxis sich entwickeln und Raum fassen konnte. Bis zum heutigen Tage ist die Praxis der Genitalverstümmelung, der Angleichung an ein Normgeschlecht ohne die Einwilligung der betroffenen Personen selbst, im Schatten des Tabus und unter dem Deckmantel des Schweigens, noch nicht überwunden. Auch das Entfernen von hormonproduzierenden Organen, was immer eine lebenslange Unfruchtbarkeit besiegelt, ist nicht überwunden.

Seit den 1990er Jahren begehren die so Geschädigten auf. Viele Inter* Personen waren und sind durch diese Praxis schwer geschädigt. Ein Zugang zu gleichberechtigter Teilhabe am Leben war und ist ihnen verwehrt. Einige dieser Menschen organisierten sich in Selbsthilfegruppen im geschützten Raum. Viele von ihnen hatten den Satz gehört: Sprich nicht drüber! – Womit Sie unschwer nachvollziehen können, welche Überwindung das Brechen des Tabus jeden Einzelnen gekostet hat.

2004 fand hier in Berlin eine Veranstaltung statt »Männlich, weiblich, menschlich«, an der ich als xy-frau teilgenommen habe. Dort gab es eine Begegnung die Folgen haben sollte. Claudia Lohrenscheit, damals Mitarbeiter_in des Deutschen Instituts für Menschenrechte, heute Professor_in in Coburg, nahm nach meinem Auftritt Kontakt mit mir auf und bot mir Unterstützung an. Es sollte noch drei Jahre dauern bis wir, Sara-Luzia Hassel-Reussing, Claudia Jürgen Clüsserath und ich, den ersten Parallelbericht zum 6. Staatenbericht zur Beseitigung jedweder Diskriminierung der Frau einreichen sollten. Auf dem Weg nach New York zur Pre-Session hatten wir

Lucie Veith

bereits die Solidarität der Vertreter_innen der damaligen CEDAW[1]-Allianz erfahren. Stellvertretend für die großartigen Mutmacher_innen sei hier Marion Böker und Prof. Dr. Elisabeth Botsch gedankt!

Vor dem Hintergrund der Aufforderung des UN-Ausschusses an die deutsche Bundesregierung, in einen Dialog mit den intersexuellen Menschen zu treten und Maßnahmen zum Schutz ihrer Menschenrechte zu ergreifen, wurde der Deutsche Ethikrat beauftragt. Der Dialog war ein schmerzhafter, aber wertvoller Prozess für viele intersexuelle Menschen. Ein Tabu war gebrochen.

Vier weitere UN-Parallelberichte folgten, zum UN-Sozialpakt, zu den Konventionen gegen Folter, zu den Rechten der Kinder und zur Behindertenkonvention. Die Verpflichtungen des Staates und aller Menschen, die sich daraus ergeben, schützen alle Menschen, auch intersexuelle Menschen jeden Alters und bedingungslos. Das ist einfach zu verstehen. Ich werde jedoch nie verstehen, dass man sich selbst erhöht, sich privilegiert und die Rechte der Menschen, die diese Privilegierung nicht erreichen, zu demütigen und zu schädigen.

Alle Menschen werden geboren mit einem Geschlecht, dem Eigenen. Und sie werden geboren mit den gleichen Rechten. Den gleichen Zugang zu diesen Rechten zu haben scheint somit geregelt. Doch die Lebensrealität vieler Menschen mit einer Besonderheit der geschlechtlichen Variation sieht anders aus und ist gekennzeichnet durch eine Pathologisierung des gesunden Körpers bei gleichzeitigem Übertrag von Erwartungen an die künftige Entwicklung. Dabei ist doch klar: Jeder Mensch entwickelt sich individuell.

Die Zuordnung in den Bereich des vermeintlichen Anderseins geht leider sehr häufig mit einer Wertung einher, und aus »individuell« wird ein »nicht in der Norm« und hieraus wird »krank« und »nicht schön« und »nicht akzeptabel«. Und dafür gibt es in unseren Systemen Anknüpfungen, die dann zur »Exklusion« führen. Die Insel der Exklusion hält dann medizinische Behandlungen bereit, die persönliche Anlagen zerstört, die eigenen Merkmale zerstört, etwas Normgerechtes schafft. Für die Gesellschaft stimmt nun das Körperbild. Der eigene Wille des intergeschlechtlichen Menschen, das Selbstbestimmungsrecht, das Reproduktionsrecht, die Verletzung des höchstpersönlichen Rechts über das eigene Geschlecht, das Recht der Eltern, nur in Behandlungen einzuwilligen, die dem Kindeswohl dienen, und die gleiche Teilhabe, der Diskriminierungsschutz wie das Recht auf die Unverletzlichkeit der Würde und körperlicher und seelischer Unversehrtheit scheinen keine Rolle zu spielen.

Wer wird dort wegsehen?

In den vielen Jahren, in den unzähligen Gesprächen und Vorträgen bin ich keinem Menschen begegnet, der in einer Welt leben wollte, in der Kinder genitalverstümmelt werden. Unter uns: Das ist doch nicht auszuhalten. Da müssen wir ran. Jetzt. Erkennen wir diese Menschen rechtlich an. Erkennen wir an, dass sie gleich sind an Rechten.

---

[1] Die Convention on the Elimination of All Forms of Discrimination Against Women (CEDAW) ist die UN-Konvention zur Beseitigung jeder Form von Diskriminierung der Frau.

Ich möchte Ihnen und Euch die gute Laune nicht verderben mit weiteren Diskriminierungserfahrungen und nicht erfüllten staatlichen Pflichten zum Nachteil intersexuell klassifizierter Menschen. Ich setzte auf Sie und Euch. Wir bleiben dran.

Zum Schluss noch dies: Für die Durchsetzung der Rechte aller Menschen muss der Schutz vor Diskriminierungen ausgebaut und gestärkt werden. Der Anerkennung der Vielfalt der Körper, Geschlechtlichkeiten und Identitäten müssen weitere Schritte folgen.

Ich bin ein positiv denkender Mensch und von diesem wunderbaren Preis, soviel ich weiß, ist es national der erste staatliche Preis in Deutschland an einen offen intergeschlechtlich lebenden Menschen, – und ich muss sagen, ich finde ihn auch wundervoll gestaltet, einen Dank an den großartigen Künstler Fabian Vogler –, geht ganz sicher ein Signal aus: Der Wandel wird nun auch politisch und staatlich positiv mit Gesetzen, mehr Gerechtigkeit und positiven Maßnahmen begleitet, und dies findet seinen Ausdruck zuerst im Schutz der intergeschlechtlichen Kinder und in der Unterstützung der Angehörigen.

Das ist ein echter Grund zum Feiern!
Ich danke herzlich für den Preis, das Signal ist gesetzt!

Vielen Dank!

Lucie Veith

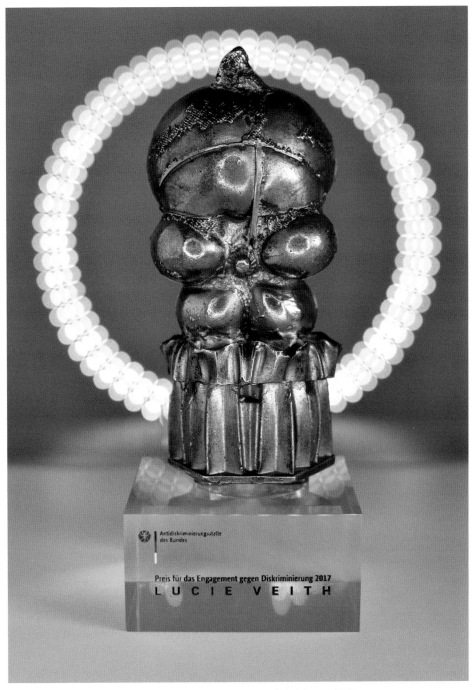

Preis für das Engagement gegen Diskriminierung 2017
verliehen von der Antidiskriminierungsstelle des Bundes an Lucie Veith

Katinka Schweizer

VORBILDER
Geschlechtsidentität und Rechtliche Anerkennung

>»Keine Geschlechtsidentität ist mit einer anderen identisch.«

Volkmar Sigusch, 2016, S. 79

Die Feststellung, dass Geschlechtsidentität unsichtbar sei, gilt nicht nur für Kinder mit intergeschlechtlichen Körpern oder mit transgeschlechtlicher Entwicklung, sondern vermutlich für alle Kinder und Erwachsenen (vgl. Güldenring 2017). Der Begriff der Geschlechtsidentität bezeichnet in Psychologie und Sexualwissenschaft das subjektive oder individuelle Gefühl, einem Geschlecht anzugehören und sich als männlich, weiblich oder anders zu erleben, zum Beispiel zwischengeschlechtlich, zweigeschlechtlich, non-binär oder genderqueer (vgl. Richter-Appelt 2004). Pfäfflin (2002) zufolge stellt die Geschlechtsidentität eine partikuläre Identität der Gesamtidentität eines Menschen dar.

In diesem Beitrag stehen intergeschlechtliche Identitäten und Vorbilder im Fokus. Der historischen, von Foucault überlieferten Geschichte der hermaphroditischen Herculine, die keinen geschlechtlichen Platz in dieser Welt fand, stehen ermutigende intergeschlechtliche Erfahrungen und Vorbilder gegenüber.

GESCHLECHTSIDENTITÄTEN

In einem Übersichtsartikel haben wir verschiedene Definitionen und Konzeptionen von Geschlechtsidentitäten dargestellt (vgl. Schweizer und Richter-Appelt 2013). Prägnant sind dabei vor allem zwei Vorstellungen: Geschlechtsidentität als *Kern* und als *Hülle*. Die Kerngeschlechtsidentität, wie sie von Robert Stoller 1968 in seinem Buch *Sex und Gender* konzipiert wurde, geht von einem »primordialen« bewussten und unbewussten Erleben eines geschlechtlichen Kernselbst aus (ebd. 24). Diese Kerngeschlechtsidentität (engl. core gender identity) definiert Stoller als das subjektive Gefühl einem Körpergeschlecht anzugehören (»the feeling of belonging to one sex«).

Ilka Quindeau (2008) nutzt zur Beschreibung von Geschlechtsidentitäten das Bild einer Hülle oder eines Behältnisses, »in dem die verschiedensten bewussten und unbewussten Aspekte von Männlichkeit und Weiblichkeit auf den unterschiedlichen somatischen, psychischen und sozialen Dimensionen in je individuellen Mischungsverhältnissen aufbewahrt sind« (ebd. 96). Die Hülle umhüllt;, ein Gefäß nimmt auf und hält. Geschlechtsidentität als Hülle zu konzipieren, erlaubt, ihre Veränderbarkeit mitzudenken. Eine Hülle kann an- und abgelegt werden.

Abzugrenzen bleibt das Konzept der Geschlechtsidentität von der Geschlechtsrolle und dem der sexuellen Orientierung. Die sexuelle Orientierung benennt die Richtung des Begehrens (Schweizer und Brunner 2013), die Geschlechtsrolle und deren Einnahme beschreibt eine äußerlich erkennbare soziale Rollenzugehörigkeit. Das akademische Interesse an sogenanntem un/typischem Rollenverhalten ist ungebrochen, obwohl inzwischen gesamtgesellschaftlich Geschlecht zerlegt und in Frage gestellt wird (vgl. Becker u.a. 2018).

Stoller (1968) nahm an, Geschlechtsidentitäten entwickelten sich aus der Identifikation mit den Eltern, aber auch durch Wahrnehmung des eigenen Körpers, insbesondere des Genitales, und aus der eigenen »biologischen Kraft (the biologic force within)« (ebd. 29) heraus. Die Annahme dieser drei zentralen Entstehungsfaktoren – Eltern, gegebene Körperlichkeit und die Selbstwahrnehmung des eigenen Körpers – erscheint plausibel und nennt nachvollziehbare, bewusstseinsnahe Einflüsse. Dagegen überrascht Stollers weitere Annahme, dass sich diese Entwicklung »konfliktfrei« vollziehe. Sie überrascht deswegen, weil die menschliche Konflikthaftigkeit innerhalb der Psychoanalyse als elementarer Wesenszug psychischen Seins und zentrale Prämisse gilt. Und Stoller war Psychoanalytiker; allerdings stand er wie Erikson vermutlich der amerikanischen Tradition der Ich-Psychologie nahe, die sich stärker den bewussten als den unbewussten Prozessen widmete. Wieso sollten sich ausgerechnet der Bereich des Geschlechtlichen und die Geschlechtsidentität ohne Konflikte entwickeln? Stellt sich nicht vielmehr die Frage, inwieweit sich das Erleben geschlechtlicher Zugehörigkeit und Individualität nicht gerade konflikthaft vollzieht, und zwar im Sinne sowohl eines bewussten als auch eines unbewussten intrapsychischen Konfliktgeschehens?

Heute, in Zeiten fragiler Identitäten, scheint gerade die Geschlechtsidentität zu einem Feld konflikthafter Selbstfindung und Konstruktion geworden und einem existenziellen Konflikt unterworfen zu sein, der zunächst unbewusst und im Weiteren bewusster abläuft. Dies zeigt sich im Sichtbar-werden Intersexueller Geschlechtsidentitäten, aber auch bei körperlich »eindeutigen« Menschen mit non-binärem Erleben oder genderqueeren Identitäten oder gar leeren Identitäten. Möglicherweise ging Stoller von Konfliktfreiheit aus aufgrund des von ihm sehr früh zeitlich verorteten Entwicklungsprozesses. Er nahm an, die Entwicklung der Kerngeschlechtsidentität sei bereits mit 18 Monaten, also im zweiten Lebensjahr abgeschlossen, eine Aussage, die sich heute nicht mehr halten lässt. Bedeutsam ist darüber hinaus Stollers Annahme, dass die Geschlechtsidentität eines Kindes sich parallel zur Sprachfähigkeit entwickele.

Auch wenn es zahlreiche Theorien der Geschlechtsentwicklung gibt, wissen wir nicht sicher, wie Geschlechtsidentitäten »entstehen«. In Hinblick auf eine noch zu entwickelnde Entwicklungspsychologie der Intergeschlechtlichkeit sollten die Erkenntnisse berücksichtigt werden, die Jörg Woweries (2015) ausgehend von seiner jahrzehntelangen kinderärztlichen Erfahrung zusammengetragen hat (ebd. 256):

1. Die Geschlechtsidentität eines Menschen ist bei der Geburt nicht zu erkennen.

2. Sie wird weder von den »äußeren oder inneren Genitalien« noch von den Geschlechtschromosomen bestimmt.

3. »Die Geschlechtsidentität ist durch keine medizinische oder psychologische Maßnahme diagnostisch zu erkennen. Das kann nur das Individuum selbst«.

4. »Das Bewusstsein des eigenen Geschlechts entsteht in einem Entwicklungsprozess, der sich über viele Jahre hinzieht und über die Zeit der Pubertät hinausgehen kann«.

5. »Ob sich jemand als Mann, Frau oder anders fühlt, kann durch keine Operation zugewiesen oder hergestellt werden« (ebd. 256).

In ihrer Analyse von Entfremdungserfahrungen stößt die Philosophin Rahel Jaeggi (2016) ebenso auf Vorstellungen des Selbst als Hülle und als Kern. Sie geht auf das sogenannte Containermodell des Selbst, nach Frederic Jameson ein und – dem gegenüberstehend – auf die Vorstellung eines wahren vs. eines falschen Kernselbst. Beide Vorstellungen implizieren ein Selbst, das sich »irgendwo innen befindet und auf Ausdruck wartet, aber auch unabhängig von diesem Ausdruck Bestand hat« (Jaeggi 2016: 74). Jenseits dieser essentialistischen Vorstellungen eines wahren Kerns oder Containers geht Jaeggi davon aus, dass sich das Selbst im Leben findet, formuliert und artikuliert. Entsprechend seien Identitäten und das »Selbst nicht jenseits von, sondern in seinen Weltbezügen zu untersuchen« (ebd. 77). Dies leitet über zu der Frage intergeschlechtlicher Selbstentwicklung und Identitätsbildung. Die Modelle von Hülle und Kern könnten dabei Anregungen liefern. Die Vorstellung eines geschlechtlichen Identitätskerns impliziert, dass dieser wesentliche Eigenschaften bereits enthält, die im Laufe des Lebens zur Entfaltung kommen können. Ein solcher Kern kann aber auch ein Bild und sprachlicher Anhaltspunkt für verschiedenes geschlechtliches Erleben sein. Eine Hülle lässt sich dagegen erweitert auch als Umhüllung und als der umhüllte Raum denken. So findet die Vorstellung eines Zwischenraums in den verschiedenen Inter*-Begriffen Ausdruck, ebenso im gender_gap, der einen Raum zwischen den Buchstaben markiert und öffnet, die üblicherweise männliche, selten weibliche und noch seltener intergeschlechtliche Konnotationen tragen.

INTERGESCHLECHTLICHE IDENTITÄTEN: HERCULINE UND ANDERE VORBILDER

Intergeschlechtliches Erleben und hermaphroditische Identitäten von Menschen mit körpergeschlechtlicher Mehrdeutigkeit sind kein neues Phänomen und wurden schon von Stoller (1968), Milton Diamond (1997) und anderen beschrieben (vgl. Schweizer 2012).

Doch die akademische Psychologie nahm solche Erkenntnisse lange kaum zur Kenntnis; sie untersuchte Identitätserleben weiterhin im Zwei-Geschlechter-Modus und konstruierte Geschlechtsidentitäten-Fragebögen weiter binär ohne Zwischenräume. Entsprechend wurden in der medizinisch-psychologischen Literatur intergeschlechtliche Identitätsverläufe als Nischendasein gesehen (vgl. DeVries 2007).

Zwischengeschlechtliche Geschlechtsidentitäten, die weder männlich noch weiblich waren, wurden automatisch mit »Leiden« konnotiert in der Weise, dass sie regelhaft als »geschlechtsdysphorisch« beschrieben wurden, also als eine Unzufriedenheit in Hinblick auf das eigene Geschlecht anstatt als legitime und anerkannte Identität und Erlebensweise. Entsprechend blieben die gängigen Forschungsdesigns auf das männlich-weiblich-Raster beschränkt ohne Raum für Vieldeutiges, Mehrdeutiges, Zwischen- oder Zweigeschlechtlich-Intersexuelles.

Vor diesem Hintergrund ist es bemerkenswert, dass sich derzeit in der akademischen Psychologie, zumindest in Deutschland, ein Umdenken erkennen lässt. Im Rahmen der Verfassungsbeschwerde zur Anerkennung von Intergeschlechtlichkeit im deutschen Recht von 2016 äußerten sich die Berufsverbände der Psycholog_innen (BDP) und Rechtspsycholog_innen sowie die Deutsche Gesellschaft für Psychologie (vgl. DGPs 2017) und die Deutsche Gesellschaft für Sexualforschung (DGfS) 2017 in ihren jeweils unterschiedlichen Stellungnahmen durchweg positiv und unterstützen die Verfassungsbeschwerde und damit die Einführung eines dritten, positiven Geschlechtseintrags bzw. die Abschaffung von Geschlecht im Recht.

Ein wichtiges Ergebnis der Hamburger Intersex-Studie war die Erkenntnis, dass die Kategorien »männlich« und »weiblich« allein unzureichend für die Beschreibung des individuellen Geschlechtserlebens sind: Ein nicht unerheblicher Anteil von fast 25 Prozent der hier befragten Erfahrungsexpert_innen mit sehr verschiedenen Intersexformen beschrieb eine intergeschlechtliche Identität oder erlebte sich als weder eindeutig männlich noch weiblich (vgl. Schweizer u.a. 2014; Brunner u.a. 2014). Ein weiteres Ergebnis war die Feststellung, dass nur wenige der Befragten in Kindheit und Jugend Gesprächspartner_innen hatten, mit denen sie über ihre Intergeschlechtlichkeit und damit verbundene Erfahrungen sprechen konnten. Isolation und Geheimhaltung sind wiederkehrend als Probleme im Umgang mit Intersexualität beschrieben worden.

In der aktuelleren Literatur haben inzwischen die authentischen Erzählungen von Erfahrungsexpert_innen sowie die psychologische und sozialwissenschaftliche Forschung zu einem erweiterten Verständnis intergeschlechtlicher Lebensrealitäten und Erlebensweisen beigetragen. Beispielsweise haben die ethnologischen, historischen und sozialwissenschaftlichen qualitativen Untersuchungen von Preves (2003), Lang (2006), Zehnder (2010), Klöppel (2011), Voss (2010) und Davies (2015) wichtige Erkenntnisse geliefert und den Blick geöffnet für Intersex-Perspektiven. Maßgeblich zu dieser Öffnung beigetragen und den Weg bereitet haben die inzwischen als »Klassiker« geltenden Arbeiten und Bücher von Diamond und Sigmundson (1997), Kessler (1998), Dreger (1999), Fausto-Sterling (2000) und Fröhling (2003).

Katinka Schweizer

Die verheerenden Folgen des Fehlens einer eigenen sprachlichen Identitätsbezeichnung und Kategorie, die als Existenzberechtigung fungiert und Sichtbarkeit ermöglicht, zeigt das historische Beispiel von *Herculine Barbin*, auch *Alexina* genannt, wuchs im 19. Jahrhundert in Frankreich als intergeschlechtlich geborener Mensch zunächst als Mädchen auf und wurde als junge Erwachsene zu einem Rollenwechsel ins männliche Geschlecht genötigt. Prominent wurden Alexinas Erinnerungen mit der Veröffentlichung durch Foucault (1998), der ihren Tagebuchaufzeichnungen auch medizinische und juristische Dokumente, Empfehlungsschreiben und Pressemeldungen hinzufügte. Foucault (1998) kennzeichnet die Geschichte als tragische Identitätssuche: »Herculine-Adelaide Barbin oder Alexina Barbin […] war einer jener unglücklichen Helden der Jagd nach Identität« (ebd. 12).

Herculine lebte von 1838 bis 1869. Nach dem Besuch einer Klosterschule strebte sie eine Lehrerinnenausbildung an, für die sie auch empfohlen wurde, und die sie als Klassenbeste mit 19 Jahren abschloss. Anschließend erhielt sie eine Stelle als Lehrerin in einem Mädchenpensionat. Dort verliebte sie sich in ihre Kollegin Sara, die zu ihrer »Gefährtin« wurde. Die beiden verband eine zärtliche, leidenschaftliche und glückliche Liebe, die unter dem Schutz des Pensionatslebens sein durfte, solange, bis eine medizinische und juristische Befundung ergab, dass Herculine männliche und weibliche Körpermerkmale habe, also hermaphroditisch sei. Infolge von wiederkehrenden Schmerzen in der Leistengegend und eines anschließenden ärztlichen Gutachtens und des anatomischen Befundes einer fehlenden weiblichen Brust und eines Genitales, das als »voluminöse Klitoris« (ebd. 186) beschrieben wurde, wurde im Alter von 22 Jahren ein amtlicher Geschlechtswechsel zum Mann veranlasst. Alexina Herculine erhielt nun den männlichen Vornamen Abel. Sie musste das Pensionat verlassen und damit auch ihre Freundin und sich eine neue Arbeit suchen. Sie_er zog nach Paris, schien jedoch nicht Fuß zu fassen in der neuen zugewiesenen Rolle als Mann, weder psychisch noch in den sozialen Bezügen. Im Alter von 30 Jahren nahm Herculine Alexina Abel sich das Leben. Sie_er sah keine Möglichkeit, als gynäphiler Zwitter zu existieren. Als zentraler Satz lässt sich Alexinas Aussage und traurige Feststellung lesen: »Mir war kein Platz bestimmt in dieser Welt, die mich floh, die mich verdammt hat« (Foucault 1998: 21).

Gezeigt wird, wie unmöglich es Alexina schien, die Geschlechter-Grenzen zu sprengen. Geschlecht galt als gesetzt; das »wahre Geschlecht« war zu finden und zu bestimmen. Es gab nur Mann oder Frau. Es gab keine Entsprechung, kein Vorbild für das eigene Erleben. Der innere und äußere Druck wurde zur Qual für Alexina und führte schließlich zum Suizid. In den Tagebuchaufzeichnungen ist zu lesen: »Was sollte ich tun, mein Gott, wozu mich entschließen?« (ebd. 88). Die Geschichte erzählt, wie *gender confusion* entstehen kann – aufgrund des Fehlens adäquater Bilder, Vorbilder und Erzählungen von Anerkennung und Wertschätzung intergeschlechtlichen Seins.

Einerseits benennt Foucault Alexinas Selbsterleben als *Nicht-Identität*, aus dem Mangel an gängigen Kategorien intergeschlechtlicher Identitätsmöglichkeiten her-

aus. Dies ist auch einer der Kritikpunkte von Judith Butler (1991) an Foucaults Text-
deutung. Andererseits beschreibt Foucault (1998) Alexinas Identitätserleben in seiner
Vielgestaltigkeit: »[…] für sich selbst ist sie noch immer ohne bestimmtes Geschlecht;
[…] und darum können [die] Abstufungen, Maserungen, Halbschatten und schillernden Farbtöne als eigentliche Natur ihrer Natur angenommen werden« (ebd. 14).
Vielfalt und Farbigkeit als »eigentliche Natur« könnten als Vorläufer und Bestandteile
eines eigenen intersexuellen Identitätserlebens angenommen werden.

In ihrer Analyse der Foucault'schen Darstellung beschreibt Butler (1991) zunächst
die affektive Wirkung des »sentimentalen und melodramatischen Tonfalls« und Alexinas »ständiges Krisengefühl« (ebd. 147), das den gesamten Tagebuchtext durchzieht.
Dabei verweist Butler darauf, dass Alexinas Identitätsgefühl wechselnd und brüchig
gewesen sei und sie selbst nicht immer wusste, wer sie sei. Butler benennt Alexinas geschlechtliche Ambivalenz, die anzuerkennen sei, bedient aber auch Vorstellungen des
A_Normalen und sieht Grenzen des Nicht-Lösbaren: »Anstatt Herculines anormalen
Körper als Ursache für ihr/sein Begehren und Unbehagen, ihre/seine Affären und
Geständnisse zu verstehen, sollten wir diesen hier vollständig textualisierten Körper
eher als Zeichen für eine unlösbare Ambivalenz lesen, die durch den juridischen Diskurs des eindeutigen Sexus erzeugt wird« (ebd.150). An anderer Stelle betont Butler
die »fließenden Möglichkeiten, die entstehen, sobald diese [Geschlechts-]Kategorien
nicht mehr ursächlich oder expressiv an die vermeintliche fixe Bestimmtheit des
Sexus zurückgebunden werden« (ebd.151). »Herculines Anatomie« falle nicht aus
den »Kategorien des Sexus heraus«, sondern sie »bringt deren konstitutive Elemente
durcheinander und teilt sie neu auf« (ebd. 151). Butler spricht vom » freien Spiel« der
Geschlechtsattribute, das bewirke, dass sich »die Bestimmung des »Sexus« als unver-
gängliches, substantivisches Substrat […] als Illusion enthüllt« (ebd. 151).

In der Geschichte geht es um zwei soziale und sexuelle Normverletzungen: das
Zwei-Geschlechter-Modell und das Homosexualitätstabu werden berührt und in Frage
gestellt. Butler (1991) warnt deshalb davor, vorschnelle heteronormative Schlüsse daraus zu ziehen:

»Eine ständige Versuchung bei der Lektüre dieses Textes besteht natürlich darin, Herculines sexuelle Beziehungen zu den Mädchen durch den Rückgriff auf die männliche
Komponente ihres/seiner biologischen Doppelheit zu erklären. Wenn Herculine ein
Mädchen begehrt, liefern möglicherweise Hormon- oder Chromosomstrukturen oder
das anatomische Vorhandensein des Penis ohne Öffnung den Beweis für ein diskreteres
männliches Geschlecht, das demnach das heterosexuelle Vermögen und Begehren erzeugen würde. Gehen die Lüste, Begehren und Akte nicht im bestimmten Sinne aus
einem biologischen Körper hervor? […] Möglicherweise wird die Anstrengung, die Beschreibung von Herculines primären Geschlechtsmerkmalen, ihre/seine geschlechtlich
bestimmte Identität (übrigens verschiebt sich ihr/sein eigenes Gefühl der Geschlechtsidentität dauernd und ist keineswegs eindeutig) und die Ausrichtung und Objekte ihres/
seines Begehrens begrifflich auseinanderzuhalten, gerade dadurch erschwert, daß Herculine einen hermaphroditischen Körper besitzt. Herculine selbst geht an mehreren Stellen
davon aus, daß ihr/sein Körper die Ursache für ihre/seine Geschlechter-Verwirrung

Katinka Schweizer

(gender confusion) und ihre/seine das Gesetz übertretenden Lüste ist – so als wären diese Lüste das Resultat und die Offenbarung einer Wesensbestimmung, die irgendwie aus der natürlichen /metaphysischen Ordnung der Dinge herausfällt.« (Ebd 149f)

Hier verweist Butler anhand von Herculines Biografie und deren anschließender Auslegung durch Kirche, Medizin und Recht auf die gesellschaftlich fest verankerten Denkstrukturen, nach denen Begehren, Identitäten und Körper kongruent zu sein haben und keine Zwischenräume, Homo- oder Bisexualitäten vorsehen. Darüber hinaus geht es Butler in ihrer Textbetrachtung offensichtlich auch darum, widersprüchliche Argumentationslinien bei Foucault aufzuzeigen. Seine Darstellung sei emanzipatorisch und anti-emanzipatorisch zugleich, u.a. ließe sich Foucaults eigene These, Sexualität und Macht seien identisch, angesichts diverser Sexuierungen und der dargestellten Intergeschlechtlichkeit nicht halten. Doch gelöst von dieser Metadiskussion treffen sich Butler und Foucault darin, dass sie beide das Konstrukt eines eindeutigen, kongruenten und wahren Geschlechts hinterfragen und dekonstruieren. Foucaults Interesse an dieser umfassenden Darstellung der Lebensgeschichte einer intergeschlechtlich geborenen Person scheint in der Untersuchung der Hartnäckigkeit der wiederkehrenden Frage nach dem »wahren Geschlecht« sowie des Zusammenspiels von Wahrheitssuche und Geschlechtlichkeit zu liegen.

Auch für das schlichte Anliegen, intergeschlechtliche Vorbilder sichtbar zu machen, liefern Foucaults Dokumentation und die anschließende weiterführende Auseinandersetzung mit dem Fall wichtige Beiträge. Mit seiner Darstellung von Herculines Lust- und Leidensweg lässt sich Foucault, wenn auch von ihm unbeabsichtigt, als kritischer Sexualforscher sehen, weil er Sigusch folgend »geschlechtliches Elend beim Namen« nennt (vgl. Schweizer 2016). Deutlich wird das Ausmaß der äußeren Fremdbestimmung, mit der Geschlechterbestimmung verknüpft war. Die Geschichte endet in einem Suizid und der_die Leser_in fragt sich, ob es nicht andere Lebensmodelle gegeben hätte.

Vor dem Hintergrund der Frage, welche Rollenvorbilder und Modelle es für intergeschlechtliche Menschen gibt, ist die Geschichte von Herculine ein deprimierendes Beispiel, da sie_er gerade keinen Platz für sich in dieser Welt sah. Es gab in Herculines Leben keinen Zwischenraum für Hermaphroditen, und auch heute ist er sehr schmal.

Wie einfach wäre es, Identitäten im Zwischenraum zuzulassen? Dies war offensichtlich weder denkbar noch lebbar, weder für Herculine noch für ihre Freundin Sara oder die anderen Beteiligten. Es gab und gibt kein Raster, keine Entsprechung oder vorgesehene Rolle und Identität, weil schlicht eine anerkannte Geschlechtskategorie »intergeschlechtlich« fehlte.

Nach Herculines Tod wurde eine Autopsie durchgeführt. Der daraus hervorgehende anatomische Bericht ist den Aufzeichnungen bei Foucault (1998) zugefügt. Er erschien als wissenschaftliche Veröffentlichung im *Journal de l'anatomie et de la physiologie de l'homme*, verfasst im Jahr 1869 von einem Autor namens Goujon unter dem Titel *Untersuchung eines Falles von unvollständigem bisexuellen Hermaphrodismus beim Manne*. Mehrfach ist darin von Herculine als »dieser Unglücklichen« die Rede. Dies lässt sich mit Sicherheit auf den Suizid beziehen, in der Ausführung des Textes aber auch auf den »unglücklichen« Umstand der geschlechtlichen Doppelnatur und explizit auf die Annahme einer »falschen« Geschlechtszuweisung nach der Geburt. Die »seelischen Kämpfe dieses Unglücklichen« werden als »unmittelbare Folge der irrtümlichen Geschlechtsbestimmung« (ebd. 204) gedeutet. Diese sich enthüllende Denkweise und Annahme, es gäbe richtige und falsche Geschlechtszuweisungen bei Intergeschlechtlichkeit, hat sich bis in die heutige Zeit gehalten. Sie zeigt, wie schwer es fällt, biologische Tatsachen als gegeben hinzunehmen und anzuerkennen, und Intergeschlechtlichkeit als weitere Geschlechtsmöglichkeit neben Männlichkeit und Weiblichkeit zu denken. Gleichwohl endet der historische medizinische Bericht mit einer im Ansatz demütigen Feststellung der eigenen Fehleinschätzung, dass nämlich die Geschlechtszuweisung zum Manne nicht den gewünschten Erfolg brachte: »Theoretisch sollte man annehmen, daß mit dem Momente, wo Alexina die soziale Stellung und die Rechte eines Mannes zuerkannt waren, ihre seelischen Qualen allmählich schwinden würden, […] die Erfahrung spricht jedoch dagegen« (ebd. 205).

VOGLERS HERCULINE IM 21. JAHRHUNDERT

Mit seiner hier gezeigten Skulptur *Herculine* fordert der Bildhauer Fabian Vogler Barbins resigniertes Lebensfazit heraus. Entgegen dem Diktum »Mir war kein Platz bestimmt in dieser Welt« verschafft er ihr_ihm nachträglich durch seine Formgebung eben diesen. Die kleine Bronze reiht sich ein in die Figurenreihen von Kleinplastiken wie Ditmars Bruder, Inter*Venus oder die Princess_innen, die Bildwelten erweitern und Räume öffnen, indem sie Vielfalt und Vielgestaltigkeit zeigen. Es ist ein wechselseitiges Spiel zwischen Elementen extremer Abstraktion kombiniert mit Figurenteilen von erstaunlich fein gestalteter Körper- und Fleischlichkeit, die im Auge zu einer »taktilen« Optik verschmelzen. Thomas Gädekes (2015) Bemerkung, dass Vogler sich in seinen Arbeiten »in der Tradition der Moderne an die äußere Erscheinung der Natur« hält und sie dennoch aus einem »Geflecht von abstrakten Formen, eingebrachten Elementen des readymades und Naturanschauung« (ebd. 205) gewinnt, ist auch für *Herculine* treffend. Diese Interpretation der sensiblen, zwar reduzierten und doch feingliedrig wirkenden Gestalt macht sie als Kunstwerk einzigartig. Der Künstler widersteht der Gefahr einer sentimentalisierenden Darstellung, wählt ganz im Gegenteil eher einen sympathisch schalkhaften Ausdruck und gibt damit der lebensgeschichtlichen Tragik dieser Figur ein würdevolles Andenken. Die unnachgiebige Art, wie Vogler das Material Bronze in der Oberfläche bis ins letzte Detail persönlich bearbeitet und behandelt, gleichfalls in kontrastierendem Spiel von Teilen mit intrigant verführerischer Perfektion und oft roh belassener Gusshaut, passt gut zum Thema und setzt Herculine zugleich in gute Gesellschaft zu den anderen Figuren. Vogler erinnert nicht nur an ihr Schicksal, sondern stellt sie dreidimensional auf und gibt ihr ihren_seinen Raum in der Welt zurück.

Katinka Schweizer

FABIAN VOGLER HERCULINE 2017. BRONZE. 14,5 x 6 x 4 cm

Geteilte gelebte Erfahrung kann zur gegenseitigen Ermutigung, Stärkung und Empo-werment, werden. Das Internet spielt und spielte eine wesentliche Rolle für die Vernet-zung und Verbreitung von Vorbildern. Auch Filme und die belletristische Bearbeitung der Intersexthematik tragen zur Sichtbarkeit, Enttabuisierung und Aufklärung bei. Uta Kuhl und Michael Groneberg weisen in ihren Beiträgen in diesem Band auf ver-schiedene Stoffbearbeitungen hin, beispielsweise auf die Filme *Both* oder *XXY*. Letzte-rer erzählt die Geschichte der mutigen intergeschlechtlichen *Alex*, die ihren Platz sucht und findet, Freunde hat, sich verliebt, erste sexuelle Erfahrungen macht, aber auch sexuell belästigt wird, sich wehrt und Eltern hat, die sie unterstützten und stärken und sie annehmen, wie sie ist (vgl. Puenco 2008; Schweizer 2018b).

Der moderne Klassiker unter den Romanen ist nach wie vor »Middlesex« von Jeffrey Eugenides (2002). Er erzählt die Geschichte von *Cal_iope*, die als genetisch männliches Mädchen mit einem Enzymmangel und einer daraus folgenden Androgenbiosynthese-Beeinträchtigung, dem 5-alpha-Reduktase-Mangel, lebt und rechtzeitig dem Ope-rationstisch entflieht, auf dem sie chirurgisch zu einem Mädchen gemacht werden sollte – durch die Entfernung ihrer männlichen Keimdrüsen und Verkleinerung des wachsen-den Genitales. Cal will ihre Körperintegrität behalten, so leben und akzeptiert werden, wie sie ist, auch wenn dies in ihrem Fall bedeutet, dass ihr Körper sich »vermännlichen« und ihre Intergeschlechtlichkeit damit sichtbar wird. Auf ihrer anschließenden Reise durch das bunte Amerika erlebt Cal, dass doch eigentlich alle Menschen vielgestaltig und uneinheitlich sind, nicht nur sie als intergeschlechtlicher Mensch.

Die Bücher *Mitgift* von Ulrike Draesner (2006) sowie *Mit dem Kopf zuerst* von Noëlle Châtelet (2005) erzählen die tragischen, aber zugleich so wichtigen Geschichten von Anita und Denis_Paul. Ähnlich wie im Fall der Herculine nimmt Draesner in *Mitgift* das Motiv der Aussichts- und Ausweglosigkeit auf (Schweizer, 2014). Die intergeschlecht-liche Protagonist_in Anita – die wie Alex im Film *XXY* Hormontabletten nehmen muss, weil sie ein Adrenogenitales Syndrom (AGS) hat, über das sie in Kindheit und Jugend nie richtig aufgeklärt wurde – wird zunächst Model, studiert dann Jura. Ihre Schwester, aus deren Perspektive die Geschichte erzählt wird, beneidet sie um ihre Schönheit. Anita ist erfolgreich, heiratet, bekommt ein Kind, schließt ihr Studium ab, aber fühlt sich in ihrer Haut nicht wohl. Gegen Ende vollzieht sie – anders als Herculine – auf eigenen Wunsch einen Geschlechtswechsel zum Mann. Doch dies scheint auch keine tragfähige Lösung zu sein. Wie Herculine nimmt sie sich schließlich das Leben.

Es lässt sich hinterfragen, inwieweit Anita und Herculine sich als ermutigende Vor-bilder eignen. Doch auch die traurigen und tragischen Geschichten von mangelndem Raum und fehlender Sprache müssen erzählt und gehört werden. Sie zeichnen Rea-litäten nach und zeigen, wie schwerfällig und rigide das Geschlechterdenken über-wiegend ist. Im Erzählen und Zuhören entstehen zudem neue Räume, die wiederum Platz schaffen und zur Anerkennung individueller Erfahrungen beitragen.

Weitere Roman-Vorbilder aus der jüngeren Zeit, die Mut machen und Perspektiven öffnen, sind die Protagonist_innen der Bücher *Annabelle* von Kathleen Winter (2010),

Alex in *Golden Boy* von Abigail Tarttelin (2014) und Kristin in *None of the above* von I.W. Gregorio (2015). Hier erzählen die Autor_innen aus dem alltäglichen Erleben ihrer intergeschlechtlichen Hauptpersonen in Familie, Schule, Arbeit, von Begegnungen und Beziehungen zu Freund_innen, Partner_innen und Eltern. Sexualität, Sich-verlieben und Selbstfindung werden thematisiert und der Blick für das geschlechtliche Kontinuum aller Menschen geöffnet.

Die authentischen Stimmen von Erfahrungsexpert_innen sind nach wie vor die eindrücklichsten und wirkungsvollsten Vorbilder. Der Film »Tintenfischalarm«, die Kurzgeschichten und Bilder von Alex Jürgen (vgl. den Beitrag in diesem Band; http://www.alexjuergen.at/), Gedichte von Ika Elvau (2014), Biografien, z.B. von Christiane Völling (2009) und Hida Viloria (2017), sowie die künstlerischen Arbeiten von Ins A Kromminga (http://www.abject.de/) sind Beispiele für die wachsende Sichtbarkeit, ebenso Videos, Fernsehbeiträge und Blogs von Aktivist_innen (z.B. http://hidaviloria.com/; http://www.genderfreenation.de/; http://zwischengeschlecht.org/). Das Hörstück *Die Katze wäre eher ein Vogel* von Melanie Jilg (2007) war eine der frühen deutschsprachigen Dokumentationen, in der vier Erfahrungsexpert_innen mit ihren Geschichten und Verwundungen hörbar und dadurch zu Vorbildern wurden.

In den Videos der Initiative InterACT aus den USA berichten junge Leute und Expert_innen in eigener Sache sachlich, freundlich, verständlich und stolz über ihr Intergeschlechtlich-Sein (https://interactadvocates.org/). Hier engagiert sich auch die amerikanische Soziologin und Erfahrungsexpert_in Georgiann Davis. Sie verknüpft in ihrer Person Erfahrungs- und Fachwissen. Als Soziologin erforscht sie medizinhistorische Prozesse, als intergeschlechtliche Erfahrungsexpertin (http://www.georgianndavis.com/) stellt sie ihr Erfahrungswissen in ihren geistreichen Online-Vorlesungen der Öffentlichkeit zur Verfügung (vgl. Davis' Beitrag in diesem Band). Auch die_der intergeschlechtliche Fotograf_in und Aktionskünstler_in Del La Grace Volcano (http://www.dellagracevolcano.com/) ging früh in die Öffentlichkeit, um zu zeigen, es ist möglich, als Intermensch zu leben; ebenso die Aktivist_innen der weltweit aktiven Gruppen oii (Organization Intersex International, https://oiigermany.org/) und Intersexuelle Menschen e.V. (http://www.im-ev.de/).

Zu internationalen Vorbildern wurden außerdem intergeschlechtliche Menschen, die in anderen Zusammenhängen prominent wurden, z.B. aufgrund ihrer Talente im Sport wie die Leichtathletin Caster Semenya, oder bereits in den 1960er Jahren die_der Skiläufer_in Erik_a Schinegger, oder die_der australische Bürgermeister_in Tony Briffa.

Aus der psychologischen Lerntheorie wissen wir, dass das Lernen an Vorbildern, die Lebensmodelle, Sprech-, Denk- und Verhaltensweisen zeigen, zu den wirkungsvollsten Lernformen zählt. Das von Albert Bandura (1977) als Beobachtungslernen beschriebene »Lernen am Modell« wirkt vor allem durch Imitation und Verinnerlichung. Die verschiedenen Formen der Internalisierung können bewusst und unbewusst sein. In den Kinderbüchern *Jill ist anders!* (Rosen 2015) und *Lila. Oder was ist Intersexualität* von Gerda Schmidchen und Ivonne Krawinkel (Intersexuelle Menschen e.V. 2009) wird ansprechend und unaufgeregt anhand schöner, einfacher Zeichnungen die körperliche Geschlechtsentwicklung erklärt. Es zeigt, dass, nicht nur biologisch betrachtet, alle Menschen verschieden sind. Gerade diese Kinderbücher geben Hinweise und Vorbilder für praktische Umgangsweisen im Alltag. Sie antworten auf eine Lücke, die von Eltern intergeschlechtlicher Kinder zunehmend auch öffentlich benannt wird. Zukunftsweisend sind die positiven Beispiele und Erfahrungsberichte von Familien, die zeigen, dass es durchaus möglich ist, ein intergeschlechtliches Kind ohne geschlechtsangleichende Operationen aufwachsen zu lassen und in seinem So-Sein anzunehmen und zu lieben (vgl. Pulvermüller 2012, Eine Mutter, 2012, DLF 2017).

AUSBLICK – ZUR RECHTLICHEN ANERKENNUNG ALLER MENSCHEN

Die Anerkennung intergeschlechtlicher Identitäten hat in den letzten Jahren zugenommen.

In seiner Stellungnahme zur Intersexualität hat der Deutsche Ethikrat 2012 empfohlen:

> »bei Personen, deren Geschlecht nicht eindeutig feststellbar ist, neben der Eintragung als »weiblich« oder »männlich« auch »anderes« wählbar sein soll. Der Ethikrat war der »Auffassung, dass ein nicht zu rechtfertigender Eingriff in das Persönlichkeitsrecht und das Recht auf Gleichbehandlung vorliegt, wenn Menschen, die sich aufgrund ihrer körperlichen Konstitution weder dem Geschlecht weiblich noch männlich zuordnen können, rechtlich gezwungen werden, sich im Personenstandsregister einer dieser Kategorien zuordnen« (ebd. 177).

Dieser Vorschlag wurde zunächst 2013 durch die Schaffung einer personenstandsrechtlichen Zwischenlösung in Deutschland umgesetzt, die zum Offenlassen des Geschlechtseintrags nach der Geburt eines Kindes zwingt, dessen Geschlecht nicht eindeutig bestimmbar ist. Dies bedeutete in der Konsequenz, dass es beim Fortbestehen eines solchen offenen Eintrags zu einem geschlechtslosen Status kommt. Daraufhin engagierte sich u.a. die »Kampagne für eine dritte Option beim Geschlechtseintrag«, die in ihrer Verfassungsbeschwerde von 2016 auf die Notwendigkeit des Schließens dieser Rechtslücke hinwies. Beschwerdeführer_in *Vanja* und die beteiligten Juristinnen zeigten auf, dass es zur Wahrung von Menschen- und Persönlichkeitsrechten notwendig ist, für intergeschlechtlich geborene Personen, deren Geschlechtsidentität intergeschlechtlich oder divers ist, eine adäquate personenstandsrechtliche Erfassung und Geschlechtskategorie zu gewährleisten.

Des Weiteren adressierte die Beschwerde die rechtliche und damit gesamtgesellschaftliche Ungleichbehandlung und Diskriminierung aufgrund der Verletzung des allgemeinen Persönlichkeitsrechts von intergeschlechtlichen Menschen, indem ihnen die freie Ausübung ihrer geschlechtlichen Identität und die amtliche Registrierung ihrer Identität verwehrt wurden.

Inzwischen ist die Verfassungsklage verhandelt worden. Am 10. Oktober 2017 ist ihr in allen Punkten stattgegeben worden. Wenige Tage später erhielt Lucie Veith, Mitbegründer_in des Vereins Intersexuelle Menschen e.V., den Preis der Bundesrepublik Deutschland gegen Diskriminierung. Stellvertretend für viele nahm Lucie Veith ihn

Katinka Schweizer

entgegen. Am 9. November 2017 wurde der Beschluss des Bundesverfassungsgerichts der Öffentlichkeit mitgeteilt. Dies liest sich als Erfolg und ist als solcher auch zu sehen. Gleichzeitig sind Vorbilder weiterhin wichtig für die gesellschaftliche Akzeptanz- und Aufklärungsarbeit und für die Ermutigung einzelner intergeschlechtlicher Individuen.

Durch den Verfassungsgerichtsbeschluss vom Oktober 2017 ist das Gefüge der bundesdeutschen Geschlechternormen erweitert worden. Es zeigt sich, dass Normen nicht statisch sind, auch wenn sie sich nur mühsam in langsamen Prozessen verändern und beeinflussen lassen. Im Sinne der Möglichkeiten, die Normen auch beinhalten, erleben wir derzeit einen normativen Wandel wie Möllers (2015) ihn beschrieben hat. Möllers (2015) erklärt die den Normen unterliegenden Subjekte als die »Existenzvoraussetzung der Normen« (ebd. 94). Die Wirkung von Normen hänge von der Bereitschaft zur Mitwirkung der Mitglieder einer Gesellschaft ab: »Erst Normen, die sich die Gesellschaft einverleibt hat, können auf diese einwirken« (ebd. 88). Ein solches Einverleibungsgeschehen vollzieht sich aktuell. Es wird sich zeigen, inwieweit die Gesellschaft und jede_r Einzelne darin die erweiterten Normen leben und praktizieren wird. Dabei ist das Vorbild der *Richter_innen* des Bundesverfassungsgerichts, die sich eingehend mit der Thematik befasst haben, maßgebend. Die höchste juristische Instanz des Landes hat anerkannt: Intergeschlechtlichkeit ist ein Ausdruck der Vielfalt der Natur und eine körperliche und seelische Lebensrealität. Intersex-Phänomene und Identitäten zeigen, dass das allgemein angenommene Zwei-Geschlechter-Modell, nach dem es nur Mann und Frau geben könne, nicht alle Menschen mit einschließt und damit unvollständig und ergänzungsbedürftig ist.

Für die politische Frage, welche Lösung sich als zielführender erweisen wird, die Abschaffung des Geschlechts oder seine Erweiterung, erscheint folgender Gedanke beachtenswert: Es ist nicht möglich, etwas abzuschaffen, was noch nicht in die Welt gekommen ist. Die_der Beschwerdeführer_n *Vanja*, die_der als Vorbild für die Anerkennung intergeschlechtlichen Seins zusammen mit ihren_seinen Mitstreiter_innen gekämpft hat, will repräsentiert und vor dem Gesetz mit einem adäquaten geschlechtlichen Personenstand abgebildet sein, will existieren dürfen, so wie es allen Bürger_innen und Menschen zusteht. Etwas abzuschaffen, was bisher noch gar nicht existierte oder anerkannt war, kommt einer doppelten Verleugnung gleich. Vermutlich braucht es den Zwischenschritt der Anerkennung und Sichtbarkeit intergeschlechtlicher Geschlechtsidentitäten im Recht bevor alle Geschlechtskategorien abgeschafft werden können. So erscheint es erst nach erfolgreicher Teilhabe intergeschlechtlicher Menschen in der Gesellschaft als geschlechtergerechte Lösung, Geschlecht im Recht ganz abzuschaffen. Andererseits lässt sich die hohe gesellschaftliche Bedeutung von Geschlecht an sich in Frage stellen. Das binäre Geschlechtermodell, das es bereits gibt, könnte daher theoretisch durchaus abgeschafft werden. Ob die Politik dazu bereit ist, ist fraglich. Die Ehe für alle – die es ebenfalls seit Oktober 2017 in Deutschland gibt, könnte als Vorbild für beide Lösungen dienen. Sie steht allen Paaren, unabhängig von Geschlechtsidentität und sexueller Orientierung, offen, allerdings wurde sie über einen Zwischenschritt, die Kompromisslösung der Eingetragenen Lebenspartnerschaft, errungen.

Eine Öffnung des Raumes zwischen Frau und Mann ist notwendig. Das Offenhalten wird nicht von alleine geschehen. Es gilt, alle gesellschaftlichen und wissenschaftlichen Kräfte aus Erfahrungsexpertise, Recht, Medizin, Psychologie, Geistes-, Natur- und Sozialwissenschaften zu bündeln und anzuwenden, um soziale und sprachliche Zwischenräume anzulegen, zu erweitern und zu erhalten, damit sie sich nicht wieder verschließen. Ich ziehe einen un_passenden Vergleich: Eine sogenannte Neovagina braucht ähnliche Prozesse: Dauernde Dehnung und Weitung nach einer operativen Anlage sind nötig zum Offenhalten und Erhalt der neu geschaffenen Öffnung. Das medizinische Herstellen solcher Genitalräume wurde lange Zeit dem mühsamen gesellschaftlichen Prozess des Herstellens von Denk- und Existenzräumen vorgezogen und unter dem Deckmantel des Kindeswohls durchgeführt, um Stigmatisierung und Gender Confusion zu vermeiden und von den Betroffenen abzuwenden. Der_die Aktionskünstler_in Del LaGrace Volcano setzt ein anderes Denkmodell dagegen: Gender Confusion kann fruchtbar sein und zu gesellschaftlicher Veränderung beitragen. In einer Videodokumentation sagt Del: »Gender confusion is a small price for social change« (vgl. Vice 2017). So kommt der Kunst in den gesamtgesellschaftlichen Bemühungen des Öffnens und Weitens des Geschlechterdenkens eine zentrale Rolle zu. Kunst hat seit jeher Räume geöffnet, Neues geschaffen, alte Ordnungen in Unordnung gebracht, Chaos gestiftet und dem Menschen den Spiegel vorgehalten. In allen Kunstformen ist auch die Auflösung oder Verschmelzung von Geschlechtern konzipiert und dargestellt worden. Kunst braucht und schafft den Fantasieraum, in dem all dies möglich ist.

Eine erweiterte Version dieses Beitrags erscheint als Originalarbeit in der *Kinderanalyse* bei Klett-Cotta, 2018.

BIBLIOGRAFIE

Bandura, A. (1977). Social Learning theory. Englewood Cliffs, NJ: Prentice-Hall.

Becker, T, Knöfel, U., Mingels, G., Moreno, J., Schmiegel, C., Supp, Voigt, C. (2018). Was bin ich? Männer, Frauen – und was noch? Die neue Normalität der Geschlechter. Der Spiegel, S. 12- 20.

Brunner, F., Handford, C., Schweizer, K. (2014). Geschlechtervielfalt und Intersexualität. In: Schweizer K, Brunner F, Cerwenka S, Nieder TO, Briken P. (Hg.). Sexualität und Geschlecht. Psychosoziale, kultur- und sexualwissenschaftliche Perspektiven. Gießen: Psychosozial, 155–166.

Bundesverfassungsgericht. (2017). Zum Beschluss vom 10.10.2017. https://www.bundesverfassungsgericht.de/SharedDocs/Entscheidungen/DE/2017/10/rs20171010_1bvr201916.html, abgerufen am 30.12.2017.

Butler, J. (1991). Das Unbehagen der Geschlechter. Frankfurt/M. Suhrkamp.

Chatelet, N. (2004). Mit dem Kopf zuerst. Köln, Kiepenheuer & Witsch.

Davis, G. (2015). Contesting intersex. The Dubious Diagnosis. New York: New York University Press.

Deutsche Gesellschaft für Psychologie (DGPs). Stellungnahme nach § 27a BVerfGG, AZ 1 BvR 2019/16 zur Verfassungsbeschwerde vom 02.09.2016 an das Bundesverfassungsgericht,https://www.dgps.de/index.php?id=143&tx_ttnews%5Btt_news%5D=-1836&cHash=cad58a0af0b26435437172cfbfaf3f9a, abgerufen am 18.01.2018.

Deutscher Ethikrat (2012). Intersexualität. Stellungnahme. Berlin: Deutscher Ethikrat; 2012.

DeVries, A.L., Doreleijers, T.A., Cohen-Kettenis, P. (2007). Disorders of sex development and gender identity outcome in adolescence and adulthood: understanding gender identity development and its clinical implications. Pediatric Endocrinolical Review, 4(4): 343–51.

Katinka Schweizer

Diamond M, Sigmundson H K (1997). Management of Intersexuality: guidelines for dealing with persons with ambiguous genitalia. Archives of Pediatrics and Adolescent Medicine, 1997, 151,1046–1050.

DLF (2018). Das Dritte Geschlecht. Heute gesellschaftlich akzeptiert? 12.01.2018, Lebenszeit. http://www.deutschlandfunk.de/das-dritte-geschlecht-heute-gesellschaftlich-akzeptiert.1176.de.html?dram:article_id=407950, abgerufen am 18.01.2018.

Draesner, U. (2005). *Mitgift*. Btb, Random House.

Dreger, A.D. (1999). Intersex in the age of ethics. University Press Group of Hagerstown Maryland.

Elvau, I. (2014). Inter*Trans*Express. Eine Reise an und über Geschlechtergrenzen. Münster, Edition assemblage.

Eugenides, J. (2002). Middlesex. Reinbek, Rowohlt.

Fausto-Sterling, A. (2000). *Sexing the body: gender politics and the construction of sexuality*. New York: Basic Books, 2000.

Foucault, M. (1998) Über Hermaphrodismus. Der Fall Barbin. Frankfurt/M., Suhrkamp.

Fröhling, U. (2003). Leben zwischen den Geschlechtern: INTERSEXUALITÄT- Erfahrungen in einem Tabubereich«, Berlin, Links Verlag.

Gregorio, I.W. (2015). None of the above. New York: Balzer & Bray.

Güldenring, A. (2017). Transidentitäten. Vortrag gehalten auf der Deutschen Jahrestagung für Psychosomatik und Psychotherapie der Deutschen Gesellschaft für Psychosomatik (DKPM) in Berlin, 24.03.207.

Intersexuelle Menschen e.V. (2009). Lila. Oder was ist Intersexualität? Intersexuelle Menschen e.V.

Jilg, M. (2007). Die Katze wäre eher ein Vogel. Documentary, DVD. (http://www.melanie-jilg.de/index.php/die-katze-waere-eher/)

Kessler, A.J. (1998). Lessons from the intersexed. New Brunswick, Rutgers University Press.

Lang, C. (2006). Intersexualität. Frankfurt/M., Campus.

Möllers, C. (2015). Die Möglichkeit der Normen. Berlin, Suhrkamp.

Pfäfflin, F. (2003). Anmerkungen zum Begriff Geschlechtsidentität. Psychodynamische Psychotherapie, 2, 141–153.

Preves, S. (2003). Intersex and identity. The contested Self. New Brunswikc, N,J., Rugers University Press.

Puenco, L. (2008). XXY. Kool Film.

Pulvermüller, J.M. (2012). Gedanken einer Mutter. In: Schweizer, K.& Richter-Appelt, H. (Hg.) Intersexualität kontrovers. Grundlagen, Erfahrungen und Positionen. Gießen: Psychosozial Verlag, 255–267.

Quindeau, I. (2008). Verführung und Begehren. Stuttgart, Klett-Cotta.

Richter-Appelt H. (2004). Vom Körper zur Geschlechtsidentität. In: Richter-Appelt H., Hill A. (Hg.), Geschlecht zwischen Spiel und Zwang. Gießen: Psychosozial-Verlag: 93–112.

Rosen, U. (2015). Jill ist anders. Lingen, Salmo Verlag.

Schweizer, K. (2012a). Körperliche Geschlechtsentwicklung und zwischengeschlechtliche Formenvielfalt. In: Schweizer, K. & Richter-Appelt, H. (Hg.), Intersexualität kontrovers. Grundlagen, Erfahrungen und Positionen. Gießen: Psychosozial Verlag, 43–67.

Schweizer, K. (2012b). Identitätsbildung und Varianten der Geschlechtsidentität. In: Schweizer, K. & Richter-Appelt, H. (Hg.), Intersexualität kontrovers. Grundlagen, Erfahrungen und Positionen. Gießen: Psychosozial Verlag, 459–484

Schweizer, K. (2014). Geschlechtsidentität bei Intersexualität. Psychoanalytische Perspektiven, psychosozial 37 (1), 135, 63–74.

Schweizer, K. (2014). Körper, Geschlecht und Identität in Ulrike Draesner *Mitgift*: Sexualwissenschaftliche, psychologische und psychodynamische Betrachtungen. In: Baier. A. & Hochreiter, S. (Hg.) Inter*geschlechtliche Körperlichkeiten. Diskus/Begegnungen im Erzähltext. Wien, zaglossus.

Schweizer, K. (2016). Foucault kennenlernen: Un/Wahre Geschlechter. Zeitschrift für Sexualforschung, 29 (4), 348–350.

Schweizer, K. (2017). Herausforderungen der Gesundheitsversorgung bei Intergeschlechtlichkeit. In: Stiftung Männergesundheit (Hg.). Sexualität von Männern. Dritter Deutscher Männergesundheitsbericht. Gießen: Psychosozial Verlag, 253–260.

Schweizer, K. (2018a). Identitäten zwischen Entität und Erfahrungsraum. In: Schweizer, K. & Vogler, F. (Hg.). Die Schönheiten im Geschlecht. Intersex im Dialog. Frankfurt/M., Campus.

Schweizer, K. (2018b). XXY – Identität im Zwischenraum. Eingereicht in der PSYCHE.

Schweizer, K., Brunner, F., Handford, C., Gedrose, B., Richter-Appelt H. (2017). Coping with diverse sex development: Treatment experiences and social support during childhood and adolescence and adult well-being. Journal of Pediatric Psychology, 42 (5), 504–519.

Schweizer, K., Brunner, F., Handford, C., Richter-Appelt, H. (2014). Gender experience and satisfaction with gender allocation in adults with diverse intersex conditions (Divergences of Sex Development, DSD). Psychology and Sexuality, 5, 56–82.

Schweizer, K., Richter-Appelt, H. (2013). Geschlechts-identität in Theorie und klinischer Praxis. In: Briken, P., Berner, M. (Hg.). Praxisbuch Sexuelle Störungen. Stuttgart, New York: Thieme, 77–88.

Schweizer, K., Brunner, F. (2013). Sexuelle Orientie-rungen. Bundesgesundheitsblatt, 56:231–239.

Schweizer, K., Lampalzer, U., Handford, C., & Bri-ken, P. (2016). Kurzzeitbefragung zu Strukturen und Angeboten zur Beratung und Unterstützung bei Variationen der körperlichen Geschlechtsmerkmale. Begleitmaterial zur Interministeriellen Arbeitsgruppe Inter- & Transsexualität. Berlin: Bundesministerium für Familie, Senioren, Frauen und Jugend.

Sigusch, V. (2016). Das Sex-abc. Frankfurt/M., Campus.

Stoller, R. (1968). Sex and Gender. On the development of masculinity and femininity.1. Auflage New York: Science House; 1968.

Straehle, A. (2014). »Der, der ich bin, grüßt wehmütig den, der ich sein möchte«. In: Kögler, M., Busch, E. (Hg.). Übergangsobjekte und Übergangsräume. Gießen, Psychosozial, 25–47.

Tarttelin, A. (2013). Golden Boy. Blue-eyed boy or girl next door? London, Orion Books.

Vice (2017). Raised without Gender. https://www.vice.com/en_uk/article/j5q3kb/watch-our-new-documentary-raised-without-gender; abgerufen am 18.01.2018

Viloria, H. (2017). Born both. An intersex live. Hachette Books.

Gädeke, T. (2015). Hallig. In: Lüth, H.H. (Hg.). Fabian Vogler. Vollkommene Unvollkommenheit. Plastiken und Reliefs. Husum, pictus verlag.

Völlig, C. (2009). Ich war Mann und Frau. Mein Leben als Intersexuelle. Fackelträger.

Voss, H.-J. (2010). Making Sex Revisited. Dekonstruktion des Geschlechts aus biologisch-medizinischer Perspektive. Bielefeld, Transcript.

Winter, K. (2010). Annabel. London, Vintage Books.

Woweries, J. (2015). Intersexualität – Medizinische Maßnahmen auf dem Prüfstand. In: Schneider, E., & Baltes-Löhr, C. (Hg.). Normierte Kinder. Effekte der Geschlechternormativität auf Kindheit und Adoleszenz. Bielefeld, Transcript,249–264.

Zehnder (2010). Zwitter beim Namen nennen. Bielefeld, Transcript.

ANONYMOUS   AGENDER   GENDER NEUTRAL   IN ORIENTATION   2* SPIRIT

NONCONFORMING   PLUS   DEVIDED   HALF HALF   IN PEACE

SWITCH   CHILD   TWO* PERSON   NEITER   THREE* PERSON

UNDER CONSTRUCTION   DECONSTRUCTED   IN TRANSITION   UNDER CONSTRUCTION   GENDER VARIANT

GENDERQUEER   DEMI WOMAN   DEMI INTERSEX   DEMI DIVERSE   DEMI MAN

SPIRIT   CIS WOMAN   INTERSEX   DIVERSE   CIS MAN

HELICOPTERING   FEMME   BAMM   PFUMP   BUTCH

T*PERSON   EXTRAORDINARY CIS WOMAN   EXTRAORDINARY INTER   EXTRAORDINARY DIVERSE   EXTRAORDINARY HERM

T* WOMAN   SMALL CIS WOMAN   SMALL INTERSEX   SMALL DIVERSE   SMALL MAN

ARTISTIC INTERVENTION VIII   Katinka Schweizer und Fabian Vogler

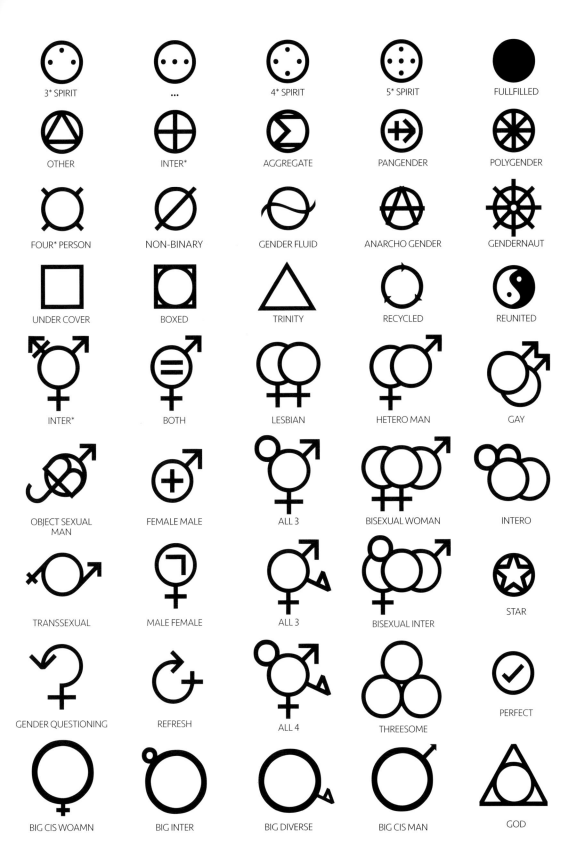

3* SPIRIT	...	4* SPIRIT	5* SPIRIT	FULLFILLED
OTHER	INTER*	AGGREGATE	PANGENDER	POLYGENDER
FOUR* PERSON	NON-BINARY	GENDER FLUID	ANARCHO GENDER	GENDERNAUT
UNDER COVER	BOXED	TRINITY	RECYCLED	REUNITED
INTER*	BOTH	LESBIAN	HETERO MAN	GAY
OBJECT SEXUAL MAN	FEMALE MALE	ALL 3	BISEXUAL WOMAN	INTERO
TRANSSEXUAL	MALE FEMALE	ALL 3	BISEXUAL INTER	STAR
GENDER QUESTIONING	REFRESH	ALL 4	THREESOME	PERFECT
BIG CIS WOAMN	BIG INTER	BIG DIVERSE	BIG CIS MAN	GOD

SYMBOLWELTEN   ALLE KOMBINATIONEN SIND DENKBAR.

Fabian Vogler

EIDOLON AUF DEM THRON UND **EIDOLA** 2017. BRONZE. 8,5 x 5 x 7 | 8 x 6 x 7 cm

HERAUSGEBER_IN

KATINKA SCHWEIZER

Dr. phil., Diplom-Psychologin, MSc, Sexualwissenschaftlerin und Psychotherapeutin. Studium der Psychologie, Social Psychology und Theologie an den Universitäten Landau, Oxford und Hamburg. Studium Generale am Leibniz Kolleg Tübingen. Klinische Tätigkeit in Psychiatrie, Psychosomatik und Sexualtherapie in Hamburg, Breklum und Westerland/Sylt. Seit 2006 am Institut für Sexualforschung am Universitätsklinikum Hamburg-Eppendorf (UKE). Sachverständige für den Deutschen Ethikrat zur Intergeschlechtlichkeit. Approbation und tiefenpsychologische Fachkunde 2012, seit 2015 in eigener Praxis in Dagebüll. Veröffentlichungen, Lehrtätigkeit und Forschungsinteressen: Intersex, Identitäten und psychosexuelle Entwicklung.

FABIAN VOGLER

Mag. Art., MFA., Jg. 1977, Bildhauer und Bronzeplastiker, schloss sowohl sein Magister-Studium in Wien als auch sein Master-Studium in London mit Auszeichnung ab. Erhielt 2005 den österreichischen Theodor-Körner-Förderpreis. Erstellte 2006 den Senior Fellow Award der Universität für Angewandte Kunst Wien. War 2013 und 2016 Artist in Residence bei Espronceda in Barcelona. Übte verschiedentlich Lehrtätigkeiten aus z.B. Sommerakademie Salzburg, Internationale Sommerakademie Venedig, Theodor Storm Schule Husum, Universität Barcelona Fakultät Bellas Artes. Wurde 2017 im Landesmuseum Schloss Gottorf mit dem Förderpreis der Schleswig-Holsteinischen Wirtschaft von der Dietrich-Schulz-Stiftung ausgezeichnet. Erstellte 2017 im Auftrag der Antidiskriminierungsstelle des Bundes den Preis für das Engagement gegen Diskriminierung. Die Stop-Motion-Animation Limbo Weeks in Kooperation mit Bianca Kennedy wurde 2017 mit dem Grand Prix des internationalen Transmission Film Festival in Kassel, Karlsruhe und Warschau ausgezeichnet und war Gewinner des Berlin Experimental Film Festival (Kategorie Berlin Originals). www.fabianvogler.de

BEITRÄGER_INNEN

INGA BECKER

PhD, Diplom-Psychologin und wissenschaftliche Mitarbeiterin am Universitätsklinikum Hamburg-Eppendorf. Sie hat ihre Dissertation zur »Geschlechtsdysphorie im Kindes- und Jugendalter« geschrieben (Klinik für Kinder- und Jugendpsychiatrie), leitet das dazu gehörige Forschungsprojekt und ist zudem an der Multi-Center-Studie »The European Initiative for the Investigation of Gender Incongruence« (Institut für Sexualforschung und Forensische Psychiatrie) beteiligt.

PEER BRIKEN

Prof. Dr. med., Jg. 1969, Sexualwissenschaftler und Psychotherapeut. Seit 2010 Lehrstuhlinhaber für Sexualforschung am Universitätsklinikum Hamburg-Eppendorf und Direktor des dortigen Instituts. 2010 bis 2016 Erster Vorsitzender der Deutschen Gesellschaft für

Sexualforschung (DGfS); Mitherausgeber der »Zeitschrift für Sexualforschung« und der Zeitschrift »Persönlichkeitsstörungen«. Verschiedenste Forschungsaktivitäten und Publikationen zu sexualwissenschaftlichen Themen. Mitglied der Unabhängigen Kommission zur Aufarbeitung Sexuellen Kindesmissbrauchs.

FRANZISKA BRUNNER

Dipl.-Psych., ist wissenschaftliche Mitarbeiterin am Institut für Sexualforschung & Forensische Psychiatrie am Universitätsklinikum Hamburg-Eppendorf; langjährige Mitarbeit in der Hamburger Forschungsgruppe Sexualität und Geschlecht unter Leitung von Hertha Richter-Appelt; derzeit tätig in sexualwissenschaftlichen und forensischen Forschungsprojekten und als Psychotherapeutin in Ausbildung.

GEORGIANN DAVIS

PhD, M.A., B.A. Sociology, Assistant Professor of Sociology at University of Nevada, Las Vegas (UNLV). Board President of interACT (2017–present), Past-President of AIS-DSD Support Group (2014–2015). www.georgianndavis.com

LUTZ GOETZMANN

Prof. Dr. med., Psychoanalytiker (SGPsa/IPA), seit 2011 Chefarzt der Klinik für Psychosomatische Medizin und Psychotherapie der Segeberger Kliniken, Bad Segeberg. Publikation zahlreicher Artikel im Bereich der psychoanalytischen Psychosomatik und der Kulturwissenschaften sowie mehrerer Lyrikbände.

MICHAEL GRONEBERG

Dr. habil., Section de philosophie à l'Université de Lausanne, Suisse.

SONIA GROVER

PhD, completed her Obstetrics and Gynaecology specialist training in Melbourne. She first began clinical work at the Royal Children's Hospital (RCH) in paediatric and adolescent gynaecology in 1991. As a member of the multidisciplinary interest group on differences of sexual development at RCH she was part of the team which undertook a longterm study on the outcome of people with these conditions. She has since been actively involved in a range of research projects including several studies exploring the longterm outcomes of women with a number of differences in sex development including vaginal agenesis and congenital adrenal hyperplasia, in both Australia and Malaysia. She has played an active role in teaching, locally, nationally and internationally particularly in the area of paediatric and adolescent gynaecology and is currently the president of the International Federation of Paediatric and Adolescent Gynaecology (FIGIJ).

UWE HAUPENTHAL

Dr. phil., Jg. 1956, 1978–1986 Studium der Kunstgeschichte, der Mittleren und Neueren Geschichte und der Klassischen Archäologie in Frankfurt/M. und Bonn. 1986 Promotion über das »Menschenbild im plastischen Werk Wilhelm Loths«. 1988

Wissenschaftlicher Mitarbeiter im Kölnischen Kunstverein. 1989–1991 Assistent am Rheinischen Landesmuseum in Bonn. Seit 1991 Leiter des Richard Haizmann Museums Niebüll, seit 1996 zugleich Kurator für Wechselausstellungen beim Museumsverbund Nordfriesland in Husum, seit 2011 dessen Geschäftsführer. Lehraufträge an der Pädagogischen Hochschule in Flensburg und an der Kieler Universität. Publizistische Arbeiten vor allem zur Kunst der Moderne wie der Gegenwart.

PETER HEGARTY

Peter Hegarty is Professor of Psychology at the University of Surrey and the author of Gentlemen's Disagreement: Alfred Kinsey, Lewis Terman, and the Sexual Politics of Smart Men (Chicago, 2013) and A Recent History of Lesbian and Gay Psychology: From Homophobia to LGBT (Routledge, 2017).

ALEX JÜRGEN

geboren 07.09.1976 in Steyr (Oberösterreich), interaktivist*in, protagonist*in im dokumentarfilm *Tintenfischalarm*, einzelhandelskaufmensch, kaufmensch für multimediales gestalten, pflegehelfer*in, nlp resonanz coach*in und practitioner*in, behindertenberater*in.

BIANCA KENNEDY

studierte Freie Kunst an der Akademie der Bildenden Künste in München und machte dort ihren Meisterschülerabschluss (2017). Stipendienaufenthalte führten sie nach Nordamerika, Barcelona, Athen und Tokyo. Ihre Animationen, Zeichnungen und ortsspezifischen Installationen wurden unter anderem im Kunstverein München, Kuandu Museum Taipei, C-Gallery Mailand und Colombo Art Biennale in Sri Lanka gezeigt. Neben analytischen Stop-Motion-Animationen, in denen Bianca Kennedy menschliche Abgründe aufzeigt, arbeitet die Künstlerin regelmäßig an Fotoserien und Zeichnungen, für die Sie selbst geschaffene Raummodelle inszeniert.

UTA KUHL

Dr. phil., Studium der Kunstgeschichte, mittleren und neueren Geschichte und Philosophie an der Universität Münster, 1990 Magister in neuerer Geschichte, 1995 Promotion in Kunstgeschichte über das plastische Werk des Bildhauers Hans Wimmer. Seit 1996 tätig an der Stiftung Schleswig-Holsteinische Landesmuseen Schloss Gottorf Schleswig. Seit 1996 wissenschaftliche Mitarbeiterin der Stiftung Schleswig-Holsteinische Landesmuseen Schloss Gottorf Schleswig: 1998–2011 Leiterin der Museumspädagogik, seit 2011 Kuratorin für die Schloss- und Landesgeschichte, die Skulpturensammlung und die Sammlung Rolf Horn. Publikationen u.a. zur Geschichte der Skulptur, zur Kunst des Expressionismus und zur schleswig-holsteinischen Landesgeschichte.

UTE LAMPALZER

Dr. rer. pol., MSc, Psychologie, Jg. 1980, ist derzeit als wissenschaftliche Mitarbeiterin am Institut für Sexualforschung und Forensische Psychiatrie des Universitätsklinikums Hamburg-Eppendorf tätig. 2013 promovierte sie im Fachgebiet der Volkswirtschaftslehre innerhalb des Projekts »Frühe deutschsprachige Nationalökonominnen«. 2008 schloss sie ihr Studium der Betriebswirtschaftslehre und 2005 ihr Studium der Angewandten Kulturwissenschaften ab.

SILKE LAZAREVIĆ

Dipl. Des., Goldschmiedin und Schmuckdesignerin. Ausbildung zur Goldschmiedegesellin an der Zeichenakademie in Hanau, Studium Schmuck- und Produktdesign an der Fachhochschule in Düsseldorf, Diplomarbeit 2000 mit dem Thema »Schmuck und Gewand – eine Einheit«. Seit 2007 eigenes Werkstattatelier in Nordfriesland, Kooperation mit angewandten und bildenden Künstler_innen, Organisation und Teilnahme in grenzübergreifenden Kunstprojekten. www.silke-schmuck.de

VIKTORIA MÄRKER

Dr. med, Fachärztin für Psychiatrie und Psychotherapie am Institut Für Sexualforschung und Forensische Psychiatrie am Universitätsklinikum Hamburg-Eppendorf.

KONSTANZE PLETT

Prof. Dr. iur., LL.M., Juristin und Rechtssoziologin, Professorin i.R. der Universität Bremen, Fachbereich Rechtswissenschaft. Forschungsschwerpunkt: Recht und Geschlecht, insbesondere Rechte intergeschlechtlich geborener Menschen.

WILHELM-FRIEDRICH PREUSS

Facharzt für Psychiatrie und Psychotherapie sowie für Psychotherapeutische Medizin, Jg.1952, war von 1992–2017 am Institut für Sexualforschung und Forensische Psychiatrie des Universitätsklinikums Hamburg-Eppendorf tätig als Sexualtherapeut, Forensischer Psychotherapeut und schwerpunktmäßig als Gender-Spezialist in der Versorgung von trans*geschlechtlichen Menschen. Mitautor der »Standards zur Behandlung und Begutachtung Transsexueller« (Becker u.a. 1997) und Mitglied der bundesweiten Arbeitsgruppe zur Erarbeitung von »Leitlinien zur Behandlung der Geschlechtsdysphorie« nach den Prinzipien der AWMF (Arbeitsgemeinschaft der Wissenschaftlichen Medizinischen Fachgesellschaften e.V.). Mitglied im Ausbildungsteam »Sexualtherapeutische Weiterbildung mit Schwerpunkt Trans*Versorgung« der DGfS (Deutschen Gesellschaft für Sexualforschung).

KARL REBER

Prof. Dr. phil., Ordentlicher Professor für Klassische Archäologie an der Universität Lausanne, Direktor der Schweizerischen Archäologischen Schule in Griechenland.

STEFAN RIEDL

Dr. med, Studium der Humanmedizin an der Medizinischen Universität Wien, Musikpädagogikstudium an der Hochschule für Musik und darstellende Kunst Wien; Facharzt für Kinder- und Jugendheilkunde, Facharzt für Pädiatrische Endokrinologie und Diabetologie; Oberarzt und Leiter der endokrinologischen Ambulanz am St. Anna Kinderspital sowie Leiter der Ambulanz für Varianten der Geschlechtsentwicklung an der Universitätsklinik für Kinder- und Jugendheilkunde Wien.

VERONIKA RIEDL-SCHLAUSS

Maga Art., MSc, studierte Tapisserie und Malerei an der Akademie der bildenden Künste in Wien und Systemische Psychologische Beratung und Sexualpädagogik. Arbeitsschwerpunkte Biografiearbeit, Krisenintervention/Akutbetreuung, Ehe- und Familienberatung, Beratung von Kindern, Jugendlichen und jungen Erwachsenen mit physischen oder psychischen Variationen des Geschlechts und deren Familien. Lebt und arbeitet in freier Praxis und als freischaffende Künstlerin in Wien.

BARBARA RUETTNER

Prof. Dr. med., Fachärztin für Psychiatrie und Psychotherapie. Psychoanalytikerin SGPsa/IPA. Focusingtherapeutin (DAF). Professorin für klinische Psychologie und psychoanalytische Psychotherapie an der Medical School Hamburg (MSH). Leitung der Ausbildung tiefenpsychologisch fundierte Psychotherapie sowie Psychoanalyse am Hafencityinstitut für Psychotherapie MSH Hamburg. Tätigkeit in psychoanalytisch-psychotherapeutischer Privatpraxis. Veröffentlichungen auf dem Gebiet der Immunologie, Neurologie und Psychosomatik.

ALMUT RUDOLF-PETERSEN

Psychoanalytikerin, Dozentin und Lehranalytikerin am DPG-Institut Hamburg.

ELIA SABATO

Elia Sabato is an Italian sculptor, who works with optical illusion of light and shadow. He uses mirrored steel for his 2D sculptures, using his original brushing techniques and combining reflexion of other 3D objects. He received a UNESCO prize at »Global Art Competition« UNESCO Chair in Bioethics and Human Rights (Rome, 2011). He has had exhibitions in galleries and museums across Rome, Venice, Milan, Bologna, Lecce, Paris, Barcelona, Madrid, Amsterdam, New York, Houston, Tokyo, Buenos Aires and Czech Republic. He is also one of the co-founders of Espronceda Art and Culture Center (Barcelona) and was the director of its gallery and art residency program from 2013–2017. www.eliasabato.com

VOLKMAR SIGUSCH

Prof. Dr. med. Dr. med. habil., Jg. 1940, war von 1973 bis 2006 Direktor des Instituts für Sexualwissenschaft im Klinikum der J. W. Goethe-Universität Frankfurt/M. sowie doppeltberufener Professor für Spezielle Soziologie (Soziologie der Sexualität) im dortigen Fachbereich Gesellschaftswissenschaften. Außerdem war er Geschäftsführender Direktor des Zentrums für Psychosoziale Grundlagen der Medizin (ZPG) an dieser Universität. 1973 war Sigusch Mitbegründer der International Academy of Sex Research und 1988 der Zeitschrift für Sexualforschung. The Journal of Sex Research und Archives of Sexual Behavior beriefen ihn als Co-editor, die Society for the Scientific Study of Sex als Fellow, die Harry Benjamin Gender Dysphoria Association als Charter Member. Mehrere europäische und amerikanische Universitäten zeichneten ihn als Leading Scientist aus. 1978/79 war er Mitglied des Nobelkommittén des Karolinska Institutet in Stockholm zur Vergabe des Medizin-Nobelpreises.

Sein Buch *Die Mystifikation des Sexuellen* wurde 1992 in die Pariser Encyclopédie philosophique universelle als ein Werk des Jahrhunderts aufgenommen. Wiederholt wurde er zum Ersten Vorsitzenden der Deutschen Gesellschaft für Sexualforschung gewählt. Über 40 Jahre lang gab Sigusch die Beiträge zur Sexualforschung mit heraus. Bisher verfasste er mehr als 700 wissenschaftliche Arbeiten, darunter 40 Monografien. Er gilt als einer der bedeutendsten Sexualforscher der Welt.

LUCIE VEITH

Inter*-Menschenrechtsaktivist_in, organisiert bei Intersexuelle Menschen e.V., Bundesverband Deutschland.

JOCHEN HERMANN VENNEBUSCH

hat in Hamburg, Paderborn und Münster Kunstgeschichte, Geschichte, Katholische Theologie und Philosophie studiert. Seit 2015 ist er als Wissenschaftlicher Mitarbeiter im Sonderforschungsbereich 950 »Manuskriptkulturen in Asien, Afrika und Europa« der Universität Hamburg tätig. Seine Forschungsschwerpunkte liegen in der mittelalterlichen Kunst-, Frömmigkeits- und Liturgiegeschichte (vor allem Buchkunst, Visualisierungsstrategien von Kirchenausstattungen, Interaktionsweisen von Kirchenraum, Ritual und Ausstattung).

SILVIA MUÑOZ VENTOSA

holds a BA in Philosophy and a Ph.D. in Urban Anthropology. She has worked as a museum curator since 1985, and is now a textile and fashion curator at the Barcelona Design Museum. She has curated a number of exhibitions. Amog others, the permanent exhibition at the Barcelona Design Museum, Dressing the Body. Silhouettes and Fashion 1550–2015. She has authored publications on fashion and body, fashion photography, literature and clothing, folk clothing, textile history, textile art and crafts activism.

HEINZ-JÜRGEN VOSS

Prof. Dr., Jg. 1979, Studium der Diplom-Biologie in Dresden und Leipzig. Promotion 2010 zur gesellschaftlichen Herstellung biologischen Geschlechts in Bremen. Seit Mai 2014 Professur für Sexualwissenschaft und sexuelle Bildung an der Hochschule Merseburg und Leitung des Forschungsprojekts Schutz von Kindern und Jugendlichen vor sexueller Traumatisierung, beides gefördert im Rahmen der BMBF-Förderlinie Sexuelle Gewalt in pädagogischen Einrichtungen. Forschungsschwerpunkte: Sexualwissenschaft (sexuelle Bildung, sexuelle Gewalt), biologisch-medizinische Geschlechtertheorien und thematisch zugehörige Publikationen.

KATRIN ZEHNDER

ist promovierte Soziologin und beschäftigt sich mit Themen an der Schnittstelle von Medizin und Gesellschaft. 2010 erschien ihr Buch »Zwitter beim Namen nennen« über den Internet-Aktivismus intersexueller Menschen.

Fabian Vogler

PRINCE_SS | 21 IM SPIEGEL 2017. BRONZE. 20 x 7,5 x 8,5 cm

GEFÖRDERT VON

Hamburg | Behörde für Wissenschaft,
Forschung und Gleichstellung

DGfS
Deutsche
Gesellschaft für
Sexualforschung

SIGMUND FREUD STIFTUNG
ZUR FÖRDERUNG DER PSYCHOANALYSE e.V.

Stiftung
Nordfriesland

UNTERSTÜTZT VON

hamburg
open
online
university
www.hoou.de

ESPRONCEDA
CENTER FOR ART & CULTURE BARCELONA

IMPRESSUM

LAYOUT	Fabian Vogler
GRAFISCHES DESIGN	Fabian Vogler
GRAFISCHE ÜBERARBEITUNG	Fotosatz L. Huhn, Linsengericht
FOTOGRAFIEN	Rubén Campo, Claudia Dannenberg, Albert Fdez, François de Rivoyre, Bianca Kennedy, Uta Kuhl, Marion Losse, Viktoria Märker, Paul Louis Meier, Juancho Pacheco Puig, Elia Sabato, Katinka Schweizer, Fabian Vogler
KÜNSTLERISCHE ARBEITEN	Rubén Campo, Johanna Dehn, Alex Jürgen, Bianca Kennedy, Silke Lazarević, Andrea Martínez, Juancho Pacheco Puig, Veronika Riedl-Schlauss und Stefan Riedl, Elia Sabato, Lucie Veith, Fabian Vogler
LEKTORAT	Katinka Schweizer und Fabian Vogler, Winfried Vogler
ÜBERSETZUNG (S. Ventosa)	Sebastian Landsberger und Bettina Hoyer (für lingua•trans•fair)
LEKTORAT (S. Ventosa)	Sebastian Landsberger und Bettina Hoyer (für lingua•trans•fair)
COVER	Fabian Vogler Vorderseite: Fabian Vogler, Detail von MANN_INTER_FRAU (S. 014–15) Rückseite: Fabian Vogler, Detail von INTER_WE (S. 020–21)
DRUCK	Beltz Grafische Betriebe GmbH, Bad Langensalza

© 2018 Künstler. Autoren. Fotografen
Bilder von Fabian Voglers Arbeiten: © VG Bildrecht. Bonn

© für die Werke von Fabian Vogler VG Bild-Kunst, Bonn 2018

© 2018 Campus Verlag GmbH, Frankfurt am Main
ISBN 978-3-593-50888-7 Print
ISBN 978-3-593-43907-5 E-Book (PDF)

Printed in Germany

WWW. FABIANVOGLER.DE